至学館高等学校

〈収録内容〉

2024 年度 …………………… 一般（数・英・理・社・国）

2023 年度 …………………… 一般（数・英・理・社・国）
※国語の大問一は、問題に使用された作品の著作権者が二次使用の許可を出していないため、問題を掲載しておりません。

2022 年度 …………………… 一般（数・英・理・社・国）

2021 年度 …………………… 一般（数・英・理・社・国）

2020 年度 …………………… 一般（数・英・理・社・国）

DL 2019 年度 …………………… 一般（数・英・理・社）

DL 平成 30 年度 …………………… 一般（数・英・理・社）

便利な DL コンテンツは右の QR コードから
解答用紙　過去年度 ⇒

※データのダウンロードは 2025 年 3 月末日まで。
※データへのアクセスには、右記のパスワードの入力が必要となります。 ⇒ 741802

〈合格最低点〉

※学校からの合格最低点の発表はありません。

本書の特長

実戦力がつく入試過去問題集

- ▶ 問題 …………… 実際の入試問題を見やすく再編集。
- ▶ 解答用紙 …… 実戦対応仕様で収録。
- ▶ 解答解説 …… 詳しくわかりやすい解説には、難易度の目安がわかる「基本・重要・やや難」の分類マークつき（下記参照）。各科末尾には合格へと導く「ワンポイントアドバイス」を配置。採点に便利な配点つき。

入試に役立つ分類マーク

基本 確実な得点源！
受験生の 90％以上が正解できるような基礎的、かつ平易な問題。
何度もくり返して学習し、ケアレスミスも防げるようにしておこう。

重要 受験生なら何としても正解したい！
入試では典型的な問題で、長年にわたり、多くの学校でよく出題される問題。
各単元の内容理解を深めるのにも役立てよう。

やや難 これが解ければ合格に近づく！
受験生にとっては、かなり手ごたえのある問題。
合格者の正解率が低い場合もあるので、あきらめずにじっくりと取り組んでみよう。

合格への対策、実力錬成のための内容が充実

- ▶ 各科目の出題傾向の分析、合否を分けた問題の確認で、入試対策を強化！
- ▶ その他、学校紹介、過去問の効果的な使い方など、学習意欲を高める要素が満載！

解答用紙ダウンロード 解答用紙はプリントアウトしてご利用いただけます。弊社ＨＰの商品詳細ページよりダウンロードしてください。トビラのＱＲコードからアクセス可。

UD FONT 見やすく読みまちがえにくいユニバーサルデザインフォントを採用しています。

至学館高等学校

▶交通　地下鉄名城線「砂田橋」駅下車，徒歩６分
基幹バス「谷口」下車，徒歩４分

〒461-0047　名古屋市東区大幸南2-1-10
☎052-723-0851

沿　革

1905（明治38）年　中京裁縫女学校創立
1944（昭和19）年　中京実業学校に改称
1948（昭和23）年　中京女子高等学校開設
1978（昭和53）年　中京女子大学附属高等学校に改称
2005（平成17）年　学園創立100周年
至学館高等学校に改称
男女共学化

教育目標

「愛し生かす人づくり」

校　訓

「自立・友愛・共創」

教育課程

★普通科アドバンスコース

国公立大学や難関私立大学への現役合格をめざし，１日７限授業，８限目に進学補習が設定され，学習の習慣化を図り，高い学力を身につけます。

★普通科留学コース

７限目に外国人教師による英会話の授業。１年間のニュージーランド留学で高い語学力を身につけ，国際感覚を磨き，グローバルな人間をめざします。３年間で卒業できます。

★普通科進学コース

２年次より文理に分かれ，大学進学に必要な学力を確実に固める授業とともに，放課後の進学特別講座や進路に合った選択演習科目で学力のアップをサポートします。

★普通科スポーツサイエンスコース

様々なスポーツを楽しみながら，スポーツの専門的知識や技能を身につけ，スポーツのスペシャリストをめざします。

★家政科生活デザインコース

専門家からも学び，身につけた基礎を発展させ，衣食住の生活空間をデザインし，自己を表現します。礼儀作法も身につけます。

★商業科総合ビジネスコース

資金の流れを理解するための簿記・会計，パソコンを使った情報処理，国際ビジネス分野を意識した英語，ビジネス業務に必要な資質や態度などを学び，ビジネスパーソンとしての基礎を身につけます。

部活動

★運動系

硬式野球，陸上競技，ダンス，バスケットボール，バレーボール，サッカー，バドミントン，硬式テニス，女子硬式野球，ハンドボール，ソフトボール(女子)，水泳，卓球，フェンシング，バトントワリング，剣道，レスリング(女子)，空手，体操競技(女子)，ゴルフ

★文化系

吹奏楽，軽音楽，食物，茶道，華道，アニメ研究，パソコン，手芸・被服，書道，囲碁・将棋，合唱，英語，美術，写真，ＪＲＣ，箏曲，文芸，自然科学，放送，園芸，演劇，映画研究

主な学校行事

４月／新入生歓迎会
５月／創立記念日
６月／初夏の読書週間，ボランティア週間
７月／海浜実習(２年スポーツサイエンスコース)
９月／文化祭
10月／体育祭，秋の読書週間
11月／開校記念日，修学旅行(２年・沖縄)
12月／スポーツＤＡＹ(１，２年)，芸術鑑賞(３年)
２月／スキー実習（２年スポーツサイエンスコース），家政科フェスティバル，卒業を祝う会

活躍の場を広げるダンス部

ファッションショーで自分の作品を着て披露します

入試案内

★今春の志願状況

	募集人数	志願者数	倍　率
普　　通	320	2377	7.4
家　　政	40	179	4.5
商　　業	80	481	6.0

進　路

★主な合格校

名古屋工業・静岡・信州・鳥取・琉球・北九州市立・長崎県立・明治・中央・法政・立命館・近畿・愛知・南山・名城・中京・愛知学院・愛知淑徳・金城学院・椙山女学園・中部・名古屋外国語・日本福祉　など

過去問の効果的な使い方

① **はじめに**　入学試験対策に的を絞った学習をする場合に効果的に活用したいのが「過去問」です。なぜならば，志望校別の出題傾向や出題構成，出題数などを知ることによって学習計画が立てやすくなるからです。入学試験に合格するという目的を達成するためには，各教科ともに「何を」「いつまでに」やるかを決めて計画的に学習することが必要です。目標を定めて効率よく学習を進めるために過去問を大いに活用してください。また，塾に通われていたり，家庭教師のもとで学習されていたりする場合は，それぞれのカリキュラムによって，どの段階で，どのように過去問を活用するのかが異なるので，その先生方の指示にしたがって「過去問」を活用してください。

② **目的**　過去問学習の目的は，言うまでもなく，志望校に合格することです。どのような分野の問題が出題されているか，どのレベルか，出題の数は多めか，といった概要をまず把握し，それを基に学習計画を立ててください。また，近年の出題傾向を把握することによって，入学試験に対する自分なりの感触をつかむこともできます。

過去問に取り組むことで，実際の試験をイメージすることもできます。制限時間内にどの程度までできるか，今の段階でどのくらいの得点を得られるかということも確かめられます。それによって必要な学習量も見えてきますし，過去問に取り組む体験は試験当日の緊張を和らげることにも役立つでしょう。

③ **開始時期**　過去問への取り組みは，全分野の学習に目安のつく時期，つまり，9月以降に始めるのが一般的です。しかし，全体的な傾向をつかみたい場合や，学習進度が早くて，夏前におおよその学習を終えている場合には，7月，8月頃から始めてもかまいません。もちろん，受験間際に模擬テストのつもりでやってみるのもよいでしょう。ただ，どの時期に行うにせよ，取り組むときには，集中的に徹底して取り組むようにしましょう。

④ **活用法**　各年度の入試問題を全問マスターしようと思う必要はありません。できる限り多くの問題にあたって自信をつけることは必要ですが，重要なのは，志望校に合格するためには，どの問題が解けなければいけないのかを知ることです。問題を制限時間内にやってみる。解答で答え合わせをしてみる。間違えたりできなかったりしたところについては，解説をじっくり読んでみる。そうすることによって，本校の入試問題に取り組むことが今の自分にとって適当かどうかが，はっきりします。出題傾向を研究し，合否のポイントとなる重要な部分を見極めて，入学試験に必要な力を効率よく身につけてください。

数学

各都道府県の公立高校の入学試験問題は，中学数学のすべての分野から幅広く出題されます。内容的にも，基本的・典型的なものから思考力・応用力を必要とするものまでバランスよく構成されています。私立・国立高校では，中学数学のすべての分野から出題されることには変わりはありませんが，出題形式，難易度などに差があり，また，年度によっての出題分野の偏りもあります。公立高校を含め，ほとんどの学校で，前半は広い範囲からの基本的な小問群，後半はあるテーマに沿っての数問の小問を集めた大問という形での出題となっています。

まずは，単年度の問題を制限時間内にやってみてください。その後で，解答の答え合わせ，解説での研究に時間をかけて取り組んでください。前半の小問群，後半の大問の一部を合わせて50％以上の正解が得られそうなら多年度のものにも順次挑戦してみるとよいでしょう。

英語

英語の志望校対策としては，まず志望校の出題形式をしっかり把握しておくことが重要です。英語の問題は，大きく分けて，リスニング，発音・アクセント，文法，読解，英作文の5種類に分けられます。リスニング問題の有無(出題されるならば，どのような形式で出題されるか)，発音・アクセント問題の形式，文法問題の形式(語句補充，語句整序，正誤問題など)，英作文の有無(出題されるならば，和文英訳か，条件作文か，自由作文か) など，細かく具体的につかみましょう。読解問題では，物語文，エッセイ，論理的な文章，会話文などのジャンルのほかに，文章の長さも知っておきましょう。また，読解問題でも，文法を問う問題が多いか，内容を問う問題が多く出題されるか，といった傾向をおさえておくことも重要です。志望校で出題される問題の形式に慣れておけば，本番ですんなり問題に対応することができますし，読解問題で出題される文章の内容や量をつかんでおけば，読解問題対策の勉強として，どのような読解問題を多くこなせばよいかの指針になります。

最後に，英語の入試問題では，なんと言っても読解問題でどれだけ得点できるかが最大のポイントとなります。初めて見る長い文章をすらすらと読み解くのはたいへんなことですが，そのような力を身につけるには，リスニングも含めて，総合的に英語に慣れていくことが必要です。「急がば回れ」ということわざの通り，志望校対策を進める一方で，英語という言語の基本的な学習を地道に続けることも忘れないでください。

国語

国語は，出題文の種類，解答形式をまず確認しましょう。論理的な文章と文学的な文章のどちらが中心となっているか，あるいは，どちらも同じ比重で出題されているか，韻文(和歌・短歌・俳句・詩・漢詩)は出題されているか，独立問題として古文の出題はあるか，といった，文章の種類を確認し，学習の方向性を決めましょう。また，解答形式は，記号選択のみか，記述解答はどの程度あるか，記述は書き抜き程度か，要約や説明はあるか，といった点を確認し，記述力重視の傾向にある場合は，文章力に磨きをかけることを意識するとよいでしょう。さらに，知識問題はどの程度出題されているか，語句(ことわざ・慣用句など)，文法，文学史など，特に出題頻度の高い分野はないか，といったことを確認しましょう。出題頻度の高い分野については，集中的に学習することが必要です。読解問題の出題傾向については，脱語補充問題が多い，書き抜きで解答する言い換えの問題が多い，自分の言葉で説明する問題が多い，選択肢がよく練られている，といった傾向を把握したうえで，これらを意識して取り組むと解答力を高めることができます。「漢字」「語句・文法」「文学史」「現代文の読解問題」「古文」「韻文」と，出題ジャンルを分類して取り組むとよいでしょう。毎年出題されているジャンルがあるとわかった場合は，必ず正解できる力をつけられるよう意識して取り組み，得点力を高めましょう。

数学

出題傾向の分析と合格への対策

●出題傾向と内容

本年度の出題数は，大問が2題，小問数にして17題であった。

本年度の出題内容は，①は数・式の計算，平方根，因数分解，不等式，連立方程式，②は場合の数，確率，速さ，立方体の切断，円周角の定理，面積の計量，面積比，図形と関数・グラフの融合問題であった。

本年度も基本的な知識で十分解答できるものが多いので，計算ミスのないように落ち着いて取り組みたい。

学習のポイント

計算ミスをなくすために，普段の練習からミスしないことを心がけよう。また，教科書の基本事項の徹底理解を心がけよう。

●2025年度の予想と対策

来年度も，出題数，出題傾向に変化はないと考えられる。教科書や標準レベルまでの問題集でくり返し学習しておこう。

本校の入試問題は，基礎から標準までの範囲内での出題が中心であるため，学校での学習にしっかり取り組んでいれば，ほとんど解答できるであろう。そこで，教科書に記載されている基本事項，公式，定理はしっかりと頭の中に入れておきたい。特に，関数に関する基本的事項，円の性質，合同・相似，図形の性質についてはていねいに学習しておこう。その上で，応用問題にも取り組んで，力をつけておきたい。

▼年度別出題内容分類表……

出題内容			2020年	2021年	2022年	2023年	2024年
数と式		数の性質			○	○	○
		数・式の計算	○	○	○	○	○
		因数分解	○	○		○	○
		平方根	○		○	○	○
方程式・不等式		一次方程式	○	○	○	○	○
		二次方程式	○	○	○	○	
		不等式				○	○
		方程式・不等式の応用		○	○	○	○
関数		一次関数	○	○	○	○	○
		二乗に比例する関数	○	○	○	○	○
		比例関数		○			
		関数とグラフ	○	○	○	○	○
		グラフの作成					
図形	平面図形	角度	○	○	○	○	○
		合同・相似	○		○	○	○
		三平方の定理					
		円の性質	○	○	○	○	○
	空間図形	合同・相似					
		三平方の定理					
		切断		○	○		○
	計量	長さ	○		○		
		面積		○		○	○
		体積		○		○	
		証明					
		作図		○			
		動点					
統計		場合の数		○		○	○
		確率	○		○	○	○
		統計・標本調査	○			○	○
融合問題		図形と関数・グラフ	○	○		○	○
		図形と確率					
		関数・グラフと確率					
		その他					
その他			○				

至学館高等学校

英語　出題傾向の分析と合格への対策

●出題傾向と内容

本年度は，英語の説明に合う語を選ぶ問題，会話文問題，適語選択補充問題，語形変化問題，語句整序問題，会話文問題，長文読解問題の計7題が出題された。

文法問題は3題あり，中学で学習する正確な文法事項が幅広く出題され，また語彙力も要求される。読解問題のレベルは標準レベルで内容理解を問う問題がほとんどである。会話文読解，長文読解共に，英問英答を中心に読解力が試される問題となっている。

全体を通して英語の総合力が要求される問題となっている。

✔学習のポイント

長文だけでなく表やグラフ，広告の他，案内，メール文など様々な形式の読解問題を解いて英文に慣れておこう。

●2025年度の予想と対策

来年度も読解を中心とした出題が予想される。レベルも大きな変化はないと思われる。

長文読解問題は必ず出題されるので，対策としてはいろいろなジャンルの文にできるだけ多く接し，短時間で正確に内容を把握する練習をしておくとよい。

語句補充問題では，慣用表現が出題されているので，基本的な言い回しに慣れておきたい。

文法問題では幅広い文法知識を確実に身につけておくことが必要である。教科書を中心に中学で学習した文法事項をきちんと復習し演習を重ねておきたい。

▼年度別出題内容分類表……

	出題内容	2020年	2021年	2022年	2023年	2024年
話し方・聞き方	単語の発音					
	アクセント					
	くぎり・強勢・抑揚					
	聞き取り・書き取り					
語い	単語・熟語・慣用句	○	○	○	○	○
	同意語・反意語					
	同音異義語					
読解	英文和訳(記述・選択)					
	内容吟味	○		○	○	○
	要旨把握	○	○			
	語句解釈	○			○	○
	語句補充・選択	○		○		
	段落・文整序					
	指示語				○	
	会話文		○	○	○	○
文法・作文	和文英訳					
	語句補充・選択	○	○	○	○	○
	語句整序	○		○	○	○
	正誤問題	○	○	○		
	言い換え・書き換え					
	英問英答	○			○	
	自由・条件英作文					
文法事項	間接疑問文	○			○	○
	進行形	○	○		○	○
	助動詞	○	○	○	○	○
	付加疑問文					
	感嘆文					
	不定詞	○	○	○	○	○
	分詞・動名詞	○	○	○	○	○
	比較	○	○	○	○	○
	受動態	○	○	○		○
	現在完了	○	○			○
	前置詞	○		○	○	○
	接続詞	○		○	○	○
	関係代名詞			○		

至学館高等学校

理科

出題傾向の分析と 合格への対策

●出題傾向と内容

本年度は小問20題で，バランスよく出題されていた。

解答方式は，マークシートである。また，計算が必要な問題もあり，今後も注意が必要である。

難易度は教科書レベルのものも多いが，科学的思考力を問う問題も多い。また，計算問題も多いので，しっかり練習しておく必要がある。さらに，各分野の知識を広く考慮して答えさせる問題もある。

✔学習のポイント

難度の高い問題に取り組めるようにするため，基本問題を素早く解く練習をしよう。

●2025年度の予想と対策

基礎的な知識を使って応用し，それらの知識をさらに考慮して答えさせる問題が多い。基礎・基本の内容は，もれなく確実にマスターしておきたい。そのためには，教科書に出てくる観察や実験，天気図，グラフ，分類表，指示薬の使用方法などの知識をしっかりおさえて，総合的に理解しておくことが大切である。出題範囲もばらばらなのでどこから出題されてもよいように，幅広く学習しておくことが必要である。

各学年とも各分野の基礎・基本はしっかり理解しておきたい。

▼年度別出題内容分類表 ……

	出題内容	2020年	2021年	2022年	2023年	2024年
第一分野	物質とその変化					
	気体の発生とその性質					
	光と音の性質		○		○	
	熱と温度					
	力・圧力	○			○	
	化学変化と質量			○	○	
	原子と分子					○
	電流と電圧					
	電力と熱			○		
	溶液とその性質					
	電気分解とイオン	○	○			
	酸とアルカリ・中和	○			○	
	仕事					
	磁界とその変化					○
	運動とエネルギー			○		
	その他					
第二分野	植物の種類とその生活					
	動物の種類とその生活					
	植物の体のしくみ					○
	動物の体のしくみ	○				○
	ヒトの体のしくみ			○		
	生殖と遺伝				○	
	生物の類縁関係と進化					
	生物どうしのつながり		○			
	地球と太陽系				○	○
	天気の変化	○				○
	地層と岩石					
	大地の動き・地震			○		○
	その他					

至学館高等学校

社会

出題傾向の分析と合格への対策

●出題傾向と内容

本年度は大問は昨年同様3で，小問は50に増えている。内容的には大問ごとの分野の区別はあまりなくなり融合問題になってきており，大問1と大問2が地理と歴史の融合問題，大問3が歴史と政治の融合問題になっている。世界地理の内容がやや多く，歴史は減り，公民分野では時事的なことも含め増えている。地理の内容は世界の大地形，ヨーロッパに関連する事柄とWBC参加国に関連する事柄が問われている。歴史では戦乱に関連する事柄，17世紀から21世紀の日本と世界に関連するものが出された。公民は啓蒙思想，人権，日本の新旧憲法，選挙などに関する問題となっている。

✔学習のポイント

地理：地図や統計になれ，用語の意味を正確に覚える。

歴史：日本と中国や欧米との歴史の接点に注意。

公民：用語の意味や手順を正確に覚える。

●2025年度の予想と対策

来年度も今年同様の出題が予想される。出題数も変わらないと思われるが，内容的にやや難化しているので要注意であろう。今年度は全て記号問題となっていたが，以前は歴史や公民分野では漢字で答えるものもあったので正確に書けるようにしておくことが必要。

地理では，教科書の基礎事項を中心に内容を学習し，地図や統計資料にも目を配っておこう。

歴史では，各時代の特色をつかんでおくことが大切である。特に近現代史は頻出なので注意が必要。

公民では，教科書に出てくる用語を正確に覚え，図表にも目を通しておきたい。

本年度はかなり時事的な題材を取り扱った問題が出題されており，次年度も狙われる可能性は高いので，普段から新聞やテレビのニュースに気をつけておくことが大切である。

▼年度別出題内容分類表 ••••••

出題内容			2020年	2021年	2022年	2023年	2024年
地理的分野	(日本)	地形図					
		地形・気候・人口			○		○
		諸地域の特色		○	○		
		産業		○	○		
		交通・貿易					
	(世界)	人々の生活と環境	○	○	○	○	○
		地形・気候・人口	○	○	○	○	○
		諸地域の特色	○	○	○	○	○
		産業		○	○	○	○
		交通・貿易					○
	地理総合						○
歴史的分野	(日本史)	各時代の特色	○	○	○	○	○
		政治・外交史	○	○	○	○	○
		社会・経済史	○	○	○	○	○
		文化史	○	○	○	○	○
		日本史総合					
	(世界史)	政治・社会・経済史	○		○	○	○
		文化史	○		○	○	○
		世界史総合					
	日本史と世界史の関連				○		○
	歴史総合						
公民的分野	家族と社会生活						
	経済生活						
	日本経済		○				
	憲法（日本）			○		○	○
	政治のしくみ		○	○	○	○	○
	国際経済						
	国際政治		○		○	○	○
	その他		○	○	○		○
	公民総合			○	○		○
各分野総合問題							

至学館高等学校

国語

出題傾向の分析と合格への対策

●出題傾向と内容

本年度は，現代文が2題，古文1題の，大問3題の構成であった。

現代文は小説と論説文からの出題で，漢字の書き取り，内容吟味，心情，表現技法，文脈把握などの問題が出された。

論説文は，やや難しい内容の文章で，的確に読み取る力が求められる内容であった。問題数が多く内容も多岐にわたる。古文は，注釈が付されており，口語訳しやすいものであったが，内容が詳しく問われた。

漢字，文学史，語句の意味などの問題は読解問題に含まれる形で出題された。

解答形式は，記号選択式のマークシート方式。

✓学習のポイント

文学史，漢字・語句の知識を固めておこう。現代文は内容を的確につかんでいく練習をしよう。

●2025年度の予想と対策

来年度も，現代文の読解が中心となると思われるが，論理的文章と文学的文章，古文の出題が予想される。

論理的文章では，指示語や接続語，言い換え表現などに注意して文脈を把握し，筆者の主張を根拠をとらえて読み取ることが大切である。

文学的文章では，動作や言葉から人物の心情を読み取る力や，情景をつかむ力をつけておきたい。

古文は，主語に注意して内容を的確に読み取る力をつけたい。

例年，漢字の読み書き，熟語，文学史，慣用句，文法などの知識問題の出題も多いので，基本的な知識を確実に身につけておきたい。

▼年度別出題内容分類表 ……

出題内容			2020年	2021年	2022年	2023年	2024年
内容の分類	読解	主題・表題					
		大意・要旨	○	○	○	○	○
		情景・心情	○	○	○	○	○
		内容吟味	○	○	○	○	○
		文脈把握	○	○	○	○	○
		段落・文章構成				○	
		指示語の問題	○		○	○	
		接続語の問題	○		○	○	○
		脱文・脱語補充	○	○	○	○	○
	漢字・語句	漢字の読み書き	○	○	○	○	○
		筆順・画数・部首					
		語句の意味	○	○		○	○
		同義語・対義語	○	○			
		熟語					
		ことわざ・慣用句		○	○		
	表現	短文作成					
		作文(自由・課題)					
		その他					
	文法	文と文節					
		品詞・用法			○		
		仮名遣い					
		敬語・その他					
	古文の口語訳						○
	表現技法		○	○	○		○
	文学史		○	○	○		○
問題文の種類	散文	論説文・説明文	○	○	○	○	○
		記録文・報告文					
		小説・物語・伝記		○	○	○	○
		随筆・紀行・日記					
	韻文	詩					
		和歌(短歌)					○
		俳句・川柳					
	古文		○			○	○
	漢文・漢詩						

至学館高等学校

2024年度 合否の鍵はこの問題だ!!

数学 $\boxed{2}$ (7)・(8)・(9)

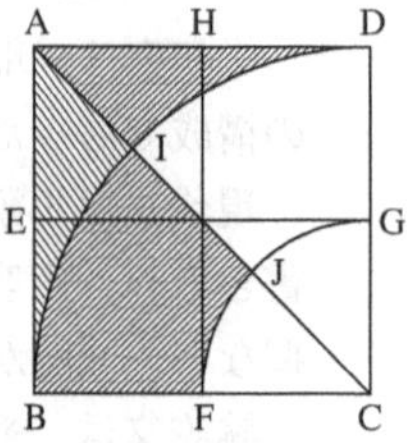

(7) 斜線部分の図形と合同な図形を見つけて，移動させることによって，面積が求められる形となる。線分AD，AI，弧DIで囲まれた部分は線分AB，AI，弧BIで囲まれた部分と合同であるから，面積が等しい。よって，求める面積は直角二等辺三角形ABCからおうぎ形CFJを引いたものになる。正方形ABCDの対角線ACは∠BCDを2等分するので，∠FCJ＝90÷2＝45°　点Fは辺BCの中点であるから，CF＝8÷2＝4　よって，求める面積は$\frac{1}{2}\times8\times8-4\times4\times\pi\times\frac{45}{360}=32-2\pi$となる。

(8) 相似な三角形の面積比が相似比の2乗になることや高さの等しい三角形の面積比は底辺の比と等しくなることを利用して解く。△AEHと△FBHにおいて，点E，Fはそれぞれ線分AD，BCの中点であり，AD＝BCであるから，AE＝FB，AD//BCより，∠AEH＝∠FBH，∠EAH＝∠BFHなので，1辺とその両端の角がそれぞれ等しいので，△AEH≡△FBHである。よって，点Hは線分AFの中点である。同様に△ADJ≡△CBJであり，点Jは線分ACの中点である。△AFCにおいて，中点連結定理より，FC//HJ，FC＝2HJである。点Fが辺BCの中点であることから，BF＝FCであり，BF//HJとなるので，△HIJ∽△FIBで，相似比は1：2である。よって，HI：FI＝1：2，△HIJ：△FIB＝1^2：2^2＝1：4である。ここで，△HIJ，△FIBの面積をそれぞれ△HIJ＝$\boxed{1}$，△FIB＝$\boxed{4}$とおく。△HIBと△FIBは底辺をそれぞれHI，FIと見ると高さは点Bから底辺に下した垂線になるので等しい。高さが等しい三角形の面積比は底辺の比に等しくなるので，△HIB：△FIB＝HI：FI＝1：2　よって，△FIB＝$\boxed{4}$のとき，△HIB＝$\boxed{2}$である。このとき，△FBH＝$\boxed{4}$＋$\boxed{2}$＝$\boxed{6}$であり，点Hが線分AFの中点であることから，同様に△ABH＝△FBH＝$\boxed{6}$である。したがって，△ABF＝$\boxed{6}$＋$\boxed{6}$＝$\boxed{12}$である。また，点Fが辺BCの中点であることから，△ACF＝△ABF＝$\boxed{12}$であり，△ABC＝$\boxed{12}$＋$\boxed{12}$＝$\boxed{24}$　長方形の対角線はその長方形を合同な2つの三角形に分けるので，△CDA≡△ABCであり，△CDA＝△ABC＝$\boxed{24}$である。よって，長方形ABCD＝$\boxed{24}$＋$\boxed{24}$＝$\boxed{48}$である。ここで，この図形は直線HJに対して線対称であるから，△HGJ≡△HIJであり，△HGJ＝△HIJ＝$\boxed{1}$となるので，四角形GHIJ＝$\boxed{1}$＋$\boxed{1}$＝$\boxed{2}$　よって，長方形ABCDは四角形GHIJの48÷2＝24(倍)である。

(9) 平行四辺形の対辺が等しくて平行であることから，対辺のx座標の差は等しく，また，y座標の差も等しくなることを利用する。$y=-\frac{1}{4}x^2$に$x=4$を代入すると，$y=-\frac{1}{4}\times4^2=-\frac{1}{4}\times16=-4$であるから，D(4，−4)　よって，C(0，−10)，D(4，−4)に対して，直線CDの傾きは$\frac{-4-(-10)}{4-0}=\frac{3}{2}$である。また，辺CDの$x$座標の差は4−0＝4であり，辺ABの$x$座標の差に等しいので，点Aの$x$座標は−1＋4＝3である。$y$=3，−1をそれぞれ$y=ax^2$に代入すると，$y=a\times(-1)^2=a$，$y=a\times3^2=9a$であるから，A(3，$9a$)，B(−1，$a$)であり，辺ABの$y$座標の差は$9a-a=8a$である。また，辺CDの$y$座標の差は−4−(−10)＝6であり，辺ABの$y$座標の差と等しくなるので，$8a=6$より，$a=\frac{3}{4}$となる。

英語 G

Gの長文問題は，このテストで唯一長文を使ったものである。また，設問数も一番多い。よって，この問題をいかに解くかが得点に大きな影響を与えたと思われる。この問題以外はすべて短いものが多いので，あまり点差がつきにくいが，長文を読む能力は個人差が大きいので，この問題でしっかりと得点したい。

この問題で使われている単語・文法はごく標準的なものである。通常の学習をしていればあまり困ることはないだろう。基礎的な単語の勉強と，文法内容の復習をしっかりと行うべきである。

設問内容はすべて長文の内容を確認するものになっている。選択肢の内容そのものは比較的安易なので，長文の内容を理解さえしていれば，選択に困ることはないだろう。

このような問題を解くには，単語と文法の学習を進めながら，長文を読む練習もできるだけ重ねておくべきである。間違っても拾い読みをして簡単に答えようとしてはいけない。日頃から着実に長文を読む練習を重ねておいて，しっかりと解答するべきである。

理科 1

1でリニア中央新幹線，台風，線状降水帯に関して，2と3で光合成と呼吸に関して，4で小問集合の問題が出された。このように，本校においては，いろいろな分野から幅広く出題されるので，しっかりとした対策が必要である。

1の問1は，コイルの中の磁界の向きに関する問題であった。

問2～問4は，リニア中央新幹線の電力に関する思考力を試す計算問題が出された。

問5・問6は，リニア中央新幹線の予定コース上に存在する山脈とそのコースにおけるリスクに関する問題であった。この場合，「赤石山脈」が火山によってできたのではなく，地殻変動によってできたので，「火山」によるリスクではなく「地震」によるリスクを考える必要がある。

問7は，「台風」に関する知識問題であり，問8は，「線状降水帯」に関する知識問題であった。

社会 [3]

[3]は世界史と政治の融合問題で，人権に関連する内容の問題。問1～問16まで，枝問を含め17問になっており全て記号選択。この内容に関する問としてはオーソドックスな内容のものがほとんどだが，普通の中学の授業ではやや手薄になっている可能性が高いところを突いてきた問題といえる。公立高校主体でなく私国立の難関校を狙うつもりで勉強している受験生には当たり前のものであるが，何となくは聞いたことがある，見たことがるといったレベルでは正答しづらいものが多いといえる。歴史の内容よりは公民の政治分野のものの方に基本的なものが多いので，問9以後を先に片づけた方がよさそうである。問1～問8の中では，問1，問3はとれるものなので，ここは正答しておきたいところ。問題をよく見ると，似た内容を問う問題が本校の過去問にもあるものがあるので，丹念に過去問を解いて，分からなかったもの間違えたものを確実にできるようにしていると，形式に慣れるだけでなく，知識的にも得ではある。

国語 [一] 問五

★なぜこの問題が合否を分けたのか

主人公の心情を読み取る力とともに，「いたたまらないような気持ち」という語句の意味を正しくとらえる語彙力も試される設問である。

★こう答えると「合格できない」！

前に「『今晩はお母さんのほうでおやすみになりませんか』と女中が父の使いで来た。」「寝ていた母は床を半分空けて『お入りなさい』と言った。」「父も機ゲンがよかった」とあり，新しい母と一緒に寝るうれしさが感じられ，また，「くすぐったいような」という表現からは恥ずかしさも感じられることから，「両親と一緒に寝ることが恥ずかしく思われたから」とする③を選ばないようにしよう。「何かいたたまらないような気持がしてきた」とあることを読み落とさないよう注意しよう！

★これで「合格」！

「いたたまらない」は，その場所にそれ以上じっとしていられない，という「つらさ」を意味する表現であることに着目する。直前に「父は『子宝といって子ほどの宝はないものだ。』こんなことを繰り返し繰り返し言い出した」とあり，この言葉に「私」は，いたたまらなさを感じたのである。この時の「私」の心情は，後に「それより母に対して気の毒な気がした」とあるので，「新しい母に申し訳ないと思ったから」とする④を選ぼう。父と亡くなった母の子である「私」を，新しい母の前で「子宝」などと何度も強調して言うのは気の毒だと思われ，いたたまらないような気持になったのである。

2024年度

★★★★★★★★★★★★★★★★★★★★★★★

入　試　問　題

2024年度

至学館高等学校入試問題

【数　学】（40分）　＜満点：100点＞

【注意】 分数で答えるときは，それ以上約分できない分数で答えなさい。
　　　　また，答えに$\sqrt{\ }$を含む場合は，$\sqrt{\ }$の中は最も小さな自然数になる形で答えなさい。

1 次の$\boxed{\text{ア}}$～$\boxed{\text{ニ}}$に当てはまる適切な符号または数字を選び，マークしなさい。

(1) $\frac{3}{4}-\frac{2}{5}+\frac{5}{8}=\frac{\boxed{\text{ア}}\boxed{\text{イ}}}{\boxed{\text{ウ}}\boxed{\text{エ}}}$である。

(2) $-6^2\times\frac{1}{4}+0.75\div\frac{1}{2^4}=\boxed{\text{オ}}$である。

(3) $\frac{3x+y}{5}-\frac{2x-y}{3}=\frac{\boxed{\text{カ}}x+\boxed{\text{キ}}y}{\boxed{\text{ク}}\boxed{\text{ケ}}}$である。

(4) $34.5^2-24.5^2=\boxed{\text{コ}}\boxed{\text{サ}}\boxed{\text{シ}}$である。

(5) 連立方程式 $\begin{cases}\frac{x}{4}+\frac{y}{3}=\frac{1}{2}\\ 2x+3y=5\end{cases}$ を解くと，$x=\boxed{\text{ス}}\boxed{\text{セ}}$，$y=\boxed{\text{ソ}}$である。

(6) $x^2+xy-6y^2$を因数分解すると，$(x+\boxed{\text{タ}}y)(x-\boxed{\text{チ}}y)$である。

(7) $x=2\sqrt{3}-3\sqrt{2}$，$y=\sqrt{2}+\sqrt{3}$のとき，$x^2+xy-6y^2=\boxed{\text{ツ}}\boxed{\text{テ}}\boxed{\text{ト}}\sqrt{\boxed{\text{ナ}}}$である。

(8) 不等式，$\sqrt{13}<x<\sqrt{29}$を満たす整数xは$\boxed{\text{ニ}}$個ある。

2 次の$\boxed{\text{ア}}$～$\boxed{\text{ナ}}$に当てはまる適切な符号または数字を選び，マークしなさい。

(1) 次の小さい順に並べられた9個のデータについて最も正しい箱ひげ図は$\boxed{\text{ア}}$である。
データ：1，5，7，8，9，12，22，22，26

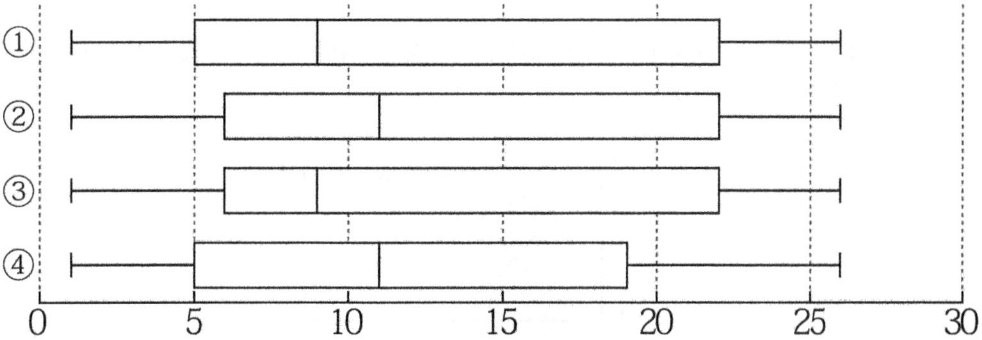

(2) 1，2，3，4の数字が書かれた4枚のカードがある。4枚のカードを並び替えて4桁の整数をつくる。このとき，2024より小さい整数は$\boxed{\text{イ}}$通りである。

(3) 1から6までの目のあるサイコロA，Bを同時に投げる。Aで出た目の値をa，Bで出た目の値をbとするとき，$\frac{b}{a}$が整数となる確率は$\frac{\boxed{\text{ウ}}}{\boxed{\text{エ}}\boxed{\text{オ}}}$である。ただし，1から6のどの目が出ることも同様に確からしいものとする。

(4)　A，Bの2人が周囲4㎞の公園のまわりを同時に同じ場所を出発して，それぞれ一定の速さでまわる。同じ方向にまわると，40分後にはじめてAがBに追いつき，反対方向にまわると，8分後にはじめて出会う。このとき，Bの速さは分速 [カ][キ][ク] mである。

(5)　右の図は，ある立方体の展開図である。もとの立方体に対して，点A，B，Cを通るように切断する。断面の形を次の選択肢の中から選び，[ケ] にマークしなさい。

選択肢：①正方形
②正方形ではない長方形
③正三角形
④正三角形ではない二等辺三角形

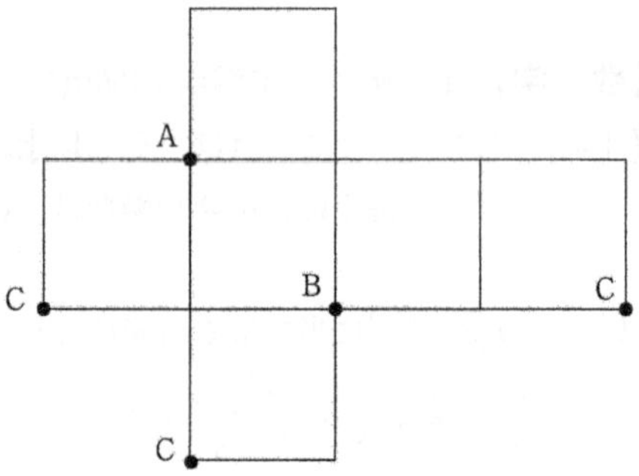

(6)　下の図のように，円周を10等分する点がある。
ABとCDの交点をEとするとき，∠BED＝ [コ][サ][シ]°である。

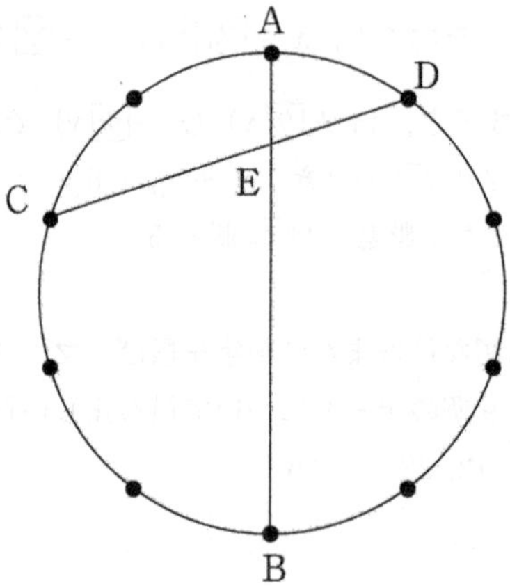

(7)　下の図は1辺が8の正方形ABCDであり，その各辺の中点をE，F，G，Hとする。
斜線部分の面積は [ス][セ]－[ソ]πである。

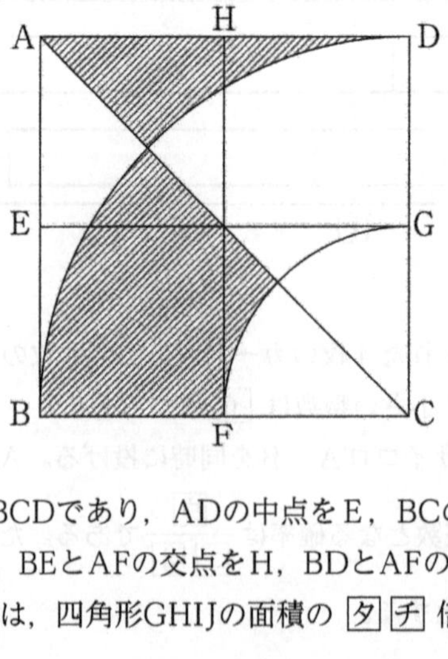

(8)　次のページの図は長方形ABCDであり，ADの中点をE，BCの中点をFとする。
また，BEとACの交点をG，BEとAFの交点をH，BDとAFの交点をI，BDとACの交点をJとする。長方形ABCDの面積は，四角形GHIJの面積の [タ][チ] 倍である。

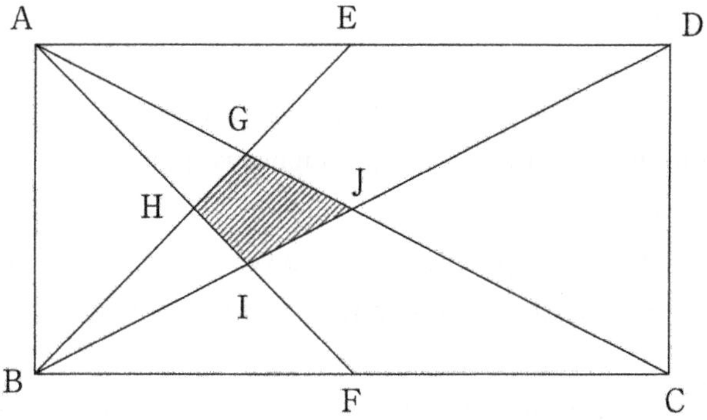

(9) 次の図で，$y = ax^2$（$a > 0$）上に点A，B，$y = \frac{1}{4}x^2$上に点D，y軸上に点Cがある。
点Cのy座標は-10，点Bのx座標は-1，点Dのx座標は4であり，四角形ABCDは平行四辺形である。このとき，直線CDの傾きは$\frac{\boxed{\text{ツ}}}{\boxed{\text{テ}}}$であり，$a = \frac{\boxed{\text{ト}}}{\boxed{\text{ナ}}}$である。

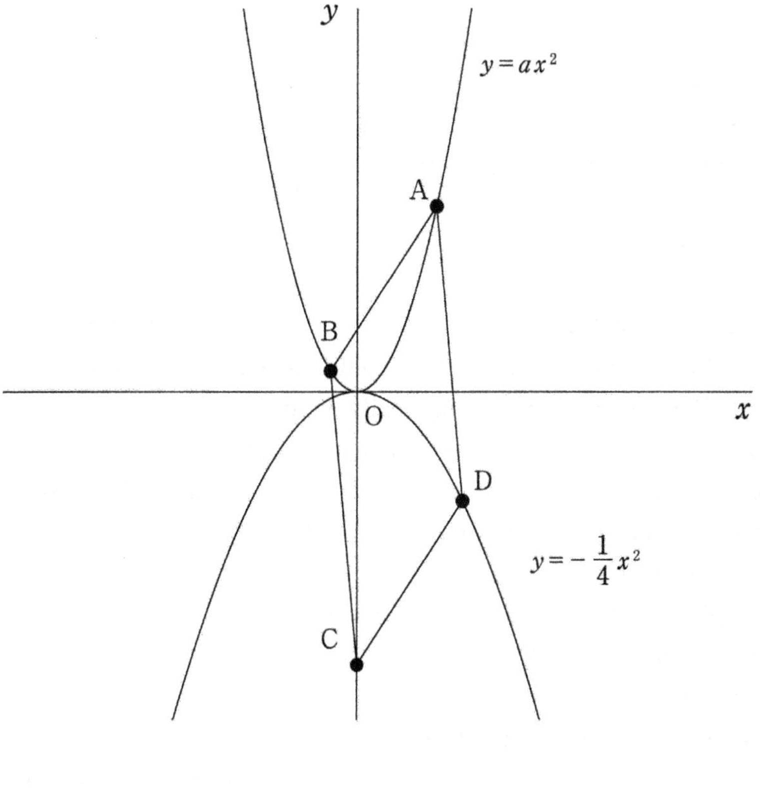

【英　語】（40分）　＜満点：100点＞

A．以下の定義に合う英単語を選択肢①～⑥の中から選び，記号で答えなさい。

(1) The way of moving people from a dangerous place to a safer one, especially during emergencies or disasters. [1]

(2) Games and activities that people do to have fun and stay healthy. [2]

(3) The shaking of the ground that happens suddenly because of movements under the ground. [3]

(4) Special clothes that everyone in a group, like a school, wears to look the same. [4]

(5) The part of your body that you stand on and walk with. [5]

(6) A doctor who takes care of your teeth and helps keep your mouth healthy. [6]

【選択肢】 ① uniform　② evacuation　③ dentist　④ earthquake
⑤ feet　⑥ sports

B．対話の内容が成立するように [　] に入る文として最も適切な英文を①～④の中から選び，記号で答えなさい。

(1) A : Do you know where my keys are?
B : Did you check your jacket pocket? [7]
A : Oh... yes, they were there. Thank you.
① That's not my problem.　② I have no idea.
③ Maybe they're there.　④ I know how to find them.

(2) A : The Shigakukan soccer team is going to win the championship, right?
B : [8] They've been practicing really hard.
A : Let's go to watch their game next weekend.
① I don't think so.　② The weather will be sunny tomorrow.
③ They lost the game yesterday.　④ It's possible.

(3) A : Can I help you?
B : Yes, please. I'm looking for a T-shirt.
A : How about this one?
B : I like the color. [9]
A : Shall I show you a bigger one?
① But it's too small for me.　② Thank you, but I'm just looking.
③ I'll take it.　④ How much is it?

(4) A : Shall we play basketball next Sunday?
B : Sorry, I can't. [10] So I can't go with you.
A : All right. I'll do my homework at home.
① I must meet you.　② I have nothing to do.
③ I have a lot of things to do.　④ I must do my homework with you.

(5) A：Have you finished your homework yet?

B：[11]

A：Really? Why are you reading a book now?

B：I need to read this book to do the homework.

① Yes, I finished it yesterday.

② No, not yet.

③ I don't have any homework.

④ Sure, I have a lot of homework.

(6) A：Do you want to order some more dishes?

B：[12]

A：I see. How about some water?

① OK! Let's wash the dishes. ② Sure. I will make cookies.

③ Please help yourself. ④ No, thank you. I'm full.

C．以下の英文の空欄に当てはまる最も適切な語を①～④の中から選び，記号で答えなさい。

(1) I was late for school today [13] my teacher got angry.

① but ② because ③ so ④ or

(2) [14] you open the window? — Sure.

① Could ② May ③ Should ④ Must

(3) Listen to me carefully, [15] you will miss important information.

① and ② but ③ or ④ so

(4) Thank you very much [16] your present.

① to ② of ③ for ④ with

(5) Would you [17] some cookies? — No, thanks.

① take ② give ③ like ④ get

(6) I haven't eaten lunch [18] . I am so busy.

① yet ② already ③ never ④ ever

D．以下の英文の（ ）内の語を正しい形に直すとき，適切な語（句）を①～④の中から選び，記号で答えなさい。

(1) This painting is (famous) than that one. [19]

① famouser ② more famous ③ the famousest ④ the most famous

(2) Nagoya is worth (visit). [20]

① visits ② visiting ③ visited ④ to visit

(3) If she (know) the truth, she would tell you. [21]

① knows ② knew ③ known ④ knowing

(4) Please finish (write) your report by tomorrow. [22]

① to write ② writing ③ wrote ④ written

(5) He was (study) English when I visited him. 23

① studies ② studied ③ studying ④ to study

(6) This is his car and that is (I). 24

① my ② me ③ mine ④ myself

E．以下の英文を正しく並べかえたとき（ ）の中の3番目と5番目に来る語（句）を記号で答えなさい。

(1) It is (① us / ② save / ③ to / ④ for / ⑤ the environment / ⑥ important).

3番目 25 5番目 26

(2) My father (① homework / ② often / ③ me / ④ helps / ⑤ my / ⑥ do).

3番目 27 5番目 28

(3) I bought some (① summer / ② to / ③ books / ④ vacation / ⑤ read / ⑥ in).

3番目 29 5番目 30

(4) (① stars / ② night / ③ seen / ④ at / ⑤ be / ⑥ can) in this area.

3番目 31 5番目 32

(5) Can you (① where / ② house / ③ tell / ④ is / ⑤ your / ⑥ me)?

3番目 33 5番目 34

F．次のページの表と会話文を読み取り，設問について記号で答えなさい。

Situation: Yumi is talking with her brother, Ken.

Yumi: Next Wednesday is Mom's birthday. What shall we give her?

Ken: Last year we gave her a bag. Do you know something she wants this year?

Yumi: No idea…

Ken: Neither do I.

Yumi: I think we should cook something for her instead of buying a present.

Ken: How about baking a birthday cake?

Yumi: That's a good idea! Mom will be very happy!!

Ken: Look at this recipe, it looks easy to make. These are the ingredients we need to make it.

Yumi: We have sugar, flour and honey at home. I'm free in the morning next Tuesday so I will go to Shigakukan Market and buy the others. This ad says we can buy a pack of eggs for 200 yen!

Ken: I can go there at around 5 pm after school and get a discount. Also, I will download the app. It will be much cheaper!

Yumi: Thank you! Mom works late at night on weekdays. Let's finish baking the cake before she comes home.

Ken: Good! Let's keep it a secret and surprise her!

Ingredients

90g sugar

60g flour

10g butter

10g honey

400ml fresh cream

2 eggs

1 pack of strawberries

※注
app：アプリ　　ad：広告
ingredients：材料

(1) When is their mother's birthday? 35

① January 30th　② January 31st　③ February 1st　④ February 2nd

(2) What does "Neither do I." mean? 36

① He has a good idea.
② He thinks it's good to cook something for his mother's birthday.
③ He can't think of any ideas.
④ He knows what his mother wants for her birthday.

(3) How much will Ken spend at Shigakukan Market? 37

① 1600 yen　② 1400 yen　③ 1000 yen　④ 850 yen

(4) Why do they decide that Ken will go to the supermarket? 38

① Because he can go there on Tuesday morning.
② Because he has a Shigkukan card.
③ Because he can go there on Tuesday evening.
④ Because he has the app for the supermarket.

(5) Ken will go to the supermarket and pay with his Shigakukan card this time.

So he can use a coupon next time. How much will he pay for butter and a pack of eggs when he goes there on the next day at 9:00? 39

① 700 yen　② 600 yen　③ 550 yen　④ 500 yen

(6) How can you do online shopping? 40

① By downloading the app　② By looking at the ad

③ By visiting the website　④ By going to Shigakukan Market

G．以下の英文を読み，設問に記号で答えなさい。

Temperatures in summer is becoming higher and higher around the world. It is often said that wearing black clothing increases heat. However, lately, it has become clear that other colors have the same effect. So, what colors are good for summer clothing? "There are colors *1closely related to black," explained Toshiaki Ichinose, a Researcher at *2the National Institute for Environmental Studies. He's studying the relationship between heat and clothing color. From the sun, the Earth receives "*3radiant energy." *4Objects have different *5reflectivity of radiant energy *6based on color, and energy not reflected is *7absorbed and turned into heat. As a result, black clothing with low reflectivity keeps heat more, while white clothing with high reflectivity keeps heat less.

In 2019, Ichinose's research team put shirts of nine colors under sunlight for about 5 minutes and measured the temperatures using a *8thermography camera. The results showed the surface temperatures from lower to higher in this order: white → yellow → gray → red → purple → blue → green → dark green → black. The surface temperatures of white and yellow shirts were around 30℃. On the other hand, black and dark green shirts were over 45℃. Ichinose explains, "Results could be different based on clothing *9dyes, but when *10expanding the testing to include *11invisible light, we found that green is similar to black. These two colors can be put in one group."

So, to stay cool in hot weather, what color of clothing should you wear? White, yellow, gray, and red clothing are better, especially when you spend a long time in the sun. On the other hand, it's advised to *12avoid black, dark green, green, blue, and purple clothing.

※注

*1：closely　密接に　*2：the National Institute for Environmental Studies　国立環境研究所

*3：radiant energy　放射エネルギー　*4：objects　物体　*5：reflectivity　反射率

*6：based on　～に基づいて　*7：absorb　～を吸収する

*8：thermography camera　サーモグラフィーカメラ　*9：dye　染める　*10：expanding　広げると

*11：invisible　見えない　*12：avoid　避ける

(1) 本文中に出てくる研究者は何を調査しているか①～④の中から選び，記号で答えなさい。 41

① 気温と心理的影響の関係　② 気温と環境の関係

③ 暑さと服の色の関係　④ 洋服のデザインと色の関係

(2) 色について最近になって明らかになったことは何か①～④の中から選び，記号で答えなさい。 42

① 黒い服の着用が全く暑さに影響を与えないことが分かった

② 黒だけでなく他の色も暑さを増すことが分かった

③ 黒い服を着ると暑さが軽減されることが分かった

④ 黒い服を着ることは暑さに影響を与えないことが分かった

(3) 物体の色が熱エネルギーの反射率に与える影響について正しいものを①～④の中から選び，記号で答えなさい。 43

① 色によって反射率は変化せず，熱エネルギーに影響を与えない

② 反射率が高いほど熱エネルギーが保持される

③ 反射率が低いほど熱エネルギーが保持される

④ 色による影響は無視できる

(4) 2019年に一ノ瀬さんの研究チームが行った実験について正しいものを①～④の中から選び，記号で答えなさい。 44

① ７色のシャツを５分間日光に当てる実験を行った

② サーモグラフィーカメラで様々な色のシャツを着た人の体温を測った

③ シャツの色と表面温度の関係を調査する実験で，色による違いが明らかになった

④ 植物の成長に影響を与える光の種類を調査する実験で，新しい成果が得られた

(5) 本文によると，選択肢の中で黒に最も近い関係にある色は何色か①～④の中から選び，記号で答えなさい。 45

① 緑　② 白　③ 青　④ 赤

(6) 夏の服に適した色はどれか①～④の中から選び，記号で答えなさい。 46

① 赤，緑　② 黒，紫　③ オレンジ，ピンク　④ 白，黄

(7) 本文の内容と一致していない文を①～④の中から選び，記号で答えなさい。 47

① The temperature is rising more and more these days.

② Black clothes have high reflectivity.

③ According to a scientist, black and green belong to the same group.

④ When you go out during the daytime in summer, you should wear white clothes.

(8) この文章につけるタイトルとして適切なものを①～④の中から選び，記号で答えなさい。 48

① How to wear clothes

② Choice of size of clothes

③ Global boiling

④ Relationship between heat and clothes color

【理　科】（40分）　＜満点：100点＞

[1] 以下の文を読み，以下の問い答えなさい。

現在，日本ではリニア中央新幹線の開通を目指しており，新幹線以上の高速で移動する手段になると期待されています。

このリニア中央新幹線には，線路の両側面・床面と車両自体に電磁石が設置されており，この電磁石同士が反発したり引っ張り合ったりする事で，重い車両を浮遊させて走行します。この磁石は，特に超伝導磁石と呼ばれており，$_1$電磁石と似たような性質を持ち，電流を流し続けることで磁力を作り出します。

このリニア中央新幹線には大きな課題が2つあります。1つ目は，$_2$電力消費が激しいという点です。前述の超伝導磁石は，磁力を作り出すために$_3$大規模な電力が必要になります。そのため，安定的に多くの電力が必要になり，現在の新幹線よりもコストが掛かる事が懸念されています。2つ目は，線路開通予定のコースについてです。このコースは，全体の8割近くが山岳地域の地下をトンネルによって通過していきます。しかし，山岳地域の地下には多くの$_4$リスクがあると考えられています。

しかし，一方で2023年度の$_5$台風接近に伴う$_6$豪雨災害によって新幹線が機能不全に陥る事がありました。そういった際に，別の選択肢としてこのような手段が存在すれば，経済的な損失などを抑えられるという意見もあります。

※注　電磁石とは，コイルに電流を流すと電磁誘導を生じ，鉄心が一時的に磁石となる物質の事です。

問1．下線部1の電磁石は，コイルに電流を流すと磁界が発生する物質です。下記のイラストはコイルを簡易的に表しています。コイル上の矢印は，電流の向きを表しています。このイラストにおいて，この時の磁界の向きを答えなさい。[1]

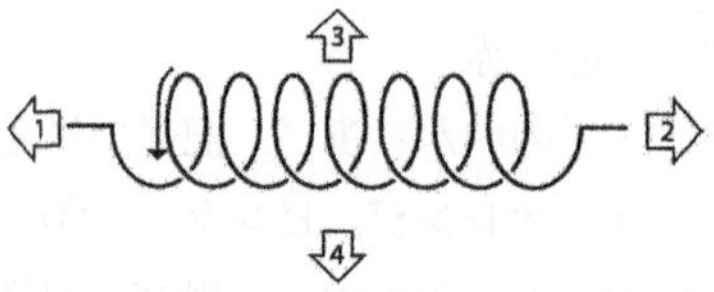

問2．下線部2について，リニア中央新幹線が時速500kmで走行し，その時の消費電力が1時間あたり3万5000kWとします。出発から停車まで等速で移動し名古屋と東京で運行した時，必要とする電力として最も近い数値を求めなさい。ただし，東京－名古屋間は350kmであるとします。[2]

①　1.5万kW　②　2.5万kW　③　3.5万kW　④　4.5万kW　⑤　5.5万kW

問3．下線部3について，現在，新幹線は東京－名古屋間を1日に約300本（片道）が運行しています。リニア中央新幹線が東京－名古屋間を1日に300本運行する場合に必要な電力量を，問2の問題文の数値を用いて計算し，必要とする電力として最も近い数値を求めなさい。[3]

①　150万kW　②　450万kW　③　750万kW　④　1050万kW　⑤　1450万kW

問4．下線部3について，現在の太陽光パネルは，1平方メートルあたりで1時間あたり3.5kWの発電が可能です。このパネルをバンテリンドームの屋根に敷き詰めてリニア中央新幹線の電力に用いることとします。リニア中央新幹線で名古屋から東京まで移動する場合，バンテリンドームでの発電で1日最大何往復できるか，最も近い数値を答えなさい。ただし，敷き詰められる太陽光パネルの面積は3万平方メートルで，10時間同じ強さの太陽光が発生していると仮定します。[4]

① 20往復　② 40往復　③ 60往復　④ 80往復　⑤ 100往復

問5．リニア中央新幹線の予定コースは地図中のルートに近いと言われている。このルート上に存在する山脈名として正しいものを答えなさい。[5]

① 赤石山脈　② 鈴鹿山脈　③ 日高山脈
④ 奥羽山脈　⑤ 飛騨山脈

問6．下線部4について，問5の山脈がある事を前提として，このリニア中央新幹線の予定コースに存在すると考えられる。このコースにおいて，リスクと考えられる災害を1つ答えなさい。[6]

① 液状化　② 地震　③ 火山噴火　④ 津波　⑤ 火災旋風

問7．下線部5に関する文章を読み，(　)に当てはまる語句の組み合わせを表から1つ選び答えなさい。[7]

台風とは，(　ア　)帯で出来る(　イ　)気圧が発達して発生するものである。これは，激しい(　ウ　)気流を伴って積乱雲を作り，基本的に前線を伴わない。

また，台風の風は中心に向かって(　エ　)回りであり，日本に向かって(　オ　)風によって東に向かって進路を取る事が知られている。

	ア	イ	ウ	エ	オ
①	熱	低	上昇	反時計	偏西
②	熱	高	下降	時計	貿易
③	温	高	下降	反時計	貿易
④	温	低	上昇	時計	偏西

問8．下線部6について，近年は「線状降水帯」という災害が頻発している。2023年8月には台風が通過後に静岡周辺にてこれが発生し大きな被害をもたらした。この線状降水帯についての説明として，正しいものを1つ答えなさい。[8]

① 線状降水帯は，高速で通過する雨雲の事である。
② 線状降水帯は，長さ10km未満の雨雲である。
③ 線状降水帯は，高気圧の近くに発生する。
④ 線状降水帯は，積乱雲の集まりである。

[2] 植物のはたらきを観察するため，試験管A，B，Cを用意し，実験①をおこなった。さらにすべての試験管に，青色のBTB溶液を加え，息を吹きかけ緑色にした状態で，明るい場所に1時間おくという実験②をおこなった。実験①の操作内容と，実験②の結果をまとめたものが次のページの表である。

試験管	実験①の操作内容	実験②の結果
A	水とオオカナダモを入れた	青色になった
B	水とオオカナダモを入れ、試験管のまわりをアルミ箔で覆い、光が当たらないようにした	黄色になった
C	水のみを入れた	緑色のままだった

問１．実験①の試験管Ａでは，オオカナダモの表面に小さな泡が観察された。この泡に多く含まれている気体は何だと考えられるか次の中から選びなさい。[9]

① 酸素　② 水素　③ 窒素　④ 二酸化炭素

問２．実験②の試験管Ｂで色の変化が見られたのは，植物の何というはたらきのためか答えなさい。[10]

① 蒸散　② 光合成　③ 蒸発　④ 呼吸

問３．試験管ＡとＢで起こっていた現象として，正しい文章を次の中からそれぞれ選びなさい。

Ａ [11]　Ｂ [12]

① 光合成のみ行われ，呼吸は行われていない。

② 呼吸のみ行われ，光合成は行われていない。

③ 光合成と呼吸が行われたが光合成の方がさかんだった。

④ 光合成と呼吸が行われたが呼吸の方がさかんだった。

問４．試験管Ｃのように，比較のために調べようとする事柄以外の条件を同じにしておこなう実験を何というか答えなさい。[13]

① 対比実験　② 対照実験　③ 対称実験　④ 比較実験

[3] 試験管ＡとＢとＣにそれぞれ水とオオカナダモを入れた実験をおこなった。下の表は，実験開始13時から２時間おきに，それぞれの試験管の中の二酸化炭素の割合を測定した結果である。ただし，試験管Ｃは暗所に置いた。

	時間ごとの、試験管内の二酸化炭素の量（%）			
	開始時	２時間後	４時間後	６時間後
試験管Ａ	0.80	0.50	0.40	0.40
試験管Ｂ	0.80	0.85	0.95	1.15
試験管Ｃ	0.80	0.90	1.05	1.25

問１．全期間の平均値として，光合成量が少ないのは試験管ＡとＢのどちらの試験管のオオカナダモか答えなさい。[14]

① 試験管Ａ　② 試験管Ｂ　③ 試験管ＡとＢは同じ　④ 表からはわからない

問２．この実験のオオカナダモの呼吸と光合成について表からわかることは何か答えなさい。[15]

① 試験管Ａのオオカナダモは開始してからの２時間において，もっとも盛んに光合成している。

② どの試験管でも４時間後から６時間後までの２時間は，オオカナダモは呼吸をしていない。

③ ２時間後から４時間後までの２時間において，試験管Ａのオオカナダモが光合成で取り入れた二酸化炭素と呼吸で放出した二酸化炭素の量は等しい。

④　オオカナダモが呼吸で放出した二酸化炭素の量は，開始時・2時間後・3時間後・4時間後・6時間後の，どの時間においても一定である。

4　次の各問いに答えなさい。

問1．以下の原子の中で，元素記号がアルファベット2文字であるものはどれか答えなさい。16

①　塩素　②　酸素　③　水素　④　炭素

問2．ゾウリムシが持つ収縮胞のはたらきはどれか答えなさい。17

①　運動　②　消化　③　食べ物を取り込む　④　体内の水分の排出

問3．太陽や星座を構成する星など，自ら光を発する天体をなんというか答えなさい。18

①　恒星　②　衛星　③　すい星　④　惑星

問4．夏の真夜中，南の空によく見える星座はどれか答えなさい。19

①　しし座　②　さそり座　③　おうし座　④　みずがめ座

問5．活断層について誤っている記述はどれか答えなさい。20

①　今後もそこで地震が発生する可能性がある。

②　日本にはほとんど存在しない。

③　これまでに繰り返し活動していた。

④　地層が切れるようにずれたものである。

【社　会】（40分）　<満点：100点>

[1]　以下の文章を読んで設問に答えなさい。

ロシアによるウクライナへの侵攻が続いています。ウクライナは，将来的に軍事同盟への加盟を目指しています。フランスはこれを支持する方針に転換しました。これまでフランスは，アメリカやドイツと共に慎重な姿勢をとっていましたが，ロシアに圧力をかけ，ウクライナにもロシアとの和平交渉を促す上で有効と判断しました。2023年８月現在，スウェーデンが加盟を申請中です。また，2023年４月に正式に加盟したのが，フィンランドです。

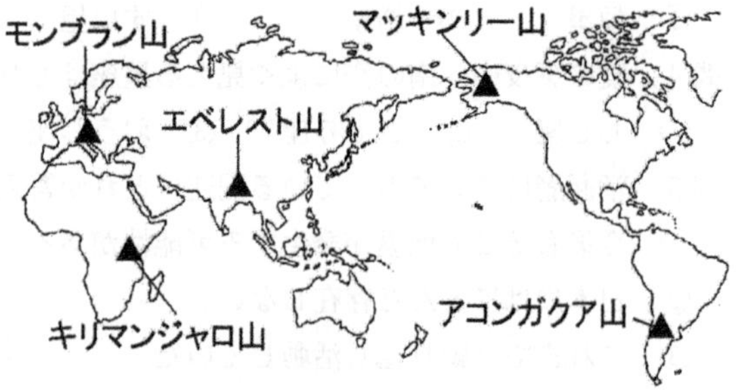

問１　下線部について，ウクライナが加盟を目指している世界最大の軍事同盟とは何か，１つ選びなさい。[1]

①　ヨーロッパ連合　　②　北大西洋条約機構　　③　ワルシャワ条約機構
④　パレスチナ解放機構　　⑤　東南アジア諸国連合

問２　日本は軍事同盟との連携を強化するため，2027年までに防衛費の増強を計画している。対ＧＤＰ比何％の防衛費の増強を目標としているか，１つ選びなさい。[2]

①　１％　　②　２％　　③　３％　　④　４％　　⑤　５％

問３　次の①～⑤のうち，フィヨルドの特徴を述べているものはどれか，１つ選びなさい。[3]

①　河川が運んできた細かい土砂が堆積して作られた地形である。
②　山地が海に沈み込むことで作られた入り組んだ形の海岸線である。
③　氷河によって削られた広く深い谷に海水が入り込んで作られた地形である。
④　浅い海底が隆起することで作られた地形で，長い砂浜が続いている。
⑤　雨水や地下水によって岩石の表面が溶解し，侵食されることによって生まれた地形である。

問４　図に示された山のうち，環太平洋造山帯・アルプスヒマラヤ造山帯に属さない山はどれか，１つ選びなさい。[4]

①　モンブラン　　②　キリマンジャロ　　③　エベレスト
④　マッキンリー　　⑤　アコンガクア

問５　2023年５月，広島でサミットが開催された。日本が議長国となるのはこれで７回目である。次のうち，サミットの会場となっていない場所を１つ選びなさい。[5]

①　洞爺湖　　②　平泉　　③　東京　　④　伊勢志摩　　⑤　沖縄

問6　サミットでは先進国7カ国のリーダーが話し合いを行う。7カ国に含まれていない国はどれか，1つ選びなさい。 6

①　中国　　②　カナダ　　③　イタリア　　④　フランス　　⑤　ドイツ

問7　2023年5月の広島サミットにて，核兵器廃絶に関する「広島ビジョン」が示された。2017年に採択された「核兵器禁止条約」に参加していない国を1つ選びなさい。 7

①　タイ　　②　フィリピン　　③　ニュージーランド　　④　日本　　⑤　オーストリア

問8　バイデン大統領が平和記念資料館を訪問し，「核戦争がもたらした破壊的な現実を力強く思い出させるものだった」と振り返った。さらにG7は「核兵器のない世界」の実現を向けた取り組みを続けることを確認したと述べた。広島には，原爆ドームがある。1996年に世界遺産に登録されている。世界遺産の組み合わせとして誤っているものを1つ選びなさい。 8

①　法隆寺－奈良県　　②　平泉－岩手県　　③　石見銀山－鳥取県

④　厳島神社－広島県　　⑤　三内丸山遺跡－青森県

問9　戦後78年を迎えた2023年，広島市の平和教育副教材から学校の図書館にも設置されている「漫画」が削除された。この漫画では，原爆が投下された広島で，戦中戦後の苦難の時代を生き抜こうとする少年の姿が描かれている。この「漫画」の作品名を次の中から1つ選びなさい。 9

①　ブラックジャック　　②　アルキメデスの大戦　　③　アドルフに告ぐ

④　カムイ伝　　⑤　はだしのゲン

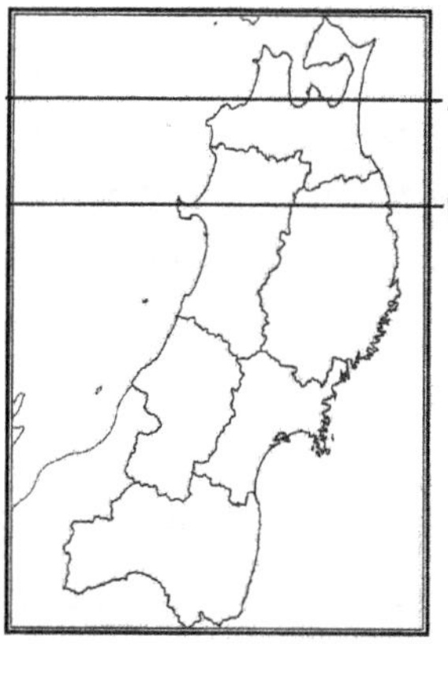

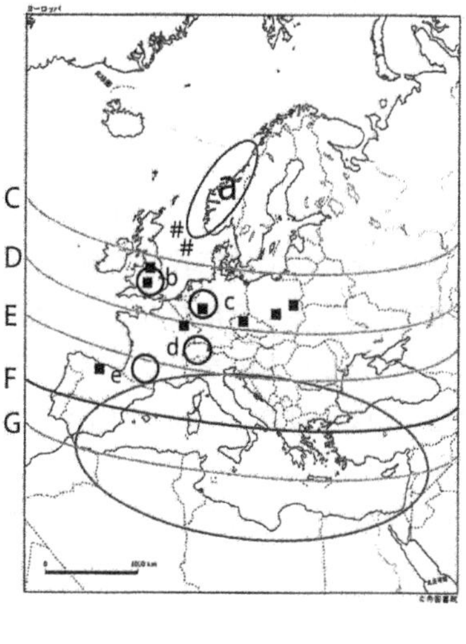

問10　日本の東北地方に引かれた緯線A～Bとヨーロッパに引かれた緯線C～Gがある。北緯40°の組み合わせとして正しいものを1つ選びなさい。 10

	日本地図	ヨーロッパ
①	A	C
②	A	D
③	A	E
④	B	F
⑤	B	G

問11　スイスにあるトーマ湖を源流とするライン川は，複数の国を流れる国際河川です。この河口にあるヨーロッパ最大の港，通称「ユーロポート」は，どこの国にあるか正しいものを１つ選びなさい。[11]

①　ドイツ　②　オランダ　③　ベルギー
④　フランス　⑤　スペイン

問12　図中の記号に適する資源名を次の中からそれぞれ１つずつ選びなさい。■＝[12]　＃＝[13]

①　鉄鉱石　②　石炭　③　石灰石
④　石油　⑤　天然ガス

問13　地図中のａ～ｅは，ヨーロッパにおける工業地域を示している。次の①～⑤は，いずれかの特徴を述べたものである。ａ～ｅに当てはまるものをそれぞれ選びなさい。

ａ＝[14]　ｂ＝[15]　ｃ＝[16]　ｄ＝[17]　ｅ＝[18]

①　すぐれた時計を数多く生み出した。精密機械工業や製薬産業が発達している。
②　豊富な電力を利用してアルミニウム工業が発達している。
③　工業の中心がかつての重工業からエレクトロニクスや環境・医療技術などに移行している。
④　産業革命期より製鉄業や機械工業が盛んである。
⑤　学術研究都市であり，航空機の最終組み立てなどの産業が盛んである。

問14　地図中の地中海の沿岸地域では，地中海式農業が盛んに行われている。この農業で作られていない作物を次の①～⑤の中から１つ選びなさい。[19]

①　レモン　②　オリーブ　③　ブドウ
④　オレンジ　⑤　トウモロコシ

問15　2023年５月，フランスで開催された第76回カンヌ映画祭で，北野武監督の６年ぶりの新作「首」が公式上映された。この作品は「本能寺の変」がテーマとなっている。「本能寺の変」が起こった頃，ドイツでは宗教改革が起こった。その影響もあり，東アジアに宣教師たちがキリスト教を布教しに来るようになった。1549年，イエズス会のフランシスコ＝ザビエルが来日した場所はどこか，正しいものを１つ選びなさい。[20]

①　沖縄　②　長崎　③　鹿児島
④　福岡　⑤　佐賀

問16　ザビエルの来日からさかのぼること数年。1543年，種子島に鉄砲が伝来した。鉄砲を伝えた人物やザビエルは，それぞれどこの国の人か，次の中から正しい組み合わせを選びなさい。[21]

	＜鉄砲を伝えた人物の国＞	＜ザビエルの国＞
①	ポルトガル	スペイン
②	中国	スペイン
③	オランダ	スペイン
④	スペイン	ポルトガル
⑤	中国	ポルトガル

問17　鉄砲の伝来した種子島とはどこか。次のページの地図中の①～⑤から正しい場所を１つ選びなさい。[22]

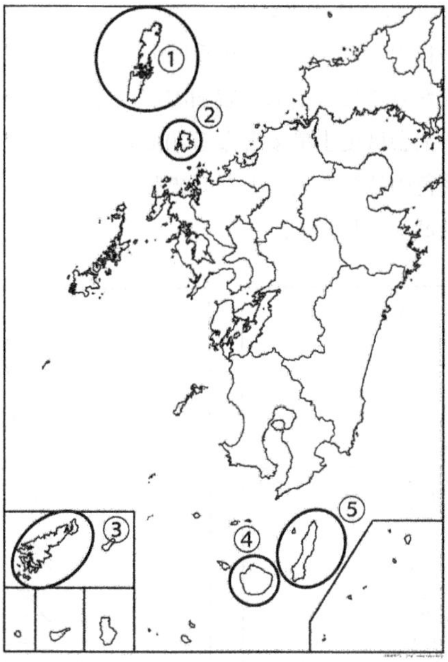

問18　ドイツをはじめとしたヨーロッパ各地では，工業の発展を優先したために発生した公害によって，森が枯れたり，銅像が溶けたり，歴史的な建造物が被害を受けている。
この公害とは何か１つ選びなさい。23

① 酸性雨　② 地球温暖化　③ 熱帯林の破壊
④ オゾン層の破壊　⑤ 砂漠化

問19　ヨーロッパでは，環境の保全に対する意識が高く，それはライフスタイルにも影響を与えている。自動車で最寄りの駅まで行き，そこから電車やバスに乗り換えて移動するなどの取り組みをしている。これを何というか次の中から１つ選びなさい。24

① モーダルシフト
② ジャストインタイム
③ パークアンドライド
④ トレーサビリティー
⑤ カーボンニュートラル

問20　2015年に採択されたパリ協定は，気候変動問題に関する国際的な枠組みである。具体的には，地球温暖化の原因となる温室効果ガスの削減目標が策定された。温室効果ガスの代表である二酸化炭素について，排出量の多い上位３カ国の組み合わせとして正しいものを１つ選びなさい。25

① １位　アメリカ　２位　中国　３位　日本
② １位　アメリカ　２位　日本　３位　中国
③ １位　中国　２位　アメリカ　３位　日本
④ １位　中国　２位　アメリカ　３位　ＥＵ
⑤ １位　中国　２位　ＥＵ　３位　アメリカ

2 以下の文章と表を読んで設問に答えなさい。

2023年の３月には，野球の世界大会ＷＢＣの第５回大会が開催され，日本は２大会ぶり３度目の優勝を果たしました。かねてからこの大会は，参加国が少なく，野球の世界的な普及が課題とされてきましたが，この第５回の大会は史上最多となる20にもわたる国と地域の参加があり，今後の大会規模の広がりにも大きく期待の持てる大会となりました。

以下の表はその参加国・地域の一覧です。

プールＡ	プールＢ
パナマ オランダ キューバ イタリア チャイニーズ・タイペイ	日本 韓国 オーストラリア 中国 チェコ共和国
プールＣ	**プールＤ**
アメリカ合衆国 メキシコ コロンビア カナダ イギリス	プエルトリコ ベネズエラ ドミニカ共和国 イスラエル ニカラグア

(野球日本代表　侍ジャパンオフィシャルサイトより引用)

問１　パナマはその国名がつくパナマ運河が，年間13,003隻（2022年度 パナマ大使館）の貨物船を行き来させる巨大な運河として世界的に有名である。以下のグラフは2022年度のパナマ運河利用国の上位４位までをまとめたものである。空欄【Ａ】【Ｂ】に入る国名の組み合わせとして正しいものを１つ選びなさい。 26

順位	国名	貨物量（単位：ロングトン）
1	アメリカ合衆国	213,900,246
2	中国	61,953,043
3	【　Ａ　】	38,539,423
4	【　Ｂ　】	30,198,738

(https://www.panama.emb-japan.go.jp より引用)

① 【Ａ】：日本　【Ｂ】：チリ　　② 【Ａ】：チリ　【Ｂ】：日本
③ 【Ａ】：韓国　【Ｂ】：ブラジル　　④ 【Ａ】：ブラジル　【Ｂ】：韓国

問２　キューバは，1962年にソ連が核ミサイル基地建設を行ったことがきっかけで，米ソ間の緊張が高まった「キューバ危機」で知られる国家である。この当時のアメリカ大統領として正しい人物を１人選びなさい。 27

① アイゼンハウアー　② ケネディ　③ ジョンソン
④ ニクソン　⑤ フォード

問３　日本に野球が伝わったのは，1872年に第一大学区第一番中学のアメリカ人教師が日本人生徒に伝えたことがその起源となっている。この1872年に明治政府が定めた，学校制度や教員養成に関する基本的な規定をなんというか。正しいものを１つ選びなさい。 28

① 学校教育法　② 教育基本法　③ 教育勅語
④ 学制　⑤ 教育令

問４　韓国と日本は隣国であることから領土に関わる問題が存在している。その原因となる竹島の場所はどこか。地図中から正しい場所を１つ選びなさい。29

【地図】

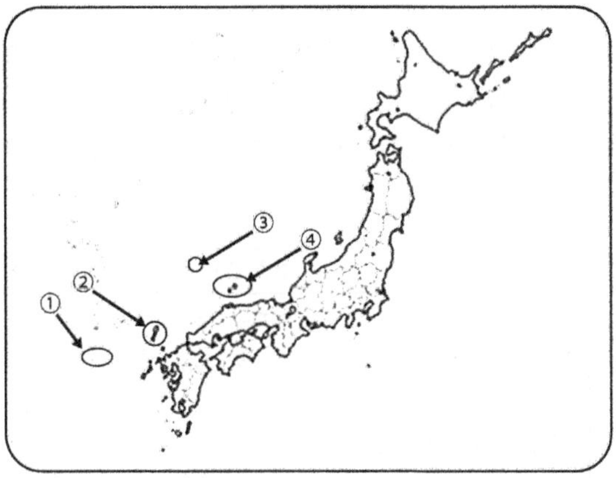

問５　日本では，現代でも中国の春秋・戦国時代や三国志を題材にした映画や漫画で作品が数多く作られている。戦国時代を終結に導き，始皇帝によって創られた国家をなんというか。正しいものを１つ選びなさい。30

①　魏　　②　燕　　③　秦　　④　呉　　⑤　蜀

問６　アメリカは，第４回ＷＢＣの優勝チームであるが，大会のあった2017年の１月には，第45代大統領であるドナルド＝トランプが大統領に就任した。この時ドナルド＝トランプが所属していた政党として正しいものを１つ選びなさい。31

①　共和党　　②　民主党　　③　労働党　　④　自由党　　⑤　保守党

問７　カナダは，2020年にメキシコ・アメリカを含む三カ国で経済協定を新たに締結した。この協定をなんというか。正しいものを１つ選びなさい。32

①　OPEC　　②　ASEAN　　③　EFTA　　④　USMCA　　⑤　BRICS

問８　イギリスは，女性が君主として国家を治めていた歴史のある国家であり，2022年９月に崩御したイギリスの前国家元首も女性であった。前国家元首と現国家元首の組み合わせとして正しいものを１つ選びなさい。(2024年１月現在) 33

①　前国家元首：エリザベス１世
　　現国家元首：チャールズ２世

②　前国家元首：エリザベス１世
　　現国家元首：チャールズ３世

③　前国家元首：エリザベス２世
　　現国家元首：チャールズ２世

④　前国家元首：エリザベス２世
　　現国家元首：チャールズ３世

3　以下の文章を読んで設問に答えなさい。

2023年は，国連人権高等弁務官事務所創設の国際合意がなされてから30周年という節目の年となりました。しかし，「すべての人のための人権の完全な実現は未だ道半ばである」と，ヴォルカー＝ターク国連人権高等弁務官は述べています。

昨今，様々な場面で取り上げられている人権の成り立ちは，王権神授説を掲げ絶対王政を敷いた国家権力に対して，その力を制限して民衆を守るために作り上げられたものです。その根幹にあるのは，「神は自分の体を模して人間を作ったため，神は人間を愛している」というキリスト教的思想から端を発する自然法思想によるものであります。そのため，「王といえども，神と法の下にある」という考えのもと，キリスト教が広く信じられているヨーロッパを中心に人権思想は広がりを見せました。

しかし，日本では同じ頃にキリスト教を受け入れず鎖国政策を行なったこともあり，当時広がりつつあった人権思想がそのまま導入されることはありませんでした。その結果として，日本に基本的人権の思想が広がったのは，第二次世界大戦後に基本的人権が憲法に取り入れられてからとなったのです。

年	できごと
1215年	大憲章（マグナカルタ）が発布される
1517年	ルターによる宗教改革が始まる
1637年	島原の乱
1641年	日本で鎖国の体制が整う
1643年	ルイ14世が即位
	【　X　】
1861年	南北戦争開始
1867年	明治政府樹立
1874年	自由民権運動が始まる
1889年	大日本帝国憲法制定
1919年	ワイマール憲法が発布される
1946年	日本国憲法制定
1948年	世界人権宣言

問1　神から与えられた自然権を守るために，抵抗権・革命権を行使しても良いと唱えた啓蒙思想家は誰か。正しいものを1つ選びなさい。34

① モンテスキュー　② ロック　③ ルソー　④ ホッブズ

問2　ルターは宗教改革の活動の中で，ルネサンス期に開発・発展した「ある道具」の活用を行なって，聖書の教えを多くの民衆に伝えた。そのある道具とそれを改良した人物として正しい組み合わせを1つ選びなさい。35

①　道具：活版印刷機
　　改良した人物：グーテンベルク

②　道具：地球儀
　　改良した人物：トスカネリ

③　道具：地球儀
　　改良した人物：グーテンベルク

④　道具：活版印刷機
　　改良した人物：トスカネリ

問3　島原のある天草地方は，潜伏キリシタンが多く住んでいたという歴史的背景から世界文化遺産に登録されている。文化遺産として登録されている日本の世界遺産を正しいものを1つ選びなさい。36

①　白神山地　②　富士山　③　犬山城　④　屋久島　⑤　名古屋城

問4　江戸幕府は，鎖国中も特定の国との貿易は継続していた。江戸幕府と貿易を継続した国の土地の特徴として正しいものを1つ選びなさい。37

① 面積はおよそ日本の25倍の963万平方キロメートルである。

② 日本と同じ島国で，経度０度に位置している。

③ ユーラシア大陸の最西端にある。

④ 国土の約４分の１が海面より低い干拓地である。

問５ ルイ14世の絶対王政を象徴する言葉として正しいものを１つ選びなさい。[38]

① 王は国家第一の下僕である　② 朕は国家なり

③ 王は君臨すれど統治せず　④ 王は狐と獅子を選ぶべきである

問６ 以下の文章Ⅰ～Ⅲは，年表中の【X】に入る出来事である。文章Ⅰ～Ⅲの順番として正しいものを１つ選びなさい。[39]

Ⅰ：名誉革命が起こり，権利の章典が採択された。

Ⅱ：フランス革命の最中，フランス人権宣言が採択された。

Ⅲ：アメリカ独立戦争の最中，アメリカ独立宣言が採択された。

① Ⅰ→Ⅱ→Ⅲ　② Ⅰ→Ⅲ→Ⅱ　③ Ⅱ→Ⅰ→Ⅲ

④ Ⅱ→Ⅲ→Ⅰ　⑤ Ⅲ→Ⅰ→Ⅱ　⑥ Ⅲ→Ⅱ→Ⅰ

問７ 南北戦争では，アメリカの北部側によって奴隷解放宣言が採択された。北部の主要産業には奴隷が必要なかったことが理由として挙げられる。当時のアメリカ北部・南部の主要産業として正しい組み合わせを１つ選びなさい。[40]

① 北部：商工業
　南部：綿のプランテーション

② 北部：綿のプランテーション
　南部：商工業

③ 北部：水産業
　南部：羊毛の加工

④ 北部：羊毛の加工
　南部：水産業

問８ 自由民権運動の中心人物であった板垣退助は，1882年に演説中，暴漢に襲われた。その時「板垣死すとも自由は死せず」と周りに伝えたとされている。この事件が起こった場所として正しいものを１つ選びなさい。[41]

① 愛知県　② 岐阜県　③ 三重県　④ 静岡県　⑤ 長野県

問９ 大日本帝国憲法を説明した文章として正しいものを１つ選びなさい。[42]

① 大日本帝国憲法は1889年の11月29日に公布された。

② 大日本帝国憲法には地方自治についての規定があり，首長は住民による投票によって選ばれていた。

③ 人権は「臣民ノ権利」として認められ，法律によってその自由が制限されることはなかった。

④ 主権は天皇にあり，帝国議会は天皇の持つ立法権を協賛する機関であった。

問10 世界で初めてワイマール憲法によって認められた権利として正しいものを１つ選びなさい。[43]

① 平等権　② 自由権　③ 参政権　④ 社会権

問11 日本や世界の憲法について述べた文章として誤っているものを１つ選びなさい。[44]

① 世界の現行の憲法は改正されていることがあるが，日本国憲法は１度も改正されたことがない。

② アメリカ合衆国憲法は，現在有効である憲法の中では世界最古である。

③ 日本国憲法は世界各国の憲法と同様に公務員の労働基本権が認められている。

④ イギリスには成文憲法が存在しない。

問12　日本国憲法では，平和主義を基本理念として戦力の不保持を掲げているが，それと類似した理念として平時の非武装・永世中立を掲げている中央アメリカの国家として正しいものを１つ選びなさい。[45]

①　メキシコ　②　ニカラグア　③　ブラジル　④　コスタリカ　⑤　ドミニカ共和国

問13　日本国憲法の基本理念として，基本的人権の尊重の記載があるが，以下の文章は人権の中のどの権利について関係のある文章となるか。それぞれ正しいものを１つ選びなさい。

(1)　両親は仏教徒であるが，自分はキリスト教の信者となった。[46]

①　自由権　②　平等権　③　社会権　④　参政権

(2)　大都市でも，田舎でも選挙の当選者数が１名であったことから「一票の格差」問題が発生した。[47]

①　自由権　②　平等権　③　社会権　④　参政権

問14　日本国憲法には，参政権が保障されている。2021年に実施された衆議院議員総選挙は，総務省の発表によると投票率が55.93％であった。年代別の投票率が一番低かったのはどの年代か。正しいものを１つ選びなさい。[48]

①　10代　②　20代　③　30代　④　40代　⑤　50代　⑥　60代

問15　世界人権宣言は初めて人権保障の目的と基準を国際的に示したものであったが，法的拘束力はなく，方針として採択されたものであった。世界人権宣言に規定された権利に法的拘束力を持たせるため採択された法令をなんというか。正しいものを１つ選びなさい。[49]

①　大西洋憲章　②　国際連合憲章　③　国際人権規約　④　子どもの権利条約

問16　男女雇用機会均等法は2020年の６月に改正された。その改正内容として正しいものを１つ選びなさい。[50]

①　女性であることを理由に差別的扱いをすることを禁止された。
②　男女ともに性別を理由に差別的扱いをすることを禁止された。
③　時間外・休日・深夜勤務についての男女共通の規制が追加された。
④　職場におけるセクシャルハラスメントの防止対策が強化された。

を一つ選びなさい。解答番号aは[28]・bは[29]。

a「率て」　①急いで　②連れて　③こっそり　④強引に

b「わびて」　①謝って　②良くて　③困り果てて　④堂々と

問二　――A「国の守にからめられにけり」の意味として最も適当なものを次から一つ選びなさい。解答番号は[30]。

①国境を守る軍隊に捕らえられた。
②国境を越えられず、捕らえられた。
③国を治める国司に捕らえられた。
④国を支配する神に捕らえられた。

問三　――B「つま」について後のⅠ・Ⅱの問に答えなさい。

Ⅰ、漢字で書くときに適当なものを一つ選びなさい。解答番号は[31]。

①妻　②夫　③守　④男

Ⅱ、この語から分かる「むすめ」の心情として適当なものを一つ選びなさい。解答番号は[32]。

①「国の守」に感謝する気持ち
②「盗人」を嫌う気持ち
③「男」を愛する気持ち
④「道来る人」に焼かれたくない気持ち

問四　本文の和歌にはどのような気持ちを込められているか、適当なものを一つ選びなさい。解答番号は[33]。

①「男」に無理矢理連れ去られたため、その男と共に過ごしたくはないという思い。
②「男」に武蔵野へ強引に連れてこられたので、せめて残してきた人に会いたいという思い。
③「男」と同意して武蔵野までたどり着いたが、気が変わって自分だけが助かりたいという思い。
④「男」と駆け落ちしたものの、命の危機を前に、男の命を助けたいという思い。

問五『伊勢物語』が書かれた年代として適当なものを一つ選びなさい。解答番号は[34]。

①奈良時代　②平安時代　③室町時代　④鎌倉時代

⑤ コミュニケーションにおける不都合は、すべて言語ルールに無数のバリエーションがあるためであることを示す点。

問五 ――C「Twitter で日々繰り広げられているコミュニケーションは、実は極めて複雑な言語ゲームなのだ」とあるが、Twitter が複雑な言語ゲームになる要因として**適当ではないもの**を次の選択肢の中から**二つ選びなさい**。解答番号は 24 ・ 25 。

① フォロワー数が多い人にリツイートされることによって、仲間内に向けた投稿が大勢の目に触れること。

② 投稿内容を見た人が、それを自分なりの言語ゲームのルールで解釈して反応することができること。

③ 考えや感覚に裏付けられた言葉ではなく、その場その場の状況に合わせた言葉を発してしまう構造になっていること。

④ 字数制限があり、どのような意図や文脈で投稿したのかということがわかりにくくなっていること。

⑤ 友達と公園でサッカーをしたという投稿は、スタジアムでプレーしたと受け取られて反応されてしまうこと。

問六 この文章について述べた文として適当なものを**二つ選びなさい**。解答番号は 26 ・ 27 。

① 「痛い!」や、「誰だよ!こんなところにたんすなんて置いたのは!」といった感情的な表現によって、論理的には受け入れにくい主張を情緒に訴えかけて説得している。

② 「考えてもしかたのないことなのです」といった冷笑的な態度によって、SNSによる言語コミュニケーションの無意味さを説いている。

③ 「ウィトゲンシュタイン」といった海外の哲学者の論を引用することで自分の主張を権威づけるとともに、その論を知らない読者を露骨に排除している。

④ 「言語」や「痛い!」といった言葉を繰り返し使用することで、文章にリズムをつけ心地よい印象をつくりだしている。

⑤ 「たんすの角に足の小指をぶつけたとき」などの具体例を豊富に用いることでコミュニケーションの仕組みについて、常識に反する主張を受け入れやすくしている。

⑥ 前半で解説した「言語ゲーム」の理論を、後半では Twitter に適用することで、Twitter でトラブルが起きる理由を分析している。

三

次の文章を読んで、後の問いに答えなさい。

むかし、男ありけり。人のむすめを盗みて、武蔵野へ a率て行くほどに、盗人になりにければ、A国の守にからめられにけり。女をばくさむらのなかに置きて、逃げにけり。道来る人、「この野は盗人あなり。」とて、火つけむとす。女、bわびて、

武蔵野は今日はな焼きそ若草のBつまもこもれり我もこもれり

とよみけるを聞きて、女をばとりて、ともに率て住にけり。

語注 ＊1 武蔵野…現在の東京都、埼玉県、神奈川県にあたる旧国名。
＊2 道来る人…国司の配下の追っ手の者。
＊3 若草の…若草のみずみずしく美しい様子から、「つま」にかかる枕詞。

問一 ……a「率て」・b「わびて」の本文中の意味として適当なもの

㋑「シ障」解答番号は [16]。
① シ離滅裂　② 国シ無双
③ 白シ委任　④ 朝三暮シ
⑤ 君シ豹変

㋒「流ギ」解答番号は [17]。
① ギ会に出席する。　② 行ギ良くする。
③ 命令に抗ギする。　④ 本来の意ギを考える。
⑤ ギ惑を否定する。

㋓「強レツ」解答番号は [18]。
① 犯人をレン行する。　② 経年レッ化する。
③ 行レツに並ぶ。　④ 表面に亀レツが入る。
⑤ レッ火のごとく怒る。

問二　空欄 [X]・[Y]・[Z] に入る言葉として適当なものをそれぞれ選びなさい。解答番号について [X] は [19]・[Y] は [20]・[Z] は [21]。
① しかし　② だからこそ　③ さて　④ あるいは
⑤ たとえば　⑥ つまり

問三　――A「ウィトゲンシュタインは次のような革命的な答えを示しました」とあるが、ウィトゲンシュタインが示した答えとして適当なものを一つ選びなさい。解答番号は [22]。
① 私たちの中にある私だけにしかわからない考えや感覚を、言葉と合体させることによって、他者と共有させるようなルールが存在している。
② 考えや感覚と言葉の間にはそもそも対応関係などはないが、その時その時の状況に合わせて感覚と言葉の対応関係を新たに作り直している。
③ そもそも私たちは考えや感覚に対応した言葉を選び取っているのではなく、言葉によって私たちの感覚が切り分けられて認識できるようになっている。
④ 私たちは、コミュニケーションのルールに従って最善の言葉を発するにすぎず、言葉に対応する何かが私たちの中にあるわけではない。
⑤ その場その時に適した言葉を話すことで、私たちの私的な感覚は変化してしまうので、言語と感覚の対応関係について考えてもしかたがない。

問四　――B「同時に、日常的な言葉のやりとりがどのように成り立っているかをうまく説明してくれる考え方でもあります」とあるが、ウィトゲンシュタインの言語ゲームの理論は、ここでいう日常の言葉のやりとりを説明するときにどのような点で優れているのか。答えとして適当なものを一つ選びなさい。解答番号は [23]。
① 似たような感覚を感じていても人は状況によって別の言葉を発する理由を説明できる点。
② 人がその場その場でどのような言葉を発すれば、最善のアクションとなるのかを教えてくれる点。
③ 偉い人の前では礼儀正しくしていなければならないと、人が感じる理由を説明することができる点。
④ 言葉は私的な感覚と結びついて発せられるものだという理論が間違っていることを示すことができる点。

ゲームにおいて私たちが従うルールは決して一つではない、ということです。いや、そもそもそうしたルールは、公式／非公式といった区別もなければ、ルールブックも存在しません。確かにそこにはルールがありますが、そのルールには無数のバリエーションが存在し、そして刻々と変化しつづけていくのです。

言葉をこのように捉えるなら、C *1 Twitterで日々繰り広げられているコミュニケーションは、実は極めて複雑な言語ゲームなのだと考えることができるでしょう。

Twitterの「つぶやき」は、「ひとりごと」という形で語られます。しかも、140字という字数制限があるため、そこに記される情報はかなりシンプルであり、いったいどのような意図で、どのような文脈のなかで書かれたものなのか、背景が見にくくなっています。

［X］、「つぶやき」を目にした人は、それを自分に都合のよいルールに基づいて解釈し、反応することができます。たとえて言うなら、何のスポーツをしているのかわからない相手から飛んできたボールに、自分がプレーしているスポーツの㋒流ギでリアクションするような状況です。もしもあなたが野球をしているならバットで打ち返すでしょうし、バレーボールをしているなら㋓強レツなレシーブを決めるでしょう。

［Y］、そうしたリアクションは、当然のことながら、相手の立場からすれば不適切な対応になりえます。相手はサッカーをしているつもりなのに、そのボールをあなたがバットで打ち返してくるかもしれないからです。Twitter上で起こるトラブルの多くは、そうした言語ゲームの誤解に基づくものなのではないでしょうか。

［Z］、*2フォロワーが100人の人の投稿が、フォロワーが10万人の人に*3リツイートされたとしましょう。すると、その投稿の持つ意味合いはずいぶん変わってしまいます。それもまたスポーツにたとえて考えるなら、友達と一緒に公園でサッカーをプレーしていたはずなのに、何かの魔法によって突然、満員のスタジアムにワープさせられたような状況です。友達の前だからこそできるふざけたプレーも、スタジアムのまんなかでやれば「不適切だ」とされてブーイングを浴びるかもしれません。これも、言語ゲームのルールが急変することによって生じるトラブルである、と考えることができるでしょう。

（『SNSの哲学』戸谷洋志）

語注　*1　Twitter…ツイッター社が提供するミニ・ブログのサービス。現在は名称がXになっている。

*2　フォロワー…ツイッターにおいて自分のことをフォローしている他のユーザー。

*3　リツイート…ツイッターにおいて、他人が投稿した文（ツイート）を引用して再投稿すること。

問一　㋐〜㋓のカタカナに関して、傍線部と同じ漢字を含むものを次から選びなさい。解答番号は［15］から［18］。

㋐「仰テン」解答番号は［15］。

① 急テン直下　② 七テン八倒
③ 画竜テン睛　④ テン真爛漫
⑤ 心機一テン

応させ、その言葉で表現することができるのか。この問いに対して、Aウィトゲンシュタインは次のような革命的な答えを示しました。

彼によれば、「私」の考えや感覚と言葉の間には、そもそも対応関係などはありません。そうではなく、ただ、その場そのときのルールに拠ると「痛い」と言うことが適切だから、「私」は「痛い」と言うのです。

対応関係がそもそもない！これはびっくり㋐仰テンな発想です。彼が考えていたのはこういうことです。私たちは、言葉を話すとき、その場のルールに基づいて、そのときそのときにもっとも適した言葉を選んで話しています。この「ルール」が大切なのです。私たちがあるときにある言葉を発するのは、その言葉に対応する何かが私たちのなかにあるからではなく、そのときにはそう言うのが最善だから、そういうふうに私たちのコミュニケーションのルールが決まっているからにほかなりません。

だから、「なぜ私たちは、私的な感覚を、ある言葉に対応させて表現し、他者に伝えることができるのか？」という問いは、考えてもしかたのないことなのです。「『私』はなぜ、自分の感じているこの痛みと、『いたい』という3文字とを対応させることができているのか」なんて、そもそも示すことができません。しかし、そんなことなどわからなくても「私」は（多くの場合、自分でも意識せずに）その場のルールに従うことで、その言葉を選んで使い、他者とやりとりができている。その分には何の㋑シ障もないのです。

ウィトゲンシュタインは、このように一定のルールに基づいて交わされる言葉のあり方を、「言語ゲーム」と呼びました。これは、私たちの言葉に対するイメージを大きく変える発想です。しかし、B同時に、日常的な言葉のやりとりがどのように成り立っているかをうまく説明してくれる考え方でもあります。

もう一度、たんすの角に足の小指をぶつけたときのことを考えてみましょう。そのときあなたは「痛い！」と言うわけですが、しかし、どこかに足の小指をぶつけたとき、どんな状況でも必ず「痛い！」と言うわけではないでしょう。たとえばあなたがものすごく偉い人と話していて、礼儀正しくしていなければならないとき、ふとした弾みでたんすの角に足の小指をぶつけても、きっと「痛い！」と叫んだりはしないはずです。何か大きな災害が起こり、あわてて家を出て避難するとき、たんすの角に足の小指をぶつけたとしても「痛い！」とは言わず、ともかく先を急いで走るかもしれません。あるいは、廊下を歩いていて、角を曲がったところに置いてあったたんすの角に足の小指をぶつけ、転びそうになったとしたら、むしろ「誰だよ！こんなところにたんすなんて置いたのは！」などと言うかもしれません。

ある状況では「痛い」と言うのに、別の状況では「痛い」と言わない。なぜでしょうか。もしも「言葉は私的な感覚と結びついて発せられるものだ」と捉えるなら、その理由はうまく説明できません。しかし言語ゲームの理論に従えば、簡単に説明できます。つまり私たちは、言葉を私的な感覚と対応させて話しているのではなく、自分の置かれている状況において、その場での最善のアクションとなるような言葉を話しているにすぎないから、ということです。

ただし、ここで注意しておくべきことがあります。それは、言語

② 新しい母と二人きりで話すことができ、喜ばしい気持ちになったから。

③ 娘とたわいのないことではあるが話すことができ、達成感で満たされていたから。

④ 新しい母の反応が愛おしく思われ、このひとときを早く女中に知らせたかったから。

問五 ——B「私はくすぐられるような、何かいたたまらないような気持ちがしてきた」の理由として適当なものを一つ選びなさい。解答番号は 10 。

① 死んだ母との思い出があふれ出したから。

② 荘厳で厳格な父親に褒められたから。

③ 両親と一緒に寝ることが恥ずかしく思われたから。

④ 新しい母に申し訳ないと思ったから。

問六 X に入る適語を一つ選びなさい。解答番号は 11 。

① 愛情 ② 子宝 ③ 幸福 ④ 賛美 ⑤ 過去

問七 ——C「何となく空々しく聴きなされたのである」の私の気持ちとして、適当なものを一つ選びなさい。解答番号は 12 。

① 母親が子供をたくさん産んで、兄弟、姉妹が多かったが、母親が亡くなったさびしさは、どうすることもできないというむなしい気持ち。

② 兄弟、姉妹に恵まれていても、母親が亡くなるとすぐに父親が再婚したことは、とても許せることではないという腹立たしい気持ち。

③ 新しい母親が来たところで、兄弟、姉妹の多いことからくる生活苦は、すぐに解消されるわけではないという腹立たしい気持ち。

④ 以前から愛情を示したこともないのに、父親が子供は財産だと言って父親ぶりを見せつけることは、真実味がないというむなしい気持ち。

問八 ——Dにおいて、「決して」を三度使っている理由として適当なものを一つ選びなさい。解答番号は 13 。

① 新しい母や父と新たな関係を築こうとする私の強い決意の表れであるから。

② 強い決意で実母への思いを断ち切ることが新しい母への謝罪になると考えたから。

③ 新しい母が来たことをきっかけに、実母の死を受け入れなければならないと考えたから。

④ 実母との記憶は、今の家族にとって弊害でしかないと自分に言い聞かせようとしたから。

問九 この文章の各文末は、ほとんどが「た」「だ」で統一されている。これは、文章表現上どのような効果をあげているか。適当なものを一つ選びなさい。解答番号は 14 。

① 主人公の少年時代の追憶の気持ちを醸し出させる効果。

② 主人公の生き生きとした行動や心情を感じさせる効果。

③ 主人公の多感な少年時代の思い出を克明に描く効果。

④ 主人公の忘れてしまいたい経験を思い起こさせる効果。

二 次の文章を読み、後の問いに答えなさい。

なぜ私たちは、私的な感覚である痛みを、「痛い」という言葉と対

＊3　女中…家庭や旅館・料理屋などに雇われて、炊事・掃除その他の用をする女性を言った語。お手伝いさん。
＊4　釜山…大韓民国南東部に位置する広域市。

問一　――㋐～㋔のカタカナに関して、傍線部と同じ漢字を含むものを次から選びなさい。解答番号は [1] から [5]。

㋐「エン側」解答番号は [1]。
① 都市改革でエン突がなくなる。
② 彼はエン距離通勤をしている。
③ 運動会がエン期になる。
④ 彼はエンの下の力持ちだ。
⑤ 彼女のエン技力に魅了される。

㋑「機ゲン」解答番号は [2]。
① ゲン素記号を暗記する。
② 娘は野菜がキライだ。
③ ゲン因を追求する。
④ 彼女は犬をニクんでいる。
⑤ ゲン役時代の栄光。

㋒「ヨ地」解答番号は [3]。
① 被災地でヨ震が続く。
② 未来を占いでヨ言する。
③ 補助金が付ヨされた。
④ 父は浮ヨ絵に関心がある。
⑤ 甘い香りにヨいしれる。

㋓「愉カイ」解答番号は [4]。
① 町中にカイ盗が現れた。
② ココチよい風が吹く。
③ 難題をココロヨく引き受けた。
④ 病気の父をカイ抱する。
⑤ 意見のカイ釈が食い違う。

㋔「ジュン然」解答番号は [5]。
① 従ジュンな犬を飼う。
② ジュン調に物事が進む。
③ 技術が一定の水ジュンに達する。
④ 単ジュンな文章を書く。
⑤ ジュン滑に物事が進む。

問二　……a「口ごもり」・b「盲目」の語句の意味の組み合わせとして適当なものを一つ選びなさい。解答番号は [6]。
① a　言うことをためらう様子
　 b　物事に熱中する様
② a　相手に怖じけずはきはきと話す様子
　 b　暗闇で目が見えない様
③ a　言葉がこもってはっきりしない様子
　 b　他のものが目に入らない様
④ a　相手の態度を見て話す様子
　 b　理性的な判断ができない様

問三　[Ⅰ]・[Ⅱ] に入る適語を次からそれぞれ選びなさい。解答番号はそれぞれ [Ⅰ] は [7]・[Ⅱ] は [8]。
① まして　② なぜなら　③ そして　④ 言わば
⑤ しかし　⑥ 要するに

問四　――A「二度ずつ跳ぶ駆け方」の行動の理由として正しいものを一つ選びなさい。解答番号は [9]。
① 新しい母と初めて話したことが恥ずかしくなり、その場にいられなくなったから。

【国語】（四〇分）〈満点：一〇〇点〉

【注意】句読点・記号は一字に含みます。

一 次の文章は志賀直哉の小説『母の死と新しい母』の一節である。明治二十八年八月三十日、主人公であり兄弟・姉妹の多い「私」（十三歳）の母が三十三歳という若さで亡くなった。それから二か月後、「私」の家では新しい母を迎えることになった。実の母を亡くして毎日泣き、祖母と風呂でよく悲しんだ「私」は、百日も経たないうちに新しい母を待ち焦がれるようになった。赤坂の八百勘で新しい母の式と披露宴があった。本文はこれに続く場面である。これを読み、後の問いに答えなさい。

翌朝私が起きたときには母はもう何かちょっとした用をしていた。私は㋐エン側の＊1簀子《すのこ》で顔を洗ったが、いつもやるように手で＊2洟《はな》が何となくかめなかった。

顔を洗うとすぐハンケチを出して母を探した。母は茶の間の次の薄暗い部屋で用をしていた。私は何かa口ごもりながらそれを渡した。

「ありがとう。」こう言って美しい母は親しげに私の顔をのぞき込んだ。二人だけで口をきいたのはこれが初めてであった。

渡すと私はエン側を片足でA二度ずつ跳ぶ駆け方をして書生部屋に来た。書生部屋に別に用があったのでもなかったが。

その晩だったと思う。寝てから、「今晩はお母さんのほうでおやすみになりませんか。」と＊3女中が父の使いで来た。

行くと、寝ていた母は床を半分空けて、「お入りなさい。」と言った。

父も㋑機ゲンがよかった。父は「子宝といって子ほどの宝はないものだ。」こんなことを繰り返し繰り返し言い出した。B私はくすぐられるような、何かいたたまらないような気持ちがしてきた。

私の幼年時代には父は主に＊4釜山《ぷさん》と金沢に行っていた。私は祖父母と母の手で育てられた。[Ⅰ]一緒にいた母さえ、祖母のb盲目的な激しい愛情を受けている私にはもう愛する㋒ヨ地がなかったらしかった。[Ⅱ]父はもう愛を与えるヨ地を私の中にどこにも見いだすことができなかったに相違ない。この感じは感じとしてそのときでもあったから、私には[X]がC何となく空々しく聴きなされたのである。――それより母に対して気の毒な気がした。

父が眠ってから母と話した。しばらくして私は祖父母の寝間へ帰ってきた。

「何のお話をしてきた。」祖母がきいたが、「お話なんかしなかった。」と答えてすぐ夜着の襟《えり》に顔を埋めて眠ったふうをした。そして独り何となくうれしい心持ちを静かに味わった。

皆が新しい母を褒めた。それが私には㋓愉カイだった。そしてこのときはもう実母の死も㋔ジュン然たる過去に送り込まれてしまった、――少なくともそんな気がしてきた。祖母も死んだ母のことをD決して言わなくなった。私も決してそれを口に出さなかった。祖母と二人だけになってもその話は決してしなくなった。

（『母の死と新しい母』志賀直哉）

語注 ＊1 簀子…竹や木で編んだむしろ。すだれ。

＊2 洟…はな。はなじる。はなみず。

2024年度

解　答　と　解　説

《2024年度の配点は解答欄に掲載してあります。》

＜数学解答＞《学校からの正答の発表はありません。》

1　(1)　ア　3　イ　9　ウ　4　エ　0　(2)　オ　3
(3)　カ　－　キ　8　ク　1　ケ　5　(4)　コ　5　サ　9　シ　0
(5)　ス　－　セ　2　ソ　3　(6)　タ　3　チ　2
(7)　ツ　－　テ　2　ト　5　ナ　6　(8)　ニ　2

2　(1)　ア　3　(2)　イ　6　(3)　ウ　7　エ　1　オ　8
(4)　カ　2　キ　0　ク　0　(5)　ケ　3　(6)　コ　1　サ　0　シ　8
(7)　ス　3　セ　2　ソ　2　(8)　タ　2　チ　4
(9)　ツ　3　テ　2　ト　3　ナ　4

○推定配点○

1　各5点×8　2　各6点×10　計100点

＜数学解説＞

1　(数・式の計算，連立方程式，因数分解，平方根，不等式)

(1)　$\frac{3}{4}-\frac{2}{5}+\frac{5}{8}=\frac{30}{40}-\frac{16}{40}+\frac{25}{40}=\frac{39}{40}$

(2)　$-6^2\times\frac{1}{4}+0.75\div\frac{1}{2^4}=-36\times\frac{1}{4}+\frac{3}{4}\div\frac{1}{16}=-9+\frac{3}{4}\times\frac{16}{1}=-9+12=3$

(3)　$\frac{3x+y}{5}-\frac{2x-y}{3}=\frac{3(3x+y)-5(2x-y)}{15}=\frac{9x+3y-10x+5y}{15}=\frac{-x+8y}{15}$

基本　(4)　乗法公式$x^2-y^2=(x+y)(x-y)$を使って，$34.5^2-24.5^2=(34.5+24.5)\times(34.5-24.5)=59\times10=590$

(5)　$\frac{x}{4}+\frac{y}{3}=\frac{1}{2}$の両辺を12倍して，$3x+4y=6$…①　$2x+3y=5$…②とすると，①×2－②×3より，$-y=-3$　$y=3$　①に$y=3$を代入して，$3x+12=6$　$3x=-6$　$x=-2$

基本　(6)　乗法公式$x^2+(a+b)x+ab=(x+a)(x+b)$を使って，$x^2+xy-6y^2=(x+3y)(x-2y)$

重要　(7)　(6)より，$x^2+xy-6y^2=(x+3y)(x-2y)$であるから，$(x+3y)(x-2y)$に$x=2\sqrt{3}-3\sqrt{2}$，$y=\sqrt{2}+\sqrt{3}$を代入して，$(x+3y)(x-2y)=\{(2\sqrt{3}-3\sqrt{2})+3(\sqrt{2}+\sqrt{3})\}\{(2\sqrt{3}-3\sqrt{2})-2(\sqrt{2}+\sqrt{3})\}=(2\sqrt{3}-3\sqrt{2}+3\sqrt{2}+3\sqrt{3})(2\sqrt{3}-3\sqrt{2}-2\sqrt{2}-2\sqrt{3})=5\sqrt{3}\times(-5\sqrt{2})=-25\sqrt{6}$

基本　(8)　$\sqrt{13}<x<\sqrt{29}$の各項を2乗すると，$13<x^2<29$　xを整数とするとき，これを満たすx^2は$x^2=16$，25である。$\sqrt{13}<x<\sqrt{29}$より，xは自然数であるから，$x=4$，5となる。よって，$\sqrt{13}<x<\sqrt{29}$を満たす整数xは2個である。

2　(箱ひげ図，場合の数，確率，連立方程式の利用，立方体の切断，円周角の定理，面積の計量，相似と面積比，図形と関数・グラフの融合問題)

基本　(1)　9個のデータについて，中央値つまり第2四分位数は値の小さい方から5番目の9である。また，第1四分位数は値の小さい方から2番目と3番目の平均になるので，$(5+7)\div2=12\div2=6$，第3四分位数は値の小さい方から7番目と8番目の平均になるから，$(22+22)\div 2=44\div 2=22$　よって，最も正しい箱ひげ図は③である。

基本 (2)　千の位が2である4桁の整数のうち最小のものは2134である。よって，千の位が2以上のとき2024より大きくなってしまうので不適。千の位が1であるものを考えると千の位は1の1通り，百の位は1以外の3通り，十の位は1と百の位で用いた数字以外の2通り，一の位は残りの1通りであるから，求める場合の数は$1\times 3\times 2\times 1=6$(通り)である。

重要 (3)　2つのサイコロを同時に投げるときの場合の数は$6\times 6=36$(通り)である。$\dfrac{b}{a}$が整数となる(a, b)の組み合わせは$(a, b)=(1, 1), (1, 2), (1, 3), (1, 4), (1, 5), (1, 6), (2, 2), (2, 4), (2, 6), (3, 3), (3, 6), (4, 4), (5, 5), (6, 6)$の14通りであるから，求める確率は$\dfrac{14}{36}=\dfrac{7}{18}$である。

重要 (4)　AとBの速さをそれぞれ分速am，分速bmとする。同じ方向にまわったとき，40分後にAがBに追いつくので，Aは$40a$m，Bは$40b$m進んでいて，AがBより1周多く池のまわりをまわっているので，$40a-40b=4000$より，$a-b=100$…①　反対方向にまわったとき，8分後にはじめて出会うので，Aは$8a$m，Bは$8b$m進んでいて，2人の進んだ距離を合わせると池のまわり1周分になるから，$8a+8b=4000$より，$a+b=500$…②　②−①より，$2b=400$　$b=200$　よって，Bの速さは分速200mである。また，このとき①に$b=200$を代入すると，$a-200=100$　$a=300$であるから，Aの速さは分速300mである。

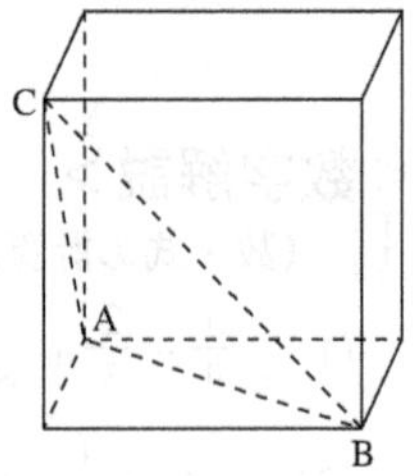

重要 (5)　展開図からもとの立方体は図のようになり，3点A，B，Cを通るように切断すると三角形になることがわかる。切断面の三角形ABCは3辺AB，BC，CAがすべて合同な正方形の対角線であることから，AB＝BC＝CAとなる。よって，三角形ABCは正三角形である。

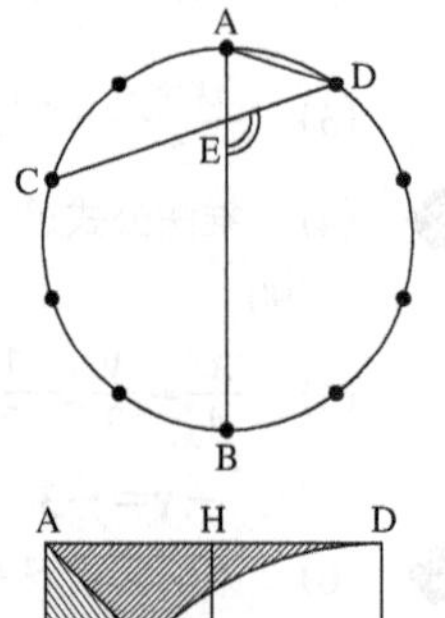

重要 (6)　円周角1周分は180°であり，円周角の定理より，円周角の大きさは弧の長さに比例するから，$\angle ADC=180\times\dfrac{2}{10}=36°$，$\angle BAD=180\times\dfrac{4}{10}=72°$である。△ADEにおいて，内角と外角の関係より，$\angle BED=36+72=108°$である。

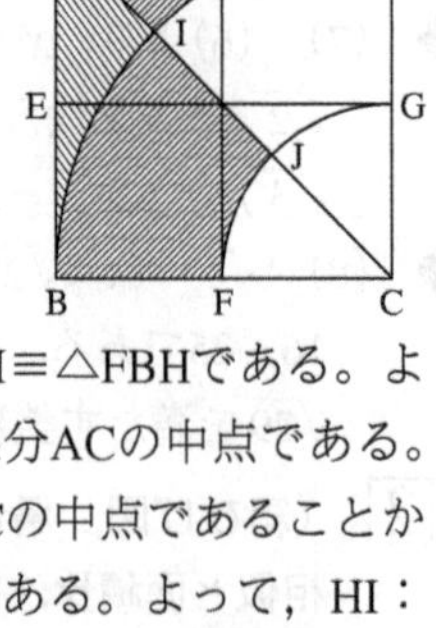

重要 (7)　線分AD，AI，弧DIで囲まれた部分は線分AB，AI，弧BIで囲まれた部分と合同であるから，面積が等しい。よって，求める面積は直角二等辺三角形ABCからおうぎ形CFJを引いたものになる。正方形ABCDの対角線ACは∠BCDを2等分するので，$\angle FCJ=90\div 2=45°$　点Fは辺BCの中点であるから，$CF=8\div 2=4$　よって，求める面積は$\dfrac{1}{2}\times 8\times 8-4\times 4\times\pi\times\dfrac{45}{360}=32-2\pi$となる。

やや難 (8)　△AEHと△FBHにおいて，点E，Fはそれぞれ線分AD，BCの中点であり，AD＝BCであるから，AE＝FB，AD//BCより，∠AEH＝∠FBH，∠EAH＝∠BFHなので，1辺とその両端の角がそれぞれ等しいので，△AEH≡△FBHである。よって，点Hは線分AFの中点である。同様に△ADJ≡△CBJであり，点Jは線分ACの中点である。△AFCにおいて，中点連結定理より，FC//HJ，FC＝2HJである。点Fが辺BCの中点であることから，BF＝FCであり，BF//HJとなるので，△HIJ∽△FIBで，相似比は1：2である。よって，HI：FI＝1：2，△HIJ：△FIB＝$1^2:2^2$＝1：4である。ここで，△HIJ，△FIBの面積をそれぞれ△HIJ＝$\boxed{1}$，△FIB＝$\boxed{4}$とおく。△HIBと△FIBは底辺をそれぞれHI，FIと見ると高さは点Bから底辺に下した垂線になるので等しい。高さが等しい三角形の面積比は底辺の比に等しくなるので，△HIB：△FIB＝HI：FI＝1：2　よって，△FIB＝$\boxed{4}$のとき，△HIB＝$\boxed{2}$である。このとき，△FBH＝$\boxed{4}$＋$\boxed{2}$＝$\boxed{6}$であり，点Hが線分AFの中点であることから，同様に△ABH＝△FBH＝$\boxed{6}$である。したがって，△ABF＝$\boxed{6}$＋$\boxed{6}$＝$\boxed{12}$である。また，点Fが辺BCの中点であることから，△ACF＝△ABF＝$\boxed{12}$であり，△ABC＝$\boxed{12}$＋$\boxed{12}$＝$\boxed{24}$　長方形の対角線はその長方形を合同な2つの三角形に分けるので，△CDA≡△ABCであり，△CDA＝△ABC＝$\boxed{24}$である。よって，長方形ABCD＝$\boxed{24}$＋$\boxed{24}$＝$\boxed{48}$である。ここで，この図形は直線HJに対して線対称であるから，△HGJ≡△HIJであり，△HGJ＝△HIJ＝$\boxed{1}$となるので，四角形GHIJ＝$\boxed{1}$＋$\boxed{1}$＝$\boxed{2}$　よって，長方形ABCDは四角形GHIJの48÷2＝24(倍)である。

重要 (9)　$y=-\frac{1}{4}x^2$に$x=4$を代入すると，$y=-\frac{1}{4}\times 4^2=-\frac{1}{4}\times 16=-4$であるから，D(4，−4)　よって，C(0，−10)，D(4，−4)に対して，直線CDの傾きは$\frac{-4-(-10)}{4-0}=\frac{-4+10}{4}=\frac{6}{4}=\frac{3}{2}$である。また，辺CDの$x$座標の差は4−0＝4であり，辺ABの$x$座標の差に等しいので，点Aの$x$座標は−1＋4＝3である。$y$＝3，−1をそれぞれ$y=ax^2$に代入すると，$y=a\times(-1)^2=a\times 1=a$，$y=a\times 3^2=a\times 9=9a$であるから，A(3，$9a$)，B(−1，$a$)であり，辺ABの$y$座標の差は$9a-a=8a$である。また，辺CDの$y$座標の差は$-4-(-10)=-4+10=6$であり，辺ABの$y$座標の差と等しくなるので，$8a=6$より，$a=\frac{6}{8}=\frac{3}{4}$となる。

★ワンポイントアドバイス★

様々な分野からの出題となっているが，標準レベルの問題が多くを占めているので，基本的な解法の充実に努めたい。

＜英語解答＞ 《学校からの正答の発表はありません。》

A　(1)　②　(2)　⑥　(3)　④　(4)　①　(5)　⑤　(6)　③
B　(1)　③　(2)　④　(3)　①　(4)　③　(5)　②　(6)　④
C　(1)　③　(2)　①　(3)　③　(4)　③　(5)　③　(6)　①
D　(1)　②　(2)　②　(3)　②　(4)　②　(5)　③　(6)　③
E　(3番目，5番目の順)　(1)　①，②　(2)　③，⑤　(3)　⑤，①　(4)　⑤，④　(5)　①，②
F　(1)　②　(2)　③　(3)　④　(4)　③　(5)　④　(6)　③
G　(1)　③　(2)　②　(3)　③　(4)　③　(5)　①　(6)　④　(7)　②　(8)　④

○推定配点○

A～E　各2点×29　F，G　各3点×14　計100点

＜英語解説＞

A （語彙問題：名詞）

(1) 「特に緊急時や災害時に，人々を危険な場所からより安全な場所に移動させる方法。」→「避難」

基本 (2) 「人々が楽しみ，健康を維持するために行うゲームや活動。」→「スポーツ」

(3) 「地面の下の動きによって突然起こる地面の揺れ。」→「地震」

(4) 「学校などの集団で全員が同じように見えるために着る特別な服。」→「制服」

(5) 「立ったり歩いたりするのに使う体の部分。」→「足」

(6) 「あなたの歯を大切にし，口の健康を保つお手伝いをする医師。」→「歯科医」

B （語句補充問題：会話文）

(1) A：「私の鍵がどこにあるか知っていますか。」
B：「上着のポケットはみましたか。たぶんそこにあります。」
A：「ああ…そう，そこにありました。ありがとう。」
①「それは私の問題ではない。」，②「わからない。」，④「その見つけ方を知っている。」

(2) A：「至学館サッカーチームは優勝しそうですよね。」
B：「可能です。彼らはとても熱心に練習しています。」
A：「来週末に彼らの試合を見に行きましょう。」
①「そうは思わない。」，②「明日天気は良いだろう。」，③「彼らは昨日試合に負けた。」

(3) A：「何かお手伝いしましょうか？」
B：「はい。Tシャツをさがしています。」
A：「これはいかがですか。」
B：「色は好きです。でも私には小さすぎます。」
A：「大きいのをお見せしましょうか。」
②「ありがとう，でも見ているだけだ。」，③「それをもらう。」，④「それはいくらか。」

(4) A：「来週の日曜に野球をしませんか。」
B：「すみませんが，できません。することが多くあります。だから一緒に行けません。」
A：「わかりました。私は家で宿題をします。」
①「私はあなたに会わねばならない。」，②「私はすることがない。」，④「私はあなたと一緒に宿題をしなければならない。」

(5) A：「もう宿題は終わりましたか。」
B：「いいえ，まだです。」
A：「本当ですか。今なぜ本を読んでいるのですか。」
B：「宿題をするためにこの本を読む必要があります。」
①「はい，昨日終えた。」，③「宿題がない。」，④「もちろん，たくさん宿題がある。」

(6) A：「もっと料理を注文されたいですか。」
B：「いいえ，けっこうです。おなかいっぱいです。」
A：「わかりました。お水はいかがですか。」
①「オッケイ！　皿を洗おう。」，②「もちろん。私がクッキーを作る。」，③「ご自由にどうぞ。」

C （語句補充問題：接続詞，助動詞，命令文，前置詞，現在完了）

(1) 「私は今日学校に遅れた。それで先生は怒った。」 直前の部分に理由が書いてあるときには so でつなぐ。

(2) 「窓を開けていただけますか。―もちろんです。」 丁寧な依頼を表す場合には〈could you ~?〉という表現を用いる。

(3) 「私の言うことを注意して聞きなさい，さもないと重要な情報を聞き逃しますよ。」〈命令文, or ~〉で「…しろ，そうしないと～」という意味になる。

基本 (4) 「プレゼントをありがとう。」〈thank you for ~〉で「～をありがとう」という意味を表す。

(5) 「クッキーをいかがですか。―いいえ，けっこうです。」 相手にものをすすめるときは〈would you like ~〉を使う。

(6) 「私はまだ昼食を食べていない。私はとても忙しい。」 現在完了の文において「まだ～していない」という意味を表す時は yet を使う。

D （語形変化問題：比較，動名詞，仮定法，進行形，代名詞）

(1) 「この絵はあの絵より有名だ。」 直後に than があるので，比較級の文だと判断する。

(2) 「名古屋は訪問する価値がある。」〈worth ~ing〉は「～する価値がある」という意味を表す。

(3) 「もし彼女が真実を知っていたら，あなたに言うだろう。」〈if 主語＋過去形の動詞～〉は仮定法過去で，実際とは異なる仮定を表す。

(4) 「明日までにレポートを書き終えてください。」 finish, enjoy, stop の後に動詞を置く場合には動名詞にする。

(5) 「私が訪問したとき，彼は英語を勉強していた。」 進行形の文なので〈be動詞＋～ ing〉の形にする。

(6) 「これは彼の車で，あれが私のだ。」「～のもの」という意味は所有代名詞で表す。

E （語句整序問題：不定詞，SVOC，受動態，間接疑問文）

(1) (It is) important for us to save the environment(.) 「私たちが環境を守るのは大切なことだ。」〈it is ~ for S to …〉で「Sが…することは～である」という意味になる。

(2) (My father) often helps me do my homework(.) 「私の父はしばしば私が宿題をするのを手伝う。」〈help A ~〉で「Aが～するのを手伝う」という意味を表す。

(3) (I bought some) books to read in summer vacation(.) 「私は夏休み中に読む本を何冊か買った。」 不定詞の形容詞的用法は「～するべき」という意味を表す。

(4) Stars can be seen at night (in this area.) 「この地域では夜に星が見られる。」 助動詞がある文を受動態にするときは，〈助動詞＋ be ＋過去分詞〉の形にする。

(5) (Can you) tell me where your house is(?) 「あなたの家がどこにあるか教えてもらえますか。」 間接疑問文なので，〈疑問詞＋主語＋動詞〉の形になる。

F （資料問題：内容吟味）

状況：ユミは兄のケンと話している。

ユミ：次の水曜日は母さんの誕生日だね。何を贈ろうか。

ケン：去年はバッグを贈ったんだね。今年何が欲しいか知ってる？

ユミ：わからないわ…

ケン：ぼくもわからないよ。

ユミ：プレゼントを買うかわりに，何か料理してあげるべきだと思うわ。

ケン：誕生日ケーキを焼くなんてどう？

ユミ：いいアイデアね！　母さんはとても喜ぶわよ！

ケン：このレシピを見て，作るのは簡単だよ。これは作るのに必要な材料だよ。

ユミ：砂糖，小麦粉とハチミツは家にあるわね。次の火曜日私は午前中時間があるから，至学館マーケットに行って，他のものを買うわね。この広告によると卵1パックが200円で買えるよ。

ケン：ぼくは放課後の午後5時頃にそこに行って，割引をもらえるよ。それからぼくはアプリをダウンロードするよ。そのほうがずっと安いよ！

ユミ：ありがとう！　平日は母さんは夜遅くまで働くよね。帰ってくる前にケーキを焼き終えようね。

ケン：いいね！　これは内緒にして母さんを驚かせようよ！

至学館マーケット

町一番のスーパーマーケット

砂糖　300g 200円	バター　400g 400円	ハチミツ　200g 500円
フレッシュクリーム 200ml 300円	卵 1パック（10個） 300円	イチゴ 1パック 600円

平日の午前9時から午前10時には卵1パック200円

1月30日（火）の午後4時からすべての製品が50円割引

小麦粉 500g 200円

至学館カードで払うと次回の買い物で使える100円クーポンがもらえます。
私たちのアプリをダウンロードすると，イチゴ1パックが無料
パソコンかスマートフォンで私たちの製品を買ってください。www.smarket.comへ

材料
砂糖　90g
小麦粉　60g
バター　10g
ハチミツ　10g
フレッシュクリーム 400ml
卵　2個
イチゴ　1パック

※注
app: アプリ　ad: 広告
ingredients: 材料

(1)「彼らの母親の誕生日はいつか。」ユミは「次の水曜日」と言っており，広告を見ると火曜日は1月30日なので，②が答え。

(2)「『ぼくもわからないよ』は何を意味するか。」ユミが母親が何を欲しいと思っているか知らなかったので，兄にそれについてたずねたときの返事である。〈neither ～〉は「～もまたない」という意味なので，③が答え。①「彼にはいい考えがある。」わからないと言っているので，誤り。　②「母親の誕生日に何かを料理してあげるのはよいと思う。」会話文の内容に合わないので，誤り。　③「彼は考えが浮かばない。」④「彼は母親が誕生日に何を欲しいか知っている。」会話文の内容に合わないので，誤り。

重要 (3)「ケンは至学館マーケットでいくら使うか。」ケンが買うのは，砂糖，小麦粉そしてハチミツ以外のものなので，バター，フレッシュクリーム，卵，イチゴである。ユミが火曜日の午前中に卵を買う。ケンは放課後に行き，「1月30日（火）の午後4時から　すべての製品が50円割引」とあることから考える。バターは350円，フレッシュクリームは400mlいるので500円になる。イチゴはアプリをダウンロードすると無料になり，合計で850円になるので，④が答え。

(4)「なぜケンがスーパーマーケットに行くことを決めたか。」「1月30日（火）の午後4時からすべての製品が50円割引」とあり，ケンは午後5時頃に行けるので，③が答え。①「彼は火曜日の朝に行けるから。」午後5時に行くと言っているので，誤り。②「彼は至学館カードを持っているから。」会話文の内容に合わないので，誤り。　③「彼は火曜日の夕方に行けるから。」

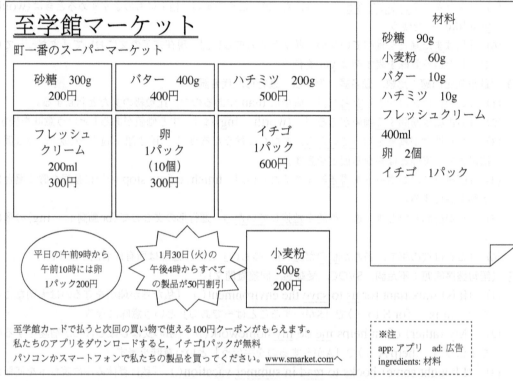

④「彼はスーパーマーケットのアプリを持っているから。」 会話をしている時点では持っていないので，誤り。

(5)「ケンはスーパーマーケットに行き，今回至学館カードを使って払う。それで彼は次回クーポンを使うことができる。次の日の9:00にそこに行ってバターと卵1パックを買うと，彼はいくら払うか。」 至学館カードを使うと100円割引になる。バターは400円，卵は平日の午前9時から午前10時には200円なので，合計で600円となり，割引を使って500円になるので，④が答え。

(6)「オンラインショッピングはどのようにしてするか。」「www.smarket.com へ」とあるので，③が答え。 ①「アプリをダウンロードして。」 イチゴをもらうための方法なので，誤り。 ②「広告を見て。」 広告を見るだけではできないので，誤り。 ③「ウエブサイトを訪れて。」 ④「至学館マーケットに行くことで。」 マーケットに行ってもオンラインでは買えないので，誤り。

G（長文読解問題・説明文：内容吟味）

（大意） 夏の気温は世界中でますます高くなっています。黒い服を着ると暑さが増すとよく言われます。しかし最近，他の色でも同様の効果があることが判明しました。では，夏服には何色が適しているのでしょうか？ 「黒と密接に関係する色があります」と国立環境研究所の一ノ瀬俊明研究員は述べています。彼は熱と衣服の色の関係を研究しています。地球は太陽から『放射エネルギー』を受けています。物体は色によって放射エネルギーの反射率が異なり，反射されなかったエネルギーは吸収されて熱に変わります。その結果，反射率の低い黒い服は熱をより多く保持し，反射率の高い白い服は熱を保持しにくくなります。

一ノ瀬氏の研究チームは2019年，9色のシャツを太陽光に約5分間さらし，サーモグラフィーカメラを使って温度を測定しました。その結果，表面温度は低いものから高いものへと順に示されました。白→黄→灰色→赤→紫→青→緑→深緑→黒。白と黄色のシャツの表面温度は約30℃でした。一方，黒や深緑のシャツは45℃以上でした。一瀬氏は，「衣類の染料によって結果は異なる可能性がありますが，テストを『不可視光線』を含めて拡大したところ，緑は黒に似ていることがわかりました。これら2色は1つのグループに入れることができます。」

では，暑い季節を涼しく過ごすには，何色の服を着るべきでしょうか？ 特に太陽の下で長時間過ごす場合は，白，黄色，灰色，赤の服が適しています。一方で，黒，深緑，緑，青，紫の衣類は避けることをお勧めします。

(1)「熱と衣服の色の関係を研究しています」とあるので，③が答え。 ①「心理的影響」について書いていないので，誤り。 ②「環境」について書いていないので，誤り。 ④「洋服のデザイン」について書いていないので，誤り。

(2)「黒い服を着ると暑さが増すとよく言われます。しかし最近，他の色でも同様の効果があることが判明しました」とあるので，②が答え。 ①・④ 黒い服を着ると暑さに影響を与えるので，誤り。 ③ 黒い服を着ると暑くなるので，誤り。

(3)「物体は色によって放射エネルギーの反射率が異なり，反射されなかったエネルギーは吸収されて熱に変わります」とあるので，③が答え。③以外はすべてこの内容に合わないので，誤り。

(4)「白→黄→灰色→赤→紫→青→緑→深緑→黒」とあるので，③が答え。 ①「7色」ではなく，「9色」なので，誤り。 ②「人」は用いていないので，誤り。 ④ 植物の成長について書かれていないので，誤り。

(5)「緑は黒に似ている」とあるので，①が答え。

(6)「太陽の下で長時間過ごす場合は，白，黄色，灰色，赤の服が適しています」とあるので，④が答え。

(7)　①「気温は今日ますます上昇している。」「夏の気温は世界中でますます高くなっています」とあるので，正しい。　②「黒い服は反射率が高い。」「反射率の低い黒い服」とあるので，答え。　③「科学者によると，黒と緑は同じグループに属する。」「緑は黒に似ていることがわかりました。これら2色は1つのグループに入れることができます」とあるので，正しい。　④「夏の日中に外出するとき，白い服を着るべきだ。」「特に太陽の下で長時間過ごす場合は，白，黄色，灰色，赤の服が適しています」とあるので，正しい。

(8)　どの色の服が熱をためやすいかについて書いているので，④が答え。④以外はすべてこの内容と関係がないので，誤り。　①「服の着方」　②「服のサイズの選択」　③「地球規模の沸騰」　④「熱と服の色との関係」

★ワンポイントアドバイス★

Eの(1)では〈it is ～ for S to …〉という構文が使われている。同じ構文で「～」内に人物の性質を表す語が入るとforではなくofになることを覚えておこう。
(例) It is kind of you to help me.（私を助けてくれてあなたは親切です。）

＜理科解答＞ 《学校からの正答の発表はありません。》

1　問1 ②　問2 ②　問3 ③　問4 ①　問5 ①　問6 ②　問7 ①　問8 ④
2　問1 ①　問2 ④　問3 A ③　B ②　問4 ②
3　問1 ②　問2 ①
4　問1 ①　問2 ④　問3 ①　問4 ②　問5 ②

○推定配点○
各5点×20　　計100点

＜理科解説＞

1　（磁界とその変化，天気の変化ーリニア中央新幹線，台風，線状降水帯）

重要　問1　右手を握ったときに，図1のように，4本の指を電流の向きに合わせると，コイルの中の磁界の向きは，親指の向きになる。

図1

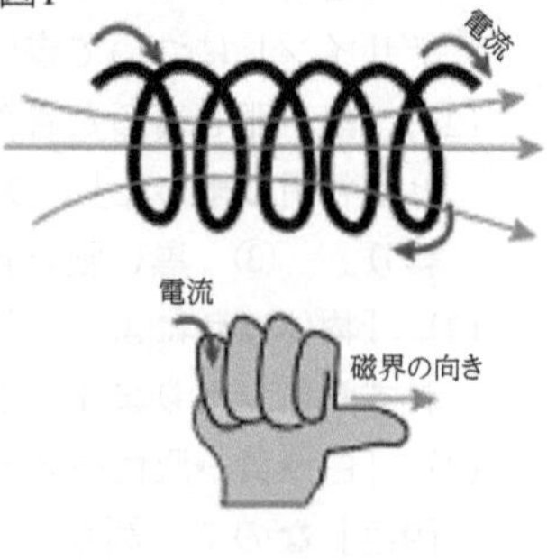

問2　リニア中央新幹線が時速500kmで走行し，消費電力が1時間あたり35000kWなので，東京・名古屋間の350kmを走行したときの電力量は，$35000(\text{kW})\times 1(\text{時間})\times\dfrac{350(\text{km})}{500(\text{km})}=24500(\text{kW時})$より，約2.5万kW時である。

問3　リニア中央新幹線が東京・名古屋間を1日に300本運行するので，必要な電力量は，2.5(万kW時)×300＝750(万kW時)である。

やや難　問4　太陽光パネルは1平方メートルあたりで1時間に3.5kWの発電が可能なので，バンテリンドームの屋根に敷き詰めた3万平方メートルの太陽光パネルで10時間に発電可能な電力量は，3.5(W)×3(万)×10(時間)＝105(万kW時)である。したがって，東京・名古屋間を往復する回数は，

$\dfrac{105(\text{万kW時})}{2.5(\text{万kW時})\times 2}=21$(回)より，約20回である。

やや難 問5・問6　リニア中央新幹線は，東京から赤石山脈(南アルプス)を通り，名古屋から大阪までを通る。また，赤石山脈は地殻変動によってできたので，地震のリスクが考えられる。

重要 問7　台風は熱帯低気圧が発達したもので，最大風速が17.2m/秒以上になったものである。また，台風の中心に向かって反時計回りに風が吹き，上昇気流が生じる。

重要 問8　同じ場所に，次々に積乱雲が発生することで線状降水帯が発生し，何時間も雨が降り続く。

2 （植物の体のしくみ―光合成と呼吸）

重要 問1～問3　オオカナダモに日光を当てると，呼吸よりも光合成の方がさかんになり，二酸化炭素と水を材料として，デンプンと酸素をつくるので，BTB溶液は青色になる。

一方，オオカナダモに日光が当たらないと，呼吸だけを行い，酸素を吸収して二酸化炭素を出すので，BTB溶液は黄色になる。

基本 問4　試験管AとBにはオオカナダモを入れたので，対照実験として試験管Cにはオオカナダモを入れないで実験を行う。

3 （植物の体のしくみ―光合成と呼吸）

問1　各試験管の2時間ごとに二酸化炭素が吸収されたり排出されたりする割合は次のようになる。

	0～2時間後	2～4時間後	4～6時間後
試験管A	0.30％を吸収	0.10％を吸収	変化なし
試験管B	0.05％を排出	0.10％を排出	0.20％を排出
試験管C	0.10％を排出	0.15％を排出	0.20％を排出

試験管Aでは二酸化炭素が吸収されているので，光合成量が呼吸量を上回っているが，試験管Bでは二酸化炭素が排出されているので，呼吸量が光合成量よりも上回っていることがわかる。

問2　①　0～2時間後において，試験管Aの二酸化炭素の吸収量が最も多い。　②　試験管Aでは，4～6時間後に二酸化炭素の量が変化しなかったのは，光合成量と呼吸量が等しかったからである。③　試験管Aでは，2～4時間後に二酸化炭素の量を0.10％吸収しているのは，光合成量が呼吸量を上回っているからである　④　試験管Cは暗所に置いたので，オオカナダモは呼吸だけを行っている。ただし，それぞれの時間における呼吸量は異なっている。

基本 4 （小問集合―元素記号，ゾウリムシ，恒星，さそり座，活断層）

問1　元素記号は，塩素はCl，酸素はO，水素はH，炭素はCである。

問2　ゾウリムシの収縮胞では，体内の水分を排出する。

問3　太陽や星座を構成する星を恒星という。

問4　さそり座は，夏の南の低い空に見える。

問5　日本では約2000か所の活断層がある。

★ワンポイントアドバイス★

教科書に基づいた基本問題をすべての分野でしっかり練習しておくこと。その上で，計算問題や思考力を試す問題についてもしっかり練習しておこう。

＜社会解答＞ 《学校からの正答の発表はありません。》

1 問1 ② 問2 ② 問3 ③ 問4 ② 問5 ② 問6 ① 問7 ④
問8 ③ 問9 ⑤ 問10 ④ 問11 ② 問12 12 ① 13 ④
問13 14 ② 15 ④ 16 ③ 17 ① 18 ⑤ 問14 ⑤ 問15 ③
問16 ① 問17 ⑤ 問18 ① 問19 ③ 問20 ④

2 問1 ② 問2 ② 問3 ④ 問4 ③ 問5 ③ 問6 ① 問7 ④
問8 ④

3 問1 ② 問2 ① 問3 ② 問4 ④ 問5 ② 問6 ② 問7 ①
問8 ② 問9 ④ 問10 ④ 問11 ③ 問12 ④ 問13 46 ① 47 ②
問14 ② 問15 ③ 問16 ④

○推定配点○
各2点×25 計100点

＜社会解説＞

1 （地理と歴史の融合問題―戦争と平和に関連する問題）

重要 問1 NATO（北大西洋条約機構）は冷戦時に東側陣営にあったワルシャワ条約機構に対抗してつくられたアメリカと西ヨーロッパの国々の集団安全保障の組織。冷戦終結後はアメリカやヨーロッパのキリスト教世界とイスラム教の過激な主張を取りテロを支援する国との対立の図式もあったが，ウクライナ戦争で再びロシアとの対立が鮮明になってきた。

問2 NATO各国が防衛費を対CDP2％に設定しているのを踏襲。

基本 問3 フィヨルドは氷河の浸食作用でできた谷に海水が入り込んでできるもの。②のリアス海岸と比較すると，谷底の形がU字型になっているのがフィヨルドでリアス海岸はV字型になっている。

問4 キリマンジャロはアフリカ大陸なのでどちらにも当てはまらない。環太平洋造山帯に位置するのは④の北米のマッキンリー，⑤の南米のアコンカグアで，アルプスヒマラヤ造山帯にあるのは①のモンブランと③のエベレスト。

問5 日本で開催されたサミットは1979年，1986年，1993年が東京，2000年が九州・沖縄，2008年が北海道洞爺湖，2016年が伊勢志摩，2023年が広島での開催。

重要 問6 サミット参加国は最初はG6でアメリカ，イギリス，フランス，西ドイツ，イタリア，日本で，その次からG7となりカナダが加わった。その後，ロシアが一時期参加しG8となったが，今は再びG7に戻っている。

問7 日本は世界で唯一核兵器の攻撃を受けた国ではあり，核兵器禁止条約への参加を求められているが，アメリカとの同盟関係にありアメリカの核の傘下に入っているということで日本は参加をしていない。

基本 問8 石見銀山があるのは鳥取県ではなく島根県。

問9 「はだしのゲン」は自身も広島で被爆している中沢啓治の漫画。

問10 北緯40度線は日本の東北地方の秋田県と岩手県を横断する。秋田県の男鹿半島に北緯40度線と東経140度線の交点がある。ヨーロッパでは北緯40度はスペインなどのイベリア半島のほぼ中央，イタリア半島南部，バルカン半島南部を通る。

問11 ユーロポートはライン川の河口にあるオランダのロッテルダムの沖合につくった人工の島にある港。

やや難 問12 ■はイギリスやフランス，ドイツにあるあたりは鉄鉱石と石炭のどちらもあるところが近いが，スペインでは鉄鉱石で知られるところ。#はイギリスとノルウェーの間の北海にあり，ここは北海油田がある場所。

問13　a　ノルウェーではフィヨルドの谷にある川のところに水力発電所を設けて，水力発電で非常に多くの電力を得ており，これを生かしたアルミ工業が盛ん。　b　イギリスの中で鉄鋼業や機械工業が発達している地域。　c　ルール工業地域はもともとは鉄鋼業を中心とした金属工業，機械工業で栄えた工業地域だが，近年ではその内容も変わってきている。　d　スイスは古くから精密機械工業，製薬業で有名。　e　フランス南西部のトゥールーズが航空機の組み立て工業が盛んなところとして有名。

問14　地中海式農業は，夏の高温乾燥に耐えられる果樹栽培と小麦栽培を組み合わせたもの。地中海性気候の夏は乾燥するので，普通の野菜類では根が浅く水を得にくいため果樹のように地中深くに根を伸ばすものでないと厳しい。小麦は秋から翌年の春で栽培，収穫する。

問15　ザビエルはアジアの各地を経て鹿児島に1549年に来航した。

重要　問16　1543年に種子島に来航した中国の船にポルトガル人が乗っており，そのポルトガル人が持っていた鉄砲が日本に持ち込まれた最初の鉄砲。まだ大航海時代でアジアへの航路を開拓したばかりの頃のこと。ザビエルはスペインの北東部のバスク地方の出身。

問17　⑤が種子島。①は対馬，②は壱岐，③は奄美大島，④は屋久島。

問18　化石燃料を燃やした煙に含まれるものが雨水に溶け込み酸性雨となり，大理石などの建造物や銅像などを溶かしたり，樹木の立ち枯れや湖沼の生物の死滅を招いたりしている。

問19　パークアンドライドは大都市圏への乗用車の乗り入れをおさえて，大都市圏内の交通渋滞を緩和させたり，大気汚染を緩和させたりすることをねらったもの。大都市の郊外の拠点までは乗用車で来ることは可能で，そこで乗用車を停め(park)，そこからバスや鉄道などの公共交通機関に乗って(ride)，街の中へ入るようにするもの。

問20　温室効果ガスの排出量が最も多いのが中国で，次に多いのがアメリカ。この2カ国で全体の4割以上になる。中国もアメリカもかつての京都議定書には参加していなかった。EUの主要国は京都議定書の段階でもすでにかなり減らしていた国が多い。日本はまだ温室効果ガスの排出量は多く，5位あたりに位置している。

2　(地理と歴史の融合問題―WBC参加国に関連する問題)

やや難　問1　パナマ運河は北米大陸と南米大陸の間にある細長い場所の，南米大陸のすぐ上にあるパナマを横断する運河で，太平洋側と大西洋側がこの運河によってつながっている。運河はやや高い場所を超える形で太平洋側，大西洋側のどちら側からも階段状に運河が作られていて，水門で区切り，水をポンプで動かしながら船を順に上や下へと動かしていく。この運河の恩恵を多く受ける国は日本や南米の国々が中心。

重要　問2　キューバ危機の際のアメリカの大統領がケネディで，ソ連のトップはフルシチョフ首相。ケネディは1961年1月に大統領に就任し，1963年11月に暗殺された。後任が副大統領から昇格したジョンソン。

問3　学制は1872年に定めたものでフランスの制度にならい国民皆学を狙うものだったが，日本の実情に合わず，1879年の教育令で改廃される。

基本　問4　竹島は島根県に属する。①は韓国の済州島，②は日本の長崎県に属する対馬，④は島根県の隠岐。

問5　古代中国の周王朝の後の戦国時代の中で活躍し最終的にまとめるのが秦。その秦の王の政という人物が始皇帝と名乗った。始皇帝の死後，再び戦乱になり漢王朝が成立する。

問6　ドナルド・トランプは2017年に大統領となった際には共和党側だが，以前は民主党側にいたこともある。

問7　以前は北米自由貿易協定NAFTAという形でアメリカ，カナダ，メキシコの3国で連携していたが，これがUSMCAとなった。アメリカ，メキシコ，カナダの頭文字をとったもの。

やや難　問8　イギリス国王がエリザベス1世の時代はいわゆる大航海時代でイギリスが栄える16世紀末から17世紀初頭の頃。チャールズ1世はピューリタン革命で処刑された国王。革命の後に返り咲いて国王となり反動主義をとるのがチャールズ2世で，その弟のジェームズ2世のときに名誉革命がおこる。エリザベス2世は，1952年に即位し2022年まで国王であった。

3　（歴史と公民の融合問題ー市民革命，自由民権運動，人権，憲法，選挙に関する問題）

基本　問1　ジョン・ロックは『市民政治二論』の中で名誉革命を肯定し擁護している。ロックの思想はアメリカの独立宣言にも反映されている。

重要　問2　ルターの宗教改革での主張は，「人は信仰によって義となる」というもので，教会で祈ることではなく，信仰を持つことで人は救われるというもので，その信仰のよりどころになるのが聖書であるとし，当時は旧約聖書はヘブライ語，新約聖書は古典ギリシア語で書かれており教会の聖職者ぐらいしか聖書は読めなかったので，ルターは聖書をドイツ語に翻訳した。ちょうど，その頃にルネサンスの三大発明の一つとされる活版印刷術がグーテンベルクによって実用化されて，この活版印刷機でルターのドイツ語聖書が出版された。

問3　選択肢の中で世界文化遺産に登録されているのは富士山のみ。白神山地と屋久島は自然遺産。犬山城や名古屋城は関係ない。

問4　④がオランダ。①はロシア，②はイギリス，③はポルトガル。

問5　朕は国王が自分を指して使っている語。自分の存在が国のすべてであり，自分で思うがままにできるということ。

問6　Ⅰ　1689年→Ⅲ　1776年→Ⅱ　1789年の順。

重要　問7　南北戦争の頃，アメリカの北部は商工業が中心で，工業はようやく産業革命が始まった頃。南部は農業地帯で綿花栽培が中心。北部の工業が盛んなところでは，当時すでに産業革命を終えているイギリスから来る安価な工業製品を保護貿易で排除したかったが，南部は綿花の最大の輸出先のイギリスには，アメリカ以外にも輸入先の選択肢があるので，自由貿易を推進するしかなく，この対立が南北戦争の背景の一つであった。

やや難　問8　板垣退助は1882年に各地で遊説をおこなっており，この時は岐阜県岐阜市の今の岐阜公園のところで演説を行った後に暴漢に襲われた。

問9　①は大日本帝国憲法が公布されたのは2月11日で今の建国記念日。②は大日本帝国憲法では地方自治はなく，地方のことも国が決めていた。③は，当時の「臣民の権利」は法律の範囲内で保障されてはいたが，このことは法律を作れば狭めることも可能ということ。

問10　ワイマール憲法の画期的な点はいろいろあるが，特に世界で初めて社会権を保障したことが評価されている。

重要　問11　日本国憲法では公務員に関しては，労働者の権利が制限されている。団結権や団体交渉権は認められてはいるが，職種によっては制限される。また団体行動権は基本的に公務員にはない。

問12　中米のコスタリカは，南米大陸に隣接するパナマのすぐ上にある国で，軍隊を持たない。警察組織のみで治安を維持している。

基本　問13　(1)　信教の自由は自由権の中の精神の自由の一部。　(2)　その選挙区の議員一人当たりの有権者数が多いか少ないかで，有権者が投じる一票の重さが異なり，自分が投じた票が選挙に及ぼす力に差がでる。議員一人当たりの有権者数が多いほど一票の力は小さくなり，有権者数が少ないほど一票の力は大きくなり，この差が憲法14条の平等権に反するとされる。

問14　2021年の衆議院議員総選挙の投票率は20代が最も低く36.50で，10代は42.23，30代は47.13，40代は55.56，50代は62.96，70代は71.58であった。

問15　国際人権規約は世界人権宣言に法的拘束力を持たせるために1966年に採択された。

問16　2020年の男女雇用機会均等法の改正では，セクハラへの対策が強化され，事業主に対して労働者がセクハラの相談をしたり，セクハラへの対処に労働者が協力したことで労働者が不利益を被らないようにすることが求められたり，事業主が他の事業主からセクハラへの対策の協力を求められたら応じないといけないとしたり，事業主が労働者に対してセクハラ防止の啓発活動やセクハラへの注意を払う義務を課したりしている。

★ワンポイントアドバイス★

小問数が45題で試験時間に対して多いが，落ち着いて一つずつ正確に解答欄を埋めていきたい。記号選択で，正しいもの，誤りのものを選ぶものがどちらもあり，要注意。即答できない場合には逆に消去法で考えるのもあり。

＜国語解答＞ 《学校からの正答の発表はありません。》

一　問一　1　④　　2　②　　3　①　　4　③　　5　④　　問二　①　　問三　7　③
8　①　　問四　②　　問五　④　　問六　②　　問七　④　　問八　①　　問九　①

二　問一　15　④　　16　①　　17　②　　18　⑤　　問二　19　②　　20　①　　21　⑤
問三　④　　問四　②　　問五　24　③　　25　⑤　　問六　26　⑤　　27　⑥

三　問一　28　②　　29　③　　問二　③　　問三　31　②　　32　③　　問四　④
問五　②

○推定配点○

一　問一～問三　各2点×8　　他　各4点×6　　二　問一・問二　各2点×7　　他　各4点×6
三　問一・問五　各2点×3　　他　各4点×4　　計100点

＜国語解説＞

一　（小説―漢字，語句の意味，脱語補充，接続語，情景・心情，文脈把握，表現，大意）

問一　㋐　縁側　①　煙突　②　遠距離　③　延期　④　縁の下　⑤　演技力
㋑　機嫌　①　元素　②　嫌い　③　原因　④　憎んで　⑤　現役
㋒　余地　①　余震　②　予言　③　付与　④　浮世絵　⑤　酔い
㋓　愉快　①　怪盗　②　心地よい　③　快い　④　介抱　⑤　解釈
㋔　純然　①　従順　②　順調　③　水準　④　単純　⑤　潤滑

問二　aの「口ごもる」は，言葉が口の中にこもってはっきりしない，話したいと思うことばがすらすら出ない，という意味だが，ここでは，新しい母に声をかけられずにいる様子の表現なので，「言うことをためらう様子」が適切。bの「盲目(的)」は，感情におぼれて理性を欠く様子，という意味なので，「ものごとに熱中する様」が適切。まるで感情におぼれているかのように孫をかわいがる様子である。

問三　Ⅰ　直前の「私は祖母と母に育てられた」に，直後の「母さえ，祖母の盲目的な激しい愛情を受けている私にはもう愛するヨ地がなかったらしかった」を付け加えているので，累加を表す

「そして」が入る。　Ⅱ　直前に「一緒にいた母さえ……なかったらしかった」とあり，直後に「(一緒にいなかった)父はもう……できなかったに違いない」とあるので，なおさら，という意味の「まして」が入る。

問四　直前に「二人だけで」口をきいたのはこれが初めてであった」とあり，その前には「こう言って美しい母は親しげに私の顔をのぞきこんだ」とあることから，「美しい母」を好ましく思う気持ちや，話せたことをうれしく思う気持ちが読み取れるので，「喜ばしい気持ち」とする②が適切。

やや難　問五　直前に「父は『子宝といって子ほどの宝はないものだ。』こんなことを繰り返し繰り返し言い出した。」とあり，直後の段落の最後に「それより母に対して気の毒な気がした」とある。「いたたまれない」は，その場にじっとしていられない，というつらさを意味するので，「新しい母に申し訳ないと思った」とする④が適切。亡母との間の子である「私」を「子宝」などと言うのは，新しい母の立場を考えると気の毒に思われたのである。

問六　「私」の「父」に対する感情である。「父」の言葉は，「『子宝といって子ほどの宝はない』」というものなので，「子宝」が適切。

問七　前に「私の幼年時代には父は主に釜山と金沢に行っていた」「父はもう愛を与えるヨ地を私の中にどこも見いだすことができなかったに相違ない。」とあることから，「私」と「父」は親密な関係にはなかったことがわかる。愛を注がれた実感のない「父」に「子宝」などと言われる違和感を「何となく空々しく聴きなされた」と表現しているので，④が適切。

やや難　問八　前に「皆が新しい母のことを褒めた」「そしてこのときはもう実母の死もジュン然たる過去に送り込まれてしまった」とあることから，実母の死を乗り越え，新しい母を受け容れようとする様子が読み取れるので，「新たな関係を築こうとする私の強い決意の表れ」とする①が適切。「決して」という強い意志を感じさせる語を重ねることで，決意の強さを表現しているのである。

やや難　問九　言い切りの形で過去形が多用されることによって，過去の出来事であることを強調しているので，「少年時代の追憶の気持ちを醸し出している」とする①が適切。

二　(論説文一漢字，脱語補充，接続語，文脈把握，内容吟味，要旨)

問一　ア　仰天　①　急転直下　②　七転八倒　③　画竜点睛　④　天真爛漫　⑤　心機一転

イ　支障　①　支離滅裂　②　国士無双　③　白紙委任　④　朝三暮四　⑤　君子豹変

ウ　流儀　①　議会　②　行儀　③　講義　④　意義　⑤　疑惑

エ　強烈　①　連行　②　劣化　③　行列　④　亀裂　⑤　烈火

問二　X　直前の「背景が見えにくくなっています」と，直後の「自分に都合のよいルールに基づいて解釈し，反応することができます。」は，順当につながる内容なので，順接を意味する「だからこそ」が入る。　Y　直前に「自分がプレーしているスポーツの流ギでリアクションするような状況です」とあり，直後で「……不適切な対応になります」としているので，逆接をあらわ明日「しかし」が入る。　Z　直後で「フォロワーが……したとしましょう」と具体例を示しているので，例示を表す「たとえば」が入る。

問三　直後に「彼によれば，『私』の考えや感覚と言葉の間には，そもそも対応関係などはありません。ただ，その場そのときのルールに依ると，『痛い』と言うことが適切だから，『私』は『痛い』と言うのです。」とあり，「その言葉に対応する何かが私たちのなかにあるからではなく，そのときにはそう言うのが最善だから，そういうふうに私たちのコミュニケーションのルールが決まっているからにほかなりません」と説明されているので，④が適切。

やや難　問四　直後で「たんすの角に足の小指をぶつけたとき」を具体例として挙げ，「ある状況では『痛い』と言うのに，別の状況では『痛い』とは言わない。なぜでしょうか。……つまり私たちは，……自分の置かれている状況において，その場での最善のリアクションとなるような言葉を話しているにすぎないから」と説明されているので，②が適切。

やや難 問五　直後の段落以降で「Twitterの『つぶやき』は，『ひとりごと』という形で語られます。しかも140字という字数制限があるため，……どのような文脈のなかで書かれたものなのか，背景が見えにくくなっています」「『つぶやき』を目にした人は，それを自分に都合のよいルールに基づいて解釈し，反応することができます」「フォロワーが100人の投稿が，フォロワーが10万人の人にリツイートされたとしましょう。すると，その投稿の持つ意味合いはずいぶん変わってしまいます」と説明されているので，①・②・④は適切。③・⑤は，「極めて複雑な言語ゲーム」の要因とはいえない。

やや難 問六　①の「情緒に訴えかけて説得」，②の「SNSの言語コミュニケーションの無意味さ」，③の「露骨に排除している」，④の「心地よい印象をつくりだしている」は適切でない。⑤・⑥は本文の文章構成の説明として適切である。

三　**（古文・和歌―語句の意味，口語訳，内容吟味，心情，歌意，大意，文学史）**

〈口語訳〉　昔，男がいた。人の娘を盗んで，武蔵野へ連れて行くと，盗人であるということで，国守に捕縛されてしまった。その折，男は女を草むらの中に置いて，逃げたのである。追っ手の者が「この野は盗人がいるそうだ」と言って，火をつけようとする。女は困り果てて

武蔵野は今日は焼いてくださるな。私の夫も隠れているし，また私も隠れています

と詠んだのを聞いて，追っ手の者たちは，女を取り戻して，捕らえた男と一緒に連れて行った。

問一　a「率る(ゐる」は，引き連れる，伴う，という意味なので②が適切。　b「わぶ(侘ぶ)」には，悲観して嘆く，困る，などの意味があるので③が適切。自分と「男」が隠れている草むらに火をつけられそうになり，困り果てているのである。

問二　「国の守」は「国司」を意味するので，「国司に捕らえられた」とする③が適切。

問三　Ⅰ「つま」は配偶者のことで「夫」「妻」両方の意味がある。ここでは，「女」が，一緒にいた「男」を指して言っているので，「夫」が適切。　Ⅱ　一緒に逃げてきた「男」を「つま＝配偶者」と呼んでいることから，男をごく親しい存在と考えていることがわかるので，「『男』を愛する気持ち」とする③が適切。

問四　「女」が，草むらを「な焼きそ(焼いてくださるな)」と言っていることに着目する。自分を草むらに置いて逃げた「男」も自分も焼かないでほしい，と嘆願しているので，「男の命を助けたい」とする④が適切。

問五　『伊勢物語』は，平安時代前期に成立した歌物語。作者は不詳で，在原業平をモデルにしたとされる。

★ワンポイントアドバイス★

小説の読解は，心情描写を丁寧に読み，主人公の心情とその背景を的確に読み取る練習をしよう！　論説文の読解は，指示内容や言い換え表現，説明部分をすばやくとらえることを心がけよう！

MEMO

大切なことはメモしておこうネ！

2023年度

★★★★★★★★★★★★★★★★★★★★★★★★★

入　試　問　題

2023年度

至学館高等学校入試問題

【数　学】（40分）　＜満点：100点＞

【注意】 分数で答えるときは，それ以上約分できない分数で答えなさい。
また答えに$\sqrt{\ }$を含む場合は$\sqrt{\ }$の中は最も小さな自然数になる形で答えなさい。

1 次の式を計算しなさい。

(1) $7 \div \left(\frac{1}{2} - \frac{1}{3} \div \frac{6}{7}\right) = \boxed{\text{ア}}\boxed{\text{イ}}$

(2) $(2a-b+2)(2a-b-2) = \boxed{\text{ウ}}a^2 - \boxed{\text{エ}}ab + b^2 - \boxed{\text{オ}}$

(3) $4.2^2 + 4.2 \times 5.6 + 2.8^2 = \boxed{\text{カ}}\boxed{\text{キ}}$

2 次の問いに答えなさい。

(1) $x = 3(\sqrt{3} - \sqrt{2})$，$y = \sqrt{3} + \sqrt{2}$のとき，$x^2 + 6xy + 9y^2$の値は，$\boxed{\text{ア}}\boxed{\text{イ}}\boxed{\text{ウ}}$となる。

(2) $3xy - 15x - y + 5$を因数分解すると，$(\boxed{\text{エ}}x - \boxed{\text{オ}})(y - \boxed{\text{カ}})$となる。

(3) 2次方程式$12x^2 + 12x - 45 = 0$を解くと，$x = \dfrac{\boxed{\text{キ}}}{\boxed{\text{ク}}}$，$-\dfrac{\boxed{\text{ケ}}}{\boxed{\text{コ}}}$となる。

(4) 不等式$2 - \pi < x < \dfrac{3 + \sqrt{35}}{4}$を満たす整数$x$は$\boxed{\text{サ}}$個である。

(5) 連立方程式$\begin{cases} 5x + 3y = 8 \\ 3x + 2y = 7 \end{cases}$を解くと，$x = \boxed{\text{シ}}\boxed{\text{ス}}$，$y = \boxed{\text{セ}}\boxed{\text{ソ}}$となる。

3 右の図は沖縄県，長野県，北海道のある地点でのある年の8月の一か月間（31日間）における一日の平均気温のデータを箱ひげ図に表したものである。
正しいと判断できるものを次の①～④からすべて選び，答えなさい。

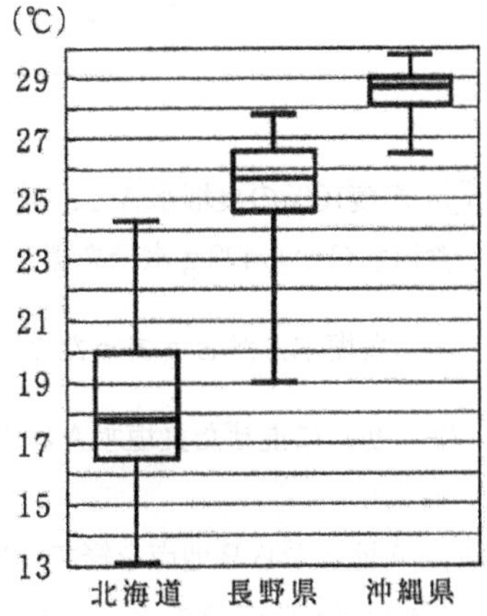

① 長野県の一日の平均気温の方が，北海道の一日の平均気温より高い日が16日以上ある。

② 沖縄県の一日の平均気温が29℃以上の日は7日である。

③ 北海道の一日の平均気温が17℃より低い日は8日以上ある。

④ 一日の平均気温が20℃ 以上26℃以下の日は，北海道だと8日以上あり，長野県だと16日以上あり，沖縄県にはない。

4　右のグラフはある飲食店で来店した30組について１組あたりの人数をまとめたものである。１組あたりの平均来店人数で正しいものを以下の選択肢から選び，答えなさい。

①　3.4　　②　3.5
③　3.6　　④　3.7
⑤　3.8

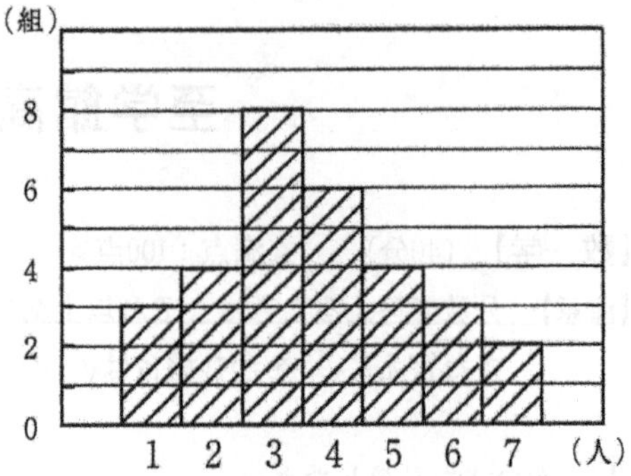

5　右の図のように円柱の中に球が入っている図形がある。
球は円柱の上面，下面，側面と接している。
球の半径を３rとすると，円柱の体積は [ア][イ] πr^3 となる。

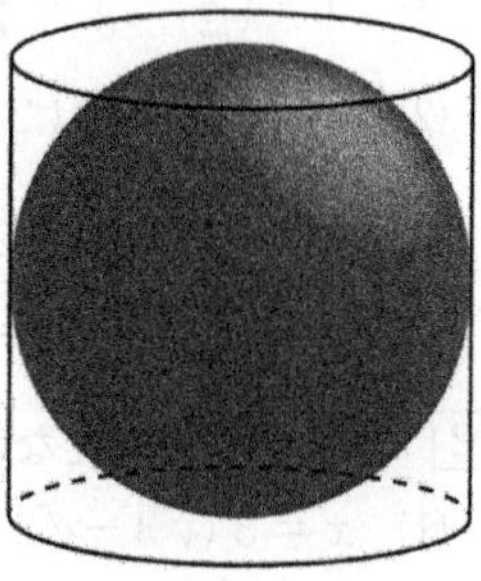

6　①，②，③，④の４つのいびつな形のサイコロがある。
下の表は各サイコロを振って６の目が出た回数をまとめたものである。
この中で最も６の目が出やすいといえるのはサイコロ [ア] である。

サイコロの種類	①	②	③	④
6の目が出た回数	190	240	410	590
投げた総数	1000	1500	2000	3000

7　濃度10％の食塩水Ａと，濃度８％の食塩水Ｂを４：５の比で混ぜたものを食塩水Ｃとする。
食塩水Ｃから400ｇ水分を蒸発させると濃度16％になった。

⑴　食塩水Ａがxｇあったとき，食塩水Ｃに含まれる食塩は $\dfrac{[\text{ア}]}{[\text{イ}]}x$ ｇである。

⑵　初めに混ぜた食塩水Ａは [ウ][エ][オ] ｇである。

8　Ａ地点からＢ地点を経てＣ地点まで180㎞の道のりを自動車で行くのに，ＡＢ間を時速50㎞，ＢＣ間を時速80㎞で進むと，162分かかった。ＡＢ間の距離は [ア][イ] ㎞である。

9 1から6までの目のあるサイコロA，Bを同時に投げる。Aで出た目の値をa，Bで出た目の値をbとするとき，$\sqrt{2ab}$が自然数となる確率は $\dfrac{\boxed{\text{ア}}}{\boxed{\text{イ}}}$ となる。ただし，1から6のどの目が出ることも同様に確からしいものとする。

10 A，Bの2チームが試合を行い，3勝した時点で優勝とする。はじめにAチームが勝ったときに，Aチームが優勝する勝敗の順は $\boxed{\text{ア}}$ 通りある。ただし，引き分けは無く，どちらかが3勝した時点でそれ以降の試合を行わないものとする。

11 (1) 右の図において，

点C，点Eを含む弧である$\overset{\frown}{AD}$が14等分されている。

$\angle ABC = 45^\circ$のとき，$\angle AFC = \boxed{\text{ア}}\,\boxed{\text{イ}}^\circ$ である。

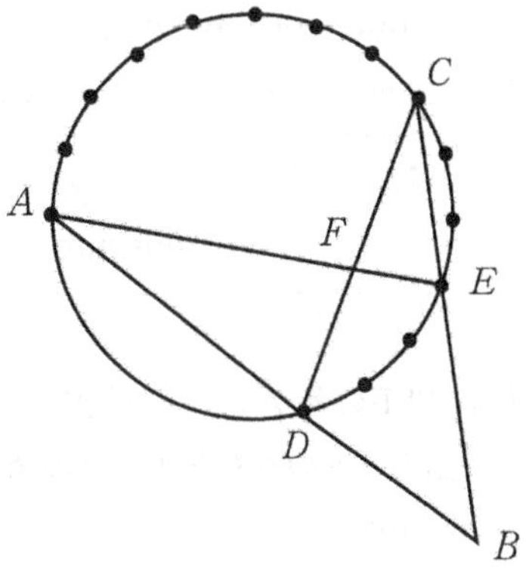

(2) 右の図において，$\triangle ABE \backsim \triangle DEF$である。

$AE : DF = 5 : 3$のとき，$\triangle ABE$と$\triangle ABC$の面積比は $\boxed{\text{ウ}} : \boxed{\text{エ}}$ である。

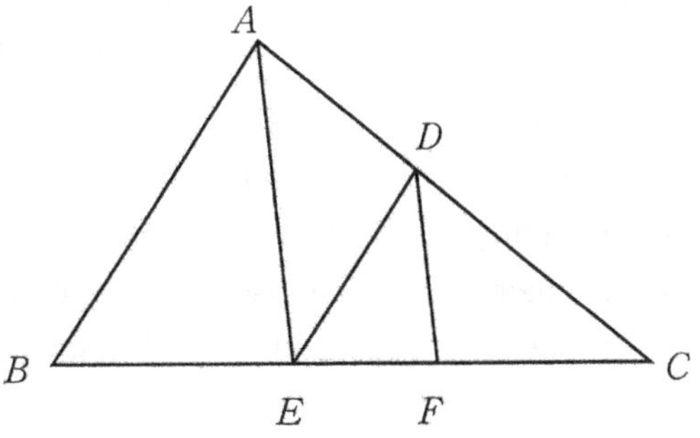

12 放物線$y = \dfrac{1}{2}x^2$と$y = \dfrac{1}{4}x^2$がある。

$y = \dfrac{1}{2}x^2$上に点A，$y = \dfrac{1}{4}x^2$上に点Bをとる。

線分ABとy軸が平行であり，$AB = 4$となる。

$\triangle ABC$の面積が8となるように$y = \dfrac{1}{4}x^2$上に点Cをとる。

このとき，直線BCは$y = \boxed{\text{ア}}\,x - \boxed{\text{イ}}$ となる。

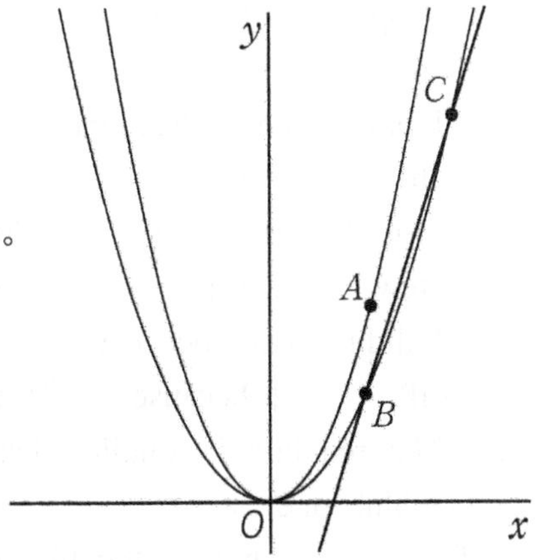

【英　語】（40分）　＜満点：100点＞

A．以下の定義に合う英単語を選択肢①～⑧の中から選び，番号で答えなさい。

(1) a group of houses and other buildings that is smaller than a town, usually in the country

(2) a building to keep important cultural, historical, or scientific objects

(3) the process of teaching or learning, especially in a school or college

(4) knowledge or skills gotten from doing, seeing, or touching things

(5) facts about a situation, person, event, etc.

(6) time you spend away from school or work

注：historical　歴史的な　　scientific　科学的な

【選択肢】	① country	② education	③ experience	④ information
	⑤ museum	⑥ subject	⑦ vacation	⑧ village

B．以下の各グループの英単語はある共通点をもとに抽出されている。例を参考に各グループの英単語①～⑤のうちグループの条件にあてはまらない英単語を選び，記号で答えなさい。

例：run　rise　know　go　like

解答：like（like は規則変化の動詞で，それ以外はすべて不規則変化の動詞）

(1) ① box　② dog　③ desk　④ cat　⑤ book

(2) ① swim　② begin　③ run　④ get　⑤ read

(3) ① young　② famous　③ easy　④ old　⑤ healthy

(4) ① money　② water　③ music　④ love　⑤ clock

(5) ① chair　② choose　③ March　④ machine　⑤ China

(6) ① say　② send　③ show　④ tell　⑤ buy

C．以下の英文の空欄に当てはまる最も適切な語を記号で答えなさい。

(1) People asked the city (　　) a new parking area.

① to　② in　③ for　④ of

(2) I have been in Nagoya (　　) I was born.

① for　② when　③ before　④ since

(3) This T-shirt is a (　　) big for me.

① few　② little　③ many　④ much

(4) I didn't play soccer (　　) it was raining.

① if　② because　③ that　④ until

(5) The red box is smaller than the yellow one.　The yellow box is smaller than the blue one.

The (　　) box is the biggest of the three.

① red　② yellow　③ blue　④ no

(6) The label on the bottle (　　　), "Imported from Russia".
　① writes　② tells　③ shows　④ says

D．以下の英文の（　）内の語を正しい形に直すとき，適切な語（句）を記号で答えなさい。

(1) My father has two cats. He likes (they).
　① they　② their　③ them　④ theirs
(2) I enjoyed (play) tennis yesterday.
　① play　② playing　③ played　④ to play
(3) Fred was (study) Japanese in his room then.
　① study　② studying　③ studied　④ has study
(4) If it (rain) tomorrow, we will go to the library.
　① rainy　② rains　③ is raining　④ rained
(5) The dinner (cook) by my grandmother was very delicious.
　① cooks　② cooking　③ cooked　④ was cooked
(6) Thank you! It's (nice) gift I've ever received.
　① the nicer　② a nice　③ nicest　④ the nicest

E．以下の英文の（　）内の語を正しく並べかえたとき，３番目と５番目に来る語を記号で答えなさい。

(1) She (① her　② ask　③ to　④ take　⑤ him　⑥ will) to the zoo.
(2) (① balls　② in　③ there　④ many　⑤ are　⑥ how)the box?
(3) (① to　② may　③ your　④ speak　⑤ I　⑥ sister) Saki?
(4) Do (① when　② come　③ he　④ know　⑤ you　⑥ will) here?
(5) Meijo Park is (① of　② famous　③ parks　④ one　⑤ the　⑥ most) in Nagoya.

F．以下の表と会話文を読み取り，設問に答えなさい。

Shigakukan Aquarium

Shigakukan Aquarium has many kinds of sea animals and this is the only aquarium having sea otters in Aichi prefecture. Visit our friends from the sea!

Admission Fee

	Weekdays	Weekends
Adult	2,800yen	3,000yen
Child (Ages 6-15)	1,600yen	1,800yen
Child (Ages 3-5)	800yen	1,000yen
Child (Under 3)	Free	

※High school students and university students can get a ¥300 discount. You need to show your student ID when you buy tickets.

Show Schedule

Sea Lion Show

Visit the Performance Stadium, and you'll have a chance to see the sea lions perform!

Times : 10:00, 11:30, 13:00, 15:30
Show Duration: Around 15 minutes
Note : The sea lions performance will differ depending on the time of the show.

Penguin Walk

Watch the Penguins walk around Aqua Street.
Time : 13:00
Duration : Around 10 minutes

Touch the Walrus

Watch a performance and take photos with our friends from the northern seas!
Times : 11:00, 14:00
Duration : Around 20 minutes

Restaurant

Opening hours : 9:30 ～ 13:00, 15:00 ～ 16:30
9:00 ～ 13:00, 15:00 ～ 17:00 (7/20 - 8/31)

※語注 sea otter：ラッコ sea lion：アシカ duration：所要時間 walrus：セイウチ

Situation
This family has 3 adults (father, mother and Ted).
Ted is a high school student who has a student ID.

Ted : I'm not going to school tomorrow.
Mother : Why?
Ted : We have a holiday to celebrate the founding of our high school.
Father : Really? I have a good idea! How about going to Shigakukan Aquarium?
Mother : There are a lot of people there, right?
Father : Many people go there on the weekend, but tomorrow is Thursday!
Ted : Oh, great! I want to see the sea lion show there. It's very popular.
Mother : What time shall we see it?
Ted : Um… How about 13:00?
Mother : I don't agree. If we have lunch after the sea lion show, we can't have lunch in the restaurant. It closes at 13:00. We should see the sea lion show before lunch.
Father : OK! Shall we join "Touch the Walrus" at 11:00? After that, let's go to the sea lion show! Then, we can have lunch in the restaurant before it closes.
Ted : Awesome! I'm looking forward to going there!

(1) How much will this family pay to enter the aquarium?
① 8,400 yen ② 9,000 yen ③ 8,700 yen ④ 8,100 yen

(2) What time will they see the sea lion show?
① 10:00 ② 11:00 ③ 11:30 ④ 13:00

(3) How much will Ted and his girlfriend who is 14 years old pay if they go to the aquarium next weekend?

① 4,400 yen ② 4,800 yen ③ 4,500 yen ④ 4,200 yen

④ What day did the family talk about their plan?

① Wednesday ② Sunday ③ Tuesday ④ Friday

(5) Which show takes the most amount of time?

① sea lion show ② penguin walk

③ touch the walrus ④ sea otter show

(6) Why will Ted go to the aquarium the next day?

① Because it is a national holiday.

② Because it is Sunday.

③ Because it is his school's foundation day.

④ Because it is summer vacation.

G．以下の英文を読み，設問に答えなさい。

The next Olympics will be held in Paris in 2024. The *modern Olympics began in *Athens, *Greece in 1896. For the first time in a long history, the Paris Olympics will *achieve “(1) gender equality.” It means the number of men and women is the same.

Women first joined the Olympics at the Paris Olympics in 1900. At that time, of the 997athletes, 22 were women and the percentage of them was only 2.2%. (2) This is because many people thought that “(3) sports are what boys do”. In the Tokyo Olympics in 1964, the Japanese women's volleyball team won a gold medal and was called “*Oriental Witches”, but the percentage of girls was still only 13.2%.

If only men join the Olympics, it will be less interesting, and it will not *fit with the times. For these reasons, the *IOC has actively *adopted women's events. Women's wrestling, the sport which is popular in Japan, is a new event that started in the 2004 Athens Olympics. In addition, recently, the number of (4) mixed events has increased. Both men and women participate together in these events. For example, at the Tokyo Olympics, mixed doubles were held for table tennis.

The *participation rate of women in the Olympics will continue to increase; 44.2% in the 2012 London Olympics, 45.6% in the 2016 Rio de Janeiro Olympics, and 48.8% in the Tokyo Olympics. Finally, it will be 50% at the Paris Olympics.

Some people feel unhappy with (5) this trend. For example, some *Muslim people have an idea that (6)(① good / ② do / ③ girls / ④ it / ⑤ is / ⑥ sports / ⑦ for / ⑧ to / ⑨ not). However, the IOC has encouraged participation in the Olympics from the Islamic world, and the number of participants has increased. It is *expected that more women around the world will have a chance to join sporting events.

※語注 *modern 近代の　*Athens アテネ　*Greece ギリシャ　*achieve ～を達成する
*Oriental Witches：東洋の魔女　*fit with the times 時代に合う
*IOC：国際オリンピック委員会　*adopt：～を採用する　*participation：参加
*Muslim：イスラム教の　*expect：～を期待する

(1) 本文によると，(1) gender equality とはどのようなことですか。
① 男性と女性が同じルールでスポーツをすること
② 同じ人数の男性と女性がオリンピックに参加すること
③ 男性も女性もスポーツに関連した職業に就けること
④ 男性と女性が同じ額の賞金をもらえること

(2) 本文によると，(2) This とはどのようなことですか。
① 女性が1900年に初めてオリンピックに出場したこと
② 1900年のパリオリンピックよりも1964年の東京オリンピックの方が参加する女性の人数が多いこと
③ 2024年のパリオリンピックには同じ人数の男性と女性が参加すること
④ 1900年のパリオリンピック出場者の女性の割合がたった２％程度であること

(3) 本文によると，(3) sports are what boys do とはどのようなことですか。
① 男性は女性よりも一生懸命スポーツをしなければならない
② 男性は自分が取り組むスポーツを選ぶことができる
③ 男性はスポーツをするが，女性はするべきではない
④ すべての男性はスポーツをしなければならない

(4) 本文に書かれている，(4) mixed events の例を選びなさい。
① トライアスロンで選手たちが水泳，自転車，長距離走で競いあう
② ２人の女性選手がビーチバレーの試合に出場する
③ 男性選手と女性選手が柔道の団体戦に出場する
④ 様々な国の選手が一緒にサッカーの試合に出場する

(5) 本文によると，(5) this trend とはどのようなことですか。
① より多くのイスラム教徒がオリンピックに参加するようになっていること
② リオデジャネイロオリンピックよりも多くの選手がパリオリンピックに出場すること
③ 2012年のロンドンオリンピックでは女性選手の割合が44.2％であったこと
④ オリンピックにおける女性選手の割合が増えていること

(6) 下線部(6)の（　）内の語を正しく並びかえ，４番目と７番目の語を記号で答えなさい。

(7) 本文の内容と合うものを２つ選び，記号で答えなさい。
① 最初の近代オリンピックは100年以上前にギリシャのアテネで開催された。
② 1964年の東京オリンピックで始めてオリンピックに女性選手が参加した。
③ 国際オリンピック委員会はオリンピックに参加する男性選手の人数を増やしたいと考えてい

る。

④ 女性がオリンピックで参加した最初の競技は女子レスリングであった。

⑤ オリンピックにおける女性選手の割合は過去10年間増え続けている。

⑥ 国際オリンピック委員会はイスラム圏からのオリンピックへの参加を歓迎していない。

【理　科】（40分）　＜満点：100点＞

1　20世紀に入り，日本には深海探査用に「しんかい6500」という探査船がある。この船は，高い水圧に耐えられるように設計されている。水圧は，深度が深くなればなるほど強くなっていき，水面に近づくほど弱くなっていく。また，このしんかい6500は，全長10m・幅３m・高さ３mというサイズであるものとする。下のイラストはイメージ図である。これについて，以下の問いに答えなさい。但し，110のような数字は，1.1×10^2のように表している。

問１．「しんかい6500」が上面から海面までの深さが１mになるように潜水したとする。
この時，上面全体にかかる力を答えなさい。
①　30N　　②　3×10^3N
③　3×10^4N　　④　3×10^5N

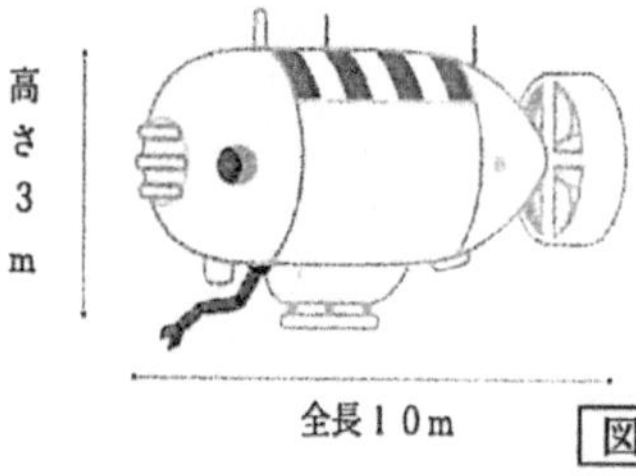

図１

問２．「しんかい6500」が6500mに潜水したとして以下の問いに答えなさい。
(1)　この時の上面にかかる水圧を答えなさい。
①　6.5×10^3Pa　②　6.5×10^4Pa　③　6.5×10^5Pa
④　6.5×10^6Pa　⑤　6.5×10^7Pa
(2)　この時の上面にかかる力を答えとして，もっとも適当なものを答えなさい。
①　2×10^8N　②　2×10^9N　③　6×10^8N　④　6×10^9N

問３．大気には水圧と同様に，大気圧という力が物質に加わる。これは標高が上がるほど弱くなっていく。標高０mの地表における大気圧の数値として，もっとも適当な数値を記号で答えなさい。
①　760Pa　②　1013Pa　③　760hPa　④　1013hPa

問４．十分に膨らんだ状態の風船を，山の山頂に持っていった。この時，風船はどうなるかを選択肢よりもっとも適当なものを記号で答えなさい。
①　萎む　②　膨らむ　③　変わらない

問５．深海艇などの海中で航行する船舶はソナーというものを持っており，それによって船同士が位置を確認することができる。これは，音波によって物体を探知するものである。これについて，以下の問いに答えなさい。
(1)　水中での音の進む速さとして，最も適当な数値をそれぞれ答えなさい。
①　秒速５㎝　②　秒速340m　③　秒速1500m　④　秒速6000m
(2)　宇宙のような空間での音の挙動として最も適当な答えを以下の選択肢より答えなさい。
①　大気中よりも早く伝わる　②　大気中よりも遅く伝わる　③　音は伝わらない

2　以下の会話文を読み，次の問いに答えなさい。

Ａさん：最近ある映画を見ていたら，火星で作物を育てたりしていて，地球外に移住するのも悪くないかなと思ったんだ。地球のように環境を変えることも理論上はできるみたいだし，セカンドライフは惑星間移住をしてみたいな。

Ｂさん：残念ながら，そう簡単にはいけないよ。火星と地球の距離は，ａ一番近くても約7000万km

で，一番遠いと２億3000万kmにもなるんだよ。環境を変えることも，できたとしても数百年単位の時間が必要みたいだし，すぐに住むことは難しいね。

Ａさん：え？そんなに遠いんだ。てっきり２～３日で行けるものかと思っていたよ。しかも，環境を変えるのも難しいんだ。じゃあ，月はどうだい？

Ｂさん：距離は近くても，ｂ月は天体としての質量が小さすぎて大気がないから，火星よりも生身で生活したりするのは難しいね。他に移住に適したｃ惑星は無いの？

Ａさん：う～ん。地球と比較的近い金星は，大気の主成分は（　ア　）だから呼吸には向かないし，そもそも（　イ　）が地球よりも近くにあるから気温がとても高くて住めないね。

Ｂさん：そう簡単にはいかないね。地球の環境が悪化してるから，移住したいなと思ったんだけど。

Ａさん：地球にずっと住めるように，SDGsとかを勉強して環境に配慮した生活をしないとね。

問１．文中の空欄に当てはまる語句として，もっとも適当なものを記号で答えなさい。

①　二酸化炭素　②　酸素　③　水素　④　太陽

⑤　月　⑥　土星　⑦　木星　⑧　水星

問２．下線部ａについて，使用する宇宙飛行機が秒速15kmであったとする。この時，地球との距離が一番近い時と地球との距離が一番遠い時で到着にどれくらいの差があるか。もっとも適当なものを記号で答えなさい。

①　40日　②　60日　③　80日　④　100日　⑤　120日　⑥　140日

問３．下線部ａについて，地球と火星で通信をした際に，通信が届くまで一番近い時で片道どれくらいかかるか，もっとも適当なものを記号で答えなさい。但し，通信は光の速度で進むものとし，光の速度は秒速30万kmで計算しなさい。

①　２分　②　４分　③　６分　④　８分　⑤　10分　⑥　12分

問４．下線部ｂについて，この天体の総称としてもっとも適当なものを記号で答えなさい。

①　彗星　②　小惑星　③　隕石　④　太陽系外縁天体　⑤　恒星　⑥　衛星

問５．下線部ｃについて，太陽系の惑星は地球型惑星と木星型惑星に大別できる。地球型惑星に分類できる惑星の数を記号で答えなさい。

①　２つ　②　３つ　③　４つ　④　５つ　⑤　６つ　⑥　７つ

3　二人の会話文を読み以下の問いに答えなさい。

Ａさん：昨日，ホットケーキを作ったんだけど，ホットケーキってなんで膨らむのかな？

Ｂさん：焼きはじめると，ブツブツと泡がでてくるよね。

Ａさん：熱を加えることで，何か気体が発生しているのかな？

Ｂさん：ホットケーキの材料となる粉の中身を調べると，分かるかもしれないよ。ちょっとネットで調べてみようか。

Ａさん：うん。お願い。

Ｂさん：あの粉の中身は…，小麦粉，砂糖，植物油脂，ベーキングパウダー，…

Ａさん：この中で何か反応しそうなのは，ベーキングパウダーかな。

Ｂさん：ベーキングパウダーの主成分って，炭酸水素ナトリウムだよね。

Ａさん：あ！炭酸水素ナトリウムって，加熱すると，何か発生するって，この前の理科の実験でやったね。

Bさん：炭酸水素ナトリウムの熱分解で気体Xが発生するよ。

Aさん：すごい！よく覚えているね。ってことは，気体Xが発生するから，ホットケーキは膨らむんだね。そういえば，もう1つ不思議に思ったことがあったんだ。

Bさん：どんなこと？

Aさん：おいしくなると思って，ブルーベリージャムと粉を混ぜて焼いたんだけど，途中で色が青紫色から緑色に変わったんだよね。おいしかったんだけど，なんでだろう？

Bさん：ブルーベリージャムの色素に原因があるのかも。面白そうだから，家で詳しく調べてみるよ。分かったら，教えるね。

Aさん：え？本当？ありがとう！

問1．気体Xの捕集方法として誤っているものを1つ選びなさい。

① 上方置換　② 下方置換　③ 水上置換

問2．気体Xに関する記述として誤っているものを1つ選びなさい。

① 石灰石にうすい塩酸を加えると発生する。

② 3つの原子から成る分子である。

③ 気体Xが水に溶けたものを炭酸水という。

④ 助燃性（物が燃えるのを助けるはたらき）をもつ。

⑤ 有機物を完全燃焼させると生じる物質である。

問3．炭酸水素ナトリウムを熱分解すると，気体X以外に液体Yと固体Zも生じる。液体Yに関する記述として誤っているものを1つ選びなさい。

① 人体内に多く存在する。

② 3種類の元素から成る分子である。

③ 青色の塩化コバルト紙を赤色に変色させる。

④ 液体Yの色は無色透明である。

⑤ 液体Yは固体になると，体積が大きくなる。

問4．Bさんがブルーベリーに含まれる色素を調べたところ，アントシアニンであることが分かった。アントシアニンは液性（酸性・中性・アルカリ性）により，色が変化することが知られている。Bさんが書いたメモを参考に，文章に当てはまる化学式及び語句を次のページの表から1つ選びなさい。ただし，気体Xは液性に影響しないものとする。

《メモ》 ブルーベリーに含まれる色素…アントシアニン

アントシアニンの色の変化

酸性　⇔　中性　⇔　アルカリ性

赤 ⇆ ピンク ⇆ 紫 ⇆ 青 ⇆ 緑 ⇆ 黄

ブルーベリージャム入りのホットケーキミックスの色が加熱して変化したのは，（　ア　）が（　イ　）に変化したことにより，ホットケーキミックスのpHの値が（　ウ　）なったためである。

	ア	イ	ウ
①	$NaHCO_3$	H_2O	小さく
②	$NaHCO_3$	H_2O	大きく
③	Na_2CO_3	$NaHCO_3$	小さく
④	Na_2CO_3	$NaHCO_3$	大きく
⑤	$NaHCO_3$	Na_2CO_3	小さく
⑥	$NaHCO_3$	Na_2CO_3	大きく

問5．炭酸水素ナトリウムはラムネ菓子などにも利用されている。ラムネ菓子の材料は炭酸水素ナトリウムとクエン酸（$C_6H_8O_7$）と粉糖で，炭酸水素ナトリウムとクエン酸が反応することにより，気体Xが発生する。ラムネ菓子を口にいれるとシュワシュワするのは，気体Xが発生しているためである。以下に示したのは，炭酸水素ナトリウムとクエン酸（$C_6H_8O_7$）の化学反応式である。(　)にあてはまる係数を1つずつ選びなさい。ただし，同じ記号を何度使ってもよいものとする。

式中の$Na_3C_6H_5O_7$は係数が1，H_2Oは係数が3であることを表している。

（ア）$C_6H_8O_7$＋（イ）炭酸水素ナトリウム→$Na_3C_6H_5O_7$＋$3H_2O$＋（ウ）気体X

①　1　　②　2　　③　3　　④　4　　⑤　5　　⑥　6　　⑦　7　　⑧　8

4　右の図は，エンドウの花びらの一部を模式的に示したものである。以下の問いに答えなさい。

図2

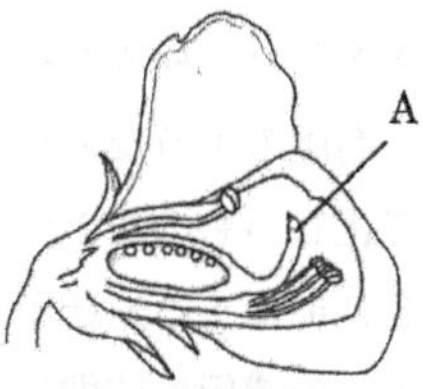

問1．右図のめしべの先端部分Aは，花粉がつきやすくなっている。

Aの部分を何というか，正しいものを1つ選びなさい。

①　花柱　　②　おしべ　　③　やく　　④　子房　　⑤　柱頭

問2．以下のエンドウとオランダイチゴに関する文章を読み，(　)に当てはまる語句の組み合わせを表から1つ選びなさい。

エンドウの先端部分Aに花粉がつくと，花粉から花粉管という管が出る。花粉管の中を通って精細胞が胚珠の卵細胞に達すると，受精し種子ができる。エンドウのような受精によって子孫を増やす方法を（　ア　）という。また，オランダイチゴは，ほふく茎とよばれる，地面をはう長い枝ができ，その先に新しい芽をつけて増える。このように子孫を増やす方法を（　イ　）という。

（　ア　）で生まれた新しい個体は，親と（　ウ　）組み合わせの遺伝子をもつが，（　イ　）で生まれた新しい個体は，親と（　エ　）組み合わせの遺伝子をもつ。

	ア	イ	ウ	エ
①	有性生殖	無性生殖	同じ	異なる
②	有性生殖	無性生殖	異なる	同じ
③	無性生殖	有性生殖	同じ	異なる
④	無性生殖	有性生殖	異なる	同じ

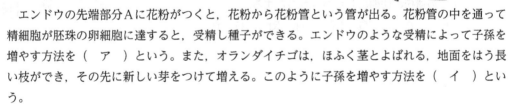

問３．エンドウの種子の形についての遺伝を調べるために，形質の異なる株どうしを交配し観察を行った。エンドウの純系の株を親として，子と孫の代の形質がどのようになるかを調べたところ，次のようなことが分かった。

> 種子の形が丸形のエンドウ（純系）と種子の形がしわ形のエンドウ（純系）を親としてかけあわせたところ，子の代の種子の形はすべて丸形となった。
> 子の代の種子の形が丸形のエンドウを自家受粉させたところ，孫の代の種子の形は
> 丸形：しわ形＝（ア）：（イ）となった。

⑴　文章中の（ア），（イ）に当てはまる数値の組み合わせを表から１つ選びなさい。

	ア	イ		ア	イ
①	1	2	⑤	2	3
②	1	3	⑥	3	2
③	2	1	⑦	1	1
④	3	1	⑧	2	2

⑵　オーストリアの植物学者であるメンデルは，修道院の司祭をしていたときに，修道院の庭で約８年の月日を費やし，エンドウの交雑実験を行った。その結果，いくつかの遺伝の法則を発見した。メンデルの発見した遺伝の法則として，正しいものを１つ選びなさい。

①　質量保存の法則　　②　顕性の法則　　③　フックの法則　　④　作用・反作用の法則

⑶　下線部の孫の代の株から種子の形が丸いものを選び，これを株Aとした。株Aを種子の形がしわ形の株とかけあわせたところ，右図のような結果になった。株Aの遺伝子の組み合わせとして正しいものを１つ選びなさい。ただし，エンドウの種子の形を丸形にする遺伝子をR，しわ形にする遺伝子をｒとし，メンデルの遺伝の法則にしたがうものとする。

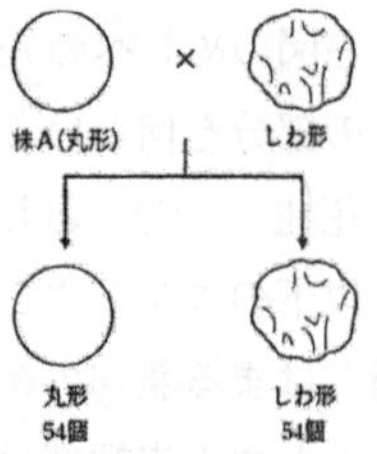

図３

①　R　　②　r　　③　RR　　④　Rr　　⑤　rr

【社　会】（40分）　＜満点：100点＞

1　次の授業中の会話を読み，設問に答えなさい。

先　生：今年（2022年）11月にはサッカーワールドカップカタール大会が開催されますね。開催国であるカタールと日本・スペイン・ドイツ・コスタリカの代表が入ったグループＥにはさまざまな面で注目しています。カタール・スペイン・ドイツ・コスタリカそして日本の各国は気候・経済が全く違い，非常に特徴的なのです。これは，他の予選リーグと少し違って興味がわいてきます。
みなさんで，開催国のカタールをはじめ日本が対戦する国がどんな国か調べてみましょう。Ａさんはカタール，Ｂさんはスペイン，Ｃさんはドイツ，Ｄさんはコスタリカについて調べてください。

Ａさん：カタールはアラビア半島東部に位置し，首都はドーハ。1971年にイギリスから独立。公用語はアラビア語ですが，共通語として英語が使用されています。今回のサッカーワールドカップは開催国のカタールが暑いため，11月に開催するという話を聞きました。気候はⓐ砂漠気候，国教はⓑイスラム教，そして，カタールから産出されるⓒ天然資源は日本へ多く輸入されています。

先　生：スペイン・ドイツ・日本は温帯ですが特徴が違います。それぞれの国の歴史や気候や産業に興味がありますね。

Ｂさん：スペインはイベリア半島に位置していて，首都はマドリード。イスラム教国の支配を受け，1492年にイスラム教国を排除して，スペイン王国が成立しました。その年に大西洋を横断した［　Ａ　］がカリブ海にある島を発見し，それをきっかけに中南米のほとんどはスペインの植民地となりました。スペインの国土のほとんどはⓓ地中海性気候。ⓔその気候をいかした農業もさかんです。

Ｃさん：ドイツはオーストリア・オスマン帝国とともに同盟国側として，イギリス・フランス・ロシアを中心とした連合国を相手に第一次世界大戦をおこし，敗れました。そして，戦勝国から押し付けられた賠償金がドイツ経済を混乱させました。そういった状況のなかでナチスを率いた［　Ｂ　］が政権を握り，第二次世界大戦をおこしました。結果，ドイツは再び敗れ，アメリカを中心とする資本主義の西側とソ連を中心とする共産主義の東側諸国との対立により，ドイツは1949年に東西に分かれて独立しました。西ドイツは［　Ｃ　］に加盟，東ドイツは［　Ｄ　］に加盟し，ドイツは「冷たい戦争」の象徴となりました。1989年11月「［　Ｅ　］の壁」が崩壊し，1990年10月に東西ドイツが統一されました。
ドイツの気候はⓕ西岸海洋性気候。ドイツは世界有数の先進工業国であるとともに貿易大国。
ⓖGDPの規模では欧州内で第１位です。スペインとドイツはヨーロッパで同じキリスト教を信仰しています。しかし，ドイツは［　Ｆ　］の宗教改革によって，プロテスタントとよばれる人々が増えました。

Ｄさん：コスタリカは中南米にある人口約515万人（2021年世界銀行調査）の小さな国です。気候帯はⓗ熱帯ですが乾季と雨季があります。長い間スペインの植民地でしたが，1821年に独立しました。植民地時代には世界でも最も貧しい地域の一つでした。しかし，第二次世界大戦後は農業を中心に経済が発展し，現在はⓘ農業国から工業国となって中米では有数の豊かな国になりました。日本もコスタリカの主要な輸出相手国となっています。

Cさん：今日の報道ではドイツやスペインが有利だと言われていますが，カタールという暑い国で行われる今回のワールドカップは今年も猛暑であった日本やもともと熱帯のコスタリカ，夏が砂漠地帯に近いスペインがドイツより優位に戦えそうだと思います。

Aさん：日本代表選手もドイツやスペインのリーグに出場しているので，その国の特徴がわかっているため，日本の活躍が楽しみですね。

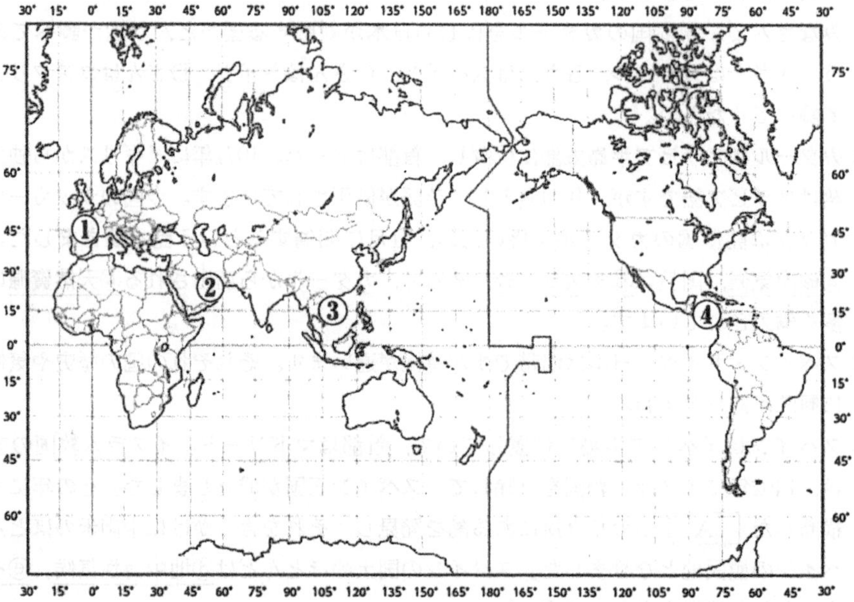

問1　日本の第1戦であるドイツ戦は現地時間2022年11月23日16：00に始まりますが，日本時間ではいつに始まるのか下の①～④から選び，記号で答えなさい。

①　2022年11月23日20：00　②　2022年11月24日１：00

③　2022年11月23日22：00　④　2022年11月23日14：00

問2　開催国であるカタールを地図の①～④から選び，記号で答えなさい。

問3　下線部ⓐについて，カタールの気候を次のページの【気候Ⅰ】の①～④から選び，記号で答えなさい。

問4　下線部ⓑについて，カタールの国教であるイスラム教を創始した人物を下の①～④から選び，記号で答えなさい。

①　アッラー　②　コーラン　③　ムハンマド　④　ラマダーン

問5　下線部ⓒについて，カタールが加盟している石油の価格維持・生産調整などを目的として結成した国際機構を下の①～④から選び，記号で答えなさい。

①　OPEC　②　NIES　③　ASEAN　④　APEC

問6　日本と対戦するスペインを地図の①～④から選び，記号で答えなさい。

問7　文中 A に入る人物を下の①～④から選び，記号で答えなさい。

①　ヴァスコ＝ダ＝ガマ　②　マゼラン　③　ミケランジェロ　④　コロンブス

問８　下線部ⓓについて，スペインの首都の気候を【気候Ⅱ】の①～④から選び，記号で答えなさい。

問９　下線部ⓔについて，スペインの農業を**代表する農産物ではないもの**を下の①～④から選び，記号で答えなさい。

①　ブドウ　　②　オリーブ　　③　ビート　　④　オレンジ

問10　文中［B］に入る人物を下の①～④から選び，記号で答えなさい。

①　レーニン　　②　ムッソリーニ　　③　ヒトラー　　④　ウィルソン

問11　文中［C］・［D］に入る組み合わせとして正しいものを下の①～④から選び，記号で答えなさい。

①　C．－ワルシャワ条約機構　　D．－北大西洋条約機構

②　C．－北大西洋条約機構　　D．－ワルシャワ条約機構

③　C．－独立国家共同体　　D．－北大西洋条約機構

④　C．－ワルシャワ条約機構　　D．－独立国家共同体

問12　文中［E］に入る適語を下の①～④から選び，記号で答えなさい。

①　ベルリン　　②　フランクフルト　　③　ミュンヘン　　④　ドルトムント

問13　下線部ⓕについて，ドイツの首都の気候を【気候Ⅱ】の①～④から選び，記号で答えなさい。

問14　文中［F］に入る人物を下の①～④から選び，記号で答えなさい。

①　カルヴァン　　②　ルター　　③　ザビエル　　④　イエス

問15　下線部ⓖについて，GDPとは何の略称か①～④から選び，記号で答えなさい。

①　国民総生産　　②　国内総生産　　③　国民総所得　　④　国民所得

問16　日本と対戦するコスタリカを前のページの地図の①～④から選び，記号で答えなさい。

問17　下線部ⓗについて，コスタリカの首都の気候を【気候Ⅰ】の①～④から選び，記号で答えなさい。

問18　下線部ⓘについて，コスタリカ産の主要な農作物として**誤っているもの**を①～④から選び，記号で答えなさい。

①　パイナップル　　②　コーヒー　　③　バナナ　　④　小麦

【気候Ⅰ】

①

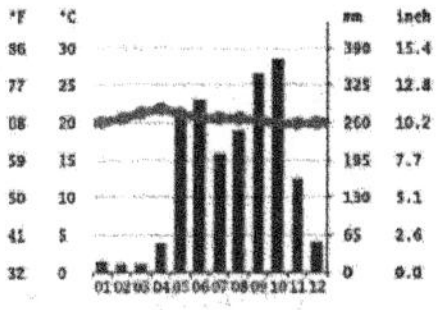

②

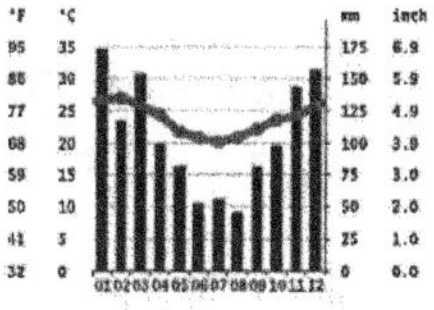

③

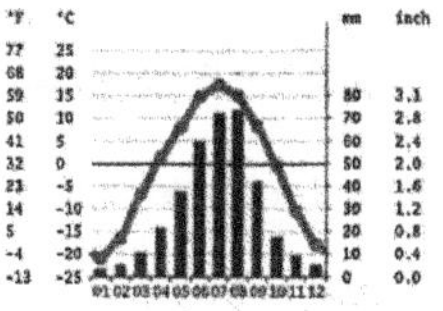

④

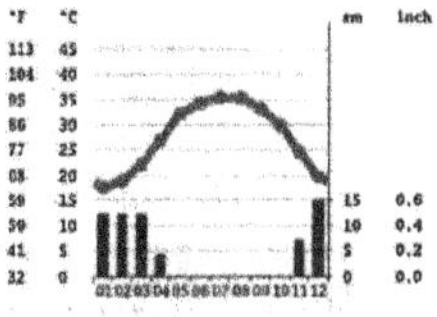

【気候Ⅱ】

①

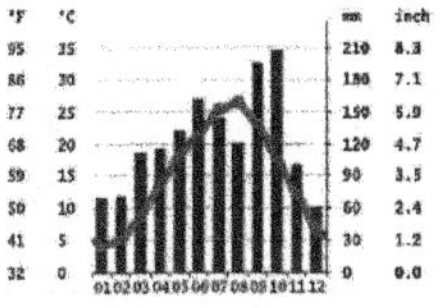

②

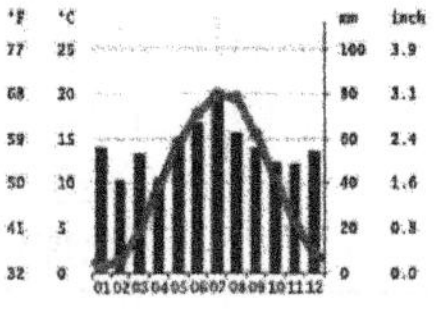

③

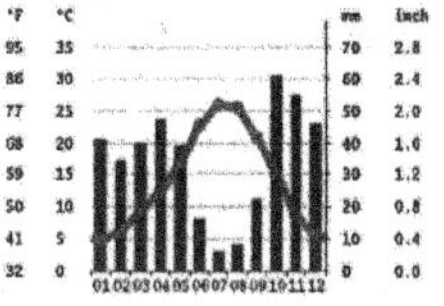

④

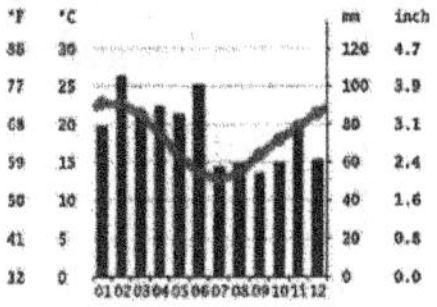

2 下の【板書Ⅰ】【板書Ⅱ】をみて，設問に答えなさい。

【板書Ⅰ】

ヨーロッパ諸国の海外進出

イギリス革命（ピューリタン革命・名誉革命）
→ⓐ立憲君主制・議会政治のはじまり
アメリカ独立革命
→イギリスと独立戦争。大陸会議で「 A 」発表

アメリカ合衆国憲法制定（国民主権・ⓑ三権分立）

フランス革命とナポレオン
→平民が絶対王政を打倒するため国民議会を結成
→「 B 」を採択

ナポレオンにより、フランス革命おわる
→ナポレオンによる征服戦争
→国民主義がヨーロッパ各地に広がる

イギリスの産業革命
→19世紀末には各国に広まる

ヨーロッパ各地でⓒ資本主義が広まる

影響：ⓓ「鉄血宰相」の活躍でドイツ帝国成立
イタリア王国の成立
メキシコ・ブラジル・アルゼンチンなどが独立

〈イギリス〉
三角貿易

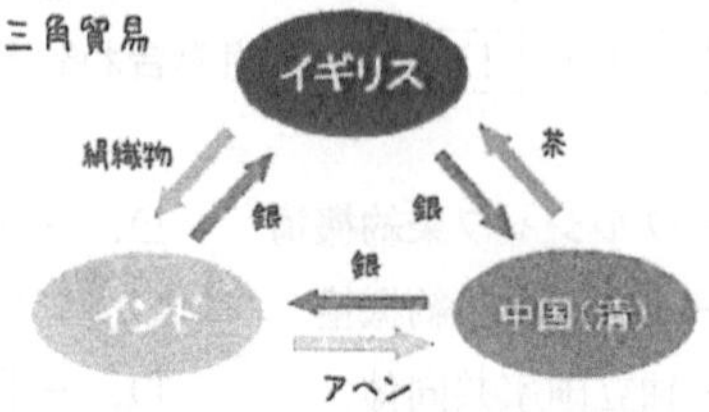

1840～1842年 アヘン戦争（イギリス 対 清）
→ⓔ南京条約

社会不安と重税で清の各地で C がおこる

1857年 インドの大反乱
→イギリス女王を皇帝にインド帝国成立

〈ロシア〉
南下政策により領土を拡大
→ⓕクリミア戦争に敗れ、東アジア進出へ
日本へ使節を派遣

〇月〇日 日直〇〇

【板書Ⅱ】

欧米列強の日本進出

1792年 ラクスマン、 D に来航→通商要求、幕府拒否
1804年 レザノフ、 E に来航→通商要求、幕府拒否

間宮林蔵らに蝦夷地・樺太の調査を命じる
1808年 フェートン号事件（イギリス軍艦の E 侵入）
1825年 異国船打払い令
1837年 モリソン号事件（アメリカ商船モリソン号を砲撃）
1840～1842年 アヘン戦争
→異国船打払い令廃止
1853年 ペリー、浦賀に来航、通商を要求
→日米和親条約締結（1854）
X 浦賀（神奈川県） Y 函館（北海道）開港
1856年 アメリカ総領事ハリス来日、通商を要求
→ⓖ日米修好通商条約（1858）

江戸幕府の滅亡と明治維新

尊王攘夷から尊王討幕へ

Ⅰ 安政の大獄	Ⅱ 薩英戦争
Ⅲ 桜田門外の変	Ⅳ 薩長同盟

第15代将軍 F の大政奉還
→ G による王政復古の大号令

ⓗ戊辰戦争へ

三大改革へ（学制・兵制・税制の改革）
1869年 版籍奉還
1871年 廃藩置県
1872年 ⓘ学制
1873年 ⓙ徴兵令
ⓚ地租改正

〇月〇日 日直〇〇

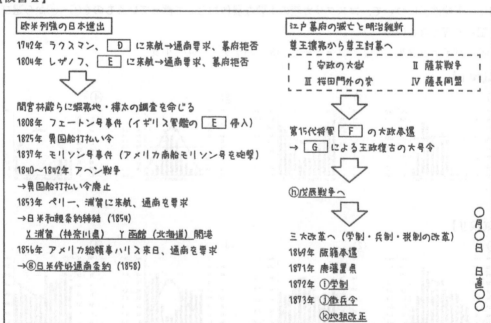

問１　下線部ⓐについて，立憲君主制に関する正しい説明を次の①～④から選び，記号で答えなさい。

①　主権国家形成期に国家の権力が君主（国王）に集中し，君主が絶対的な権力を行使した国家の政治体制

②　君主が主権を有するが，憲法などの法規によってその権限を制限し，国民の権利の保護を図っている政治形態

③　主権が国民にあり，直接または間接に選出された国家元首や複数の代表者によって統治される政治形態

④　憲法に基づいて統治がなされるべきであるというのみならず，政治権力が憲法によって実質的に制限されなければならないという政治理念

問２　[A]・[B]に入る適語の正しい組み合わせを次の①～④から選び，記号で答えなさい。

①　A．－人権宣言　B．－独立宣言　　②　A．－人民憲章　B．－人権宣言

③　A．－人民憲章　B．－独立宣言　　④　A．－独立宣言　B．－人権宣言

問３　下線部ⓑについて，三権分立の中で**関係のないもの**を次の①～④から選び，記号で答えなさい。

①　行政権　　②　立法権　　③　平等権　　④　司法権

問４　下線部ⓑについて，三権分立を唱えた思想家と著書の正しい組み合わせを次の①～④から選び，記号で答えなさい。

①　思想家－ロック　著書－『法の精神』

②　思想家－モンテスキュー　著書－『社会契約論』

③　思想家－モンテスキュー　著書－『法の精神』

④　思想家－ロック　著書－『統治二論』

問５　下線部ⓒについて，資本主義の発展により資本家と労働者の格差が大きくなったため，その問題を解決するため社会主義を唱えた人物が生まれた。その中心人物を次の①～④から選び，記号で答えなさい。

①　ルソー　　②　マルクス　　③　スターリン　　④　レーニン

問６　下線部ⓓについて，「鉄血宰相」とよばれた人物を次の①～④から選び，記号で答えなさい。

①　ルイ14世　　②　ビスマルク　　③　ワシントン　　④　リンカン

問７　下線部ⓔについて，イギリスが獲得した清の領地を次の①～④から選び，記号で答えなさい。

①　上海　　②　マカオ　　③　広州　　④　香港

問８　[C]に入る適語を次の①～④から選び，記号で答えなさい。

①　甲午農民戦争　　②　義和団事件　　③　太平天国の乱　　④　辛亥革命

問９　下線部ⓕについて，クリミア戦争に従軍し，戦場医療の改革を行い，戦後は近代看護を確立した人物を答えなさい。

①　ナイティンゲール　　②　ストウ夫人　　③　サッチャー　　④　アンネ・フランク

問10　[D]・[E]に入る適語の正しい組み合わせを次の①～④から選び，記号で答えなさい。（２つの[E]は同じ）

①　D．－長崎　E．－根室　　②　D．－長崎　E．－種子島

③　D．－根室　E．－長崎　　④　D．－根室　E．－種子島

問11　下線部中のX・Yの港について，その正誤の組み合わせとして正しいものを次の①～④から選び，記号で答えなさい。

①　X．正　Y．正　②　X．正　Y．誤

③　X．誤　Y．正　④　X．誤　Y．誤

問12　下線部ⓖについて，日米修好通商条約について誤っているものを次の①～④から選び，記号で答えなさい。

①　幕府の外交の交渉を行う公使を江戸に置いた

②　アメリカに領事裁判権を認めた

③　日本に関税自主権が認められていなかった

④　同じ内容の条約をオランダ・ロシア・イギリス・フランス・ドイツとも結んだ

問13　板書Ⅱ中のⅠ～Ⅳの出来事について，古いものから順に正しく配列されたものを次の①～④から選び，記号で答えなさい。

①　Ⅰ－Ⅱ－Ⅲ－Ⅳ　②　Ⅰ－Ⅲ－Ⅱ－Ⅳ　③　Ⅱ－Ⅰ－Ⅲ－Ⅳ　④　Ⅲ－Ⅱ－Ⅰ－Ⅳ

問14　F ・ G に入る適語の正しい組み合わせを次の①～④から選び，記号で答えなさい。

①　F．－徳川家定　G．－三条実美　②　F．－徳川家定　G．－岩倉具視

③　F．－徳川慶喜　G．－三条実美　④　F．－徳川慶喜　G．－岩倉具視

問15　下線部ⓗについて，戊辰戦争のさなかの時期の新政府がとった施策について述べた文の正誤の組み合わせとして正しいものを次の①～④から選び，記号で答えなさい。

X．五箇条の誓文をきっかけに四民平等の道が開かれた

Y．五榜の掲示でキリスト教の布教が認められた

①　X．正　Y．正　②　X．正　Y．誤

③　X．誤　Y．正　④　X．誤　Y．誤

問16　下線部ⓘ・ⓙに関して，述べた文のa～dについて，正しい組み合わせを次の①～④から選び，記号で答えなさい。

a　学制は小学校から大学校までの学校制度を定めたものである

b　学制は小学校教育を重視し，満６歳になった男子を全て通わせることを義務とした

c　満20歳になった男子は，士族と平民関係なく兵役の義務を負うことになった

d　兵役の義務は免除規定がなく満20歳になった男子は全て義務を負うこととなった

①　a－c　②　a－d　③　b－c　④　b－d

問17　下線部ⓚに関して，述べた文のa～dについて，正しい組み合わせを次の①～④から選び，記号で答えなさい。

a　収穫高ではなく，地価を基準に税（地租）を掛ける

b　納税は現金から物納に変更された

c　納税は土地所有者ではなく耕作者が行う

d　地租改正反対一揆がおこり，税率が３％から2.5％に引き下げられた

①　a－c　②　a－d　③　b－c　④　b－d

3 次の授業中の会話を読み，設問に答えなさい。

先　生：昨日（2022年７月10日），参議院選挙がありました。結果は自民党が大勝して，改憲勢力が改憲に必要な議席を確保しました。今日は選挙制度と憲法改正を中心に授業をしたいと思います。

　まず，日本の国会は衆議院と参議院の二院制です。選挙は衆議院と参議院は候補者に投票して選挙区で１人選ぶ小選挙区制と政党に投票して政党の得票数に応じ議席を配分する比例代表制で議員を選出する小選挙区比例代表制で行われています。では，衆議院と参議院の定員と任期をＡさんは知っていますか？

Ａさん：衆議院の定員は465人で任期は［　A　］年（ⓐ解散あり），参議院の定員は245人（※2022年７月26日以降は選挙区148人，比例代表100人）で任期は［　B　］年（解散なし）

先　生：その通りです。衆議院は小選挙区制で289人，比例代表176人。参議院は45選挙区で147人，比例代表98人となっています。

Ｂさん：衆議院の小選挙区制，参議院の選挙区制については理解できますが，比例代表制ではどのように議員を決めるのでしょうか？

先　生：日本ではドント式が採用されています。ドント式というのはベルギーの法学者ドントが考え出した議席割り当てのための計算方法です。計算方法は，まず各政党の得票数を１，２，３…の整数で割ります。次に，一人当たりの得票数が多い順（割り算の答えの大きい順）に各政党の議席が配分されます。そして，通常，各党の当選者は，比例代表名簿への登載者の上から決まっていきます。

では，下の練習問題で定員６としての比例代表において各政党の獲得議席数を求めてみましょう。

資料１：各政党の獲得数

みかん党	りんご党	いちご党	バナナ党
600票	480票	240票	120票

資料２：各政党の獲得議席数

みかん党	りんご党	いちご党	バナナ党
ア人	イ人	ウ人	エ人

先　生：このような方式で衆議院・参議院の議席が決定されて国会が運営されていきます。では，次に憲法改正について考えてみましょう。

Ａさん：そもそも「改憲」って憲法を変えることですよね。現在の憲法のどこを変えなければならないのでしょうか？

先　生：今回の憲法改正は第［　C　］条を対象にしています。

『第［　C　］条』では「第１項　日本国民は，正義と秩序を基調とする国際平和を誠実に希求し，［　a　］たる戦争と，武力による威嚇又は［　b　］は，国際紛争を解決する手段としては，永久にこれを放棄する」「第２項　前項の目的を達するため，陸海空軍その他の戦力は，これを保持しない。国の［　c　］は，これを認めない」とされています。

Ｂさん：先生，自衛隊って戦力ではないのですか？また，海外でおこった戦争には物資を補給したり，アメリカや韓国などといっしょに演習をしているじゃないですか？それって軍事行動ではないのですか？

先　生：政府は主権国家には自衛権があり，憲法では「自衛のための必要最小限の実力」をもつことは禁止されていないと説明されています。しかし，自衛隊に関しては違憲ではないかと何度か裁判で審議されています。また，最近は日本の防衛だけでなく，国際貢献のために［D］に基づいてハイチやスーダンなどへの人道支援を行っています。

Aさん：2015年に安全保障関連法が成立し，［E］を行使できると聞きましたが，これってどういう話なのですか？

先　生：簡単に言えば，日本の仲間の国が攻撃されたとき，一緒に反撃することができる権利のことです。日本においては仲間のアメリカ軍が攻撃されたときに自衛隊が反撃する。これに関しても，第［C］条の自衛の範囲を超えているという意見もあります。

Aさん：［E］ってどこまで広がるのでしょうか？

Bさん：日本とアメリカの間では<u>ⓑ日米安全保障条約</u>で，アメリカは他国が日本の領土を攻撃したときに共同で対応できるよう約束をしているから，アメリカの要求に応じて，各地に基地を提供していると聞いています。それなら，自衛隊の必要はやはりないのではないでしょうか？

先　生：政府はできる限り日本の防衛力はおさえめにして，自衛隊が海外で武力行使はしない，という考え方をとっています。しかし，テロリズムや日本周辺のアジアに軍事情勢の変化など今の世界の現実と第［C］条には無理があるので憲法改正を考えているのでしょうね。

Aさん：日本政府はそのために憲法を改正する必要があると考えます。ただ，憲法を改正するためには結局，憲法に基づいて行われるのですよね？

先　生：第96条では憲法改正案が国会に提出されると衆議院と参議院で審議され，両院が［d］以上の承認をし，憲法改正の発議をして，満［F］歳以上の国民投票が行われ，有効投票の［e］が賛成すると，憲法が改正されます。

Aさん：私たちはその時のために，自衛隊のことや憲法について勉強しなければなりませんね。

問1　［A］・［B］に入る適語の正しい組み合わせを次の①～④から選び，記号で答えなさい。

①　A．－3　B．－6　　②　A．－4　B．－6

③　A．－5　B．－6　　④　A．－6　B．－6

問2　下線部ⓐについて，誤っているものを次の①～④から選び，記号で答えなさい。

①　衆議院は，内閣を信頼できないときは，内閣不信任決議を行って，その責任を問うことができる

②　内閣不信任の決議が可決されると，14日以内に衆議院の解散を行い国民の意思を問う総選挙を行う

③　内閣不信任の決議が可決されると，10日以内に衆議院の解散を行い国民の意思を問う総選挙を行うか，総辞職しなければならない

④　内閣不信任の決議が可決された場合に限らず，国民の意思を問う必要がある場合に，衆議院を解散することができる

問3　前のページの資料1・資料2をみて，各政党の議席数で正しいものを次のページの①～④から選び，記号で答えなさい。

① ア 2 イ 2 ウ 1 エ 1　② ア 2 イ 2 ウ 2 エ 0
③ ア 3 イ 2 ウ 1 エ 0　④ ア 3 イ 3 ウ 0 エ 0

問4 [C] に入る正しい数を次の①～④から選び，記号で答えなさい。

① 3　② 5　③ 7　④ 9

問5 [a]・[b]・[c] に入る正しい組み合わせを次の①～④から選び，記号で答えなさい。

Ⅰ 交戦権　Ⅱ 国権の発動　Ⅲ 武力の行使

①	②	③	④
[a] →Ⅰ	[a] →Ⅱ	[a] →Ⅲ	[a] →Ⅲ
[b] →Ⅱ	[b] →Ⅲ	[b] →Ⅱ	[b] →Ⅰ
[c] →Ⅲ	[c] →Ⅰ	[c] →Ⅰ	[c] →Ⅱ

問6 [D] に入る適語を次の①～④から選び，記号で答えなさい。

① 国連平和支援　② 国連安全保障　③ 国連平和協力　④ 国連平和維持活動

問7 [E] に入る適語を次の①～④から選び，記号で答えなさい。

① 生存権　② 非核三原則　③ 集団的自衛権　④ 恒久平和

問8 下線部ⓑに関して，述べた文ア～エについて，正しい組み合わせを次の①～④から選び，記号で答えなさい。

ア 他国が日本の領域を攻撃したときに，アメリカが共同で協力して対応する
イ 他国が日本の領域を攻撃したときに，アメリカは日本の必要分の武器を提供する
ウ アメリカ軍は日本の領域内に駐留することが認められている
エ アメリカ軍は日本政府が指定する領域内で駐留することが認められる

① アーウ　② アーエ　③ イーウ　④ イーエ

問9 [d] と [e] に入る適語の組み合わせを次の①～④から選び，記号で答えなさい。

① d．過半数　e．過半数　② d．３分の２　e．３分の２
③ d．３分の２　e．過半数　④ d．過半数　e．３分の２

問10 [F] に入る正しい年齢を次の①～④から選び，記号で答えなさい。

① 18　② 20　③ 25　④ 30

③ 姫君が親の愛情を裏切ったことで、豊成自身が宮中の笑いものになることが耐えられないから。

④ 姫君が親の愛情を裏切ったことで、妻が姫君に愛情をかけていたことが思い出され、許せないから。

問六 ――E、「大臣殿の御定の趣」とは具体的にどのようなことか、適当なものを一つ選びなさい。解答番号は[8]。

① 亡き母が成仏できるように、姫君を殺すこと。

② 北の方の幸せのために、姫君を殺すこと。

③ 姫君の命を奪った後、しっかりと供養すること。

④ 姫君の命を奪った後、亡き母の供養をすること。

問七 ――F、「人の偽り」とは、誰のどのようなことか、適当なものを一つ選びなさい。解答番号は[9]。

① 北の方の、姫君が複数の男を自分の元に通わせているという作り話を豊成に話したこと。

② 帝の、姫君が複数の男を自分の元に通わせている事実に激怒していること。

③ 豊成の、亡き母の嘘の遺言を信じていること。

④ 勅使の、姫君が複数の男を通わせているという帝への報告。

問八 ――G、「少し暇を得させよ」と姫君が言った理由として**不適当なもの**を一つ選びなさい。解答番号は[10]。

① 姫君が、自分自身が成仏できるようにと読経するため。

② 姫君が、豊成の行く末を祈るために読経するため。

③ 姫君が、亡き母の成仏のために読経するため。

④ 姫君が、帝の行く末を祈るために読経するため。

[四] 次の各問いに答えなさい。

問一 (Ⅰ)『蟹工船』(Ⅱ)『雪国』(Ⅲ)『黒い雨』の作者を、それぞれの次の語群から一つ選びなさい。解答番号は[1]から[3]。

《語群》

① 田山花袋　② 島崎藤村　③ 川端康成

④ 太宰治　⑤ 井伏鱒二　⑥ 三島由紀夫

⑦ 夏目漱石　⑧ 小林多喜二　⑨ 高村光太郎

⑩ 宮沢賢治

問二 次のⅠ～Ⅲの語の意味として適当なものを選択肢①～⑥の中よりそれぞれ選びなさい。解答番号は[4]から[6]。

Ⅰ 封建　Ⅱ 振興　Ⅲ 概念

① 物事の基礎、土台

② 繰り返し行われ、決まりになった事柄

③ 対象に対して、一般的に思い浮かべる意味

④ 社会のために力を尽くして役立つこと

⑤ 君主が領地を諸侯に分けあたえ、統治すること

⑥ 学術や産業が盛んになること

ともせん」と仰せられければ、

武士、岩木にあらざれば、しばらく時をぞ移しける《しばらく待ってくれた。》。

（『中将姫本地』による）

語注　＊1　称賛浄土御経……仏教経典の一つ。
＊2　直垂……男性用和服の一種。
＊3　折烏帽子・4立烏帽子……成人男性用の帽子の一種。
＊5　薄衣……薄い着物。主に僧侶が着るもの。
＊6　紀伊国有田群雲雀山……現在の和歌山県有田市にある雲雀山。
＊7　修羅……阿修羅の住む、争いや怒りの絶えない世界。

問一　——a「空言」b「数多」c「具し奉る」の本文中の意味として適当なものを次から一つ選びなさい。解答番号は1～3。

a「空言」
①　真実　②　空に向けた言葉　③　嘘　④　空想

b「数多」
①　たくさん　②　よく　③　きれいに　④　悠々と

c「具し奉る」
①　誘拐申しあげる　②　連れ戻し申しあげる
③　誘い申しあげる　④　連れ申しあげる

問二　——A、「北の方は安からず思し召し」とあるが、「北の方」が「安からず」思った理由として適当なものを次から一つ選びなさい。解答番号は4。
①　帝が姫君の存在を知っていることから、次は自分に声がかかるのではないかと期待しているから。
②　姫君が美しく成長し、帝から后として迎えたいと伝えられていることに豊成たちが喜んでいるから。
③　姫君が美しく成長し、世間の人が帝の后にふさわしいと思っている話を聞いて嫉妬しているから。
④　姫君が自分の近くからいなくなってしまうことを想像すると寂しくて仕方がないから。

問三　——B、「人を語らひて、冠を着せ、束帯させ、中将姫の御局へ出で入る由をさせ」とあるが、「北の方」がこのようにさせた意図は何か、**不適当なもの**を次から一つ選びなさい。解答番号は5。
①　姫君に新たな男を紹介し、姫君自身に帝の后になることを諦めさせるため。
②　豊成に娘が帝の后になることを諦めさせるため。
③　姫君が帝の后になる前に複数の男を通わせているように周囲に思わせるため。
④　豊成に娘が不謹慎な行為をしているように思わせるため。

問四　——C、「この事」が指す内容として適当なものを一つ選びなさい。解答番号は6。
①　北の方が姫君をいじめていること。
②　姫君が将来の夫候補を見定めていること。
③　姫君が帝以外の大臣を愛していること。
④　姫君が複数の男を自分の元に通わせていること。

問五　——D、「頭を刎ねよ」とあるが、豊成がこのように考えた理由として適当なものを一つ選びなさい。解答番号は7。
①　姫君が帝とは違う男を夫にしたいと言ってきたから。
②　姫君に裏切られたことで、北の方の考え方に賛同したから。

姫君、十三にもならせ給へば、容顔美麗にして天下無双の人にて渡らせ給へば（天下に二人といないほどの人でいらっしゃるので、）、帝よりは后《きさき》に立ち給ふべき由、勅使（帝の使いが、）、度々重なりければ、豊成も喜び給ひて、その御喜びは限りなし。A北の方は安《やす》からず思《おぼ》し召し（おもしろくないとお思いになり、）、B人を語らひて（人を仲間に引き入れて、）、冠を着せ、束帯させ、中将姫の御局《つぼね》へ出で入る由をさせ、豊成に仰せけるは、

「姫君如何なる事も出で来ん時、『生《な》さぬ仲なれば』などと仰せられ候ふかな（「姫君にどんなことでも起こった時は、『継母・継子の関係だから』などとおっしゃるな。）。姫君の御方を忍びて御覧候へ（姫君の部屋をこっそりご覧なさいませ」と、）」と、様々讒奏《ざんそう》し給へば（告げ口をなさったので、）、豊成、ある日の暮れ方に、姫君の御方を北の方諸共《もろとも》に御覧ずれば、二十ばかりの男、

*2直垂《ひたたれ》に*3折烏帽子《おりえぼし》着たるが罷《まか》り出でけり（退出してきた。）。

継母、豊成に仰せけるは、「日頃、妾《わらわ》が申しつるはa空言《そらごと》か。女の身の習ひ、一人に契《ちぎ》りを結ぶは世の常の事（一人と結ばれることが世の中での当たり前のこと。）。ある時は冠を着、装束の人もあり。ある時は*4立烏帽子《たちえぼし》に直垂着たる人もあり。またある時は*5薄衣《うすぎぬ》引き被《かず》きたる者もあり。見れば、法師なり。

かやうにb数多《あまた》に見《まみ》え給ふ事の儚《はかな》さよ」と空泣《そらな》き（泣くふり）しつつ仰せければ、

豊成聞こし召し、「人の持つまじきものは女子なり（「人がもつべきではないのは女子である。）。母最期の時、強《あなが》ちにいとほしみをなしつる（一途に姫君に愛情をかけていた）ほどに、如何《いか》にもして世にあらせん（どのようにしてでも世間の評判を得させよう）と思ひつるに、口惜しき振舞ひ（残念な振る舞い）しけるこそ悲しけれ。

明日《みょうにち》にもなるならば、Cこの事漏れ聞こえ、禁中（宮中）の物笑ひは豊成が女子にはしかじ」と思し召し、武士《もののふ》を召し、

「汝《なんじ》、*6紀伊国有田群雲雀山《ひばりやま》といふ所にてD頭《こうべ》を刎《は》ねよ。後の供養《きょうよう》をばよくよくせよ」と仰せければ、武士承《うけたまわ》り、

「三代相恩の主君の仰せを背き申すに及ばず（「三代に渡り仕えている主君の申し出に背くことはいたしません」）」とて、姫君をc具し奉り、彼《か》の山の奥に御供申す。E大臣殿の御定の趣、

詳しく申したりければ、姫君、聞こし召し、「我、前世の宿業拙《つたな》くして（前世での行いが悪くて、）、F人の偽りにより汝が手に掛かり、消えなん事力及ばず（死ぬことも仕方がない。）。さりながら、G少しの暇《いとま》を得させよ。その故は、我七歳の頃より称讃浄土御経を受け奉り、毎日母尊霊《そんれい》に手向《たむ》け奉り、

今日はいまだ読まず。且《か》つうは（一方では）父の御祈りのため、且つうは母亡魂、出離生死《しゅつりしょうじ》・頓証菩提《とんしょうぼたい》（苦しみから逃れ、悟りの境地に入る）の御ため、または、

自らが剣の先に掛かりなば（死ぬのであるならば、）、*7修羅《しゅら》の苦しみをも免れ、浄土の道の導《しるべ》

③ 奇抜な衣装や香りを通して、相手に畏敬の念を抱かせる手段。
④ 感覚の訓練や非凡な日常スタイルにより、自己の確立を促してくれる手段。

問九 ――F、「媒体」と同じ意味の語句を次の選択肢から一つ選びなさい。解答番号は17。
① モラトリアム ② レトリック ③ メディア
④ ナショナリズム ⑤ イノベーション

問十 ――G、「ただそれだけのことだ。」とあるが、筆者は何を言おうとしているのか。次の選択肢から一つ選びなさい。解答番号は18。
① 現代は制服が受け入れられ、ファッションが変身の媒体になりにくい時代だ。
② 現代のファッションがイメージの演出に移っただけのことで、流行は変化するものだ。
③ ファッションは現代において軽薄になったが、本来は宗教的なものだ。
④ ファッションの現象は装い程度になったが、本質は宗教と同様に非日常性があるものだ。

問十一 《 》部i・ii・iiiにあてはまる組合せとして正しいものを、次の選択肢から一つ選びなさい。解答番号は19。
① i 演出 ii 変身 iii 装い
② i 変身 ii 進化 iii 解釈
③ i 変身 ii 変身 iii 装い
④ i 演出 ii 進化 iii 解釈

問十二 本文の論の進め方の説明として最も適当なものを、次の選択肢から一つ選びなさい。解答番号は20。
① 宗教の衣装に言及し、ファッションも変身の技法である点で同質だと分析する。
② 宗教は世界の外と内を行き交うのに、ファッションは内にとどまると評価する。
③ 宗教の衣装の外見の特色を挙げ、ファッションにも同じ性格があると指摘する。
④ 宗教の衣装が異形と制服の両面を持つのに、ファッションは前者だけだと批判する。

三 次の文章を読んで、後の問いに答えなさい。（本文の……左側は現代語訳です。）

《姫君（中将姫）は三歳の頃に実母を亡くした。その後、七歳の頃に北の方（継母）がやってきた。姫君は北の方を本当の母のように慕っていた。しかし、北の方は姫君をひどく憎み、殺そうと考えていた。北の方がやってきた後、姫君は僧侶を招き、*1称讃《しょうさん》浄土御経の教えを乞い、毎日読み、亡き母の弔いをしていた。》

人物相関図

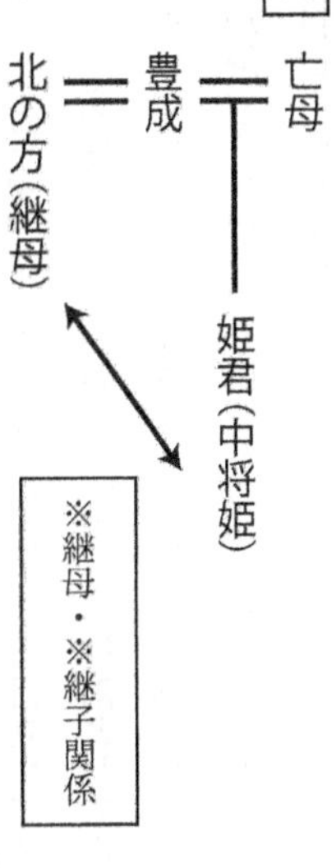

※継母…血のつながっていない母親のこと。
※継子…親子の関係にはあるが、血のつながっていない子のこと。

(カ)「陶酔」

① スイキョウ　② トウト　③ キョウザメ
④ トウスイ　⑤ キョウス

問二　次の一文が入る箇所を空欄 ① ～ ④ から選び記号で答えなさい。解答番号は7。

外見という視点からすると、衣装と宗教の関係は以上のようにみえる。

問三　【　】部X・Y・Zに入る適語を次の選択肢からそれぞれ選び答えなさい。解答番号は8から10。

① そして　② 要するに　③ たしかに
④ あるいは　⑤ しかし

問四　――A の理由として適当なものを、次の選択肢から一つ選びなさい。解答番号は11。

① 非凡なスタイルを通して、社会の内なる特殊な集団であることを表すため。
② 際立つ色にすることによって、別の宗教集団との差異を際立たせるため。
③ 宗派ごとの異なる色で、世界のさまざまな解釈のしかたを象徴するため。
④ 俗人とは違う非日常の装いで、日常性を超えた世界にいることを示すため。

問五　――B、「制服」を筆者はどのようなものと考えているか、次の選択肢から一つ選びなさい。解答番号は12。

① 人をその世界の外部に連れ出そうとしてくれる衣装。
② 全体の統一感を想起させ、集団の特異性をかもしだす衣装。
③ 別の集団とは異なるしるしにもなり、明確な決まりをもつ衣装。
④ 明確なルールにのっとってつくられた、よく目立つ衣装。

問六　――C、本文に述べられている「宗教」の役割として正しいものを、次の選択肢から二つ選びなさい。解答番号は13・14。(順不同)

① 自分が理解できないものや自然とのかかわりを生み出す役割。
② 自分を自己の固定された概念から遠ざけてくれる役割。
③ 自分を越えた何ものかに向かっての道筋を示す役割。
④ 見えないものを可視化し、様々なものを連想させる役割。
⑤ 非凡な衣装や髪型を通し、新たな一面を発見させてくれる役割。

問七　――D、なぜ「もっと興味深い」のか、その理由として正しいものを次の選択肢から一つ選びなさい。解答番号は15。

① 宗教の不可解なものの可視化作用が、ファッションと共通しているから。
② 宗教のエクスタティックなパフォーマンスがファッションに通じるから。
③ 宗教の自分をすべて世界側にゆだねてしまう作用が、衣服文化の差異のように感じられるから。
④ 宗教の異様な香りや音といった感覚が、現代の衣服文化の起源のように感じられるから。

問八　――E、「ほぼ同じこと」とはどのようなことを指しているのか、次の選択肢から一つ選びなさい。解答番号は16。

① 体の感覚を通じて、自分を別の存在にする手段であること。
② 人を全世界の内部へ浸透させていく手段であること。

り、からだの外から内から、つまり視覚や皮膚感覚など全感覚を通して行うのだ。《 i 》の技法としてである。

④いまでこそナチュラル・メイクとかいって、素顔を演出するかのような化粧法が主流であるが、もともとメイクというのは非日常の異装であった。美顔術ではなくて、鳥や獣や霊になるまさに変身とエクスタシーの技法、呪術的な技法としてあった。だから宇宙的（コスミック）と同じく「コスモス」を語源とするコスメティックという名で呼ばれてきたのだ。

現代のファッションは服装や化粧が、自分とは別の存在になるという、そういうコスミックな《 ii 》のF媒体であることをやめて、自分の別のイメージを演出するというただの《 iii 》の手段へと、自らの力を削いできた、Gただそれだけのことだ。そのぶん、ファッションと宗教の関係は見えにくくなっているが、もともとはファッションと宗教はほとんど同質の身体パフォーマンスとしてあった。

鷲田清一『てつがくを着て、まちを歩こう』

語注　＊1　植島啓司……日本の宗教人類学者。ネパール、タイ、スペインなどで宗教人類学調査を続けている。

＊2　エクスタティック……主観と客観の境をこえうっとりする状態。瞑想、祈り、舞踏、宗教的儀礼などによってこの境地に入る。

＊3　恍惚……心を奪われてうっとりするさま。

問一　二重傍線部㋐～㋓に相当する漢字を含むものを、次の語群①～⑤のうちからそれぞれ一つ選び答えなさい。また、二重傍線部㋔・㋕については正しい読みをそれぞれ一つ選び答えなさい。解答番号は[1]から[6]。

㋐「シッソ」
① 大臣がシッセキされる。　② シツギに答える。
③ 刑がシッコウされる。　④ シツレイな対応。
⑤ シツドを調整する。

㋑「コウセイ」
① 大学のコウギをうける。　② コウカ的な食事をする。
③ 都市コウソウを練る。　④ 空からコウカする。
⑤ 生徒会にリッコウホする。

㋒「トクチョウ」
① 事件をチョウサする。
② 能力をチョウエツする。
③ 他人をチョウショウする。
④ 軍のチョウヘイに逆らう。
⑤ 異国の文化をソンチョウする。

㋓「テンケイ」
① ケイシャが酷い道。
② ケイモウ活動を行なう。
③ モケイを創作する。
④ 作文のケイシキにこだわる。
⑤ 自然のオンケイをうける。

㋔「断食」
① ダンショク　② ダンシク　③ ダンクウ
④ ダンシ　⑤ ダンジキ

【国語】（四〇分）〈満点：一〇〇点〉

【注意】句読点・記号は一字に含みます。

一　※問題に使用された作品の著作権者が二次使用の許可を出していないため、問題を掲載しておりません。

（出典：原田マハ『一分間だけ』）

二　次の文章を読み、後の問いに答えなさい。

　僧侶の衣装は、華麗なものも㋐シッソなものも、どれもよく目立つ。法王の衣装、司祭の衣装、尼僧の衣装、修行僧の衣装。Aそれらは身をそっくりくるむほどに隠し、黒や白、黄色といったきわめてシンボリックな「異色」を好む。そして剃髪《ていはつ》をはじめとする非凡なヘアスタイル。この世の日常を捨てた人、この世を超えた世界にかかわる人として、俗人とは異なる〈異形〉の存在であることが、外見からしても一目でわかる。

【　X　】その〈異形〉の存在にも、明確な㋑コウセイのルールがある。衣のかたち、色、合わせ方、数珠など、あらゆる細部に宗派ごとの㋒トクチョウがあり、それが別の宗教集団との差異のしるしにもなっている。つまり、それは制服の㋓テンケイでもある。

【　Y　】、〈異形〉である限りにおいてこの世界の外部と通じ、B制服であるという点でこの社会の内部の一特殊集団であるわけだ。

①　だが、衣装は見るものであると同時に、着るものでもある。では、衣服をまとうという行為、化粧をするという行為は、どういう意味でC宗教とつながりがあるのだろうか。

②　世界というのはわたしたちの理解を超えている。【　Z　】その一部であるわたしたち自身もわたしたちの理解を超えている。そういう不可解なもの、超自然的なものと交わる一つの技法としておそらく宗教はある。解脱《げだつ》とか救済といったいかにも宗教語といった言葉があるが、これも解脱は自己を自己自身からできるだけ遠ざける技術であり、救済は自己と異なるものを内に呼び込む技術だと考えればわかりやすいと教えてくれたのは、宗教学者である友人、*1植島啓司である。

　宗教は、見えないものに包まれてまるで夢みながら生きているような生活の中で、「すべてのものを緩やかに結びつけてしまう連想の技術」なのだと彼はいう。教養というのもたぶんそういう連想というか解釈の一つであろうが、Dもっと興味深いのは、世界を解釈するというよりも、自分をそっくり世界の側にゆだねてしまう、あるいは自分が世界に誘拐されてしまうという*2エクスタティック（脱自的）な技術のほうだ。

　宗教は自分を超えた何ものかへ向かって回路を開く技術としてあるのであり、宗教に修行や瞑想、舞踊や香道といった身体訓練、感覚訓練が伴うのもそのためだ。実際、自ら*3恍惚状態の中に入るために、宗教儀礼では習慣的な生理のリズムから自分を外す試みがなされる。㋔断食や不眠、性的な禁欲、あるいは異様な香りや音、あるいはダンスによる身体運動の執拗《しつよう》な反復。そういう感覚の揺さぶりの中で人は恍惚や㋕陶酔という、世界に自分が拉致されるような状態の中に入っていく。

③　ファッションにもEほぼ同じことがいえる。ファッションには人とともにこの世界の内部に深く入っていく制服という面が必ずあるが、同時にファッションは人をその世界の外部に連れ出そうとする。別の存在になろう、と人々を誘惑するのだ。それを意識においてというよ

2023年度

解　答　と　解　説

《2023年度の配点は解答欄に掲載してあります。》

＜数学解答＞ 《学校からの正答の発表はありません。》

1　(1)　ア　6　イ　3　(2)　ウ　4　エ　4　オ　4　(3)　カ　4　キ　9

2　(1)　ア　1　イ　0　ウ　8　(2)　エ　3　オ　1　カ　5

(3)　キ　3　ク　2　ケ　5　コ　2　(4)　サ　4

(5)　シ　ー　ス　5　セ　1　ソ　1

3　①・③　4　④　5　ア　5　イ　4　6　ア　③

7　(1)　ア　1　イ　5　(2)　ウ　4　エ　0　オ　0

8　ア　6　イ　0　9　ア　1　イ　6　10　ア　6

11　(1)　ア　9　イ　9　(2)　ウ　2　エ　5　12　ア　3　イ　8

○推定配点○

各5点×20　　計100点

＜数学解説＞

1　(数・式の計算)

(1)　$7\div\left(\frac{1}{2}-\frac{1}{3}\div\frac{6}{7}\right)=7\div\left(\frac{1}{2}-\frac{1}{3}\times\frac{7}{6}\right)=7\div\left(\frac{1}{2}-\frac{7}{18}\right)=7\div\left(\frac{9}{18}-\frac{7}{18}\right)=7\div\frac{2}{18}=7\div\frac{1}{9}=$
$7\times9=63$

基本　(2)　$2a-b=\mathrm{A}$とおくと，$(2a-b+2)(2a-b-2)=(\mathrm{A}+2)(\mathrm{A}-2)=\mathrm{A}^2-2^2=\mathrm{A}^2-4$　　$\mathrm{A}=2a-b$を戻して，$\mathrm{A}^2-4=(2a-b)^2-4=(2a)^2-2\times2a\times b+b^2-4=4a^2-4ab+b^2-4$

重要　(3)　$4.2^2+4.2\times5.6+2.8^2=4.2^2+4.2\times2\times2.8+2.8^2$であるから，乗法公式$x^2+2xy+y^2=(x+y)^2$を使って$x=4.2$，$y=2.8$とすると，$4.2^2+4.2\times2\times2.8+2.8^2=(4.2+2.8)^2=7^2=49$

重要　2　(平方根，因数分解，2次方程式，不等式，連立方程式)

(1)　$x^2+6xy+9y^2=x^2+2\times x\times3y+(3y)^2=(x+3y)^2=\{3(\sqrt{3}-\sqrt{2})+3(\sqrt{3}+\sqrt{2})\}^2=(3\sqrt{3}-3\sqrt{2}+3\sqrt{3}+3\sqrt{2})^2=(6\sqrt{3})^2=108$

(2)　$3xy-15x-y+5=3x(y-5)-(y-5)$　　$y-5=\mathrm{A}$とおくと，$3x(y-5)-(y-5)=3x\mathrm{A}-\mathrm{A}=(3x-1)\mathrm{A}$　　$\mathrm{A}=y-5$を戻して，$(3x-1)\mathrm{A}=(3x-1)(y-5)$

(3)　$12x^2+12x-45=0$　　$4x^2+4x-15=0$　　解の公式より，$x=\frac{-4\pm\sqrt{4^2-4\times4\times(-15)}}{2\times4}=\frac{-4\pm\sqrt{16+240}}{8}=\frac{-4\pm\sqrt{256}}{8}=\frac{-4\pm16}{8}=\frac{12}{8},\ \frac{-20}{8}=\frac{3}{2},\ -\frac{5}{2}$

(4)　$3<\pi<4$なので$-4<-\pi<-3$であるから，$-2<2-\pi<-1$　　$5=\sqrt{25}<\sqrt{35}<\sqrt{36}=6$なので$8<3+\sqrt{35}<9$であるから，$2=\frac{8}{4}<\frac{3+\sqrt{35}}{4}<\frac{9}{4}=2.25$　　よって，不等式$2-\pi<x<\frac{3+\sqrt{35}}{4}$を満たす$x$は$x=-1$，0，1，2の4個である。

(5)　$5x+3y=8$…①，$3x+2y=7$…②とする。①×2－②×3より，$x=-5$　　②に$x=-5$を代入して，$-15+2y=7$　　$2y=22$　　$y=11$

やや難 [3] (箱ひげ図)

31日間の平均気温を低い順に並べたとき，最小値は1日目，最大値は31日目，第1四分位数は8日目，第2四分位数は16日目，第3四分位数は24日目である。① 北海道の最大値より長野県の第2四分位数の方が大きいので，16日目から31日目までの16日間は少なくとも長野県の一日の平均気温の方が北海道の一日の平均気温より高い。 ② 沖縄県の第3四分位数が29℃なので24日目から31日目までの少なくとも8日間は29℃以上である。 ③ 北海道の第1四分位数は17℃未満なので1日目から8日目までの少なくとも8日間は17℃より低い。 ④ 北海道の第3四分位数が20℃，最大値が25℃未満なので20℃以上26℃以下の日は24日目から31日目までの少なくとも8日間ある。長野県の第1四分位数が24℃より大きく，第2四分位数が26℃未満なので20℃以上26℃以下の日は8日目から16日目までの少なくとも8日間あることは判断できるが，最小値が19℃であることから16日以上あるかは判断できない。沖縄県の最小値は26℃より大きいので20℃以上26℃以下の日はない。

基本 [4] (平均値)

$(1\times3+2\times4+3\times8+4\times6+5\times4+6\times3+7\times2)\div30=(3+8+24+24+20+18+14)\div30=111\div30=3.7$(人)

基本 [5] (円柱に内接する球，体積の計量)

球が円柱の側面と接していることから，円柱の底面の半径は球の半径と一致するので$3r$である。また，球が円柱の上面と下面に接していることから，円柱の高さは球の直径と一致するので$3r\times2=6r$である。よって，求める円柱の体積は$3r\times3r\times\pi\times6r=54\pi r^3$

[6] (確率)

①のサイコロにおいて，6の目が出る確率は$\frac{190}{1000}=\frac{114}{600}$ 同様に，②は$\frac{240}{1500}=\frac{96}{600}$，③は$\frac{410}{2000}=\frac{123}{600}$，④は$\frac{590}{3000}=\frac{118}{600}$となるから，最も6の目が出やすいのはサイコロ③である。

重要 [7] (食塩水，方程式の利用)

(1) 食塩の質量は食塩水の質量×濃度で求められるので，食塩水Aがxgあったとき食塩水Aに含まれる食塩の質量は$x\times\frac{10}{100}=\frac{1}{10}x$(g) 食塩水Aと食塩水Bは4：5で混ぜているので食塩水Bの質量は$\frac{5}{4}x$gだから，食塩水Bに含まれる食塩の質量は$\frac{5}{4}x\times\frac{8}{100}=\frac{1}{10}x$(g) よって，食塩水Cに含まれる食塩の質量は$\frac{1}{10}x+\frac{1}{10}x=\frac{2}{10}x=\frac{1}{5}x$(g)

(2) 食塩水Aと食塩水Bを混ぜると食塩水Cは$x+\frac{5}{4}x=\frac{9}{4}x$(g) この食塩水Cから400g水分を蒸発させると，$\frac{9}{4}x-400$(g)となる。この食塩水の濃度は16%なので，$\left(\frac{9}{4}x-400\right)\times\frac{16}{100}=\frac{1}{5}x$ $\frac{9}{25}x-64=\frac{1}{5}x$ $9x-1600=5x$ $4x=1600$ $x=400$(g)

重要 [8] (速さ，連立方程式の利用)

AB間の道のりを$x$km，BC間の道のりを$y$kmとすると，AC間の道のりは180kmなので，$x+y=180$…① 進むのにかかった時間は$\frac{\text{道のり}}{\text{速さ}}$で求められるので，AB間を進むのにかかった時間は$\frac{x}{50}$(時間)，BC間を進むのにかかった時間は$\frac{y}{80}$(時間)，AC間を進むのにかかった時間は$\frac{162}{60}=\frac{27}{10}$(時間)

なので，$\frac{x}{50}+\frac{y}{80}=\frac{27}{10}$　$8x+5y=1080$…②　②−①×5より，$3x=180$　$x=60$(km)

重要 ⑨ (確率)

2つのサイコロを同時に投げるときの場合の数は6×6＝36(通り)　$\sqrt{2ab}$が自然数となるのは，$(a,\ b)=(1,\ 2)$，$(2,\ 1)$，$(2,\ 4)$，$(4,\ 2)$，$(3,\ 6)$，$(6,\ 3)$の6通りなので，求める確率は$\frac{6}{36}=\frac{1}{6}$

⑩ (場合の数)

Aチームが3勝0敗となるとき1通り，3勝1敗となるとき勝負勝勝，勝勝負勝の2通り，3勝2敗となるとき勝負負勝勝，勝負勝負勝，勝勝負負勝の3通りであるから，求める場合の数は1＋2＋3＝6(通り)

や難 ⑪ (平面図形，円周角の定理と角度の計量，相似と面積比)

(1)　円周角の定理より，円周角の大きさはその円周角を作る弧の長さに比例するので∠DCE：∠AEC＝$\overset{\frown}{DE}$：$\overset{\frown}{AC}$＝3：8であるから，∠DCE＝$3a°$，∠AEC＝$8a°$とおくと，∠DAE＝∠DCE＝$3a°$である。△ABEにおいて内角と外角の関係より，∠AEC＝∠DAE＋∠DBE　$8a=3a+45$　$5a=45$　$a=9°$　よって，∠DCE＝3×9＝27°，∠AEC＝8×9＝72°　したがって，△ECFにおいて内角と外角の関係より，∠AFC＝∠DCE＋∠AEC＝27＋72＝99°

(2)　△ABE∽△DEFより，相似な図形の対応する角は等しいので，∠AEB＝∠DFEだから，∠AEC＝∠DFC　△CAEと△CDFにおいて，∠AEC＝∠DFC，∠ACE＝∠DCFより，2組の角がそれぞれ等しいので，△CAE∽△CDF　相似比はAE：DF＝5：3であり，相似な図形の面積比は相似比の2乗となるので，△CAE：△CDF＝5^2：3^2＝25：9＝75：27　また，CA：CD＝AE：DF＝5：3であり，△CAEと△CDEは底辺をそれぞれCA，CDとすると，高さは頂点Eから線分CAに下した垂線となり等しいので，△CAEと△CDEの面積比は底辺の比と等しくなる。よって，△CAE：△CDE＝CA：CD＝5：3となるから，△CDE＝$\frac{3}{5}$△CAE＝$\frac{3}{5}$×75＝45，△DEF＝△CDE－△CDF＝45－27＝18　さらに，△ABE∽△DEFで相似比はAE：DF＝5：3なので，面積比は△ABE：△DEF＝5^2：3^2＝25：9＝50：18　したがって，△ABE：△ABC＝△ABE：(△CAE＋△ABE)＝50：(75＋50)＝50：125＝2：5

重要 ⑫ (2次関数，図形と関数・グラフの融合問題)

点A，Bのx座標をtとおいて，$y=\frac{1}{2}x^2$，$y=\frac{1}{4}x^2$にそれぞれ$x=t$を代入すると，$y=\frac{1}{2}t^2$，$y=\frac{1}{4}t^2$　よって，$A\left(t,\ \frac{1}{2}t^2\right)$，$B\left(t,\ \frac{1}{4}t^2\right)$　AB＝4となるから，$\frac{1}{2}t^2-\frac{1}{4}t^2=4$　$2t^2-t^2=16$　$t^2=16$　$t=\pm4$　問題文からは確定できないが，図より，$t>0$なので$t=4$　$y=\frac{1}{2}x^2$，$y=\frac{1}{4}x^2$にそれぞれ$x=4$を代入すると，$y=\frac{1}{2}\times4^2=\frac{1}{2}\times16=8$，$y=\frac{1}{4}\times4^2=\frac{1}{4}\times16=4$　よって，A(4, 8)，B(4, 4)　△ABCの底辺を線分ABとしたとき，高さを頂点Cから直線ABに下した垂線として，その長さをhとおくと△ABC＝8より，$\frac{1}{2}\times4\times h=8$　$2h=8$　$h=4$　よって，点Cのx座標は4＋4＝8　$y=\frac{1}{4}x^2$に$x=8$を代入すると，$y=\frac{1}{4}\times8^2=\frac{1}{4}\times64=16$なので，C(8, 16)　直線BCの傾きは$\frac{16-4}{8-4}=\frac{12}{4}=3$なので，直線BCの式を$y=3x+b$とおいて，B(4, 4)を代入すると，$4=3\times4+b$　$4=12+b$　$b=-8$　よって，直線BCの式は$y=3x-8$

★ワンポイントアドバイス★

正確な計算力と柔軟な思考力が求められる問題が多くあり，解ける問題から確実に点数にする必要がある。

＜英語解答＞ 《学校からの正答の発表はありません。》

A　(1)　⑧　(2)　⑤　(3)　②　(4)　③　(5)　④　(6)　⑦

B　(1)　①　(2)　⑤　(3)　②　(4)　⑤　(5)　④　(6)　①

C　(1)　③　(2)　④　(3)　②　(4)　②　(5)　③　(6)　④

D　(1)　③　(2)　②　(3)　②　(4)　②　(5)　③　(6)　④

E　(1)　3番目　⑤　5番目　④　(2)　3番目　①　5番目　③

(3)　3番目　④　5番目　③　(4)　3番目　①　5番目　⑥

(5)　3番目　⑤　5番目　②

F　(1)　④　(2)　③　(3)　③　(4)　①　(5)　①　(6)　③

G　(1)　②　(2)　④　(3)　③　(4)　③　(5)　④　(6)　4番目　①　7番目　⑧

(7)　①，⑤

○推定配点○

A～E　各2点×29(E各完答)　F，G　各3点×14(G(6)完答)　計100点

＜英語解説＞

A　(語彙問題：英語の説明に合う語を選ぶ問題)

(1)　「町より小さく，普通は田舎にある家や他の建物の集まり」＝ village「村」

(2)　「重要な文化，歴史，あるいは科学的なものを保管する建物」＝ museum「博物館」

(3)　「特に学校や大学の，教えたり学んだりする過程」＝ education「教育」

(4)　「物事を行ったり，見たり，触ったりすることから得られる知識や技能」＝ experience「経験」

(5)　「状況，人，出来事などについての事実」＝ information「情報」

(6)　「学校や仕事から離れて過ごす時間」＝ vacation「休暇」

B　(語彙問題：単語の共通点を見つける問題)

(1)　box 以外は複数形にするときに s だけをつける名詞。box には es をつける。①「箱」，②「イヌ」，③「机」，④「ネコ」，⑤「本」。

(2)　read 以外は原形と過去形の形が異なる。read の過去形は read で発音は違うが形は同じ。①「泳ぐ」，②「始める」，③「走る」，④「得る」，⑤「読む」。

(3)　famous 以外は語尾に er をつけて比較級を作る形容詞。famous の比較級は more famous。①「若い」，②「有名な」，③「簡単な」，④「古い」，⑤「健康な」。

(4)　clock 以外は数えられない名詞。①「お金」，②「水」，③「音楽」，④「愛」，⑤「時計」。

(5)　machine 以外は ch の発音が[tʃ]。machine の ch の部分の発音は[ʃ]。①「いす」，②「選ぶ」，③「3月」，④「機械」，⑤「中国」。

基本　(6)　say 以外は〈主語＋動詞＋目的語(人)＋目的語(もの・こと)〉の文型で用いられる動詞。say はこの文型では用いない。①「言う」，②「送る」，③「見せる」，④「話す，伝える」，⑤「買う」。

C （語句選択補充問題：前置詞，接続詞，比較）

(1) 「人々は市に新しい駐車場を求めた」 ask ～ for … で「～に…を求める[要求する]」という意味を表す。

(2) 「私は生まれてからずっと名古屋にいる」 have been は継続を表す現在完了。since「(過去のある時)から[以来]」を入れると文意が成り立つ。

(3) 「このTシャツは私には少し大きい」「少し」の意味で形容詞を修飾するときは a little を用いる。①「(数えられる名詞に用いて)少しの」，②「(数えられない名詞に用いて)少しの」，③「(数えられる名詞に用いて)たくさんの」，④「(数えられない名詞に用いて)たくさんの」。

(4) 「私は雨が降っていたのでサッカーをしなかった」 後半の「雨が降っていた」は，前半の「私はサッカーをしなかった」の理由を表しているので，because「～だから」でつなぐのが適切。①「～ならば」，③「～ということ」，④「～するまで(ずっと)」。

(5) 「赤い箱は黄色い箱よりも小さい。黄色い箱は青い箱よりも小さい。青い箱は3つの中でいちばん大きい」 the biggest of the three「3つの中でいちばん大きい」のは「青い箱」。

(6) 「びんのラベルには『ロシアより輸入』と書いてある」 掲示などに「～と書いてある」というときは say で表す。このような場合には write を使わないことに注意。①「書く」，②「言う，伝える」，③「見せる」，④「言う，(掲示などに)～と書いてある」。

重要 D （語形変化：動名詞，進行形，接続詞，分詞，比較）

(1) 「私の父は2匹のネコを飼っている。彼はそれらが好きだ」 動詞 like の目的語になるので，目的格の them が適切。①は主格，②は所有格，④は所有代名詞。

(2) 「私は昨日，テニスをして楽しんだ」 enjoy の後に「～すること」の意味の目的語を続けるときは動名詞(～ing形)。名詞的用法の不定詞は使えないことに注意。

(3) 「フレッドはそのとき自分の部屋で日本語を勉強していた」 直前にbe動詞 was があること，then「そのとき」があることから，playing を入れて過去進行形〈was[were] ＋～ing形〉にする。

(4) 「明日雨が降ったら，私たちは図書館に行くつもりだ」 if「～ならば」，when「～するとき」など，「条件」や「時」を表す接続詞の後では，未来のことでも動詞は現在形で表す。rain に対する主語は it なので rain に s が必要。

(5) 「祖母によって料理された夕食はとてもおいしかった」 文の主語は The dinner，動詞は was。過去分詞 cooked を入れて，cooked by my grandmother「祖母によって料理された」が後ろから The dinner を修飾する形にすると文意が成り立つ。

(6) 「ありがとう！ それは今まで受け取った中でいちばんすてきな贈り物です」〈the ＋形容詞の最上級＋名詞＋(that)＋主語＋ have[has] ever ＋過去分詞〉で，「今まで～した中でいちばん…な―」という表現。

重要 E （語句整序問題：不定詞，助動詞，間接疑問文，比較）

(1) (She) will ask him to take her (to the zoo.) 「彼女は彼に動物園に連れて行ってくれるように頼むだろう」〈ask ＋人＋ to ＋動詞の原形〉「(人)に～するように頼む」の構文。when「～するとき」，if「～ならば」のように「時」や「条件」を表す接続詞のあとは，未来の内容でも現在形で表す。will をとって rise に3人称単数現在の s をつけると正しい英文になる。

(2) How many balls are there in (the box?) 「箱の中にはいくつボールがありますか？」〈There is[are] ～ ＋場所を表す語句.〉「(場所)に～がある[いる]」の疑問文。there の前にbe動詞を置く。

(3) May I speak to your sister (Saki?) 「あなたのお姉[妹]さんのサキはいらっしゃいます

か？」 May I speak to ～? で，電話で話したい人がいるかどうか尋ねる表現。

(4) (Do) you know when he will come (here?) 「あなたは彼がいつここに来るか知ってますか？」 文の目的語として〈疑問詞＋主語＋動詞～〉が入る間接疑問文。疑問詞のあとが〈主語＋動詞〉の語順になることに注意。

(5) (Meijo Park is) one of the most famous parks (in Nagoya.) 「名城公園は名古屋で最も有名な公園の1つだ」〈one of the ＋形容詞の最上級＋名詞の複数形〉で，「最も～な中の1つ[1人]」という表現。

F （長文読解問題・会話文：英問英答）

（全訳） 至学館水族館

至学館水族館には多くの種類の海洋性動物がいて，ここは愛知県でラッコがいる唯一の水族館です。海からの私たちのお友達を訪ねてください！

入館料

	平日	週末
大人	2,800円	3,000円
子供(6-15歳)	1,600円	1,800円
子供(3-5歳)	800円	1,000円
子供(3歳未満)	無料	

※高校生と大学生は300円の割引があります。チケットを買うときに学生証を見せる必要があります。

ショーの予定

アシカ・ショー
パフォーマンス・スタジアムを訪ねれば，アシカの演技を見る機会があります！
時間：10：00，11：30，13：00，15：30
ショーの所要時間：約15分
注：アシカ・ショーはショーの時間によって異なります。

ペンギン・ウォーク
アクア・ストリートの周りでペンギンが歩くのを見ましょう。
時間：13：00
所要時間：約10分

セイウチに触ろう
演技を見て，北の海から来た私たちのお友達と写真を撮りましょう！
時間：11：00，14：00
所要時間：約20分

レストラン

営業時間：9：30～13：00，15：00～16：30
9：00～13：00，15：00～17：00(7/20 - 8/31)

状況

この家族には大人が3人いる(父親，母親，テッド)。

テッドは学生証を持っている高校生。

テッド：ぼくは明日は学校に行かないよ。

母親　：どうして？

テッド：ぼくたちの高校の設立を祝う休日なんだ。

父親　：本当かい？　私にいい考えがあるよ！　至学館水族館に行くのはどうかな？

母親　：そこは人がたくさんいるんでしょう？

父親　：週末には多くの人々がそこへ行くけれど，明日は木曜日だよ！

テッド：うわあ，いいね！　そこでアシカショーを見たいな。とても人気があるんだよ。

母親　：何時に見ましょうか？

テッド：うーん…　13時はどう？

母親　：賛成しないわ。アシカ・ショーの後で昼食を食べるなら，レストランで昼食を食べることができないわ。それは13時に閉まるのよ。私たちは昼食の前にアシカ・ショーを見るべきだわ。

父親　：いいよ！　11時の「セイウチに触ろう」に参加しようか。その後，アシカ・ショーに行こう！　そうすれば閉まる前にレストランで昼食を食べられるよ。

テッド：いいね！　そこへ行くのを楽しみにしているよ！

(1)「この家族は水族館に入るのにいくら払いますか？」という質問。　この家族は大人3人で，水族館に行くのは平日の木曜日。平日の大人の入館料は1人2,800円だが，テッドは学生証があるので300円割引になる。家族の入館料は2,800×3－300で，8,100円。

(2)「彼らは何時にアシカ・ショーを見るつもりですか？」という質問。　母親の4番目の発言と父親の3番目の発言から，「13時に閉まってしまうレストランで昼食を食べる」,「『セイウチに触ろう』に参加した後でアシカ・ショーを見る」ことをつかむ。この条件を満たすためには11時30分からのアシカ・ショーを見る必要がある。

(3)「テッドと彼の14歳のガールフレンドが来週末に水族館に行けば，彼らはいくら払いますか？」「週末」,「学生証のある大人が1名」,「15歳未満の子供が1名」という条件を押さえる。テッドは大人の週末の入館料から300円引いた分，ガールフレンドは週末の入館料1,800円。合計で4,500円。

(4)「家族は自分たちの計画について何曜日に話しましたか？」という質問。　父親が2番目の発言で「明日は木曜日」と言っているので，家族が水族館に行く計画について話したのは水曜日。

(5)「合計の時間が最もかかるショーはどれですか？」という質問。　アシカ・ショーは15分が4回で1時間，ペンギン・ウォークは10分が1回,「セイウチに触ろう」は20分が2回で40分。合計時間が最も長いのはペンギン・ウォーク。質問文の amount は「総計」という意味。

(6)「テッドはなぜ次の日に水族館に行くつもりなのですか？」という質問。　テッドの最初の2つの発言から，翌日が学校の創立記念日で学校が休みであることがわかる。父親もそれを聞いて翌日に水族館に行くことを提案している。

G　**（長文読解・説明文：語句解釈，指示語，語句整序，内容吟味）**

（全訳）　次のオリンピックは2024年にパリで開催されます。近代のオリンピックは1896年にギリシャのアテネで始まりました。長い歴史の中で初めて，パリオリンピックは「ジェンダーの平等」を達成しました。それは，男女の数が同じであることを意味しています。

女性は1900年のパリオリンピックで初めてオリンピックに参加しました。当時は997人の選手のうち22人が女性で，彼女たちの割合はほんの2.2パーセントでした。これは，多くの人々が「スポーツは男子がするものだ」と考えていたからです。1964年の東京オリンピックでは，日本の女子バレーボールチームが金メダルを獲得して,「東洋の魔女」と呼ばれましたが，女子の割合はまだほんの13.2パーセントでした。

オリンピックに男性しか参加しなければおもしろくないでしょうし，時代に合わないでしょう。これらの理由のために，国際オリンピック委員会は積極的に女子の種目を採用してきました。女子レスリングは日本で人気のスポーツで，2004年のアテネオリンピックから始まった新種目です。さらに，最近では混合種目の数が増えてきています。男性と女性の両方がこれらの種目に一緒に参加するのです。例えば，東京オリンピックでは卓球に混合ダブルスが行われました。

オリンピックへの女子の参加率は増え続けるでしょう。2012年のロンドンオリンピックでは44.2パーセント，2016年のリオデジャネイロオリンピックでは45.6パーセント，東京オリンピックでは48.8パーセントでした。ついにはパリオリンピックでは50パーセントになるでしょう。

中にはこの傾向を不愉快に思う人もいます。(6)例えば，イスラム教の人々の中には女子がスポーツをすることはよくないという考えを持っている人もいます。しかし，国際オリンピック委員会はイスラム世界からのオリンピックへの参加を促してきており，参加者の数は増えました。世界中のさらに多くの女性がスポーツの行事に参加することが期待されています。

(1) 下線部を含む文「長い歴史の中で初めて，パリオリンピックは『ジェンダーの平等』を達成しました」について，直後の文で，「それは，男女の数が同じであることを意味しています」と説明しているので，②が適切。

(2) 下線部を含む文は，「これは，多くの人々が『スポーツは男子がするものだ』と考えていたからです」という意味で，直前の「1900年のパリオリンピックでは997人の選手のうち22人が女性で，彼女たちの割合はほんの2.2パーセントだった」ことの理由を表している。したがって，④が適切。

(3) 下線部は，1900年のパリオリンピックの頃に多くの人が考えていたことを表している。こうした考えの結果，1900年のパリオリンピックでの女性の参加者が全体の2パーセントほどしかなかったということから，下線部は「スポーツは男子がすることだ」といった内容と考えられる。したがって，③が適切。下線部の what は「もの・こと」の意味の先行詞を含む関係代名詞で，下線部は「スポーツは男子がするものだ」という意味。

(4) 下線部を含む文の直後で，mixed events について「男性と女性の両方がこれらの種目に一緒に参加する」と述べられている。男女がペアを組むなどして同じ競技や試合に出るということなので，③が適切。

(5) 下線部の trend は「傾向，流れ」という意味。「この傾向」を不愉快に思う人々もいると述べて，一部のイスラム教徒を例に挙げているが，さらにその後で国際オリンピック委員会がイスラム世界からの女性の参加を促していることが述べられている。このことから，下線部は直前の段落で述べられている，女性のオリンピックへの参加者が増えている傾向を指すことがわかる。したがって，④が適切。

やや難 (6) (… an idea that) it is not good for girls to do sports. that に続く部分を並べかえる。it, for, to に着目して〈it is ～ for ＋人＋ to ＋動詞の原形〉「…することは(人)にとって～だ，(人)が…することは～だ」の形を作る。

(7) ①(○) 第1段落第2文から，最初の近代オリンピックは1896年にギリシャのアテネで始まったことがわかる。 ②(×) 第2段落第1文から，女性が初めてオリンピックに参加したのは1900年のパリオリンピックだったことがわかる。 ③(×) 第3段落第2文に，国際オリンピック委員会が積極的に女子の種目を採用してきたことが述べられているが，特に男性選手を増やそうとしているという記述はない。 ④(×) 第3段落第3文で，女子レスリングについて，2004年のアテネオリンピックから始まった新種目であると述べられているので，女性がオリンピックで参加した最初の競技がレスリングではないことがわかる。女性がオリンピックに参加した最初の競技については本文中で述べられていない。 ⑤(○) 第4段落第2文から，2012年のロンドンオリンピックから女性のオリンピックへの参加率が伸びてきていることがわかる。 ⑥(×) 最終段落第3文に，国際オリンピック委員会がイスラム世界からのオリンピックへの参加を促していることが述べられている。

★ワンポイントアドバイス★

Aの英語の定義に合う語を選ぶ問題では，英語の説明を細かいところまで理解する必要はない。与えられている単語をヒントにして，どの単語の説明であるかを推測できれば十分である。

＜理科解答＞ 《学校からの正答の発表はありません。》

1 問1 ④ 問2 (1) ⑤ (2) ② 問3 ④ 問4 ② 問5 (1) ③ (2) ③

2 問1 ア ① イ ④ 問2 ⑤ 問3 ② 問4 ⑥ 問5 ③

3 問1 ① 問2 ④ 問3 ② 問4 ⑥ 問5 ア ① イ ③ ウ ③

4 問1 ⑤ 問2 ② 問3 (1) ④ (2) ② (3) ④

○推定配点○

各4点×25 計100点

＜理科解説＞

1 (圧力・音の性質)

やや難 問1 水深1mの水圧は10000N/m^2(10000Pa)なので，上面全体にかかる力は10000(N/m^2)×30(m^2)＝300000(N)＝3.0×105(N)となる。

やや難 問2 (1) 水深と水圧は比例するので，6500mに潜水したときに上面にかかる水圧は，10000(Pa/m)×6500(m)＝65000000(Pa)＝6.5×107(Pa)

やや難 (2) 6.5×107(N/m^2)×30(m^2)＝1950000000(N)＝1.95×109(N)なので，②が最も近い。

問3 標高0mの地表における大気圧は1013hPaである。

問4 山の山頂は地表より気圧が低いので，風船は膨らむ。

問5 (1) 水中での音速は，1500m/秒である。 (2) 真空では，音は伝わらない。

重要 2 (地球と太陽系)

問1 ア 金星の大気の主成分は二酸化炭素である。 イ 金星は地球よりも太陽が近くにある。

やや難 問2 15km/秒＝1296000km/日である。よって，23000万(km)÷1296000(km/日)−7000万(km)÷1296000(km/日)＝(23000万(km)−7000万(km))÷1296000(km/日)＝123.4…(日)なので，⑤が最も適当である。

基本 問3 7000万(km)÷30万(km/秒)＝233.3…(秒)＝3.88…(分)なので，②が最も適当である。

問4 月は地球の衛星である。

問5 地球型惑星は，水星，金星，地球，火星の4つである。

3 (化学変化・中和)

重要 問1 気体Xは二酸化炭素である。二酸化炭素は空気より重いので，上方置換法で集めることはできない。

重要 問2 二酸化炭素は助燃性を持たない。

重要 問3 液体Yは水である。水はHとOの2種類の元素からなる分子である。

やや難 問4 ブルーベリージャム入りのホットケーキミックスの色が加熱して変化したのは，炭酸水素ナトリウム($NaHCO_3$)がアルカリ性を示す炭酸ナトリウム(Na_2CO_3)に変化したことにより，pHの値が大きくなったためである。

やや難　問5　クエン酸と炭酸水素ナトリウムの反応式は以下のとおりである。

$C_6H_8O_7 + 3NaHCO_3 \rightarrow Na_3C_6H_5O_7 + 3H_2O + 3CO_2$

重要　4　（生殖と遺伝）

問1　めしべの先端部分を柱頭という。

問2　受精をして仲間を増やす方法を有性生殖といい，受精をせずに仲間を増やすことを無性生殖という。有性生殖で生まれた新しい個体は親と異なる遺伝子を持つが，無性生殖で生まれた新しい個体は親と同じ組み合わせの遺伝子を持つ。

問3　(1)　丸形の純系のエンドウとしわ形の純系のエンドウを親としてできた子を自家受粉させると，孫の代の種子の形は丸形：しわ形＝3：1となる。

(2)　メンデルは，顕性の法則，分離の法則，独立の法則を発見した。

基本　(3)　丸形の遺伝子型がRrとしわ形の遺伝子型rrを組み合わせたとき，できる子は右表のようにRr(丸形)：rr(しわ形)＝1：1となる。

	r	r
R	Rr	Rr
r	rr	rr

★ワンポイントアドバイス★

難問は後回しにして，有効に試験時間を活用しよう。

＜社会解答＞《学校からの正答の発表はありません。》

1　問1　②　問2　②　問3　④　問4　③　問5　①　問6　①　問7　④
問8　③　問9　③　問10　③　問11　②　問12　①　問13　②　問14　②
問15　②　問16　④　問17　①　問18　④

2　問1　②　問2　④　問3　③　問4　③　問5　②　問6　②　問7　④
問8　③　問9　①　問10　③　問11　③　問12　④　問13　②　問14　④
問15　④　問16　①　問17　②

3　問1　②　問2　②　問3　③　問4　④　問5　②　問6　④　問7　③
問8　②　問9　③　問10　①

○推定配点○

1　各2点×18　2　各2点×17　3　各3点×10　計100点

＜社会解説＞

1　（地理―2022年サッカーワールドカップ参加国に関連する問題）

重要　問1　ドイツの位置は，設問の地図を見ればだいたい0度から東経15度辺りまでのところというのはわかるはず。経度差15度で時差は1時間になり，日本の方が東にあるので日本の方が8時間から9時間早いので，ドイツの現地時間に8時間から9時間を足して考えればよい。

問2　カタールは西アジアのアラビア半島にある国。

問3　カタールはアラビア半島にあるので，だいたい砂漠気候に近く，降水量がかなり少なくなるので気候Ⅰのグラフの中で一番降水量が少ないものを選べばよい。

基本　問4　イスラム教は610年にムハンマドが創始した宗教。①のアッラーがイスラム教の唯一神，②のコーランが教典，④のラマダーンはイスラム教にある断食月。

問5　OPECは石油輸出国機構。2のNIESは先進工業経済地域の略，3のASEANは東南アジア諸国連合の略，4のAPECはアジア太平洋経済協力の略。

基本 問6　スペインはヨーロッパ西部にあるイベリア半島の大部分を占める国で半島の更に西部にポルトガルがあり，スペインの東はピレネー山脈をはさみフランスになる。

問7　1492年にスペイン国王の援助を受け大西洋を横断し西インド諸島のサンサルバドル島にたどり着いたのがコロンブス。ここをコロンブスたちはインドのそばと思っていたので西インド諸島となる。①のヴァスコ＝ダ＝ガマはアフリカ南端の喜望峰を経てインドのカリカットへと至るインド航路を開いた人物。マゼランはスペイン国王の援助を受けて世界周航を企て，自身はフィリピンで原住民との争いで戦死するが部下たちが世界周航を成し遂げた。ミケランジェロはイタリアのルネサンス期の芸術家。

問8　スペインのあたりは地中海性気候の特徴がみられ，夏の気温が高い時期に降水量が少なくなり，それ以外の時期に降水量があり，年間を通して割と温暖な気候になる。

問9　ビートはサトウダイコンとも呼ばれるもので，比較的冷涼な土地で栽培されるもの。地中海性気候の土地に見られる地中海式気候は穀物栽培と果樹栽培の組み合わせが特色。夏の高温で乾燥する気候に耐えられる果樹を植え，降水量のある時期で穀物を栽培する。

重要 問10　ドイツで第一次世界大戦後にナチスを設立し，1933年に政権を握ったのがヒトラー。①のレーニンは1917年のロシアの11月革命を成し遂げ社会主義国家を築いた人物。②のムッソリーニは第一次世界大戦後イタリアでファシスト党を率い，1922年にローマ進軍と呼ばれる示威行動を行いイタリア国王から政権を任された人物。④のウィルソンは合衆国大統領で，1919年のパリ講和会議の際にこの会議の基本方針となる14か条の平和原則を発表し，国際連盟設立のきっかけを作った人物。

問11　いわゆる東西冷戦の時代に，西側で組織したのが北大西洋条約機構NATOで，東側にあったのがワルシャワ条約機構。現在はNATOはまだあるがワルシャワ条約機構は当然消滅している。かつてのワルシャワ条約機構に加盟していた東ヨーロッパの国の中には現在のNATOに加盟している国もあり，このNATOにウクライナが加盟しようとしていることがロシアのウクライナへの軍事侵攻の一つの原因とされる。

問12　ドイツは第二次世界大戦末に東側から入ったソ連に，エルベ川のあたりまでおさえられ，第二次世界大戦後に東西に分割され，西ドイツと東ドイツとが誕生したが，ドイツの首都であるベルリンは東ドイツ領内にあったため，ベルリンだけは第二次世界大戦後の連合国による占領期間に米英仏ソの4カ国で分割統治され，米英仏の統治下が西ベルリンとなり，東ドイツの誕生後も，西ベルリンだけは西ドイツのものとされ，東西ベルリンの境界線がベルリンの壁になる。当初は有刺鉄線の境界線であったが後にコンクリートの壁が築かれた。

問13　ドイツのベルリンのあたりは西岸海洋性気候で，緯度の割には温暖で，降水量は年間を通してあまり変動はないのが特徴。

問14　1517年にバチカンのサンピエトロ大聖堂の修築費を得るためにカトリック教会が贖宥状(免罪符)を販売したことに対してドイツのルターが疑問を抱き95か条の意見書を発表したことで，宗教改革が起こった。ルターは豪華な教会で祈ることに意味はなく，それぞれの人が信仰を持ち祈ることに意味があるとし，その信仰のよりどころになるのが聖書であると説いた。①のカルヴァンがルターより少し遅れてジュネーヴで宗教改革を行い，このカルヴァン派の思想もかなり広がった。この宗教改革により新しく出てきたプロテスタントに対し，カトリックの信仰を広めるためにイグナチウス・ロヨラとともにイエズス会を組織し主にアジアで布教を行うようにしたのが③のザビエル。

問15　GDPは国内総生産の略。かつては1の国民総生産が経済の指標として使われていたが，各国の経済活動が国際的になってきたことで純粋に国内経済を見る場合にはGDPの方が適切ということで，こちらが使われるようになった。

問16　コスタリカは南北アメリカ大陸の間の細長い部分の南の方にあり，国土の北側にニカラグア，東側にパナマがある。

やや難　問17　海岸沿いの低平地では大体熱帯雨林気候かサバナ気候で，降水量は6月から11月に集中して多い。

やや難　問18　コスタリカでは小麦はほとんど栽培されておらず，穀物で多いのは米。

2　(日本と世界の歴史―17世紀から19世紀までの歴史の問題)

問1　憲法は国家の枠組みを定める基本法であり，君主制に対して，憲法で枠組みを設定し君主の暴走を防ぎ，国民の権利を守るのが立憲君主制。

重要　問2　アメリカの独立戦争が1775年に始まった後，1776年7月4日に採択されたのが「独立宣言」。1789年7月14日のバスチーユ襲撃でフランス革命がはじまり，8月に国民議会で採択されたのが「人権宣言」。

基本　問3　三権分立の三権は立法権，行政権，司法権。

基本　問4　フランスで1748年にモンテスキューが発表した「法の精神」の中で，モンテスキューは独裁を防ぎ，人々の権利を守るためのものとして三権分立を唱えた。

問5　1848年にマルクスがエンゲルスとともに「共産党宣言」を発表し，その後に「資本論」を著し，社会主義について説いた。

問6　ビスマルクはプロシアの宰相として活躍し，プロシア中心にドイツ帝国の建国を推し進め，その後は外交によりフランスを孤立させようとするなど，強固なドイツを築こうとした。

問7　1840年から42年のアヘン戦争でイギリスに敗れた清が南京条約でイギリスに譲ったのが香港。香港はその後，1997年に中国に返還され，当初，中国はイギリス統治下の香港の状態を尊重し一国二制度としていたが，次第に，中国本土と同じような状態にしようとさまざまな形で香港の支配を強めている。

やや難　問8　アヘン戦争後，清朝は中国国内の締め付けを強化し，清朝の満州族による漢民族の支配に対して反発した漢民族の洪秀全がキリスト教に近い宗教をつくり，その信徒たちとともに1851年に起こした反乱が太平天国の乱。

問9　クリミア戦争は当時，ロシアが不凍港を求めて拡大しようとし黒海から地中海に抜けるルートを確保しようとして，オスマントルコとぶつかった戦争。この戦争の際に，ロシアの南下政策を警戒したフランスやイギリスがトルコを支援し，ロシアは敗れた。この戦争の際にフランス軍の従軍看護婦として活躍したのがナイティンゲール。

問10　1792年にロシアの女帝エカチェリーナの使者としてラクスマンが根室に来航し，通商を求めてきたが，幕府は返事をはぐらかし，後で返事するということでラクスマンを帰らせ，その後，返事を受けるために1804年にレザノフが長崎に来航したが，この際にも幕府は結局，ロシアが求める返事をしなかった。

問11　1854年の日米和親条約で開港したのは下田と函館。

問12　日米修好通商条約は安政の五カ国条約とも言われ，アメリカの他にイギリス，オランダ，ロシア，フランスとほぼ同内容の条約を結んだ。日米和親の際にはフランスはない。

問13　Ⅰ　1858年～→Ⅲ　1860年→Ⅱ　1863年→Ⅳ　1866年の順。

問14　江戸幕府最後の将軍は徳川慶喜。徳川家定は13代将軍。王政復古の大号令に関わったのは岩倉具視。三条実美は幕末期に尊王攘夷派の公家の中でも代表格であったが，1863年に当時，尊王攘夷派で朝廷に対しても影響力を持っていた長州藩が公武合体を推し進める薩摩藩や会津藩の画策で力を失い，長州藩は京都御所の警備の役も失った。この際に三条実美ら尊王攘夷派の公家も失脚し，三条実美は長州に下った。

やや難 問15　五箇条の御誓文は，天皇が神に誓う形式で近代国家を築いていくことを宣言したもので，これは多分に諸外国を意識した内容で，特に四民平等の話には触れていない。五榜の掲示は，五箇条の御誓文の後に一般の国民に向けて出したもので，こちらでは江戸時代の人々に出されていたものとは大差がなく，キリスト教も当初は禁止されていた。これに関しては欧米の反対があり，その後，政府はキリスト教を黙認するようになる。

問16　bは当初の学制にも女子教育についても定められている。dは兵役に関して免除規定は比較的多く存在した。

重要 問17　bは地租改正により，物納から金納に代わった。cは地租改正で地租の対象となるのは地主であり，当初は土地を持っていた農民が現金での地租を納めることが困難であり，経済的に苦しい農民は土地を地主にいったん売却し，その土地を再度借りて耕作する小作農に没落していった。

3　**（公民一憲法，三権，選挙に関する問題）**

基本 問1　衆議院の任期は4年で，解散もありうる。参議院は任期が6年で，解散はないが，3年ごとに半数ずつ改選する。

問2　内閣不信任が衆議院で可決された場合に，内閣は14日以内ではなく10日以内に，また衆議院を解散させる選択肢だけではなく，内閣が総辞職するという選択肢もある。

重要 問3　ドント式は，各政党の得票数を整数で順に割っていった商を並べて，その商の数字を大きいものから順に議席数分拾い，その拾った個数が各党の獲得議席数になるというもの。この場合，みかん党は1から4まで順に割って600，300，200，150，となり，りんご党は480，240，160，120，いちご党は240，120，80，60，バナナ党は120，60，40，30となる。これらの数字を大きい順に6個拾うと，みかん党の600，りんご党の480，みかん党の300，りんご党といちご党の240，みかん党の200で6個になる。その結果，みかん党が3，りんご党が2，いちご党が1，バナナ党は0というかたちになる。

問4　日本国憲法の中で戦争放棄，平和主義に関する条文は第9条になる。

問5　日本国憲法第9条では，国家権力をもって行う戦争や武力の行使を紛争解決の手段としては放棄するとし，さらに戦力を持たない，国の交戦権を認めないとしている。平和主義をうたう憲法は他の国にもあるが，戦力の不保持や交戦権の否認をうたっている憲法は極めて珍しい。

問6　国連平和維持活動PKOは国連が行うもので，国連加盟国がそれぞれの国の軍や警察などで参加する。日本は1990年の湾岸戦争の際にPKOへ参加しようとしたが，法整備が間に合わず，1992年のカンボジアへの派遣が最初となる。

問7　従来は，日米同盟がある中で，日本が他国から何らかの攻撃などを受けた際に日本は自衛するが，アメリカが何かをされてもその場合には日本は動かないという個別的自衛権がとられていたが，安倍内閣の際に集団的自衛権へ舵を切り替え，日本だけでなくアメリカが攻撃を受けた場合にも日本も行動を起こすというものになった。

問8　イは日本が何か攻撃を受けた場合には，アメリカ軍が武器を提供するだけではなく，アメリカ軍も行動を起こすことになっている。ウはアメリカ軍は日本のどこに駐留してもよいというものではなく，日本政府が指定した場所に限られる。

問9　憲法第96条では，日本国憲法の改正は衆参それぞれの院の総議員の3分の2以上の賛成で発議し，その内容を国民投票にかけて過半数の支持があれば成立するとしている。国民投票の過半数の母集団は憲法には特に明記されていないが，設問にあるように「有効票」の中のと解釈されている。

問10　憲法改正の国民投票に関する法律で，18歳以上となったことで，参政権の年齢の引き下げや成人年齢の引き下げが論議されるようになり，結果としてこれらも18歳以上となった。

★ワンポイントアドバイス★

小問数が45題で試験時間に対して多いが，落ち着いて一つずつ正確に解答欄を埋めていきたい。記号選択で，正しいもの，誤りのものを選ぶものがどちらもあり，要注意。即答できない場合には逆に消去法で考えるのもあり。

＜国語解答＞ 《学校からの正答の発表はありません。》

一　問一　ア　①　イ　③　ウ　④　エ　②　問二　①　問三　Ⅰ　⑥　Ⅱ　⑤
Ⅲ　②　問四　①　問五　③　問六　④　問七　①　問八　②　問九　③
問十　④

二　問一　ア　②　イ　③　ウ　④　エ　③　オ　⑤　カ　④　問二　①
問三　X　⑤　Y　②　Z　①　問四　④　問五　③　問六　②・③
問七　②　問八　①　問九　③　問十　④　問十一　③　問十二　③

三　問一　a　③　b　①　c　④　問二　②　問三　①　問四　④　問五　④
問六　③　問七　①　問八　④

四　問一　（Ⅰ）⑧　（Ⅱ）③　（Ⅲ）⑤　問二　Ⅰ　⑤　Ⅱ　⑥　Ⅲ　③

○推定配点○

一　問一・問三　各1点×7　他　各3点×8　二　問一・問三・問九　各1点×10
問二　2点　他　各3点×9　三　問一　各1点×3　他　各3点×7　四　各1点×6
計100点

＜国語解説＞

一　（小説—漢字，表現技法，脱語補充，慣用句，情景・心情，文脈把握，内容吟味，指示語）

問一　ア　漂う　①　漂着　②　標高　③　投票　④　評価
イ　夢中　①　事務　②　無理　③　無我夢中　④　五里霧中
ウ　競泳　①　狂言　②　悪影響　③　度胸　④　競技
エ　順番　①　循環　②　順延　③　標準　④　巡礼

問二　「とんとん」は，書類を机の上で揃える音を言語化したものなので「擬音語」。「ブルブル」は，震える様子を言語化したものなので「擬態語」。「津波のように」は，比喩であることを示す「ように」という語を用いているので「直喩」。

問三　Ⅰ　直前に「私と奈津美は最後に席に着いた。全員が私たちの到着を待っていた」とあることから，急いで席に着いたことがわかるので，「息を切らす」とするのが適切。「息を切らす」は，せわしく息をすることで，急いでいる様子を表す。　Ⅱ　直後に「つんと熱くなった」とあるので，「目頭」が入る。「目頭が熱くなる」は，涙があふれそうになる様子。　Ⅲ　直後に「『すみません……』とあるので，「頭」が入る。「頭を下げる」は，謝る，謝罪する，という意味。

問四　直後に「他誌は絶対にこのテーマを思いついていないはずだ。あのマドンナから特別なコメントを引き出せる，と確信した」とあるので，①が適切。

問五　この後に「『リラが……危ない。息がすごく浅い。……』とあるので，③が適切。リラの危篤を知らせる電話だと予感したのである。

問六　直前に「『どうしてもだめなのか。リラは君を待ってるよ。君が帰って来るまで，きっと待ってるよ。……』」とあることから，リラはまだ息を引き取っていないことがわかるので，「手の届かない所に行ってしまったから」とする④は適切でない。

問七　直前に「『いつだって，リラは君を待っていたじゃないか』」とあるので，①が適切。いつでも自分を待ってくれているリラの存在を気にしながらも，仕事を優先し「『ごめん。あたし……行けない』」と言わなければいけないことに胸を痛めているのである。

問八　直後に「『最後はあなたの番だったけど，それは明日に延期しましょう』」「全員，思い思いにうなずいている」「『どうしたの……。早く行って』」とあることから，「私」の状況を察し，リラのもとに駆けつけることを促してくれていることがわかるので，②が適切。

問九　直前に「ああ，神様，神様」とあり，直後に「いますぐリラを連れて行かないでください」とあることから，リラが命を落としてしまうこと「一緒に歩けなくなってしまうほど遠くへ(連れて行く)」と表現しているとわかるので，③が適切。

問十　直前の「浩介が，さっき電話で」とあり，先ほど電話で聞いた浩介の言葉とは「『リラは，君を待ってるよ。君が帰って来るまできっと待ってるよ。』」というものなので，④が適切。

二　**(論説文一漢字，脱文・脱語補充，接続語，語句の意味，文脈把握，内容吟味，要旨，構成)**

問一　ア　質素　①　叱責　②　質疑　③　執行　④　失礼　⑤　湿度

イ　構成　①　講義　②　効果　③　構想　④　降下　⑤　立候補

ウ　特徴　①　調査　②　超越　③　聴収　④　徴兵　⑤　尊重

エ　典型　①　傾斜　②　啓蒙　③　模型　④　形式　⑤　恩恵

オ　「断食」は「ダンジキ」と読む。食を断つ，という意味。信仰や修行などのために，一定期間ものを食べないこと。

カ　「陶酔」は「トウスイ」と読む。ある境地にひたってうっとりした気分になること。

問二　脱落文に「外見」とあり，①の直後に「見るものであると同時に……」とあるので，①に補うのが適切。

問三　X　直前に「一目でわかる」とあり，直後に「ルールがある」と別の視点が示されているので，逆説を表す「しかし」が入る。　Y　文末の「～わけだ」に呼応する語として，要約・説明を意味する「要するに」が入る。　Z　直前に「わたしたちの理解を超えている」とあり，直後で「わたしたち自身もわたしたちの理解を超えている」とつけ加えているので，累加を表す「そして」が入る。

問四　直後に「この世の日常を捨てた人，この世を超えた世界にかかわる人として，俗人とは異なる〈異形〉の存在であることが，外見からも一目でわかる」とあるので，④が適切。

やや難　問五　前に「つまり，それは制服のトクチョウである」とあり，その直前に「僧侶の衣装」の説明があり，「あらゆる細部に宗派ごとのトクチョウがあり，それが別の宗教団体との差異のしるしにもなっている」と説明されているので，③が適切。

問六　「宗教」については，直後の段落に「不可解なもの，超自然的なものと交わる一つの技法としておそらく宗教がある。……解脱は自己を自己自身からできるだけ遠ざける技術であり，救済は自己と異なるものを内に呼び込む技術だ」とあり，さらに「宗教は自分を超えた何ものかへ向かって回路を開く技術としてあるのであり，宗教に修行や瞑想，舞踊や香道といった身体訓練，感覚訓練が伴うのもそのためだ」と説明されているので，②・③は合致する。

やや難 問七　直後に「世界を解釈するというよりも，自分をそっくり世界の側にゆだねてしまう，あるいは自分が世界に誘拐されてしまうというエクスタティック(脱目的)な技術のほうだ。」とあり，「もともとメイクというのは非日常の異装としてあった。美顔術ではなく，……返信やエクスタシーの技法，呪術的な技法としてあった」としているので②が適切。

問八　前の「宗教は自分を……」で始まる段落に「宗教は自分を超えた何ものかへ向かって回路を開く技法としてある」とあり，直後に「同時にファッションは人をその世界の外部に連れ出そうとする。別の存在になろう，と人々を誘惑するのだ。……，からだの外から内から，つまり視覚や皮膚感覚など全感覚を通して行うのだ」とあることと「ほぼ同じ」としているので①が適切。

問九　「メディア」は，媒体，情報伝達などの手段や方法，という意味。①の「モラトリアム」は，猶予期間，②の「レトリック」は，修辞，④の「ナショナリズム」は，国家主義，国民主義，⑤の「イノベーション」は，技術革新，という意味。

問十　直前の段落に「もともとメイクというのは非日常の異装であった」とあり，続いて「現代のファッションは服装や化粧が，自分とは別の存在になるという……媒体であることをやめて」とある。直後には「もともとはファッションと宗教はほとんど同質の身体パフォーマンスとしてあった」と述べられているので④が適切。

問十一　ⅰとⅱは，直前に「別の存在になろう，と人々を誘惑する」「別の存在になる」とあるので「変身」が入る。ⅲは，直前の「自分の別のイメージを演出する」を言い換えているので，「装い(の手段)」とするのが適切。

問十二　本文冒頭に「僧侶の衣装は……俗人とは異なる《異形》の存在であることが，一目でわかる」あり，導入部分で宗教の衣装や外見について具体例を示し，本文最後で「もともとはファッションと宗教はほとんど同質の身体パフォーマンスとしてあった」と指摘しているので③が合致する。①の「変身の技法として同質」，②の「ファッションは内にとどまる」，④の「ファッションは前者だけ」は合致しない。

三　(古文―語句の意味，文脈把握，内容吟味，情景・心情，指示語，大意)

〈口語訳〉 姫君はもう十三歳になられ，容姿端麗で天下に二人といないほどの人でいらっしゃるので，帝からは，后になられるようにと，帝の使いが度々重ねてやって来るので，豊成も喜ばれ，そのお喜びは限りない。北の方はおもしろくないとお思いになり，人を仲間に引き入れて，冠を着けさせ，束帯もさせて，中将姫の御局へ出入るよう命じ，豊成に「姫君にどんなことでも起こった時は，『継母・継子の関係だから』などとおっしゃるな。姫君の部屋をこっそりご覧あそばせ」と，様々な告げ口をなさったので，豊成は，ある日の夕方に，姫君の御方を，北の方と一緒にご覧になると，二十歳ぐらいの男で直垂に折烏帽子を着た者が退出してきた。

継母が豊成に「ここ数日，わたしが申しあげていたことは嘘でしょうか。女の身の習いは，一人と結ばれることが世の中での当たり前のことです。(そうであるのに)ある時は，冠を着け，装束の人が(姫君のもとに)いました。ある時は立烏帽に直垂の人，またある時は薄衣を引き被った者もいました。(それは)法師でした。このように，たくさんの人に会っていらっしゃるとは，なんと浅はかなことでしょう」と，泣くふりをしながら申し上げたので，豊成はこれをお聞きになって，「人が持つべきではないのは女子である。(姫君の)亡母が最期の時に，一途に姫君の愛情をかけていて，どのようにしてでも世間の評判を得させようと思っていたのに，残念な振る舞いをしたのは悲しいことである。明日にもなれば，このことが漏れ聞こえ，宮中の物笑いは姫君に及ぶだろう」とお思いになって，武士を呼び寄せ，「お前が，紀伊国有田の雲雀山というところで，(姫君の)頭をはねよ。(しかし)その後の供養は十分にしなさい」とおっしゃったので，武士は承り，「三代に渡り仕えている主君の申し出に背くことはいたしません」と言って，姫君を連れ申し上げ，その山の奥に御供した。大臣殿の命令を詳しく申し上げると，姫君は(その話を)お聞きになって，「わたしは前世の行いが悪くて，(その報いで)人の偽りによってお前の手にかかり死ぬことも仕方がない。そうではあるが，少しの時間をください。理由は，わたしは七歳のころから称讃浄土御経を賜り，毎日母の尊霊に手を合わせていますが，今日はまだ読経していない(からです)。一方では父の御祈りのため，一方では亡き母の魂が苦しみから逃れ悟りの境地に入るため，または，自らが死ぬのであるのならば，修羅の苦しみをも免れ，浄土の道の道案内ともしましょう」とおっしゃったので，武士は，岩や木(のように感情がないわけ)ではないので，しばらく待ってくれた。

問一　a「空言(そらごと)」は，嘘，偽り，と言う意味。　b「数多(あまた)」は，数多く，たくさんの，という意味。　c「具す」は，いっしょに行く，「奉る」は謙譲語なので，「連れ申し上げる」とする④が適切。

問二　理由は直前に「帝より后に立ち給ふべき由，勅使，度々重なりければ，豊成も喜び給ひて，その御喜びは限りなし」と説明されているので，「～豊成たちが喜んでいるから」とする②が適切。

やや難　問三　継母の言葉が，後に「女の身の習ひ，一人に契りを結ぶは世の常の事。ある時は冠を着，……かやうに数多に見え給ふ事の僂さよ」とあることから，姫君の御局に何人かの男たちを遣り，姫君のよくない評判を立て，豊成の喜びに水を差すことが目的であるとわかるので，②・③・④はあてはまる。「姫君に新たな男を紹介し」とする①はあてはまらない。

問四　直後に「禁中の物笑ひは豊成が女子にはしかじ」とあることから，「この事」は，豊成の娘である姫君が物笑いの種になることを指すとわかるので，「ある時は冠を着，装束の人もあり，ある時は立烏帽子に直垂着たる人もあり，またある時は薄衣引き被きたる者もあり，……かやうに数多に見え給ふ事」にあてはまる④が適切。

やや難　問五　直前の「『人の持つまじきものは女子なり。母最期の時，強ちにいとほしみをなしつるほどに……口惜しき振舞ひしけるこそ悲しけれ』」が豊成の心情なので，これらの内容と合致する④が適切。

問六　「大臣殿の御定め」とは，武士を呼び寄せて「『汝，紀伊国有田群雲雀山といふ所にて頭を刎ねよ。後の供養をばよくよくせよ』」と言ったことを指すので，③が適切。

やや難　問七　姫君が頭を刎ねられるに至った原因である。前半部分に描かれている継母の行い，豊成への告げ口を指すので，①が適切。

問八　直後に「その故は」とあり，後に「且つうは父の御祈りのため，且つうは母亡魂，出離生死・頓証菩提の御ため，または，自らが剣の先に掛かりなば，修羅の苦しみをも免れ，浄土の道の導ともせん」とあるので，①・②・③はあてはまる。「帝の行く末を祈る」とする④はあてはまらない。

四　**(知識問題―文学史，語句の意味)**

問一　(Ⅰ)『蟹工船』は，1929(昭和4)年に発表された小林多喜二の小説。　(Ⅱ)『雪国』は，1935(昭和10)年に発表された川端康成の小説。作品はほかに『伊豆の踊子』『古都』『山の音』など。　(Ⅲ)『黒い雨』は，1965(昭和40)年に連載が開始された井伏鱒二の小説。作品はほかに『山椒魚』『屋根の上のサワン』『ジョン万次郎漂流記』など。

問二　Ⅰ「封建」は，土地を諸侯・大名に分け与えて，それぞれの国を治めさせること。
Ⅱ「振興」は，学術・産業などを力を入れて盛んにすること。　Ⅲ「概念」は，ある物・事柄に対し，一般的に思い浮かべられる意味・内容のこと。

★ワンポイントアドバイス★

現代文の読解は，難しい内容の文章にもあたり，文脈をていねいに追う練習をしよう！　漢字や語句は，やや難しいものも出題されるので，しっかりと対策しておこう！

2022年度

★★★★★★★★★★★★★★★★★★★★★★★★

入　試　問　題

2022年度

至学館高等学校入試問題

【数　学】（40分）　＜満点：100点＞

【注意】 分数で答えるときは，それ以上約分できない分数で答えなさい。
また答えに$\sqrt{\ }$を含む場合は$\sqrt{\ }$の中は最も小さな自然数になる形で答えなさい。

1　次の式を計算しなさい。

(1)　$2\{(3-5)^2-5\div0.5\}$

(2)　$\dfrac{x-y}{3}-\dfrac{y-x}{4}$

(3)　$\left(\dfrac{\sqrt{5}-\sqrt{3}}{2}\right)^2-\left(\dfrac{\sqrt{5}+\sqrt{3}}{2}\right)^2$

2　次の問いに答えなさい。

(1)　2次方程式 $(x-3)^2-8(x-3)+15=0$ を解きなさい。

(2)　連立方程式 $\begin{cases}3x-2y=-6\\ y=2x+a\end{cases}$ の解が連立方程式 $\begin{cases}2x-y=b\\ x+y=-7\end{cases}$ の解と一致するとき，a, bの値をそれぞれ求めなさい。

(3)　８％の食塩水200ｇに，何ｇかの水を加えて５％の食塩水を作りたい。水を何ｇ加えればよいか求めなさい。

(4)　等式 $2x+y=10$ を満たす自然数x，yは全部で何組あるか求めなさい。

(5)　$-2\sqrt{3}<n<3\sqrt{5}$ を満たす整数nは何個あるか求めなさい。

(6)　３点$(-3,\ -7)$，$(x,\ 5)$，$(4,\ 14)$が同一直線上にあるとき，xの値を求めなさい。

(7)　大小２個のさいころを投げる。大のさいころの出た目をa，小のさいころの出た目をbとする。$a+2b$の値が10より大きくなる確率を求めなさい。

3　ある空の容器に，蛇口Aを開き，水を入れる。
その５分後に蛇口Bも開き，水を入れる。
10分後，蛇口A，Bは開いたままにして，排水管を開き水を抜くと，容器内の水の量は右のグラフのようになった。

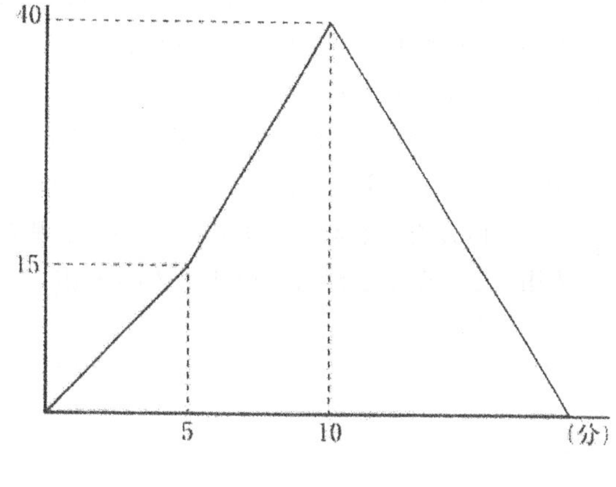

(1)　蛇口Bは毎分何リットルの水が出ているか答えなさい。

(2)　排水管から毎分10リットルの水を抜くとき，容器が空になるのは蛇口Aを開いてから何分後か答えなさい。

4　右の図のように点A (2, 4)，B (6, 0) がある。
y 軸上に点Pをとり，$AP+BP$ の長さが最も短くなるとき，点P の座標を求めなさい。

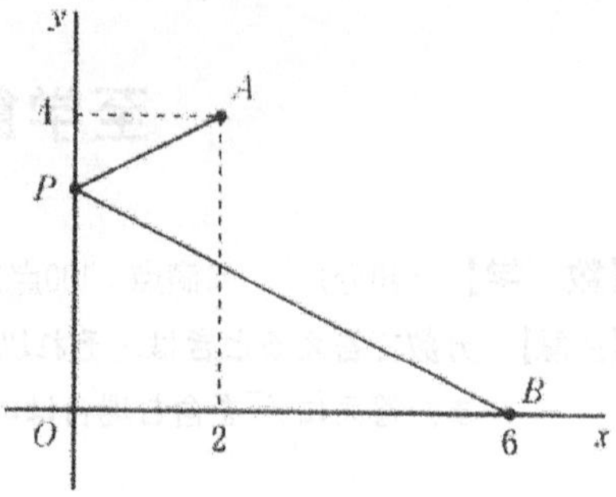

5　放物線 $y=x^2$ 上に2点A，Bをとり，直線ABと x 軸との交点をPとする。2点A，Bの x 座標をそれぞれ，a，$a-4$ としたとき，直線ABの傾きが2となった。このとき，次の問いに答えなさい。

(1)　a の値を求めなさい。

(2)　$PB:BA$ を最も簡単な比で答えなさい。

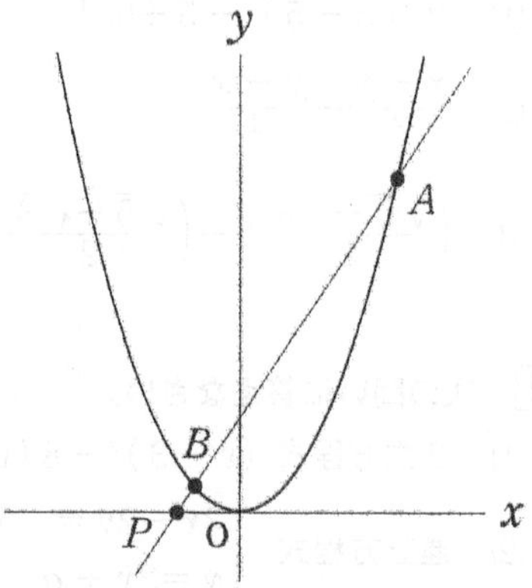

6　前倉さんと石田さんの会話から ア と イ に当てはまる文字や数字を書きなさい。

前倉：石田さん，消しゴムを忘れてしまったから，ちょっと貸してもらえないかな。

石田：それじゃあ，切って少しあげるよ。

前倉：へぇ，1辺が4㎝の立方体の消しゴムか。切るのがもったいないね。

石田：でも，使うためのものだから。さて，どうやって切ろうかな？

前倉：立方体って切り方次第でいろんな形ができるよね。

石田：ABとADの中点をP，Qとして，ここから切ることにしようか。

点 ア を通るように切ると，切り口が五角形になるね。かわいくない？

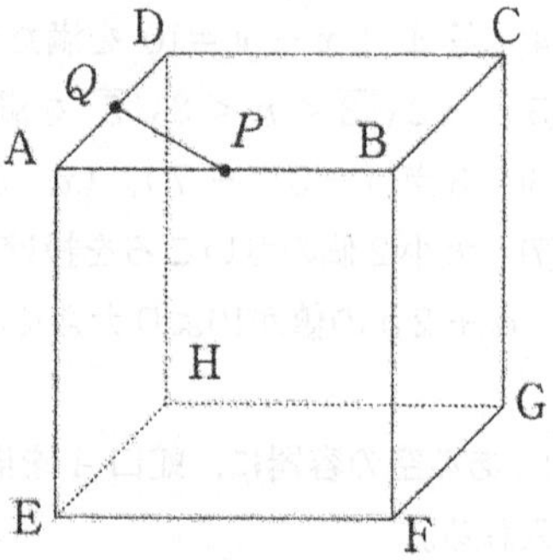

前倉：いや，さすがにそんなにたくさんもらえないよ。

点E を通るように切って，点A が含まれている方をもらうよ。

石田：ということは，私の消しゴムの体積は，前倉さんに渡した消しゴムの体積の イ 倍だね。

7 次の問いに答えなさい。

(1) 右の図は1辺の長さが9の正方形を折り返した図である。$AE = 3$，$EF = 5$ であるとき，DG の長さを求めなさい。

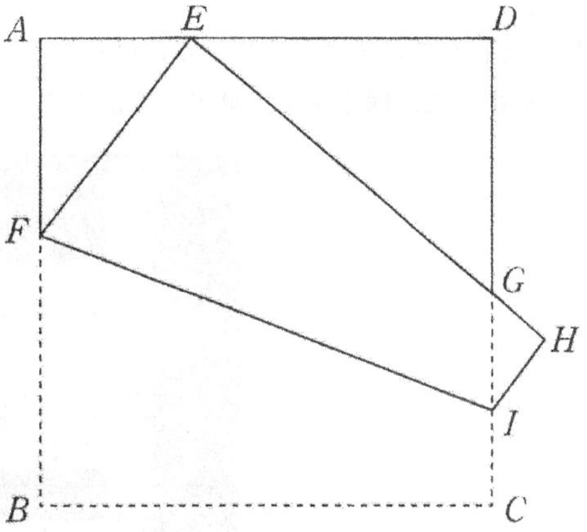

(2) 円周を12等分する12個の点を A ～ L とする。
AE と CH の交点を P とするとき，$\angle APH$ の大きさを求めなさい。

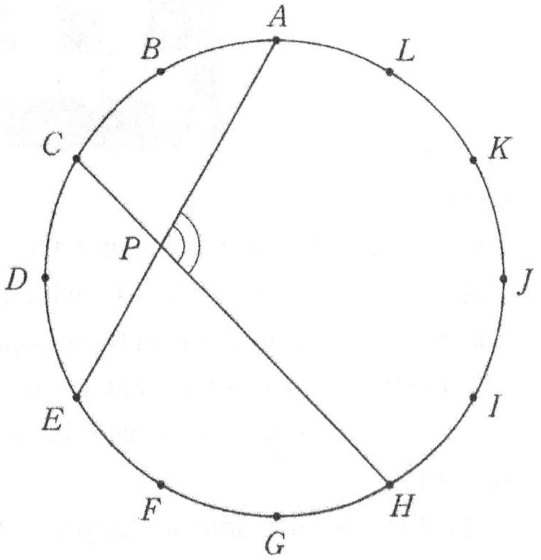

8 x 座標，y 座標がともに整数である点を格子点という。
3つの直線 $y = 3x$, $y = -\dfrac{2}{3}x + 6$，$y = 0$ で囲まれた三角形の周上および内部には全部で何個の格子点があるか答えなさい。

【英　語】（40分）　＜満点：100点＞

1　以下のクロスワードパズルには一マスにつき一つのアルファベットが当てはまる。ヒントの英文を頼りに，横１～４，縦ア～オに当てはまる英単語を答えよ。

横のカギ

横１のヒント：a human being / the *singular form of "people"

横２のヒント：work or a task which teachers give students to do at home

横３のヒント：a tool for cutting paper, cloth or hair

横４のヒント：a sport played by two teams of five people trying to get points by throwing a ball through a high net

縦のカギ

縦アのヒント：not able to happen / the *opposite word of "possible"

縦イのヒント：to move over snow wearing a pair of long, narrow boards

縦ウのヒント：a shelf that you keep books on

縦エのヒント：a small animal with lone ears and a short tail.　Many elementary schools in Japan keep this animal

縦オのヒント：an area of land that has sea around it.　Indonesia, England and japan are examples

※語注　*singular：単数　　*opposite：反対の

2　以下の１～５の英文の下線部の語と同じ品詞（動詞，名詞，形容詞，接続詞など）を次のページのア～オの英文の下線部から探してそれぞれ記号で答えよ。ただし各記号は１度しか使えない。

１．The boys in this room are high school students.

２．This dictionary isn't cheap.

３．I'll be there in a minute.

４．The students are in uniform.

５．You should go to bed, because you look very tired.

ア When I was young, I practiced soccer very hard.
イ The girl in red was so cute
ウ We will have a birthday party for my mother tomorrow.
エ He said that he was going to New Zealand next year.
オ After watching the movie, we went home together.

3 以下の１～５の英文の下線部は主語，動詞，目的語，修飾語の内のどれに該当するか，記号で答えよ。

1．People found the comic book very interesting.
2．His mother looks very young for her age.
3．There is a lot of garbage under the castle in the sky.
4．Her father bought Satsuki a blue dress as a birthday present.
5．Does Ken play the guitar very well?

ア 主語　イ 動詞　ウ 目的語　エ 修飾語

4 以下の１～４の英文の下線部には文法的に誤っている箇所がある。例にならって誤っている箇所の番号を答え，正しい形に直した語句を解答用紙に記入せよ。

例 ：The police ①is now questioning four ②people ③about the murder ④case.
答え：①⇒ are

1．When ①the sun ②will rise, we can go ③down ④the mountain.
2．People ①living in the north of ②the country ③likes ④to eat spicy food.
3．I was ①said ②by my teacher ③that I got the highest score ④on the exam.
4．①Many students ②aren't ③interesting in extra lessons for ④examinations.

5 以下の英文が文法的に正しく，意味が通るようにア～オの語句を並べ替えたとき，２番目と５番目になる語句の記号を答えよ。

1．私は数学を勉強することは楽しいと思う。
I [ア is / イ mathematics / ウ so much fun / エ think / オ studying].

2．ごめんなさい。イーサンは今いないの。あとで電話させようかしら。
I'm sorry. Ethan is not here right now, [ア I / イ ask / ウ shall / エ to / オ him] call you later?

3．ステファニーは誕生日にリチャードからもらったバッグを処分した。
Stephanie sold [ア the / イ her / ウ gave / エ bag / オ Richard] as a birthday present.

4．A：Lisa, have you read Demon Slayer yet?
B：No, I [ア I / イ enough / ウ had / エ wish / オ money] to buy it .

5．A：Do you have any plans this weekend?
B：Yeah, [ア join / イ I / ウ to / エ going / オ am] the New York City Marathon.

6 以下のそれぞれの英文の空欄に当てはまる最も適切な表現を，選択肢から一つ選び，記号で答えよ。

1．Satsuki and Mako went shopping (　　) Shibuya.
ア in　イ to　ウ on　エ for

2．He studied hard for an examination. (　　), he gave up taking the exam in the end.
ア But　イ So　ウ However　エ For example

3．Not only the students (　　) also the teacher was happy with the good news then.
ア and　イ but　ウ as　エ were

4．This is a picture my daughter (　　) yesterday.
ア draw　イ drew　ウ drawn　エ drawing

5．Lina speaks English as (　　) as her English teacher.
ア good　イ bad　ウ well　エ long

7 以下の英文を読み，1～4の問いの答えとしてア～エから最も適切な解答を一つ選び記号で答えよ。

In many cases, people who travel to the U.S. from Japan do not need a visa. For example, if you are in a study program with classes that meet under 18 hours per week, you do not need a visa, but you do need an *ESTA.

You can apply for it online, without going to the *Consulate. In most cases, that is all you need to do. However, if you make a mistake in the application, you may have to go to the Consulate and work out the problem in person. It takes time and can be very inconvenient. If you live someplace several hours from the nearest Consulate, it can cost you some money to go there and back, too.

I talked with one man who asked his son to apply for him. One question on the screen asked if he had ever had any *criminal convictions. The son clicked "Yes" *by mistake! When this kind of information is in the computer system, there is no way to simply change it and apply online. The man had to go through a lot of trouble to *have the error corrected. So please be really, really careful when you *fill out the application form.

You can ask a travel agent to fill out the form for you. But travel agents may make mistakes, too. I know of cases in which they made errors in applying for customers. And of course they have to use personal information of each one they apply for. so not evervone wants to ask them to do that.

※語注　*ESTA：電子渡航認証システム　*Consulate：領事館　*criminal convictions：有罪判決
*by mistake：誤って　*have the error corrected：間違いを正す
*fill out：必要事項を記入する

1．本文によるとアメリカを訪れるのにビザが必要のない人はどのような人か。

ア　１週間に14時間の授業を受ける日本人留学生
イ　１週間に16時間の授業を受ける中国人留学生
ウ　１週間に20時間の授業を受ける日本人留学生
エ　１週間に18時間の授業を受ける中国人留学生

2．本文によると，オンラインでうまくESTAに申し込めなかった場合何をすればよいか。以下の選択肢より選び，記号で答えよ。

ア　お金を支払って，ビザを取得する必要がある。
イ　ESTAの申し込みについての講義を受ける必要がある。
ウ　時間とお金を使って領事館まで行く必要がある。
エ　旅行を取りやめる必要がある。

3．第３段落の内容として最も適切なものを以下の選択肢より選び，記号で答えよ。

ア　男の人は娘にビザ申請をお願いした。
イ　男の人は誤って違う選択肢をクリックしてしまった。
ウ　ビザ申請の際は本当に注意する必要がある。
エ　その息子は犯罪履歴があった。

4．**本文の内容と一致しない**記述として最も適切なものを以下の選択肢より選び，記号で答えよ。

ア　旅行代理店にESTAの申請の代行を依頼することもできる。
イ　旅行代理店がESTAの申請を失敗した事例がある。
ウ　旅行代理店はESTAの申請に申請者全員の個人情報を必要とする。
エ　旅行代理店に個人情報を取り扱ってほしくないと皆が思っている。

8　オリンピックのピクトグラムを見ながらChenとKaoriが会話している。自然な会話の流れになるように（1）～（5）に当てはまる語句をそれぞれ選び記号で答えよ。

Kaori　Look at the pictograms for the 2020 TOKYO Olympics.
Chen　What is this? I have (　1　) seen these before, but they look cute!
Kaori　I think so too. I want to have some pictures of them on the wall in my room. Anyway, they are used to (　2　) the sports for Tokyo Olympics.
Chen　O.K. Who designed them?
Kaori　Masaaki Hiromura did with his team. There are some more pictograms.

Do you recognize any of these?

Chen　I can find baseball, basketball and 3x3 basketball easily. All of the pictures *at the bottom are difficult. （ 3 ） Why do they look alike?

Kaori　There are various cycling events such as Cycling Track, Cycling Road and BMX.

Chen　That's cool! I would like to watch them on TV.

Kaori　Right? How about the one on the right of the Basketball?

Chen　You mean the middle one, don't you? It looks like a volleyball. But there are a number of dots below the person.

Kaori　I will give you one hint; they are sand!

Chen　Oh I got it! It's （ 4 ）!

Kaori　You are right!

Chen　What is the one （ 5 ）?

Kaori　I think it is Boxing. It appears like the man is punching.

Chen　Exactly!

Kaori　How about this one?

Chen　I have no idea...

Kaori　Don't you know? Female wrestlers in japan are stronger than those in any other countries. Saori Yoshida won medals at three Olympic games.

Chen　I know Yoshida! She is so famous in China.

※語注　*at the bottom：一番下の

1．(1)

ア ever　　イ never　　ウ already　　エ still

2．(2)

ア describe　　イ describing　　ウ be described　　エ being described

※語注　*describe：表す

3．(3)

ア The one on the left is upside down.

イ They are actually traffic signs.

ウ All of them have a bike.

エ They are on horses.

4．(4)

ア Badminton　　イ Surfing　　ウ Swimming　　エ Beach Volleyball

5．(5)

ア in the middle row, the second from the right　　イ above Basketball

ウ on the upper right corner　　エ at the lower left

【理　科】（40分）　＜満点：100点＞

1　以下の会話文を読み，次の問いに答えなさい。図１は，体内の消化管を図示したものである。

Ａさん：最近自粛生活で外に出られないから，運動不足で太っちゃったよ。体重を元に戻したいんだけど，いい方法を知らない？

Ｂさん：じゃあ，糖質制限ダイエットはどう？

Ａさん：それってどういうダイエットなの？

Ｂさん：この方法は，脂肪に変わる$_{1}$糖質の摂取を抑えることで，太りにくくする方法だね。

Ａさん：じゃあ，早速やってみるよ。

Ｂさん：あとは，よく$_{2}$噛むことも大事だね。よく噛むことで，食べた物が細かくなり$_{3}$体内で分解されやすくなり，体への負担が減るんだよ。それだけじゃなく，満腹中枢が刺激されて，食欲の抑制効果も期待できるらしいからね。

Ａさん：じゃあ，早速やってみるよ！

⑴　下線部１は，３大栄養素の中のどれに該当する栄養か答えなさい。

⑵　ある溶液に，下線部１の物質が含まれているか確認する際に使う指示薬として最も適当なものを下から記号で答えなさい。

ア．フェノールフタレイン液　　イ．ヨウ素液　　ウ．酢酸カーミン液　　エ．ＢＴＢ溶液

⑶　下線部２について，この際に物理的に分解されるが，一方で酵素の働きによっても分解される。この時に，下線部１を分解する酵素の名称を下から記号で答えなさい。

ア．ペプシン　　イ．トリプシン　　ウ．リパーゼ　　エ．アミラーゼ

⑷　下線部３について，多くの栄養分は小腸で吸収される。小腸の位置として最も適当なものを図１中のア～オより選び答えなさい。

⑸　下線部３について，分解の際に消化液が分泌される。以下の分泌液が分泌される消化器官として最も適当なものを図１中のア～オより選び答えなさい。

Ａ．すい液　　Ｂ．だ液　　Ｃ．胃液

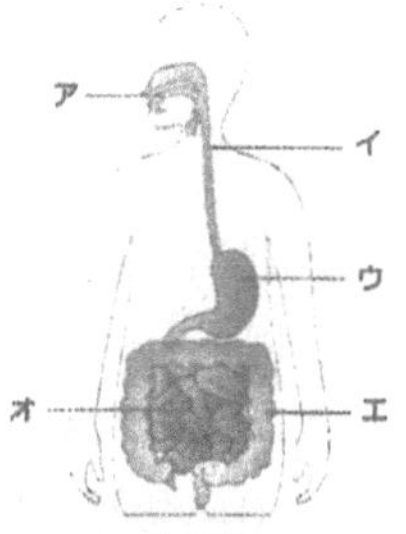

図１

2　以下の文章を読み，次の問いに答えなさい。

日本は地震が多く発生する国である。近年日本で発生した有名な地震は，2011年３月11日に発生した東北地方太平洋沖地震であり，この地震に付随する様々な災害をまとめて東日本大震災という。この地震は，（　１　）型地震であり，地震のマグニチュードは（　２　）であった。

この他にも日本では大きな地震災害に見舞われ，研究を重ねていく中で緊急地震速報というシステムを作り上げた。地震が発生すると２種類の波である，（　３　）波と（　４　）波が発生する。（３）波による揺れを初期微動，（４）波による揺れを主要動という。また，（３）波の方が伝わる速度が速いが，より被害をもたらす強い揺れは（４）波である。

このシステムは，波が到達する時間の差を利用して，先に伝わる（３）波を検知した段階で危険が迫っていることを知らせるようになっているのである。これにより，短い時間かもしれないが実

際に揺れる前に情報を得ることが出来る。

⑴　文章中の空欄に当てはまる語句を，下の語群より記号で選び答えなさい。

ア．P　イ．8.0　ウ．海溝　エ．S　オ．9.0　カ．内陸

⑵　以下の状況で発生する（３）波の速さを計算しなさい．

観測地点	震源からの距離 (km)	初期微動の始まり
A	２３	１４時２５分５５秒
B	１３４	１４時２６分１０秒
C	１７１	１４時２６分１５秒

３　二人の会話文を読み以下の問いに答えなさい。

なでしこさん：あっ携帯電話の電池なくなりそう。充電しなきゃ。よいしょっと。
富山さん　　：おっ。ワイヤレス充電でおしゃれだね。
なでしこさん：ふふふ。いいでしょ。
富山さん　　：そういえば，どんな仕組みか知ってる？
なでしこさん：どうだったかしら？
富山さん　　：わからないの？理科の授業でならったよ。
なでしこさん：あっわかった。電磁誘導かな？
富山さん　　：すごいね！さすが。
よかったら勉強不足でわからないから，教えてくれる？
なでしこさん：わかったわよ。よーくきいてね。
電磁誘導はね，コイルの中の磁界を変化させると，磁界の変化を妨げる方向に電流が流れるんだよね。そのような現象のことよ。
富山さん　　：アそのときの電流って何っていうの？

（ 図２ ～ 図５ は次のページにあります。）

⑴　下線部アの電流を何というか。

⑵　⑴の電流を強くするにはどのような方法があるか１つ答えなさい。

⑶　図２のように検流計につないでコイルに棒磁石のＳ極を近づけると，検流計の針は左にふれた。図３のように動かした時，検流計の針が右にふれるものをすべて選び記号で答えなさい。

⑷　図４は携帯電話のワイヤレス充電を模式的に表した図である。二次コイルを一次コイルに近づけたとき，電流はＸ，Ｙどちらの方向に流れるか？

⑸　⑷で二次コイルの下部はＳ極かＮ極か？

⑹　図５の携帯電話を30分間使ったときの消費電力を求めなさい。ただし電力の20％は熱で失われたとする。

⑺　図５の携帯電話で，2時間30分携帯電話を使用したときの電気代を，小数第二位まで求めなさい。ただし１ｋＷｈあたり30円とする。ただし，熱で失った消費電力も含む。

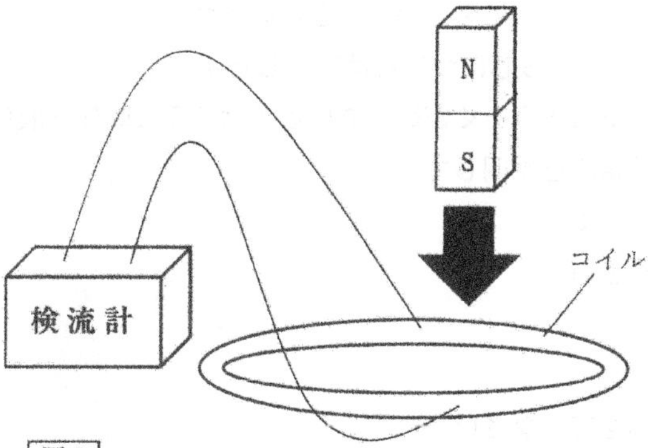

図2

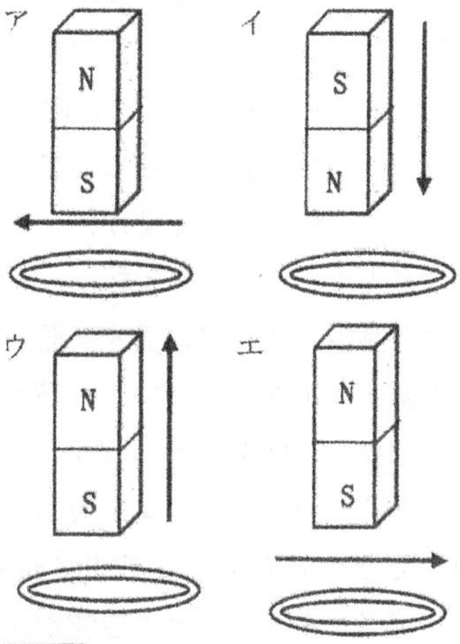

図3

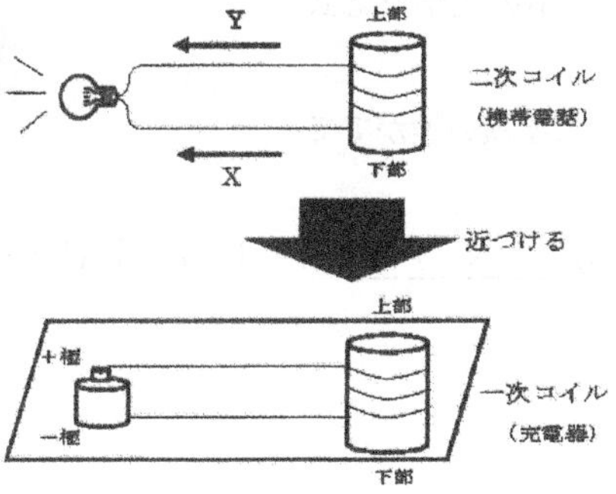

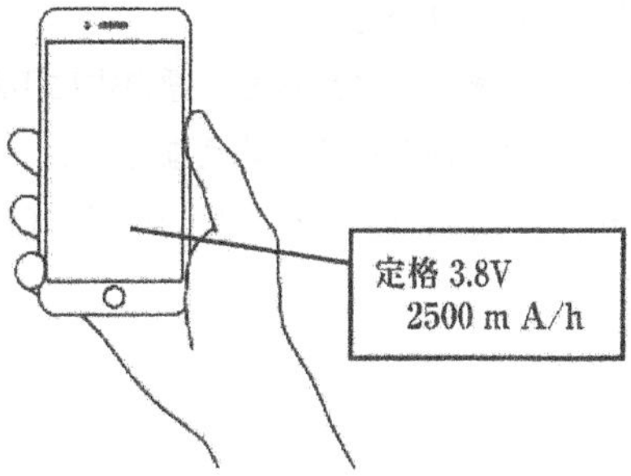

図4　　図5

※ 3.8V で 2500 m A の電流を1時間流した時と同量の電気エネルギーを蓄積することができる。

4　二人の会話文を読み以下の問いに答えなさい。ただし，次のページの図6はろうそくの炎と金網の位置に関する模式図である。

なでしこさん：ねえねえ。日本人がノーベル化学賞とったんだって。すごいね。

富山さん　　：古いね。もう3年前のことさ。2019年だよ。

なでしこさん：何した人なの？

富山さん　　：さっきテレビでもやってたよ。（　ア　）を発明した人だよ。
なでしこさんは携帯電話持ってるよね。なでしこさんも恩恵もらってるよ。

なでしこさん：知らなかったよ。今までと何が違うの？

富山さん　　：小型，大容量，軽量に適した電池であること。また環境にも配慮した素材，イ充電できる電池であることだね。でも僕は，彼の受賞会見の中で，科学者をめざすきっかけになった一冊の本に興味があるよ。

なでしこさん：誰の本？

富山さん　　：ファラデーだよ。彼の功績は様々あるね。一つはろうそくについてだね。ろうそくのろうは一般に炭化水素の一種のパラフィンからできているね。炭化水素は有機物で，ウ酸素と反応し，光と熱を発するね。じゃあ，なでしこさん。ここで問題。なぜ固体のろうに直接火をつけようとしても火がつかないのかわかる？

なでしこさん：・・・わかんないけど，芯があるから芯につければいいじゃん。

寓山さん　　：芯！芯に火がついてるね。じゃあろうそくが燃えているのはろうの固体？液体？気体？ろうそくが燃えている仕組みを説明してよ！！

なでしこさん：・・・わかったわ。説明するわよ。

(1)　上の会話中の空欄アに適する語を埋めなさい。

(2)　下線部イの電池を何というか答えなさい。

(3)　下線部ウの反応を何というか答えなさい。

(4)　ろうそくの炎についてエ～カの炎の名称を答えなさい。

(5)　図6でろうそくを使って加熱実験をしたい。金網を置く位置はどれが適当かキ～ケのどの位置がよいか答えなさい。

(6)　ろうそくの原料はパラフィン（$C_{17}H_{35}COOH$）である。ろうそくを燃焼したときの化学反応式を以下に示した。以下の化学反応式の係数をあわせなさい。

また，ろうそくが燃えると，煙の中に下線部ソによる黒い煙がでてくる。それを何というか答えなさい。

（　サ　）$C_{18}H_{36}O_2$　＋　（　シ　）　O_2　→　ソ（　ス　）C　＋　（　セ　）H_2O

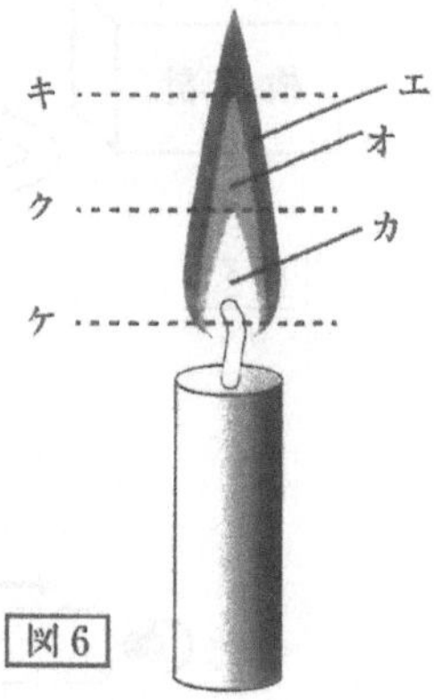

図6

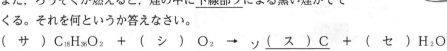

【社　会】（40分）　＜満点：100点＞

1　次の白地図を見て，以下の北海道・東北地方に関連した問いに答えなさい。

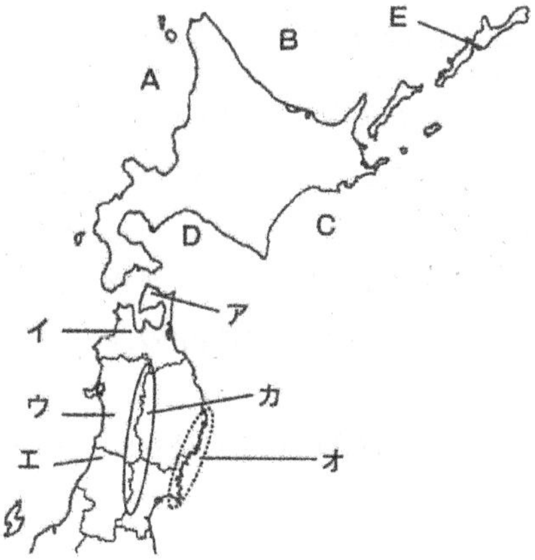

問１　次の資料について答えなさい。

⑴　次の資料は，2021年５月に世界文化遺産指定に勧告された「北海道・北東北の縄文遺跡群」のうち，青森県にある三内丸山遺跡である。この所在地として最も適切なものを，白地図中のア～エより１つ選び，記号で答えなさい。

※2021年７月に世界文化遺産登録済み

資料

⑵　設問⑴のように世界遺産を登録している機関を国連教育科学文化機関という。この略称を，**アルファベット**で答えなさい。

⑶　国連教育科学文化機関の諮問機関イコモスは，この遺跡群を次のように評価している。

※諮問…意見を求め，はかること

（　①　）時代の農耕を（　②　），（　③　）と複雑な精神文化，（　③　）の発展段階や環境変化への適応を示している

（2021年５月27日更新，日本経済新聞）

上の文中の空欄（①）～（③）に当てはまる適当な語句の組み合わせとして正しいものを，次の㋐～㋗より１つ選び，記号で答えなさい。

㋐　①：先史　②：伴う　③：定住社会　　㋑　①：先史　②：伴わない　③：移住社会
㋒　①：先史　②：伴う　③：移住社会　　㋓　①：先史　②：伴わない　③：定住社会
㋔　①：有史　②：伴う　③：定住社会　　㋕　①：有史　②：伴わない　③：移住社会
㋖　①：有史　②：伴う　③：移住社会　　㋗　①：有史　②：伴わない　③：定住社会

問２　地図中のＥは択捉島を示している。江戸時代に幕府はこの地域の探査を命じている。その理由を述べた次の文章中の空欄（①）・（②）に当てはまる適当な語句を答えなさい。

この地域の探査が命じられた理由は，1792年にロシアの（　①　）という人物が北海道の（　②　）に来航し，日本との貿易を求めたからである

問３　白地図中のオは三陸海岸を示しており，この地域ではリアス海岸が広がっている。日本で同様な海岸がみられる地域として正しいものを，次の(ア)～(エ)より１つ選び，記号で答えなさい。

(ア)　静岡県駿河湾　　(イ)　高知県土佐湾　　(ウ)　鹿児島県鹿児島湾　　(エ)　福井県若狭湾

問４　地図中にある北海道は日本で唯一流氷がみられる地域であり，重要な観光資源にもなっている。流氷がみられる地域として正しいものを，地図中のＡ～Ｄの中から１つ選び，記号で答えなさい。

問５　東北地方の代表的な祭りとして，青森のねぶた祭りは，国内でも有名な祭りの１つである。それをあらわしている写真として正しいものを，次の(ア)～(エ)の中から１つ選び，記号で答えなさい。

(ア)
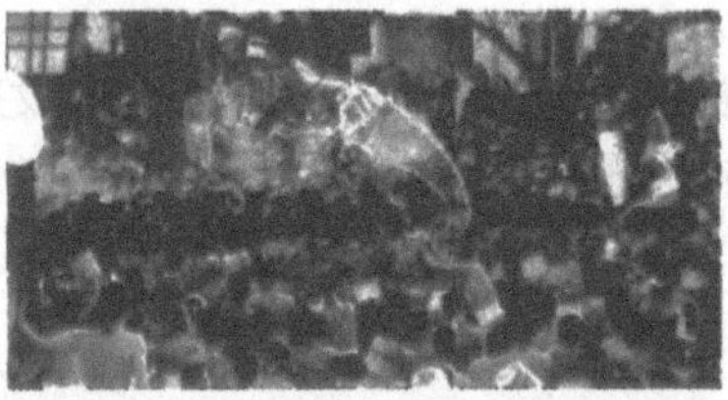

(イ)

(ウ)
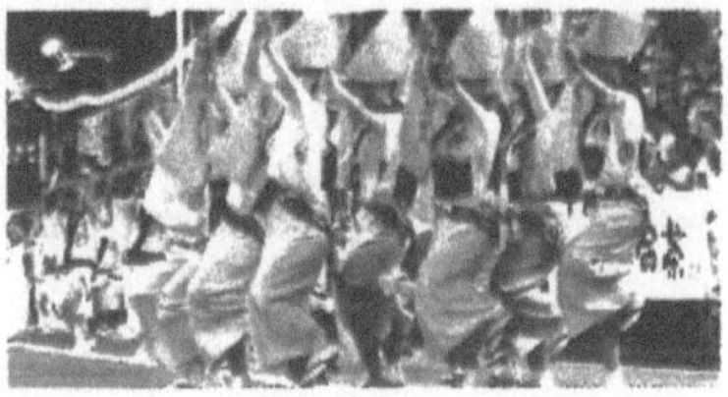

(エ)

問６　白地図中の北海道は，日本有数の農業地帯である。次の農産物収穫量グラフのＡ～Ｃに当てはまる語句の組み合わせとして正しいものを，あとの(ア)～(カ)より１つ選び，記号で答えなさい。

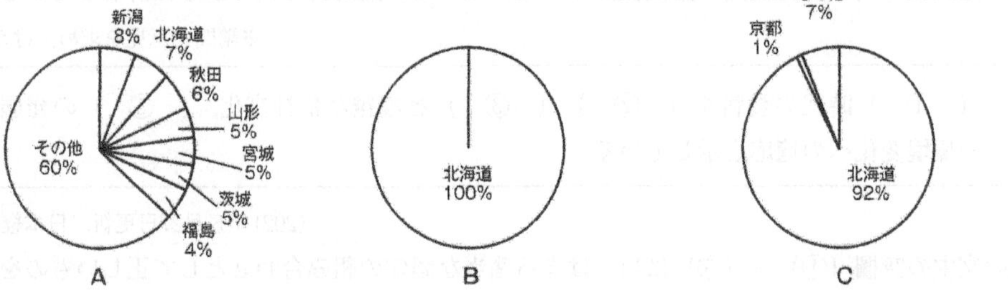

（2016年　農林水産統計）

(ア)　Ａ：てんさい　Ｂ：米　　　　Ｃ：あずき

(イ)　Ａ：てんさい　Ｂ：あずき　　Ｃ：米

(ウ)　Ａ：米　　　　Ｂ：てんさい　Ｃ：あずき

(エ)　Ａ：米　　　　Ｂ：あずき　　Ｃ：てんさい

(オ)　A：あずき　　B：てんさい　C：米
(カ)　A：あずき　　B：米　　　　C：てんさい
問７　地図中のカが示す山脈の名称を答えなさい。

2　次の外交に関する年表を見て，以下の問いに答えなさい。

時期	できごと
１世紀中頃	使者が送られ，①金印を授かる
②７世紀初頭	遣隋使が送られる
630年～894年	③遣唐使が派遣され，外国の文化が国内にもたらされた
12世紀中頃	（　④　）が瀬戸内海の航路や摂津（兵庫県）の港を整備し，中国の宋と盛んに貿易を行った
13世紀中頃	⑤元の皇帝フビライ＝ハンが服属するよう日本への使者を送ってきた
15世紀初頭	⑥室町幕府と中国の明との間で貿易が始まった
1543年	日本に⑦鉄砲が伝来する
16世紀後半	⑧ポルトガルやスペインの商船が日本に来航し，南蛮貿易が行われた。
17世紀中頃	江戸幕府による⑨鎖国が完成する
↕ ⑩	
1854年	⑪日本が開国する
↕ ⑫	
1905年	日本とロシアとの間でポーツマス条約が締結される
1941年11月	⑬日本とアメリカとの交渉が決裂する
1951年	⑭サンフランシスコ平和条約を結び，日本は主権を回復する
2003年	⑮イラクへ自衛隊が派遣される

問１　下線部①について，その金印には「漢委奴国王」と記されている。この金印に記された内容として正しいものを，次の(ア)～(エ)の中から１つ選び，記号で答えなさい。
(ア)　漢の倭の国王が奴に使者を遣わし，奴の国王より金印を授かった。
(イ)　奴の国王が漢に使者を遣わし，漢の倭の国王より金印を授かった。
(ウ)　漢の国王が倭に使者を遣わし，奴の国王から金印を授かった。
(エ)　倭の奴の国王が漢に使者を遣わし，漢の国王より金印を授かった。
問２　下線部②について，７世紀に起こった世界の出来事として正しいものを，次の(ア)～(エ)の中から１つ選び，記号で答えなさい。
(ア)　ムハンマド（マホメット）がイスラム教を起こした。
(イ)　シャカが仏教を開いた。
(ウ)　イエスを救世主としたキリスト教がおこった。
(エ)　ヨーロッパで十字軍の派遣が始まった。
問３　下線部③について，あとの(ア)～(エ)は，遣唐使が派遣されていた期間に起こった出来事である。これらを古いものから順番に並びかえ，記号で答えなさい。
(ア)　平城京に都を移した　　　　　(イ)　墾田永年私財法が制定された

(ウ)　白村江の戦いで倭が敗れた　　(エ)　最澄が天台宗を開いた

問4　年表中の空欄（④）にあてはまる人物の名称を答えなさい。

問5　下線部⑤について，この後の元寇について述べた文章として正しいものを，次の(ア)～(エ)の中から１つ選び，記号で答えなさい。

(ア)　元からの服属要求が来た時の執権は，北条泰時だった。

(イ)　弘安の役よりも文永の役の時の方が，攻めてきた兵士の人数は多かった。

(ウ)　２度目の襲来の後も，元は日本への遠征を計画したが，国内の反乱でできなかった。

(エ)　元寇後，恩賞のなかった御家人に対して，幕府は徳政令を出したため混乱は起こらなかった。

問6　下線部⑥について，この貿易が始まった目的の１つに，当時松浦や対馬，壱岐などを根拠地にして，朝鮮半島や中国の沿岸を襲い，食料をうばったり，人をさらったりする集団がいた。その集団を何というか答えなさい。

問7　下線部⑦について，このあと鉄砲は国内でも生産が進められた。盛んに作られた地域として，堺がある。その地の現在の都道府県名を答えなさい。

問8　下線部⑧について，このころヨーロッパ人がアジアへ進出できたのは，航路の開拓があった。新航路の開拓に関する文章として正しいものを，次の(ア)～(エ)の中から１つ選び，記号で答えなさい。

(ア)　1522年には，バスコ＝ダ＝ガマ率いる一行が世界一周を達成し，地球は丸いことが証明された。

(イ)　1492年，ポルトガルの援助を受けたコロンブスの船隊は，インドを目指して大西洋を西へ進み，アメリカ大陸付近の島に到達した。

(ウ)　新航路の開拓の背景には，イスラム勢力を国土から排除したポルトガルやスペインが，商業の利益を求めて，新航路の開拓を競ったことがあげられる。

(エ)　新航路の開拓後，宗教改革に成功したプロテスタント系のイエズス会が宣教師を送り出し，アジアや中南アメリカで活発に布教活動を行った。

問9　下線部⑨について，この鎖国体制の成立は，あるヨーロッパの国の商館を長崎の出島に移したことによる。あるヨーロッパの国とはどこか答えなさい。

問10　年表中の⑩について，次の(ア)～(エ)は，この間に起こった世界の出来事である。これらを古いものから順番に並びかえ，記号で答えなさい。

(ア)　アヘン戦争が起こる

(イ)　イギリスで名誉革命が起こる

(ウ)　アメリカで独立宣言が発表される

(エ)　フランスでナポレオン１世が皇帝に即位する

問11　下線部⑪について，開国前後の情勢について述べたものとして正しいものを，次の(ア)～(エ)の中から１つ選び，記号で答えなさい。

(ア)　日本は清で起こったアヘン戦争をきっかけとして，日米修好通商条約が締結された。

(イ)　貿易の開始後，安価な外国製品が大量に輸入され，米やしょう油などの物価は下落した。

(ウ)　尊王攘夷運動とは幕府を推し立てて，欧米の勢力を排斥しようとする運動である。

(エ)　開国後の貿易は，アメリカが南北戦争の影響で立ちおくれていたため，イギリスが中心だった。

問12　年表中の⑫について，次の(ア)～(エ)の出来事のうち，この間に起こっていないものを選び，記号で答えなさい。

(ア)　内閣制度が確立し，伊藤博文が初代内閣総理大臣となる。

(イ)　小村寿太郎外相により関税自主権が完全回復する。

(ウ)　江華島事件をきっかけに，日朝修好条規が締結される。

(エ)　琉球藩を廃止し，沖縄県が設置される。

問13　下線部⑬について，次の史料Ⅰ・Ⅱは1941年12月7日と9日に，両国において報道されたものである。この2つの史料には，次のように記載されている。

史料Ⅰ　WAR! OAHU BOMBED BY JAPANESE PLANES
SAN FRANCISCO、Dec.7-Pres-ident Roosevelt announced this morning that Japanese planes had Attacked Manila and Pearl Harbor
（1941年12月7日付ホノルルスター紙）

史料Ⅱ　帝国米英に宣戦を布告す
西太平洋に戦闘開始　布哇《はわい》米艦隊航空兵力を痛爆
【大本営陸海軍部発表】（12月8日午前6時）
帝国陸海軍は今8日未明西太平洋において米英軍と戦闘状態に入れり
【大本営海軍部発表＝8日午後1時】
一、帝国海軍は本8日未明ハワイ方面の米国艦隊並《ならび》に航空兵力に対し決死的大空襲を敢行《かんこう》せり

（朝日新聞，1941年12月9日，東京版）

＊常用漢字に変換，漢数字を算用数字に変換，作成者

史料Ⅰ・Ⅱは，同じ事柄について報道している。これは日本がどこを攻撃したと報じているか，**漢字3文字**で答えなさい。

問14　下線部⑭について述べた文章として**誤っているものを**，次の(ア)～(エ)の中から1つ選び，記号で答えなさい。

(ア)　この条約と同時に日米安全保障条約が締結され，引き続き国内にアメリカ軍が駐留し，軍事基地を使用することを認めた。

(イ)　この条約が締結されたと同時に日本は国際連合への加盟も認められ，国際社会への復帰を果たした。

(ウ)　日本は朝鮮の独立を認め，台湾・千島列島などの放棄，沖縄や奄美群島，小笠原諸島はアメリカの統治下におくことを認めた。

(エ)　この条約が締結された会議では，中国は招かれず，インド・ビルマは参加せず，ソ連などは条約の調印を拒否した。

問15　下線部⑮について，自衛隊がイラクに派遣された背景には，2001年9月11日にアメリカで起こった同時多発テロがある。その際，アルカイダのビン＝ラディン容疑者をアフガニスタンの「ある政権」がかくまっていた疑惑から，アメリカがアフガニスタンを攻撃した。「ある政権」を**カタカナ4文字**で答えなさい。なお，2021年にアメリカ軍がアフガニスタンより撤退したため，その政権が復活を果たした（2021年9月現在）。

3　次の文章は，世界の５つの国について述べたものである。
次の【A】～【E】の文章を読み，あとの問いにそれぞれ答えなさい。

【A】　①アフリカ大陸の北東にあり，地中海に面している。ナイル川の流域と河口以外は砂漠である。紀元前3000年頃から多くの古化王朝が栄え，ピラミッドや天文学など様々な文明を生み出してきた。地中海と紅海を結ぶ重要な交通路であるスエズ運河開通後は②イギリスの政治的干渉が強くなった。

【B】　西ヨーロッパの中心に位置し，大西洋と地中海にはさまれている。国土は東高西低で南東部にはアルプス山脈がある。共和制の国として国旗に描かれるような自由・平等・博愛の精神を重視する国である。
ヨーロッパ最大の農業国で小麦や③とうもろこし，てんさい，酪農製品の生産が盛んである。

【C】　国土の東側（沿岸部）に平地があり，人口が集中している。内陸部は北から砂漠や高原が広がり，南西部はチベット高原やヒマラヤ山脈が広がっている。世界第４位の④国土面積を誇るこの国は，1990年以降「世界の工場」とも呼ばれるようになった。また，2021年に行われた⑤G7サミットでは，この国の海洋進出に深刻な懸念が示され，台湾海峡の平和と安定の重要性について言及された。

【D】　ヨーロッパの中央部に位置する平原の国。バルト海に面している。気候は西部が温帯だが，東部は亜寒帯（冷帯）気候で気温も低い。⑥ロシアとドイツに挟まれており，分割されたり支配を受けたりした。1980年代末から90年代にかけて社会主義政権が倒れ，民主化が進んだ。平原，農牧地を意味するポーレが国名の語源となっている。

【E】　東南アジアの西に位置する国。⑦タイの西側，バングラディッシュの東側にある。国旗は黄色，緑，赤の三色が使われ，真ん中に白抜きの星がかたどられている。この国では，2021年２月からクーデターが起こり，国軍による市民弾圧が続いている。

問１　【A】～【E】のいずれの文にも**該当しない国**を，次の(ア)～(オ)より１つ選び，記号で答えなさい。

(ア)　ポーランド　(イ)　フランス　(ウ)　中国　(エ)　スペイン　(オ)　エジプト

問２　下線部①について，この大陸の北部にある世界最大の砂漠を何というか答えなさい。

問３　下線部②について，この国を構成する地域として**誤っているもの**を，次の(ア)～(エ)より１つ選び，記号で答えなさい。

(ア)　スコットランド　(イ)　ウェールズ　(ウ)　アイスランド　(エ)　イングランド

問４　下線部③について，次のグラフはとうもろこしの生産量の割合を表したものである。グラフ中のA～Cに当てはまる国として正しい組み合わせを，次の(ア)～(カ)より１つ選び，記号で答えなさい。

(ア)　A：アメリカ　B：中国　C：ブラジル
(イ)　A：アメリカ　B：ブラジル　C：中国
(ウ)　A：中国　B：アメリカ　C：ブラジル
(エ)　A：中国　B：ブラジル　C：アメリカ
(オ)　A：ブラジル　B：アメリカ　C：中国
(カ)　A：ブラジル　B：中国　C：アメリカ

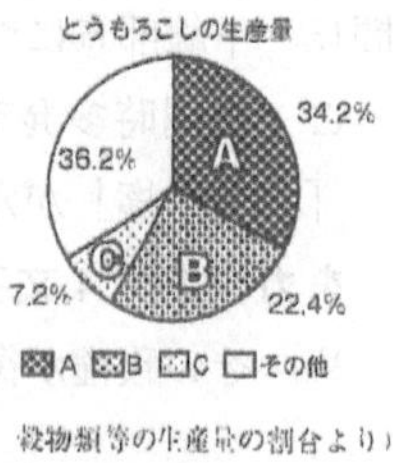

（世界国勢図会　2020/21　穀物類等の生産量の割合より）

問5　下線部④について，反対に面積の小さいことで知られるある国の記事の一部です。この国とはどこか国名を答えなさい。(国連未加盟国含む)

広さ約0・44平方キロメートルの小さな国家には「サン・ピエトロ大聖堂」があり，世界中から多くのローマ・カトリック教会の信者や観光客らが訪れる。

(2021年9月21日配信，朝日新聞DIGITAL)

問6　下線部⑤について，これを構成する国として**誤っているもの**を次の㋐～㋕より1つ選び，記号で答えなさい。

㋐　フランス　　㋑　日本　　㋒　アメリカ　　㋓　カナダ　　㋔　中国　　㋕　イタリア

問7　下線部⑥について，この国からヨーロッパの国々へ天然ガスや原油などを輸送するために設けられている管を何というか答えなさい。

問8　下線部⑦について，この国が加盟しているものとして正しいものを次の㋐～㋓より，**すべて選び**記号で答えなさい。

㋐　ＡＳＥＡＮ　　㋑　アジアＮＩＥＳ　　㋒　ＯＰＥＣ　　㋓　ＡＰＥＣ

問9　【E】の文章が説明している国はどこか答えなさい。

問10　【B】の文章が説明している国の場所はどこか。下の地図上の**a**～**f**より選び，記号で答えなさい。

4　次の先生と生徒の会話文を読み，あとの問いにそれぞれ答えなさい。

先生：日本の選挙の方法は公職選挙法で定められているよ。

　　　現在の選挙は普通選挙など①4原則のもと行われているんだ。

生徒：②選挙権年齢も2016年から変更されましたよね。私も勉強しないといけませんね。

先生：そうだね。ではまず，③選挙制度について復習しておこうか。

　　　小選挙区制や④比例代表制などがあるけど，覚えているかな？

生徒：はい，覚えています。それぞれの特徴も勉強しました。2021年は⑤衆議院議員総選挙もありましたし，⑥選挙についてはもちろん，⑦国会や⑧政党についても勉強しておきたいですね。

問1　下線部①について，普通選挙，平等選挙，直接選挙がある。残る1つとは何か答えなさい。

問2　下線部②について，選挙権年齢が20歳以上の男女となった法公布年として正しいものを次の(ア)～(エ)より1つ選び，記号で答えなさい。

(ア)　1889年　(イ)　1919年　(ウ)　1925年　(エ)　1945年

問3　下線部③の小選挙区制の特徴として正しいものを次の(ア)～(エ)より，**2つ選び**，記号で答えなさい。

(ア)　少数意見も反映されやすく，死票も少ない。

(イ)　大政党の候補者が当選しやすく，政権が安定しやすい。

(ウ)　多党化になりやすく，決定がしにくくなる。

(エ)　死票が多く，少数意見を反映しにくい。

問4　下線部④について，次の表はある地域の比例代表制選挙の結果を示したものである。この表からこの地域の定数が4名の場合。当選する人を表の(ア)～(ケ)より**すべて選び**，記号で答えなさい。

	A党	B党	C党
得票数	10,000	8,000	5,000
名簿1位	(ア)	(エ)	(キ)
名簿2位	(イ)	(オ)	(ク)
名簿3位	(ウ)	(カ)	(ケ)

問5　下線部⑤について，この選挙では2つの選挙制度を組み合わせた選挙制度が採られている。この選挙制度を何と呼ぶか答えなさい。

問6　下線部⑥について，選挙の課題として棄権の増加が挙げられる。近年，有権者が投票を行いやすいように，投票日より前に投票が可能な制度が整えられている。この制度を何というか答えなさい。

問7　下線部⑦について，2021年9月現在の衆議院と参議院を述べたものとして正しいものを次の(ア)～(エ)より**2つ選び**，記号で答えなさい。

(ア)　議員定数と任期は衆議院465人で4年の任期，参議院は245人で6年の任期である。

(イ)　衆議院の被選挙権は25歳以上，参議院の被選挙権は30歳以上である。

(ウ)　衆議院の被選挙権は30歳以上，参議院の被選挙権は25歳以上である。

(エ)　議員定数と任期は衆議院465人で6年の任期，参議院は245人で4年の任期である。

問8　下線部⑧について，最近では一つの政党が持つ議席では過半数に達せず，内閣が複数の政党によって運営されることが多い。このような政治の形を何というか答えなさい。

5　次の国連に関する文章を読み，あとの問いにそれぞれ答えなさい。

1945年，国際連合憲章が採択され，①国際連合（国連）が生まれた，国連の主な目的は戦争や紛争を防ぎ，世界の平和と安全を維持することである。2021年4月時点での加盟国は[A]ヵ国あり，②総会，安全保障理事会（安保理），経済社会理事会，国際司法裁判所，事務局，信託統治理事会（活動停止中）の６主要機関からなっている。またその他の国連機関として③ユニセフや④専門機関として国際労働機関（ILO）などがおかれ，国連と提携し活動している。

問１　下線部①について，本部がある場所として正しい場所を次の(ア)～(エ)より１つ選び，記号で答えなさい。

(ア)　ジュネーヴ　　(イ)　ロサンゼルス　　(ウ)　ニューヨーク　　(エ)　ハーグ

問２　下線部②について，これについて述べた文として**誤っているもの**を次の(ア)～(エ)より１つ選び，記号で答えなさい。

(ア)　総会には，年１回開催される通常総会と必要に応じて開かれる特別総会がある。

(イ)　安保理は拒否権を持つ常任理事国５か国と任期１年の非常任理事国10か国で構成される。

(ウ)　2021年現在，日本は非常任理事国として選出されていない。

(エ)　加盟国は総会の決議に従う義務はないが，安保理の決定には従う義務がある。

問３　2021年現在，安全保障理事会の常任理事岡として**誤っているもの**を次の(ア)～(エ)より１つ選び，記号で答えなさい。

(ア)　アメリカ　　(イ)　イギリス　　(ウ)　ドイツ　　(エ)　フランス

問４　下の表は国連通常予算の分担率と分担額についての表である。

表中**A・B・Cに当てはまる国**について組み合わせとして正しいものを次の(ア)～(エ)より１つ選び，記号で答えなさい。

(ア)　A：アメリカ　B：中国　C：日本　　(イ)　A：中国　B：アメリカ　C：日本

(ウ)　A：アメリカ　B：日本　C：中国　　(エ)　A：中国　B：日本　C：アメリカ

	分担率（%）				2020年度分担額（千ドル）
	2010～2012年	2013～2015年	2016～2018年	2019～2021年	
A	22.000	22.000	22.000	22.000	678 614
B	3.189	5.148	7.921	12.005	370 307
C	12.530	10.833	9.680	8.564	264 166
ドイツ	8.018	7.141	6.389	6.090	187 853
イギリス	6.604	5.179	4.463	4.567	140 874

問５　下線部③について，日本語の名称を次の(ア)～(エ)より１つ選び，記号で答えなさい。

(ア)　国連環境計画　　(イ)　国連開発計画　　(ウ)　国連世界食糧計画　　(エ)　国連児童基金

問６　下線部④について，世界保健機関を**アルファベット**で何というか答えなさい。

問７　文中の🄰に当てはまる数字を次の(ア)～(エ)より１つ選び，記号で答えなさい。

(ア)　178　　(イ)　183　　(ウ)　193　　(エ)　201

(イ) 子どもと大人が絵本の世界を共有することにより生まれる心のつながり。
(ウ) 大人が子どもに読み聴かせることにより強まる忍耐力・耐久力。
(エ) 大人が絵本の世界に入り込むことにより深まっていく子どもへの理解。

問七 ――D「子どもにいくら語りかけてもほんとうは伝わらないんじゃないかという気がするんです」とあるが、その理由として正しいもの一つ選び、記号で答えなさい。
(ア) 読み手自身の経験が浅い場合、絵本の本当の主題を伝えきることができない恐れがあるから。
(イ) 大人自身が絵本の中に入り込んでいない場合、抑揚を付けて読み聞かせることができないから。
(ウ) 大人が子どもの目線に立つことが、子どもに語りかけることにおいて重要な意味を持つから。
(エ) 大人が絵本に様々なものを自身の問題として感じとっていることが重要であるから。

問八 ――E「絵本論の本道」について、
① 「絵本論の本道」とはどのような視点からの絵本論か。本文中から十八字で抜き出して答えなさい。
② 本文中のⅰ～ⅲの「それ」のうち、①の視点とは異なる内容を指すものを一つ選び、記号で答えなさい。

問九 ――F「絵本の大きな可能性」とはどのようなことか、説明として最も適当なものを次から選び、記号で答えなさい。
(ア) 物語の解釈が幾通りにもできること。
(イ) 常に人生への夢をもたせてくれること。
(ウ) 多くの経験を経て読み取れるものがあること。
(エ) 失った感動を取り戻すことができること。

問十 ～～～部㋐～㋓の品詞名を次の語群から選び、記号で答えなさい。
(ア) 名詞　(イ) 動詞　(ウ) 形容詞　(エ) 形容動詞
(オ) 助詞　(カ) 助動詞　(キ) 副詞　(ク) 接続詞

三 次の各問いに答えなさい。

問一 (Ⅰ) 夏目漱石 (Ⅱ) 太宰治 (Ⅲ) 宮沢賢治 (Ⅳ) 村上春樹 の作品名をそれぞれ一つずつ次の語群から選び、記号で答えなさい。

《語群》
(ア) 蟹工船　(イ) 破戒　(ウ) 羅生門
(エ) 人間失格　(オ) ノルウェイの森　(カ) 金閣寺
(キ) 三四郎　(ク) 河童　(ケ) よだかの星
(コ) 上海

問二 次の空欄に当てはまる適切な語句を入れ、慣用表現を完成させなさい。
① 弘法にも□の誤り　② 一寸の虫にも□分の魂
③ □の上にも三年　④ □は口に苦し

たF絵本の大きな可能性を示すものではないかと思うのです。「人生に三度」とは、まず自分が子どもの時、次に自分が子どもを育てる時、そして自分が人生の後半に入った時という意味です。とくに人生の後半、老いを意識したり、病気をしたり、あるいは人生の⑥キフクを振り返ったりするようになると、絵本から思いがけず新しい㋓発見と言うべき深い意味を読み取ることが少なくないと思うのです。生きていくうえで一番大事なものは何かといったことが、絵本の中にすでに書かれているんですね。

（河合隼雄　松居直　柳田邦男『絵本の力』）

問一　……①～⑥のカタカナに関して、傍線部と同じ漢字を含むものを次から選び、記号で答えなさい。

①　「コウガイ」
(ア)　大臣がコウテツされる。　(イ)　オオヤケの場で発表する。
(ウ)　コウガイを探索する。　(エ)　オオムネ了承を得た。

②　「ケンメイ」
(ア)　仮説をケンショウする。　(イ)　ケンシン的に介護する。
(ウ)　ケンショウに当選する。　(エ)　ケンテイ試験に合格する。

③　「コウイ」
(ア)　ジンイ的な失敗が起こる。
(イ)　最高ケンイの医者に質問する。
(ウ)　完全にホウイされる。
(エ)　イジンを暗記する。

④　「セマって」
(ア)　ハクシンの演技をする。　(イ)　彼はハクアイ主義者だ。
(ウ)　バクゼンとした考え。　(エ)　センパクに判断を下す。

⑤　「センモン」
(ア)　モンクが噴出する。　(イ)　カドに足をぶつける。
(ウ)　モンドウ無用の行い。　(エ)　友人のカドデを祝う。

⑥　「キフク」
(ア)　学校のキリツを守る。　(イ)　キオンの変化を感じる。
(ウ)　キキに面する。　(エ)　海底がリュウキする。

問二　次の一文が入る箇所を【Ⅰ】～【Ⅲ】から選び、記号で答えなさい。

> はっと気がついたら絵本のコーナーの前に自分が立っていたんですね。

問三　X・Y・Z に入る適語を次の選択肢から選び、記号で答えなさい。

(ア)　たしかに　(イ)　ですから　(ウ)　ところが　(エ)　あるいは
(オ)　つまり

問四　――A「呆然」と同じ意味を表す言葉を次から選び、記号で答えなさい。

(ア)　無心　(イ)　腐心　(ウ)　放心　(エ)　虚心

問五　――B「新しい発見」により何が大事だと筆者は気づいたのか。本文中の言葉を使って二十五字程度で説明しなさい。

問六　――C「子どもとのあいだにできる時間と空間」にあるものは何か。最も適当なものを次から選び、記号で答えなさい。

(ア)　子どもが大人と一緒に絵本を読むことにより高められていく学習能力。

けられた結果、

① 抱いた思いとは何か、本文中から十九字で抜き出して答えなさい。

② 決断は何か、本文中から十二字で抜き出して答えなさい。

問十二 ――Ⅰ「そんな足手まといの、負の感情」とは誰のどのような感情か、説明しなさい。

問十三 ――J「仕事の醍醐味」とは具体的にどのようなものか、説明しなさい。

問十四 次の文章は、――K「何か大事なものを手渡され、託されたように感じた」とはどういうことかについて述べたものである。空欄に当てはまる語句を、本文中から指定字数で抜き出して答えなさい。

大地は、長谷からプロの［1（九字）］になるために大事にすべきことを教えてもらうだけでなく、長谷の［2（一字）］をも託されたように感じている。

［二］ 次の文章を読み、後の問いに答えなさい。

長年私は作家として現代人の「生と死」の問題、命の問題を現実の社会で起こる事故、災害、①コウガイ、病気、［X］戦争、そういった厳しい状況の中でとらえた作品を書いてきました。【Ⅰ】そういう流れの中で七年前に二十五歳の息子を亡くすということがあって、㋐しばらくA呆然としている中で、ある日、久しぶりに本屋に寄りました。【Ⅱ】いくつかの絵本を手にとり、㋑なにげなくめくるうち、急に子どもが幼かったころに自分が一所②ケンメイいろんな名作を読んでやったころが蘇り、そして懐かしくなった。【Ⅲ】

［Y］、それだけではなく、何か次々にB新しい発見がはじまったんです。読んでやるということは、絵本の世界に自分も感情移入して、それなりの抑揚をつけた読み方をしていたわけですが、それはあくまでも子どものために読んでやるということでやっていた③コウイだった。いま息子が亡くなって、自分で独り絵本を読むと、新しい発見、あるいは、あっ、こんな深い意味がここに㋒語られているとか、この絵はこんなふうな意味にとれるんではないかとか、あるいはこの言葉はすごいなあ、と胸に④セマってくるものがたくさんあるんですね。そして気がついたのは、大人が自分のために読む作品としての絵本、そういう意識がとても大事なんじゃないかということでした。先ほど松居さんが子どもに読んで聴かせる絵本という視点でお話しになった。それはもちろん一番大事なことですし、読む声のトーン、あるいはその肉声、そういうものでC子どものあいだにできる時間と空間がものすごく大事だということは、私も共通に感じますし、ⅰそれもあとで話してみたいと思っているんですが、ⅱそれ以前に大人自身が絵本の中にどれだけ入りきれているのか、絵本をどこまで読みこんでいるのか、あるいは絵本に自分が本当に興味を感じたり、感動したり、いろんなものをわが身の問題として感じとっているのか。Dそれなしに子どもにいくら語りかけてもほんとうは伝わらないんじゃないかという気がするんです。

ですから私の絵本とのかかわり方、［Z］絵本論は、児童文学者や絵本の⑤センモン家のE絵本論の本道からは少しはずれた脇道を歩きながら感じたり考えたりしていることを話すことになるかもしれません。その問題意識は、「人生後半に読むべき絵本」「人生に三度読むべき絵本」といったキャッチフレーズで表現できるかと思うのですが、ⅲそれもま

(ウ) ユウユウジテキな生活を送る。
(エ) ユウレイにおびえる。

⑥ 「カンソウ」
(ア) ソウオンが原因で集中できない。
(イ) 結果が見えず、ショウソウにかられる。
(ウ) ドローンのソウサをする。
(エ) 山中で熊とソウグウする。

問二 [X] に入る適切な熟語を次から選び、記号で答えなさい。
(ア) 人望　(イ) 花形　(ウ) 超人　(エ) 脇役

問三 [Y] に本文中より適切な漢字一字を抜き出して入れ、慣用表現を完成させなさい。

問四 ――A「ピッチャーの気持ちは、ピッチャーにしかわからへん」という言葉から、長谷さんが一志に伝えたいこととして不適当なものを次から選び、記号で答えなさい。
(ア) 自分が主役だという気持ちを持たないと、すぐに打たれてしまうということ。
(イ) 努力を認めてくれる人がいないようなら、違うところで野球を続ければよいということ。
(ウ) 周囲を気にすることなく、自分のすべき努力を積み重ねれば、理解者が現れるということ。
(エ) 一度諦めたら、簡単には戻ることができないから、歯をくいしばれということ。

問五 ――B「長谷さんの投げかける言葉には、鋼鉄みたいな強度があった」とは、どういうことを表しているのか、最も適当なものを次から選び、記号で答えなさい。
(ア) 長谷の言葉には、一志に対しての攻撃性が隠されているということ。
(イ) 長谷の言葉には、凝り固まった心を解き放つ力が前面に押し出されているということ。
(ウ) 長谷の言葉には、心に水を与える優しさが隠れているということ。
(エ) 長谷の言葉には、受け取る側の心の中に入り込む重さがあるということ。

問六 ――C「絶対にお前の味方になってくれるキャッチャー、チームメートが出てくる」とあるが、そのために長谷がすべきだと考えていることは何か、本文中より八字で抜き出して答えなさい。

問七 ――D「その感情」とは、誰に対するどのような感情か、本文中の語句を使って答えなさい。

問八 ――E「嫉妬の炎」の内容を表現している三文を本文中より抜き出し、最初と最後の五字を答えなさい。

問九 次の文章は、――F「不透水層が広がっていた」が表すことについて説明したものである。空欄に当てはまる語句を本文中から指定された字数で抜き出しなさい。

大地の心の中にある [1（三字）] を振り向かせたいという心の [2（二字）] が見えなくなていたということ。

問十 ――G「深い傷」とあるが、ここではどのような感情か、本文中から十五字で抜き出しなさい。

問十一 ――H「二度も助けてくれました」とあるが、一志が長谷に助空気が⑥カンソウしているのか、上下の唇を一度湿らせて長谷さんがつづけた。

「同じように、グラウンドキーパーの気持ちも、J仕事の醍醐味も、グラウンドキーパーにしかわからへん」

長谷さんは言った。

「選手の笑顔によりそうんや」

長谷さんは、俺にもボールを投げかけようとしている。

「選手の涙によりそうんや」

俺はそのボールをそらすまいと、長谷さんの目を真っ直ぐ見すえた。

「冷静に周囲を見渡せ。風や雨や太陽を日々、感じるんや。土や芝によりそうんや。それが、グラウンドキーパーの醍醐味や。ほかの仕事にはない、やりがいや。もうすぐ一年なんやから、雨宮にはわかると思ってたんだけどな」

荒々しく突き放すような口調のわりに、長谷さんはどこかさみしげでもあった。K何か大事なものを手渡され、託されたように感じた俺は、相手の目を見つめたまま大きくうなずいた。（朝倉宏景『あめつちのうた』）

語注　＊1　傑・・・雨宮大地の弟。高校一年にして、甲子園の注目選手として脚光を浴びる。

＊2　二度も・・・一度目は、一志が甲子園に出場した際、一回戦で負け、甲子園の土を集めようとするも上手く集められなかった様子を見て、長谷がグラウンド整備をしながら一志の元に土を集めてくれたこと。

＊3　真夏・・・騎士のおさななじみ。

問一　①～⑥のカタカナに関して、傍線部と同じ漢字を含むものを次から選び、記号で答えなさい。

①「キガイ」
(ア)　応援するチームが優勝することをキタイする。
(イ)　何事もキソキホンが大切だ。
(ウ)　第一志望校に合格することをキネンする。
(エ)　キモチを込めて手紙を書く。

②「トウテイ」
(ア)　カイテイには宝が眠る。
(イ)　テイオウが誕生する。
(ウ)　テイキケンを買う。
(エ)　一人で入るにはテイコウがある。

③「ジョウハツ」
(ア)　天皇は、皇太子にジョウイした。
(イ)　マスコットにアイジョウを注ぐ。
(ウ)　液体をジョウリュウする。
(エ)　人を魅了するプレーをすることが、プロのジョウケンだ。

④「ジャマ」
(ア)　事故をマの当たりにする。
(イ)　小さい頃はマジョの存在を信じていた。
(ウ)　仲間とセッサタクマする。
(エ)　先生をキャクマに通す。

⑤「ヨユウ」
(ア)　宝くじを当ててユウフクな生活を送りたい。
(イ)　ファンクラブのカンユウが盛んだ。

傑に――父さんに大事にされる傑に――どうしようもなく嫉妬していた。

兄として、弟をかわいがっているふりをして、Dその感情に目をつむっていた。お年玉をあげるような、頼りがいのある兄を演じていた。けれど、違った。俺も目が覚めた。

傑がねたましい。

どうしようもなく、くるおしいほど、うらやましい。なんであいつには、生まれた瞬間からすべてが与えられているんだ？　なんで、俺にはなんにもないんだ？

そのE嫉妬の炎は小さいころから俺の内側でずっと燃え上がっていた。それに見て見ぬふりをしてきた。

俺の心のなかの水分は、その炎ですっかり③ジョウハツし、土壌は干からび、ひびわれ、まるで水分をとおさなくなっていた。雨はしみこまず、あふれだし、オーバーフローした。

今さら、気がついた。俺の心のなかにこそ、F不透水層は広がっていたのだ。そのことに、ずっと目をそむけつづけてきた。

一志と長谷さんのキャッチボールを目の当たりにして、そのG深い傷がむき出しにされ、あばかれた。

本当は野球なんか憎くてしかたがないのに、その憎しみや嫉妬のどろどろした感情を認めたくなくて――父さんにどうしても俺の姿を見てほしくて、俺は徳志館高校のマネージャーになった。

そして、甲子園のグラウンドキーパーになった。

本当は感謝なんか、求めていなかった。ただただ、振り向いてほしかっただけだ。家族の一員になりたかっただけだ。心の土を耕し、掘り起こし、締め固めなければならなかったのは、本当は俺のほうだったのだ……。

（中略）

「ありがとうございます」立ち上がった一志が、ゆっくりと頭を下げた。「H[*2]二度も助けてくれました。あのときは、絶対プロになって、甲子園に帰ってきたいと思いました。もちろん、今も……」

「④ジャマやっただけや。整備のジャマやったんや」

「ナイト……」と、両手を口にあてた真夏[*3]さんがつぶやいた。

「ただ、それだけや」

「それでも……、いろいろなことをあきらめなくてよかったと、心の底から思います。東京に帰るのは、やめます。両親は関係ない。ほかの部員も関係ない、俺はピッチャーだ。ピッチャーが投げなきゃはじまらない。俺は……、俺は、もっとわがままに振る舞ってもいいんだ」一志の目が光っていた。

「なんとしてもここに踏みとどまります。ありがとうございました」

俺は寒さに震えていた。自分の心のなかをのぞきみる⑤ヨユウもなかった。

嫉妬なんか、いらない。感謝を求めるのでもない。

Iそんな足手まといの、負の感情はいい加減、脱ぎ捨てたい。俺も自由になりたい。独力で高く飛び立ちたい。

純粋に、土と、芝と向きあいたかった。一人前のグラウンドキーパーになりたかった。プロのグラウンドキーパーになりたかった。

（中略）

「ピッチャーの気持ちは、ピッチャーにしかわからへん」

【国　語】（四〇分）〈満点：一〇〇点〉

【注意】句読点・記号は一字に含みます。

一　次の文章を読み、後の問いに答えなさい。

《雨宮大地は、東京にある甲子園常連校である徳志館高校で野球部マネージャーを務めていた。高校卒業後は甲子園球場のグラウンドキーパーとして働いていた。大地と同じ高校でエースピッチャーだった一志は、関西の大学へ進学し、野球部で活躍していた。しかし、そこでいじめに遭い、退部することも考えている。その話を聞いた大地の職場の先輩である長谷騎士《ないと》が大地の前で一志とキャッチボールをしている場面である。》

「Aピッチャーの気持ちは、ピッチャーにしかわからへん」長谷さんが、ボールを投げながら言った。

一志が受ける。無言で投げ返す。

「ピッチャーが投げなかったら、試合ははじまらへん。すべては、お前が投げるところから、はじまる。お前が起点や」

しだいに、あたりが薄暗くなってきた。でも、二人はやめない。

「キャッチャーが、なんぼのもんじゃ。俺らピッチャーが主役や。［　X　］や。お前らは、黙って俺らの球を受けとけ――そういう①キガイでいかな、簡単に打たれるで」

グローブと硬球がぶつかる音が、絶え間なく、リズミカルに響く。

「一度折れたら、簡単には戻ってこれへんぞ。だから、踏みとどまれ。最初は、ネットにでも、壁にでも、投げ込んだらええ。ひたすら投げこめ。クソみたいなバカは相手にするな」

球の重み以上に、B長谷さんの投げかける言葉には、鋼鉄みたいな強度があった。それでも、一志は真正面から、その言葉を受けとめる。

「あいつの球を、受けてみたい。とてつもないボールや。そうキャッチャーに思わせたら、勝ちや。あいつの球を打ってみたいって、バッターに思わせたら勝ちや。C絶対にお前の味方になってくれるキャッチャー、チームメートが出てくる。お前の努力を認めるヤツは必ずおる」

長谷さんがつづけた。

「それでも、あかんかったら、そんな腐った部はやめろ。独立リーグでも、なんでも行ったらええ」

俺は［　Y　］を噛みしめた。

ピッチャーの気持ちはピッチャーにしかわからない。

プレーヤーの気持ちはプレーヤーにしかわからない。

たしかに、かつて島さんが言ってくれたとおり、選手の気持ちを想像してみることはできる。けれど、その想像にだって、限界はあるんだ。どう頑張ったって、野球を介した*1傑《すぐる》と父さんの仲に割って入ることはできない。一志と長谷さんのように、ボールを交わしただけで、一足飛びに体の底から魂の部分でぶつかりあえる――そんな男同士の友情をはぐくむことは、②トウテイ俺にはできない。

俺は傑が生まれたときから、ずっと嫉妬していたんだと、否応なく気づかされる。

父さんと傑のキャッチボールを、うらやましく眺めていた。雨の日、バッティングセンターで傑を褒める父さんを、俺のほうにも振り向かせたくてしかたがなかった。

2022年度

解　答　と　解　説

《2022年度の配点は解答欄に掲載してあります。》

＜数学解答＞ 《学校からの正答の発表はありません。》

1　(1)　-12　(2)　$\dfrac{7x-7y}{12}$　(3)　$-\sqrt{15}$

2　(1)　$x=6,\ 8$　(2)　$a=5,\ b=-5$　(3)　120g　(4)　4組　(5)　10個

(6)　$x=1$　(7)　$\dfrac{1}{2}$

3　(1)　毎分2リットル　(2)　18分後　4　(0, 3)

5　(1)　$a=3$　(2)　1：8　6　ア　G　イ　23

7　(1)　$\dfrac{9}{2}$　(2)　105°　8　29個

○推定配点○

各5点×20　計100点

＜数学解説＞

基本　1　(正負の数，式の計算，平方根)

(1)　$2\{(3-5)^2-5\div0.5\}=2\{(-2)^2-5\times2\}=2\{4-10\}=2\times(-6)=-12$

(2)　$\dfrac{x-y}{3}-\dfrac{y-x}{4}=\dfrac{4(x-y)-3(y-x)}{12}=\dfrac{4x-4y-3y+3x}{12}=\dfrac{7x-7y}{12}$

(3)　$\left(\dfrac{\sqrt{5}-\sqrt{3}}{2}\right)^2-\left(\dfrac{\sqrt{5}+\sqrt{3}}{2}\right)^2=\left(\dfrac{\sqrt{5}-\sqrt{3}}{2}+\dfrac{\sqrt{5}+\sqrt{3}}{2}\right)\left(\dfrac{\sqrt{5}-\sqrt{3}}{2}-\dfrac{\sqrt{5}+\sqrt{3}}{2}\right)=\sqrt{5}\times(-\sqrt{3})=-\sqrt{15}$

2　(2次方程式，連立方程式，食塩水，数の性質，直線の式，確率)

基本　(1)　$(x-3)^2-8(x-3)+15=0$　$\{(x-3)-3\}\{(x-3)-5\}=0$　$(x-6)(x-8)=0$　$x=6,\ 8$

基本　(2)　$3x-2y=-6$…①，$y=2x+a$…②，$2x-y=b$…③，$x+y=-7$…④　①＋④×2より，$5x=-20$　$x=-4$　これを④に代入して，$-4+y=-7$　$y=-3$　これらのx，yの値を②，③に代入して，$-3=2\times(-4)+a$　$a=5$　$2\times(-4)-(-3)=b$　$b=-5$

(3)　水をxg加えるとすると，$200\times\dfrac{8}{100}=(200+x)\times\dfrac{5}{100}$　$1600=1000+5x$　$5x=600$　$x=120$(g)

(4)　$2x+y=10$　$y=10-2x$　これを満たす自然数x，yの値の組は，$(x,\ y)=(1,\ 8)$，$(2,\ 6)$，$(3,\ 4)$，$(4,\ 2)$の4組

重要　(5)　$2\sqrt{3}=\sqrt{12}$　$9<12<16$より，$3<2\sqrt{3}<4$　よって，$-4<-2\sqrt{3}<-3$　$3\sqrt{5}=\sqrt{45}$　$36<45<49$より，$6<3\sqrt{5}<7$　したがって，$-2\sqrt{3}<n<3\sqrt{5}$を満たす整数nは，-3，-2，-1，0，1，2，…，6の10個

(6)　2点$(-3,\ -7)$，$(x,\ 5)$を通る直線の傾きは，$\dfrac{5-(-7)}{x-(-3)}=\dfrac{12}{x+3}$　2点$(-3,\ -7)$，$(4,\ 14)$を通る直線の傾きは，$\dfrac{14-(-7)}{4-(-3)}=\dfrac{21}{7}=3$　よって，$\dfrac{12}{x+3}=3$　$12=3x+9$　$3x=3$　$x=1$

(7)　さいころの目の出方の総数は，$6\times6=36$(通り)　このうち，$a+2b>10$を満たすa，bの値の組は，$(a,\ b)=(1,\ 5)$，$(1,\ 6)$，$(2,\ 5)$，$(2,\ 6)$，$(3,\ 4)$，$(3,\ 5)$，$(3,\ 6)$，$(4,\ 4)$，$(4,\ 5)$，$(4,\ 6)$，$(5,\ 3)$，$(5,\ 4)$，$(5,\ 5)$，$(5,\ 6)$，$(6,\ 3)$，$(6,\ 4)$，$(6,\ 5)$，$(6,\ 6)$の18通りだから，求める確率は，$\frac{18}{36}=\frac{1}{2}$

基本　[3]　(水量変化のグラフ)

(1)　給水量は，蛇口Aが毎分$15\div5=3$(リットル)，蛇口AとBを合わせて毎分$(40-15)\div(10-5)=5$(リットル)だから，蛇口Bは毎分$5-3=2$(リットル)

(2)　排水量は，毎分$10-5=5$(リットル)だから，$40\div5=8$より，$10+8=18$(分後)

重要　[4]　(最短距離)

点Aのy軸に関して対称な点をA′とすると，A′$(-2,\ 4)$　AP+BP=A′P+BP≧A′B　よって，直線A′Bとy軸との交点をPとすればよい。直線A′Bの式を$y=ax+b$とすると，2点A′，Bを通るから，$4=-2a+b$，$0=6a+b$　この連立方程式を解いて，$a=-\frac{1}{2}$，$b=3$　よって，$y=-\frac{1}{2}x+3$　したがって，点Pの座標は$(0,\ 3)$

[5]　(関数・グラフ)

基本　(1)　直線ABの傾きについて，$\frac{a^2-(a-4)^2}{a-(a-4)}=2a-4$　$2a-4=2$　$a=3$

重要　(2)　直線ABの式を$y=2x+b$とすると，点A$(3,\ 9)$を通るから，$9=6+b$　$b=3$　$y=2x+3$に$y=0$を代入して，$0=2x+3$　$x=-\frac{3}{2}$　よって，P$\left(-\frac{3}{2},\ 0\right)$，B$(-1,\ 1)$より，PB：BA=$\left\{-1-\left(-\frac{3}{2}\right)\right\}:\{3-(-1)\}=1:8$

重要　[6]　(空間図形)

線分PQを含む平面で切断するときの切り口の図形は，点Eを通るときは二等辺三角形，点F，Hを通るときは等脚台形となり，点Gを通るときに五角形となる。また，三角錐AEPQの体積は，$\frac{1}{3}\times\triangle\mathrm{APQ}\times\mathrm{AE}=\frac{1}{3}\times\frac{1}{2}\times2^2\times4=\frac{8}{3}$より，$\left(4^3-\frac{8}{3}\right)\div\frac{8}{3}=\frac{184}{8}=23$(倍)

[7]　(平面図形)

重要　(1)　$\mathrm{AF}=\sqrt{\mathrm{EF}^2-\mathrm{AE}^2}=\sqrt{5^2-3^2}=4$　△AEFと△DGEにおいて，∠EAF=∠GDE=90°…①　∠FEG=∠FBC=90°より，∠AEF=180°−∠FEG−∠DEG=90°−∠DEG=∠DGE…②　①，②より，2組の角がそれぞれ等しいので，△AEF∽△DGE　AF：DE=AE：DG　$4:(9-3)=3:\mathrm{DG}$　$\mathrm{DG}=\frac{6\times3}{4}=\frac{9}{2}$

基本　(2)　円の中心をOとすると，円周角の定理より，$\angle\mathrm{ACH}=\frac{1}{2}\angle\mathrm{AOH}=\frac{1}{2}\times360^\circ\times\frac{5}{12}=75^\circ$　$\angle\mathrm{CAE}=\frac{1}{2}\angle\mathrm{COE}=\frac{1}{2}\times360^\circ\times\frac{2}{12}=30^\circ$　三角形の内角と外角の関係より，∠APH=∠ACP+∠CAP=75°+30°=105°

[8]　(格子点)

$y=3x$と$y=-\frac{2}{3}x+6$との交点は，$3x=-\frac{2}{3}x+6$より，$x=\frac{18}{11}$　よって，$\left(\frac{18}{11},\ \frac{54}{11}\right)$　$y=-\frac{2}{3}x+6$とx軸との交点は，$y=0$を代入して，$0=-\frac{2}{3}x+6$　$x=9$　また，$y=-\frac{2}{3}x+6$に$x=$

2，3，4，5，6，7，8を代入して，$y=\frac{14}{3}$，4，$\frac{10}{3}$，$\frac{8}{3}$，2，$\frac{4}{3}$，$\frac{2}{3}$　よって，求める格子点は，直線$x=0$上に1個，$x=1$上に4個，以下，$x=2$，…，$x=9$上にそれぞれ5個，5個，4個，3個，3個，2個，1個，1個あるから，全部で，29個ある。

★ワンポイントアドバイス★

本年度は大問8題と出題構成は変わったが，ほとんど独立小問で，小問数20題は変わっていない。特別な難問もなく取り組みやすい内容であるから，できるところからミスのないように解いていこう。

＜英語解答＞ 《学校からの正答の発表はありません。》

[1]　1　person　2　homework　3　scissors　4　basketball
ア　impossible　イ　ski　ウ　bookshelf　エ　rabbit　オ　island

[2]　1　ウ　2　イ　3　オ　4　エ　5　ア

[3]　1　ウ　2　ア　3　エ　4　イ　5　イ

[4]　1　②⇒rises　2　③⇒like　3　①⇒told　4　③⇒interested

[5]　1　2番目　オ　5番目　ウ　2　2番目　ア　5番目　エ
3　2番目　エ　5番目　イ　4　2番目　ア　5番目　オ
5　2番目　オ　5番目　ア

[6]　1　ア　2　ウ　3　イ　4　イ　5　ウ

[7]　1　ア　2　ウ　3　ウ　4　エ

[8]　1　イ　2　ア　3　ウ　4　エ　5　ア

○推定配点○

[1]，[2]，[3]，[6]，[8] 1，2　各2点×26　[4]，[5]，[7]，[8] 3，4，5　各3点×16　計100点

＜英語解説＞

[1]　（語彙問題：クロスワードパズル）

横のカギ

1 「人間／ people の単数の形」＝ person「人，人間」

2 「教師が家でするために生徒に与える課題あるいは作業」＝ homework「宿題」

3 「紙や布や髪を切るための道具」＝ scissors「はさみ」

4 「ボールを投げて高いところのネットを通すことで得点を得ようとする5人の2チームで行われるスポーツ」＝ basketball「バスケットボール」

縦のカギ

ア 「起こることがない／ possible の反対語」＝ impossible「不可能な」

イ 「長くて幅が狭い1組の板を身につけて雪の上を移動すること」＝ ski「スキーをする」

ウ 「本を置いておく棚」＝ bookshelf「本棚」

エ 「耳が長くて尾が短い小さな動物。日本の多くの小学校でこの動物を飼っている」＝ rabbit「ウサギ」

オ 「周りに海がある陸の地域。インドネシア，イギリス，日本がその例」= island「島」

2 （語彙問題：品詞）

1 「この部屋の少年たちは高校生だ」 boys は名詞。下線部が名詞のものはウ「私たちは明日，母のために誕生パーティーを開くつもりだ」。

2 「この辞書は安くない」 cheap は名詞(dictionary)の状態を説明する形容詞。下線部が形容詞のものはイ「赤い服を着ているその少女はとてもかわいらしい」。

3 「私はすぐにそこへ行きます」 there は動詞 be を修飾する副詞。下線部が副詞のものはオ「映画を見たあと，私たちは一緒に家に帰った」。

4 「その生徒たちはユニフォームを着ている」 are はbe動詞で「～の状態だ」ということを表している。下線部が動詞のものはエ「彼は来年ニュージーランドへ行くつもりだと言った」。said は一般動詞 say「言う」の過去形。

5 「あなたはとても疲れているように見えるので，寝るべきだ」 because はあとに〈主語＋動詞〉を含む形が続く接続詞。下線部が接続詞のものはア「私は若かったとき，とても熱心にサッカーを練習した」。

3 （文の要素）

1 「人々はそのマンガがとてもおもしろいとわかった」 下線部は動詞 found の目的語。

2 「彼の母親は年齢の割にとても若く見える」 下線部は文の主語。

3 「空の城の下にはたくさんのゴミがある」 in the sky は the castle を修飾する修飾語。

4 「彼女の父親は誕生日のプレゼントとしてサツキに青いドレスを買った」 bought は文の動詞。原形は buy。

5 「ケンはとても上手にギターを弾きますか」 play は文の動詞。

やや難 **4** （正誤問題：接続詞，受動態）

1 「太陽が昇るときに私たちは山を下りることができる」 when「～するとき」，if「～ならば」のように「時」や「条件」を表す接続詞のあとは，未来の内容でも現在形で表す。will をとって rise に3人称単数現在の s をつけると正しい英文になる。

2 「国の北部に住んでいる人々は辛い食べ物を食べることが好きだ」 文の主語は People で複数。一般動詞に s は不要なので，likes の s をとると正しい英文になる。

3 「私は先生に試験で最高点を取ったと言われた」 接続詞 that を使って「(人)に～だと言う」ときは say ではなく tell を使う。英文は受動態なので，was said を was told とすると正しい英文になる。

4 「多くの生徒は試験のための追加の授業に興味がない」 「(人が)～に興味がある」は be interested in ～ と受動態で表す。interesting は「(物事が人にとって)おもしろい，興味深い」という意味で使う。interesting を interested にすると正しい英文になる。

重要 **5** （語句整序問題：動名詞，不定詞，関係代名詞，接続詞，助動詞）

1 (I) think studying mathematics is so much fun. 「私は～だと思う」という文は I think (that) ～. の形で表す。that 以下は studying mathematics「数学を勉強すること」を主語にする。fun は「楽しい」という意味で，ここでは so much がついて強調されている。

2 Shall I ask him to (call you later?) 〈ask ＋人＋ to ＋動詞の原形〉「(人)に～するように頼む」を用いて表す。Shall I ～? は「(自分が)～しましょうか」と申し出る言い方。

3 (Stephanie sold) the bag Richard gave her (as a birthday present.) 「リチャードからもらったバッグ」を「リチャードが彼女にあげたバッグ」と考えて，the bag のあとに関係代名詞を続けて表す。「処分した」とは，ここでは「売り払った」ということで，sell「売る」の過去形

sold が使われている。

4 (No, I) wish I had enough money (to buy it.) 「A：リサ，『鬼滅の刃』はもう読んだ？／B：いいえ，それを買うための十分なお金があったらいいのに」〈I wish ＋(助)動詞の過去形～.〉で「(実際にはそうではないが) ～だったらよいのに」と，現実とは異なることを願望する表現。to buy は形容詞的用法の不定詞で money を後ろから修飾している。

5 (Yeah,) I am going to join (the New York City Marathon.) 「A：今週末は何か予定はあるの？／B：うん，ニューヨーク・シティー・マラソンに参加するつもりだよ」〈be going to ＋動詞の原形〉で，「～するつもりだ，～する予定だ」と，決まっている予定を表す表現。

基本 **6** **(語句選択補充問題：前置詞，接続詞，比較)**

1 「サツキとマコは渋谷へ買い物に行った」「渋谷で買い物をする」ということなので，in を入れる。go shopping「買い物に行く」。

2 「彼は試験のために一生懸命に勉強した。しかし彼は，結局試験を受けるのをあきらめた」 空所の前後が対照的な内容なので，逆接を表す However「しかし」が適切。But も逆接の意味だが，文頭で使う場合，あとにコンマを置かないのでここでは不適切。エの For example は「例えば」という意味。

3 「そのとき，生徒たちだけでなく先生もそのよい知らせに喜んだ」 not only ～ but also … で「～だけでなく…も」という意味を表す。

4 「これは私の娘が昨日描いた絵だ」「昨日」という過去のことを述べているので，動詞は過去形にする。draw「(線で絵を)描く」は draw － drew － drawn と変化する。my daughter ～ yesterday が後ろから picture を修飾している。

5 「リナは彼女の英語の先生と同じくらい上手に英語を話す」 as ～ as …「…と同じくらい～」の文。speak を修飾するのに適切なのは well「上手に」。

7 **(長文読解・物語文：内容吟味)**

(全訳) 多くの場合，日本から合衆国へ旅行する人々はビサが必要ありません。例えば，あなたが1週間当たり18時間未満の授業の学習プログラムに入っていれば，ビザは必要ありませんが，電子渡航認証システムが必要です。

あなたは領事館へ行かなくてもオンラインでそれを申し込むことができます。ほとんどの場合，あなたがする必要があるのはそれだけです。しかし，申込を間違えると，領事館へ行って直接その問題を解決しなくてはなりません。それには時間がかかり，とても不便な場合があります。最寄りの領事館から数時間かかる場所に住んでいたら，そこへの行き帰りにお金もかかるでしょう。

私は息子に自分の代わりに申し込むように頼んだある男性と話をしました。画面上のある質問で，有罪判決を下されたことがあるかどうか尋ねられました。息子は誤って「はい」をクリックしてしまいました！ コンピューターシステムにこうした種類の情報があると，簡単に変更してオンラインで申し込む方法はありません。その男性は，間違いを正すためにとても苦労をしなくてはなりませんでした。ですから，申込用紙に必要事項を記入するときにはどうか，本当に本当に注意してください。

旅行代理店に代わりに申込用紙に必要事項を記入するように頼むことができます。しかし，旅行代理店も間違えるかもしれません。私は彼らが客の代わりに申し込むときに間違えたケースを知っています。そしてもちろん，彼らは自分が申し込む一人ひとりの個人情報を使わなくてはなりませんから，だれもが彼らにそうすることを望むわけではありません。

1 第1段落第1文「多くの場合，日本から合衆国へ旅行する人々はビザが必要ない」，および第2文「あなたが1週間当たり18時間未満の授業の学習プログラムに入っていれば，ビザは必要ない」から，アが当てはまる。

2　第2段落第3～5文から，申込を間違えると，領事館へ行って直接その問題を解決しなくてはならないこと，それには時間がかかること，最寄りの領事館まで遠ければそこへの行き帰りにお金もかかることがわかる。この内容に合うのはウ。

3　第3段落では，自分の代わりに息子に申し込みを頼んだところ，息子が誤った情報を伝えてしまい，大変な苦労をした男性の経験を例に挙げている。この例を踏まえて，最終文で「申込用紙に必要事項を記入するときにはどうか，本当に本当に注意してください」と注意を促していることから，ウが適切。

4　最終段落最後の2文で，旅行代理店は申し込む一人ひとりの個人情報を使わなくてはならないので，だれもが彼らにそうすることを望むわけではない(＝申し込みの代行を望む客もいれば，望まない客もいる)と述べていることから，だれも旅行代理店に申し込みを代行してほしいと思っていないというエが一致しない。

8　**(長文読解・会話文：語句選択補充，文選択補充)**

(全訳)　カオリ：2020年東京オリンピック用のピクトグラムを見て。

チェン：これは何？　前にこれらを見たことは(1)ないけれど，かわいらしく見えるね！

カオリ：私もそう思うわ。自分の部屋の壁にそれらのうちの何枚かの写真がほしいわ。とにかく，それらは東京オリンピックのスポーツを(2)表すために使われているのよ。

チェン：わかった。だれがそれらをデザインしたの？

カオリ：廣村正彰が彼のチームとともにデザインしたのよ。もういくつかのピクトグラムがあるわ。これらのうちのどれかはわかる？

チェン：野球，バスケットボール，3人制バスケットボールは簡単にわかるよ。一番下の絵は全部難しいな。(3)それらには全部自転車があるね。それらはどうしてそんなに似ているの？

カオリ：トラックレース，ロードレース，BMXなど，さまざまな自転車競技があるのよ。

チェン：それはいいね！テレビでそれらを見たいな。

カオリ：本当？　バスケットボールの右にあるものはどう？

チェン：中央のもののことだよね？　それはバレーボールのように見えるよ。でも，人の下にたくさんの点があるね。

カオリ：ヒントをあげるわ。それらは砂よ！

チェン：ああ，わかった！　それは(4)ビーチバレーボールだ！

カオリ：その通り！

チェン：(5)真ん中の列，右から2番目にあるものは何かな？

カオリ：それはボクシングだと思うわ。男の人がパンチをしているように見える。

チェン：まさしく！

カオリ：これはどう？

チェン：わからないなあ…

カオリ：知らない？　日本の女子レスラーたちは他のどの国の女子レスラーたちよりも強いのよ。吉田沙保里は3つのオリンピック競技会でメダルを取ったのよ。

チェン：吉田は知ってるよ！　彼女は中国でとても有名なんだ。

1「前にこれらを見たことは～けれど，かわいらしく見える」というつながりから，チェンはカオリが見せているピクトグラムを見たことがないとすると文意が成り立つ。現在完了の経験を表す用法で用いる never を入れる。

2　describe は「表す，説明する」という意味の動詞。to のあとなので動詞は原形になるため，アかウの形が適切だが，ウの受動態の形を入れると文意が成り立たないので，アが適切。

3　空所を含む文の直前のチェンの発言から，2人は一番下のピクトグラムについて話していることがわかる。いずれも絵に自転車が描かれていることから，ウが適切。アは「左の絵は逆さまだ」，イは「それらは実は交通標識だ」，エは「それらはウマに乗っている」という意味。アはピクトグラムに描かれている絵と合うが，空所の直後の「それらはどうしてそんなに似ているの？」とのつながりが不自然なので不適切。

4　空所を含むチェンの発言の前に，カオリがヒントとして人の下にある点が砂を表していると言っているので，砂浜で行われる競技であるエが適切。

5　チェンの発言のあとで，カオリが「ボクシングだと思う」と言っていることから，ボクシングを表しているピクトグラムの位置を示しているアが適切。イは「バスケットボールの上にある」，ウは「上の右端にある」，エは「下の左にある」という意味。

★ワンポイントアドバイス★

1のクロスワードパズルでは，それぞれの英語の説明を完全に理解できなくても，例えば2の teachers give students「先生が生徒に与える」のように部分的に意味がつかめれば推測できるものもある。説明の中で使われている語句に注意しよう。

<理科解答>

《学校からの正答の発表はありません。》

1　(1)　炭水化物　(2)　イ　(3)　エ　(4)　オ　(5)　A　オ　B　ア　C　ウ

2　(1)　1　ウ　2　オ　3　ア　4　エ　(2)　7.4km/秒

3　(1)　誘導電流　(2)　コイルの巻き数を多くする。　(3)　イ・ウ　(4)　Y
(5)　N極　(6)　3.8Wh　(7)　0.71円

4　(1)　リチウムイオン電池　(2)　充電池　(3)　燃焼　(4)　エ　外炎　オ　内炎
カ　炎心　(5)　キ　(6)　サ　1　シ　8　ス　18　セ　18　下線部ソ　すす

○推定配点○

1　各4点×7　2　各3点×5　3　各3点×7((3)完答)　4　各3点×12　計100点

<理科解説>

重要　1　(ヒトの体のしくみ)

(1)　糖質は炭水化物の仲間である。

(2)　糖質(デンプン)を調べるには，ヨウ素液を使う。

(3)　デンプンを消化する消化酵素はアミラーゼである。

(4)　小腸はオの位置である。

(5)　A　すい液は，十二指腸に分泌される。　B　だ液は，口に分泌される。　C　胃液は，胃に分泌される。

2　(大地の動き・地震)

重要　(1)　1・2　東日本大震災は海溝型の地震であり，地震のマグニチュードは約9.0であった。
3・4　P波は初期微動をもたらし，S波は主要動をもたらす。

基本　(2)　観測地点AとBでは初期微動が起こる時間はBの方が15秒遅い。よって，P波の速さは，(134

－23)÷15＝7.4(km/秒)である。

3 （磁界とエネルギー・電力）

重要 (1) 電磁誘導によって流れる電流を，誘導電流という。

重要 (2) 模範解答の他に，磁石の出し入れするスピードを速くする，磁石の磁力を強くするなどがある。

重要 (3) N極が近づいたときと，S極が遠ざかったとき，検流計の針は右にふれる。

やや難 (4) 一次コイルの上部がN極になるので，二次コイルはその磁力線に逆らう。よって，二次コイルに流れる電流の向きは右ねじの法則によりY方向に流れる。

やや難 (5) 二次コイルの磁力線は上部から下部に向かっているので下部はN極になる。

やや難 (6) 3.8(V)×2.5(A)＝9.5(W)，9.5(W)×0.5(h)×0.8＝3.8(Wh)

やや難 (7) 9.5(W)×2.5(h)＝23.75(Wh)＝0.02375(kWh)。よって，電気代は0.02375(kWh)×30(円/kWh)＝0.7125より，0.71円である。

4 （化学変化と質量）

(1) 2019年のノーベル化学賞は，リチウムイオン電池を開発した吉野彰さんらが受賞した。

(2) 充電できる電池を，充電池という。

重要 (3) 酸素と結びつく反応は，燃焼である。

重要 (4) エは外炎，オは内炎，カは炎心である。

重要 (5) 外炎部分は最も温度が高いので，金網はキに置けばよい。

基本 (6) 反応式は，$1C_{18}H_{36}O_2 + 8O_2 \rightarrow 18C + 18H_2O$　下線部ソ　ろうそくが燃えるときに出る黒い煙はすす(炭素)である。

★ワンポイントアドバイス★

やさしい問題と難度の高い問題を見抜き，やさしい問題から解いていこう。

＜社会解答＞ 《学校からの正答の発表はありません。》

1 問1 (1) イ　(2) UNESCO　(3) エ　問2 ① ラクスマン　② 根室
問3 エ　問4 B　問5 イ　問6 ウ　問7 奥羽山脈

2 問1 エ　問2 ア　問3 ウ→ア→イ→エ　問4 平清盛　問5 ウ　問6 倭寇
問7 大阪府　問8 ウ　問9 オランダ　問10 イ→ウ→エ→ア　問11 エ
問12 イ　問13 真珠湾　問14 イ　問15 タリバン

3 問1 エ　問2 サハラ砂漠　問3 ウ　問4 ア　問5 バチカン市国　問6 オ
問7 パイプライン　問8 ア，エ　問9 ミャンマー　問10 b

4 問1 秘密選挙　問2 エ　問3 イ，エ　問4 ア，イ，エ，キ
問5 小選挙区比例代表並立制　問6 期日前投票　問7 ア，イ　問8 連立内閣

5 問1 ウ　問2 イ　問3 ウ　問4 ア　問5 エ　問6 WHO　問7 ウ

○推定配点○

1 各2点×10　2 各2点×15　3 各2点×10　4 問3，問4，問7 各2点×3(各完答)
他 各2点×5　5 各2点×7　計100点

＜社会解説＞

1 （総合問題―縄文時代から江戸時代の歴史と各地の地誌に関する問題）

やや難 問1 (1) 三内丸山遺跡は青森県青森市にある縄文時代後期の遺跡。 (2) UNESCO国連教育科学文化機関は二度の大戦の反省から，世界中の人々が他の民族，国への理解を深め互いを尊重しあえるようにすることを助けるために設立されたもの。 (3) エ 文字による記録の有無で先史，有史という区分がある。縄文時代はまだ農耕文化が日本には深く根付く前のものではあるが，竪穴住居が作られていたことから定住社会とわかる。

重要 問2 ラクスマンはロシアの女帝エカチェリーナの開国，通商を求める手紙を携え，日本の漂流民の大黒屋光太夫をともない根室に来航，国書への返答を求めてきた。これに対し，幕府は返答をはぐらかし，後にその返答を伝えるとして，帰らせた。このため，1804年に返答を求めて今度はレザノフが長崎に来航したが，返答を得られず，それによって長崎であばれるにいたった。

基本 問3 リアス海岸は山地が沈降して，山の表面の谷や尾根が作る凹凸が複雑な海岸線となった地形で，スペインの北西部のリアスバハス海岸にちなんで命名されたもの。日本では三陸海岸，若狭湾，三重県の志摩半島が有名。選択肢の残りのものはいずれも比較的なだらかな海岸線の場所。

問4 流氷は北海道の北東のオホーツク海から氷が南下してくるもので，北海道の太平洋側の知床半島の北の海岸線で主に見られる。

問5 イ ねぶたは大きな人形のような灯篭を山車の上にのせたもので，青森県のものは旧暦の七夕の頃にこれを引いて町をねり歩く夏祭り。

問6 ウ てんさいはほぼ100％北海道のみで栽培されている砂糖の原料となるもの。小豆や黒豆などの豆類は北海道が主産地だが，京都府や兵庫県の北部での生産もある。

問7 東北地方には南北方向で三本の山地山脈が走っており，中央にあるのが奥羽山脈で，その西側の日本海側には出羽山地，太平洋側には北上高地がある。

2 （日本の歴史―1世紀から21世紀までの歴史の問題）

問1 エ 「漢委奴国王」の金印は，倭の奴国の王の使いに対して，漢の王室が与えたもの。この記録が，後漢書東夷伝の中にある。

重要 問2 ア ムハンマドがイスラム教を始めたとされるのが610年。シャカが仏教を開いたのは紀元前500年代中頃，イエスがキリスト教を興すのは紀元後1世紀前半，十字軍が初めて派遣されるのは11世紀末。

基本 問3 ウ 663年→ア 710年→イ 743年→エ 805年の順。

問4 平清盛は1156年の保元の乱，1159年の平治の乱で勝ち，1167年に太政大臣となり権力を握る。

問5 ウ アは元寇の際の執権は8代北条時宗なので誤り。イは弘安の役の方が規模が大きかったので誤り。エは徳政令はだされたが，これによって，金貸しが武士への貸し付けを渋るようになりかえって混乱は大きくなった。

問6 倭寇を取り締まり，倭寇と正規の日本からの貿易船とを中国側で区別するために出されていたのが勘合符。倭寇は初期は西日本を中心とする地域のものであったが，室町時代の途中からはむしろ中国や東南アジアの沿岸地域の出身のものが増えていたとされる。

問7 大阪の堺は，16世紀の末には世界でも鉄砲の生産の多い場所となる。

重要 問8 アは世界周航を成し遂げたのはマゼランの一行なので誤り。イはコロンブスはスペインの援助で大西洋を渡ったので誤り。エはイエズス会はカトリック系の団体なので誤り。

問9 江戸時代，1639年にポルトガル船の来航を禁じた後は，開国までは日本に来ることが許されていた唯一の西洋の国がオランダ。オランダは日本に来るようになる直前にスペインから宗教上の理由で独立した国で，プロテスタントが主流。プロテスタントが布教をしないのではなく，あくまでもオランダは布教をしないとして，日本に来ることが許されていた。

問10　イ　1688年→ウ　1776年→エ　1804年→ア　1840年の順。

問11　アはアヘン戦争の影響で日本でなされたのは外国船打払令を改めて，薪水給与令を出したこと。イは貿易によって国内のものが大量に買い付けられて品薄となり物価が高騰した。ウは尊王攘夷は幕府ではなく天皇を立てて欧米を排斥しようとするもの。

問12　1854年から1905年の間の出来事でないのは，イで1911年。アは1885年，ウは1875年，エは1879年。

問13　日本がアメリカとの戦いを始めたのは1841年12月8日にハワイの真珠湾を攻撃したことによって。

問14　イ　サンフランシスコ平和条約の調印と同時に日本は国際連合への加盟を狙っていたが，ソ連の反対で出来ず，そのあとに1956年に日ソ共同宣言でソ連との間で国交が回復した際に，ソ連が日本の国連加盟を支持してようやく加盟になる。

問15　タリバンは1990年頃にアフガニスタンに現れたイスラム原理主義の勢力。ソ連のアフガニスタン侵攻が終わった後に，アフガニスタンの政治をも支配するようになったが，2001年の同時多発テロを起こしたアルカイダを保護していたということで，アメリカがアフガニスタンに侵攻すると，一旦は政治の場からは締め出され，その勢力もパキスタンとの国境付近の方へ追いやられていたが，アメリカがアフガニスタンから撤退すると，再びアフガニスタンを支配するようになった。

3　（地理一世界の各地に関する問題）

問1　エ　Aはエジプト，Bはフランス，Cは中国，Dはポーランド，Eはミャンマーでスペインはここにはない。

問2　アフリカ大陸のおよそ北緯15度付近から北に広がる広大な砂漠がサハラ砂漠。

問3　ウ　イギリスを構成する地域として，イングランド，スコットランド，ウェールズ，北アイルランドがある。アイスランドはイギリスの北西にある島で高緯度にあるが，北大西洋海流と偏西風のおかげで，気候的には南部は温帯の西岸海洋性気候になっている。また，火山が多い場所でもある。

問4　ア　トウモロコシの主産国はアメリカ，中国，ブラジルなど。トウモロコシは人間の食用のものもちろんあるが，世界全体では飼料用のものや，油脂用のものが多い。

基本　問5　バチカン市国はローマの中にあり，ローマ教皇庁がある場所として有名だが，国際連合には未加盟。

問6　G7はアメリカ，イギリス，フランス，ドイツ，イタリア，カナダと日本。

問7　パイプラインは原油や天然ガスなどを産出地から消費地へ送り出す方法の一つとして，各地にあるが，長大なパイプラインの敷設や維持には莫大な費用がかかるのと，場所によっては，パイプラインの敷設によって動物の移動を妨げることになり生態系への大きな影響がみられることもある，

問8　タイが加盟，参加しているのはASEANとAPEC。アジアNIESは，新興工業経済地域と呼ばれる国々で，1980年代に経済成長がみられた韓国，ホンコン，台湾，シンガポール，マレーシアなどで，組織ではない。OPECは石油輸出国機構。

やや難　問9　ミャンマーは東南アジアの国々の中でユーラシア大陸にある国では最も西に位置する。政治面ではかつて軍部による支配が行われていたのが，一度，民衆の動きで民主化が行われたものの，政治の混乱などもあり，現在では再び軍部による支配が行われている。

問10　フランスの場所はb。aはスペイン，cはイタリア，dはイギリス，eはドイツ，fはウクライナ。

4 （公民—選挙，内閣に関する問題）

重要 問1　秘密選挙の原則は，誰が誰に投票したのかがわからないようにするもので，無記名投票で行われるのが一般的。

問2　エ　第二次世界大戦後の1945年に幣原喜重郎内閣のもとで選挙法の改正が行われ，満20歳以上の男女に参政権が与えられ，有権者がこれによって全国民の5割ほどになった。

問3　イ，エ　小選挙区制の場合，選挙区の数が多くなり，議会での勢力を考えた場合に，数多くの選挙区に自党の候補者を立てて選挙運動を行える大政党の方が断然有利になる。また，小選挙区制では各選挙区からの当選者は1人なので，選挙区の中の候補者が多く，また接戦となった場合に落選者に投じられた死票が多くなり，状況によっては当選者に入った票よりも死票の方がはるかに多くなるという事態もあり得る。

やや難 問4　比例代表制の選挙で，日本では各党への議席数の配分を決めるのにドント式を採用している。各党の獲得した票数を整数で順に割った票を作成し，その商の大きな数から順に定数分だけ数値を拾い，その拾われた個数が各党の獲得議席数になる。この場合，A党は10000，5000，3333，2500…と数値が並び，B党は8000，4000，2666，2000…，C党は5000，2500，1666，1250…と並ぶ。この数字を大きい方から4つ拾うとAの10000，Bの8000，AとCの5000となるので，Aが名簿1，2位のアとイ，Bが名簿1位のエ，Cが名簿1位のキの当選となる。

問5　衆議院の総選挙では小選挙区比例代表並立制が採用されており，小選挙区に立候補している候補者が比例代表にも重複して立候補することが可能になっており，このため小選挙区で落選しても比例の名簿で上位にある場合には，比例で復活当選するということが起こり，物議をかもしている。

問6　現在の選挙においては，投票日に何らかの事情で投票が難しい人の場合には，事前に決められた場所で投票ができる期日前投票の制度がある。また，同様のものでは投票日にその投票場所のそばにいない場合に不在者投票という制度もある。

問7　ウは衆参の被選挙権年齢が逆，エは衆参の任期が逆。

問8　議会の中で過半数を占めている政党がない場合に，重要な政策で意見が一致する政党が手を組み政権を担当する連立内閣(連立政権)が生まれることが多い。現在の日本では自民党が単独で過半数を占めてはいるが，公明党が自民党との連立をとっていて，組閣の際に公明党の議員にもポストが与えられるようになっている。

5 （公民—国連に関する問題）

問1　現在の国際連合の本部はアメリカのニューヨークにある。かつての国際連盟の本部はスイスのジュネーヴにあった。また現在もある国際司法裁判所はオランダのハーグにある。

問2　イ　非常任理事国の任期は1年ではなく2年。

基本 問3　ウ　現在の国際連合の安全保障理事会の常任理事国はアメリカ，ロシア，イギリス，フランス，中華人民共和国の五か国。国際連合は第二次世界大戦の戦勝国である連合国を中心に組織されたので，日本やドイツが常任理事国入りするのにはまだハードルは高い。

やや難 問4　ア　国際連合の予算は，加盟国の間で分担して出されており，その配分率が分担率。アメリカが22%で一番高い状態は続いており，かつては日本が次いで高かったが，今は中国の方が高くなっている。但し，分担額を満額支払っている国もあれば一部のみしか払っていない国もある。

問5　ユニセフUNICEFの日本語名称は国連児童基金。国連環境計画の略はUNEP，国連開発計画はUNDP，国連(世界)食糧計画はWFP。

重要 問6　世界保健機関はWorld Health OrganizationでWHOと略される。

問7　国際連合の加盟国数はここ数年動いておらず193か国。

★ワンポイントアドバイス★

小問数が50題で試験時間に対して多いが，落ち着いて一つずつ正確に解答欄を埋めていきたい。記号選択で，正しいもの，誤りのものを選ぶものがどちらもあったり，正解数が一つとは限らないものもあったりするので要注意。

＜国語解答＞ 《学校からの正答の発表はありません。》

一　問一　①　エ　②　ア　③　ウ　④　イ　⑤　ア　⑥　イ　問二　イ
問三　唇　問四　ア　問五　エ　問六　ひたすら投げこめ　問七　弟の傑に対する嫉妬　問八　（最初）どうしよう～(最後）ないんだ？　問九　1　父さん　2　土壌
問十　憎しみや嫉妬のどろどろした感情　問十一　①　いろいろなことをあきらめなくてよかった　②　ここに踏みとどまります。　問十二　（例）大地の傑に対する嫉妬の感情　問十三　（例）風や雨や太陽を日々感じ，土や芝，選手の笑顔や涙によりそうこと。
問十四　1　グラウンドキーパー　2　魂

二　問一　①　イ　②　ウ　③　ア　④　ア　⑤　エ　⑥　エ　問二　Ⅱ
問三　X　エ　Y　ウ　Z　オ　問四　ウ　問五　（例）大人が自分のために読む作品としての絵本という意識。　問六　イ　問七　エ　問八　①　子どもに読んで聴かせる絵本という視点　②　ⅲ　問九　ウ　問十　㋐　キ　㋑　ウ　㋒　イ　㋓　ア

三　問一　（Ⅰ）キ　（Ⅱ）エ　（Ⅲ）ケ　（Ⅳ）オ　問二　①　筆　②　五　③　石　④　良薬

○推定配点○

一　問一～問五　各1点×10　問九・問十四　各2点×4　問十二・問十三　各5点×2
他　各4点×6(問八完答)　二　問一～問四・問十　各1点×15　問五　5点　他　各4点×5
三　各1点×8　計100点

＜国語解説＞

一　（小説―漢字，脱語補充，情景・心情，文脈把握，内容吟味，指示語，表現，大意）

問一　①　気概　（ア）期待　（イ）基礎基本　（ウ）祈念　（エ）気持ち
②　到底　（ア）海底　（イ）帝王　（ウ）定期券　（エ）抵抗
③　蒸発　（ア）譲位　（イ）愛情　（ウ）蒸留　（エ）条件
④　邪魔　（ア）目の当たり　（イ）魔女　（ウ）切磋琢磨　（エ）客間
⑤　余裕　（ア）裕福　（イ）勧誘　（ウ）悠々自適　（エ）幽霊
⑥　乾燥　（ア）騒音　（イ）焦燥　（ウ）操作　（エ）遭遇

問二　直前の「主役」と同様の意味の表現が入るとわかるので，イの「花形」が適切。「花形」には，その分野で最も人気があってもてはやされる人，という意味がある。

問三　「唇をかむ」は，悔しさをがまんする様子の表現なので，「唇」が入る。長谷さんに「『それでも，あかんかったら，……独立リーグでもなんでも行ったらええ』」と言われ，このまま退部するのは悔しいという気持ちが湧き上がってきたのである。

問四　この後に「『ピッチャーが投げなかったら，試合ははじまらへん。すべては，お前が投げる

ところから，はじまる。お前が起点や』」「『……俺らピッチャーが主役や。……そういうキガイでいかな，簡単に打たれるで』」とあるのでアが適切。「ピッチャー」としての気概を持つことの大切さを伝えるために「ピッチャーにしかわからへん」と言っているのである。

問五　直後に「それでも，一志は真正面から，その言葉を受けとめる」とある。一志は，長谷さんの強い言葉をしっかり受け止めたい，と感じているのである。心にずしりと響く言葉を「鋼鉄みたいな強度」と表現しているので，「受け取る側の心に中に入り込む重さがある」とするエが適切。

問六　直後に「お前の努力を認めるヤツは必ずおる」とあり，ここでいう「努力」については，その前に「『……最初はネットにでも，壁にでも，投げ込んだらええ。ひたすら投げこめ……』」とあるので「ひたすら投げこめ(8字)」を抜き出す。

問七　直前の「傑に――父さんに大事にされる傑に――どうしようもなく嫉妬していた」という感情を指すので，「弟の傑に対する嫉妬」などとする。

問八　直前に「どうしようもなく，くるおしいほど，うらやましい。……なんで俺にはなんにもないだ？」と，三文続きで具体的に表現されている。

やや難　問九　「不透水層」については，直前に「俺の心のなかの水分は，その炎ですっかりジョウハツし，土壌は干からび，ひびわれ，まるで水分を通さなくなっていた。雨はしみこまず，あふれだし，オーバーフローした」とある。心が干からびて水分を通さなくなっている状態を「不透水層」と表現しているので，2は，「心のなか」の状態を表す「土壌」が入る。このような状態になった原因については，「雨のバッティングセンターで傑を褒める父さんを，俺のほうにも振り向かせたくてしかたがなかった」とあるので，1には「父さん」が入る。

問十　「深い傷」を指す感情は，直後に「憎しみや嫉妬のどろどろした感情(15字)」と言い換えられている。

問十一　①　この時の一志の心情は，後に「『それでも……，いろいろなことをあきらめなくてよかったと，心の底から思います。……』」とあるので，「いろいろなことをあきらめなくてよかった(19字)」を抜き出す。　②　一志の「決断」は，「『なんとしてもここに踏みとどまります。ありがとうございました』」というものなので，「ここに踏みとどまります。(12字)」を抜き出す。

問十二　直前に「嫉妬なんか，いらない。感謝を求めるのでもない」とあり，直後には「俺も自由になりたい。独力で高く飛び立ちたい」とある。一志の決断を目の当たりにした大地は，今まで自分を縛っていた負の感情から解放されたいと思ったのである。大地の「嫉妬」とは，父に愛される弟の傑への感情を指すので，「大地の傑に対する嫉妬の感情」などとする。

問十三　ここでいう「仕事」とは，直後の「グラウンドキーパー」を指し，「醍醐味」については直後に「『選手の笑顔によりそうんや』」「『選手の涙によりそうんや』」とあり，さらに「風や雨や対応を日々，感じるんや。土や芝によりそうんや。それが，グラウンドキーパーの醍醐味や」とあるので，これらを要約すればよい。

やや難　問十四　一志に「『ピッチャーの気持ちはピッチャーにしかわからへん……』」と言った長谷さんは，今度は大地に「『同じように，グラウンドキーパーの気持ちも，仕事の醍醐味も，グラウンドキーパーにしかわからへん』」と言っているのである。一志と長谷さんがキャッチボールしながら話す様子は，前に「一足飛びに体の底から魂の部分でぶつかりあえる」と表現されているので，1には「グラウンドキーパー(9字)」，2には「魂」が入る。

二　(論説文―漢字，脱文・脱語補充，接続語，文脈把握，内容吟味，要旨，品詞)

問一　①　公害　(ア)　更迭　(イ)　公　(ウ)　郊外　(エ)　概ね

②　懸命　(ア)　検証　(イ)　献身　(ウ)　懸賞　(エ)　検定

③ 行為　(ア) 人為　(イ) 権威　(ウ) 包囲　(エ) 偉人

④ 迫って　(ア) 迫真　(イ) 博愛　(ウ) 漠然　(エ) 浅薄

⑤ 専門　(ア) 文句　(イ) 角　(ウ) 問答　(エ) 門出

⑥ 起伏　(ア) 規律　(イ) 気温　(ウ) 危機　(エ) 隆起

問二　【Ⅱ】の直後,「いくつかの絵本を手にとり……」と続いているので, Ⅱに補うのが適切。気がついたら絵本コーナーの前にいて, 絵本を手にとっていた, という文脈である。

問三　X　直前の「災害, コウガイ, 病気」と直後の「競争」をつなぐ語としては, 比較・選択を表す「あるいは」が適切。　Y　直後に「それだけではなく」と, 前述の内容とは別の視点が示されているので, 逆接を表す「ところが」が入る。Z　直前の「絵本とのかかわり方」を, 直後で「絵本論」と言い換えているので, 言い換え・説明を表す「つまり」が入る。

問四　「呆然」は, あっけにとられる, 気抜けしてぼんやりする, という意味。同じ意味を表すのは, 心を奪われてぼんやりする, という意味の「放心」。「無心」は, 心に雑念や邪念がないこと。「腐心」は, あれこれと心を悩ますこと。「虚心」は, 心が素直であること。

問五　「大事」だと気づいたことについては, 後に「大人が自分のために読む作品としての絵本, そういう意識がとても大事なんじゃないか」とあるので, この部分を要約すればよい。

問六　直前に「読む声のトーン, あるいはその肉声」とある。子どもに絵本を読んでやる時の「声のトーン」や「肉声」によって子どもとの間に生まれるものとしてはイが適切。

問七　理由については, 直前に「大人自身が絵本の中にどれだけ入りきれているか, 絵本をどこまで読みこんでいるのか, あるいは絵本に自分が本当に興味を感じたり, 感動したり, いろんなものをわが身の問題として感じとっているか」とあるのでエが適切。

問八　①　「絵本論の本道」における「視点」については, 直前の段落に「子どもに読んで聴かせる絵本という視点(18字)」と説明されている。　②　ⅲは, 直前の「絵本の本道からは少しはずれた脇道を歩きながら感じたり考えたりしていること「『人生後半に読むべき絵本』」「『人生に三度読むべき絵本』」を指すので,「絵本論の本道」という視点はあてはまらない。

問九　絵本のもつ「可能性」については, 直前に「人生の後半に読むべき絵本」「人生に三度読むべき絵本」と表現されており, 後に「とくに人生の後半, 老いを意識したり, 病気をしたり, あるいは人生のキフクを振り返ったりするようになると, 絵本から思いがけず新しい発見と言うべき深い意味を読み取ることが少なくないと思うのです」と, 筆者の考えが述べられているのでウが適切。

問十　㋐　「しばらく」は, 後の動詞「する」を修飾する「副詞」。　㋑　「なにげなく」は, 終止形が「なにげない」となる「形容詞」の連用形。　㋒　「語ら」は, 終止形が「語る」となる「動詞」の未然形。　㋓　「発見」は「名詞」。

三　(文学史, ことわざ)

問一　(Ⅰ)　夏目漱石の作品は,『三四郎』のほか『坊ちゃん』『吾輩は猫である』『それから』など。(Ⅱ)　太宰治の作品は,『人間失格』のほか『斜陽』『走れメロス』『津軽』など。

(Ⅲ)　宮沢賢治の作品は,『よだかの星』のほか『銀河鉄道の夜』『注文の多い料理店』『風の又三郎』など。　(Ⅳ)　村上春樹の作品は,『ノルウェイの森』のほか『風の歌を聴け』『海辺のカフカ』『1Q84』『騎士団長殺し』など。ほかは,『蟹工船』は小林多喜二,『破戒』は島崎藤村,『羅生門』『河童』は芥川龍之介,『金閣寺』は三島由紀夫,『上海』は横光利一の作品。

問二　①　「弘法も筆の誤り」は, いかにすぐれた人物でも, 時にはまちがえることがあるというたとえ。「上手の手から水が漏る」「猿も木から落ちる」「河童の川流れ」も同様の意味。

②　「一寸の虫にも五分の魂」は, どんなに小さく弱い者にも, それ相当の意地がある。だから,

どんな相手でも決して侮るな，という意味。　③「石の上にも三年」は，冷たい石でも3年間すわり続ければ温かくなる意から，どんな困難なことでも，我慢強く辛抱すればいつか必ず成し遂げられる，という意味。　④「良薬は口に苦し」は，よく効く薬ほど苦くて飲みにくいように，ためになる忠告ほど耳が痛く聞きづらい，という意味。

★ワンポイントアドバイス★

現代文の読解は，一つの文章を深く掘り下げ，多様な設問を根気よく解いて行く練習をしよう！　漢字，語句，文法，文学史などの国語知識は，早めに着手し，幅広い出題に対応できる力をつけよう！

MEMO

大切なことはメモしておこうネ！

2021年度

★★★★★★★★★★★★★★★★★★★★★★★

入　試　問　題

2021年度

至学館高等学校入試問題

【数　学】（40分）　＜満点：100点＞

【注意】 分数で答えるときは，それ以上約分できない分数で答えなさい。
また答えに$\sqrt{}$を含む場合は$\sqrt{}$の中は最も小さな自然数になる形で答えなさい。

1　次の式を計算しなさい。

(1)　$(1+5\times3-2^2)\div2$

(2)　$6\left\{0.25+\left(-\frac{1}{3}\right)^3\times3\right\}+0.25\div\frac{3}{14}$

(3)　$\frac{4x+5}{3}-\frac{x-3}{4}-2$

2　次の問いに答えなさい。

(1)　$a^2-2ab+b^2-c^2$ を因数分解しなさい。

(2)　2次方程式 $x(x+5)+(x+2)(x-1)=10$ を解きなさい。

(3)　連立方程式 $\begin{cases} y=5x+2 \\ x=2y+5 \end{cases}$ を解きなさい。

(4)　反比例のグラフが（6，2）と（1，b）を通る。bの値を求めなさい。

(5)　$5:3=\frac{10}{3}:x$ を満たすxの値を求めなさい。

(6)　2点（－2，1），（2，9）を通る直線lがある。直線lと平行で原点を通るような直線の式を求めなさい。

3　立方体の中にどの面にも接するように球が1つ入っている。球の半径が2のときの立方体の体積を求めなさい。

4　右のヒストグラムは1から6までの目があるサイコロを何回か投げたときに，出た目とその回数をまとめたものである。6の目が出た回数の記入漏れがあるが，出た目の平均値が3.5であったことが分かっている。6の目が何回出たか求めなさい。ただし，どの目が出ることも同様に確からしいものとする。

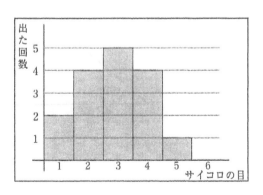

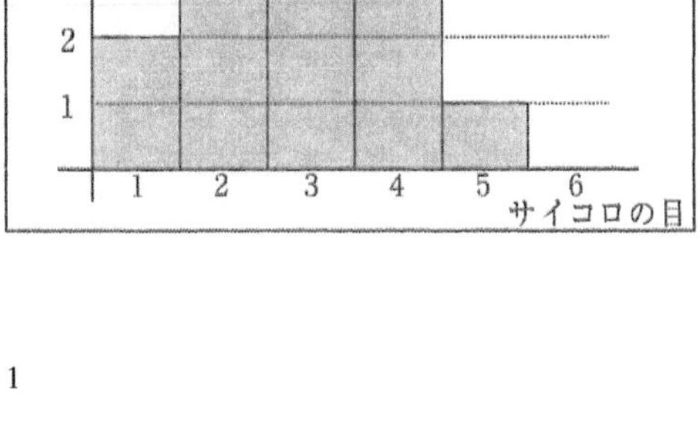

5　10円玉を同じ面が合計３回出るまで投げる。初めに表が出るとき全部で何通りの出方があるか求めなさい。

6　１から６までの目があるサイコロを２回投げる。２つの出た目の最小公倍数が６となる確率を求めなさい。ただし，どの目が出ることも同様に確からしいものとする。

7　濃度２％である食塩水が60ｇある。これに濃度５％の食塩水を混ぜて濃度４％にしたい。濃度５％の食塩水を何ｇ混ぜればよいか求めなさい。

8　直線 $l：y=\dfrac{3}{2}x+1$，直線 $m：y=-x+4$ がある。x 軸と平行になるように，直線 l 上に点Ｐ，直線 m 上に点Ｑをとる。ＰＱの長さが２となるとき，点Ｐの座標を求めなさい。ただし，点Ｐは直線 l と m の交点よりも下側にあるものとする。

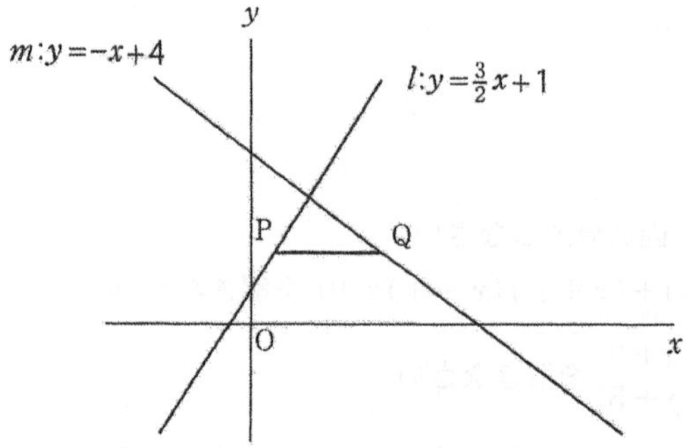

9　(1)　下の図において△ABC≡△DBEであるとき x の値を求めなさい。

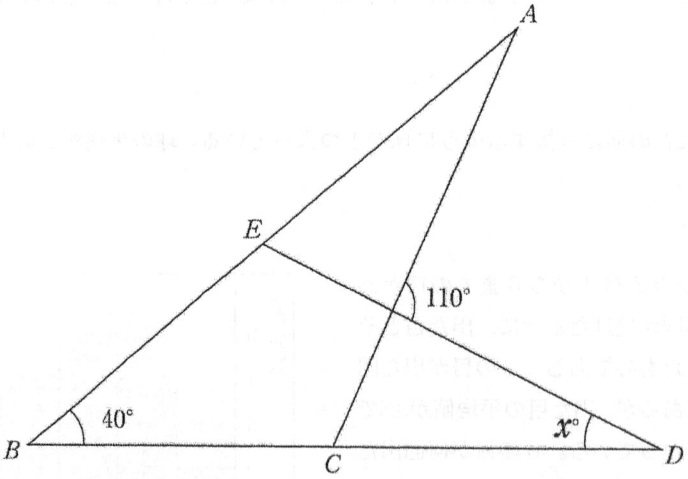

⑵　右の図の六角形$ABCDEF$は正六角形である。xの値を求めなさい。

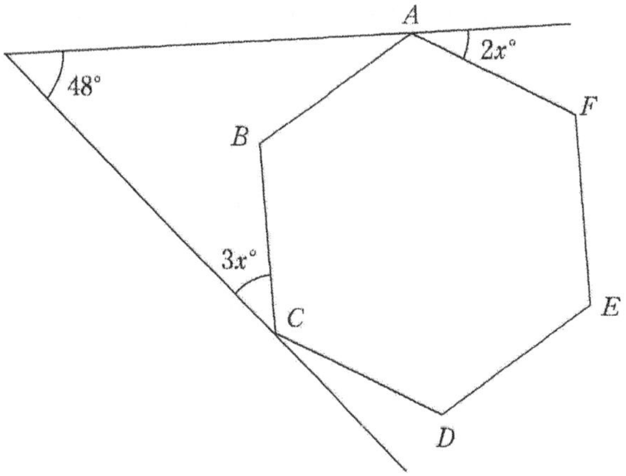

10　図１のような立方体ABCD－EFGH がある。
辺EFの中点をＩ，辺FGの中点をＪとする。
立方体を４つの点A，C，Ｊ，Ｉを通る平面で切ったときの切り口を考える。
図２はその切り口の線の一部を立方体の展開図にかき入れたものである。
残りの切り口の線を実線でかき加えなさい。

図1

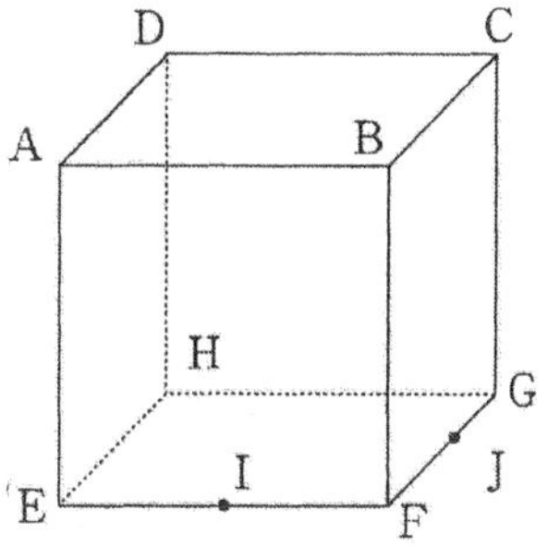

図2

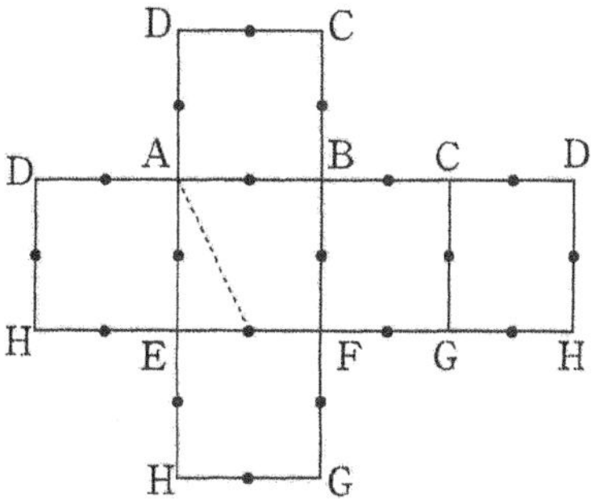

11　右の図において三角形ABCは１辺が４で高さが$2\sqrt{3}$の正三角形である。弧ACは点Bを中心とし辺ABを半径とする弧であり，弧BCは点Aを中心とし辺ACを半径とする弧であり。弧ABは辺ΛBを直径とする弧である。図の色が付いている部分の面積を求めなさい。ただし，円周率はπとする。

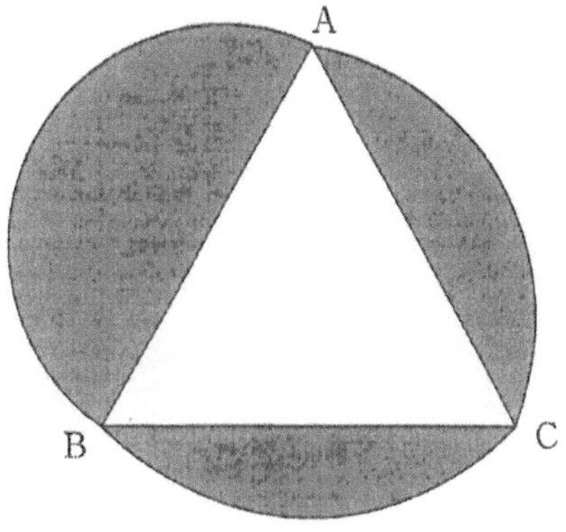

12 下の図のように放物線 $y = x^2$ 上に点A，Bがあり，直線 $l : y = 8$ 上に点C，Dがある。四角形ABCDが正方形であるとき点Aの座標を求めなさい。ただし，点A，Bは直線 l よりも下にあるものとする。

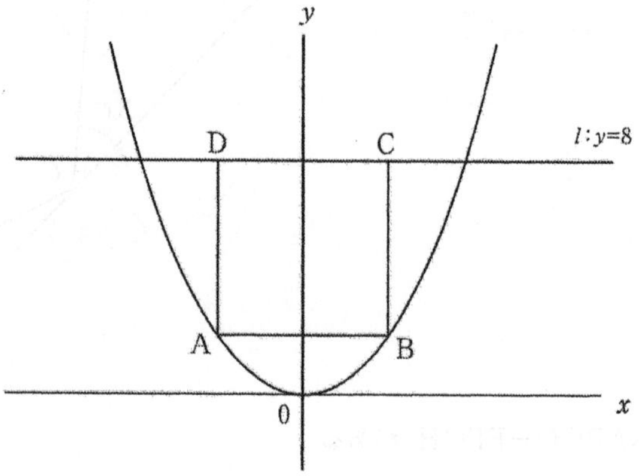

【英　語】（40分）　＜満点：100点＞

1　以下の英語のクロスワードパズルには一マスにつき一つのアルファベットが当てはまる。ヒントの英文を頼りに，縦のカギ１～４，横のカギ ア～オに当てはまる英単語を答えなさい。

縦のカギ

縦１：A building or a group of buildings. Inside these kind of buildings workers make a large amount of products like cars.

縦２：This is one of the two flat parts of your body on the ends of your legs.

縦３：This means coming from another country.

縦４：This is a building. Many people come here to take trains.

横のカギ

横ア：To give attention or effort to one thing, situation or person.

横イ：This is a large area of trees growing closely together. Many kinds of animals and plants live here.

横ウ：12 o'clock in the middle of the day.

横エ：The sister of your mother or father, or the wife of your uncle.

横オ：The piece of land in front of or at the back of your house. You can grow grass, flowers, fruits, vegetables, or other plants there.

2　以下の各グループの英単語はある共通点をもとに抽出されている。

例を参考に各グループの英単語ア～オのうち一つだけ他の語とは共通点を持たない語を一つ選び，記号で答えなさい。

例１：like が規則変化なので他の語とは共通点を持たない（like 以外の動詞はすべて不規則変化）

run　　rise　　know　　go　　like

例２：mouse が複数形 mice を持つため他の語とは共通点を持たない（mouse 以外は複数形を持たない名詞）

paper　　fish　　wine　　mouse　　news

1．グループ1

(ア) set　(イ) cut　(ウ) put　(エ) sit　(オ) let

2．グループ2

(ア) turn　(イ) look　(ウ) stay　(エ) sound　(オ) watch

3．グループ3

(ア) basketball　(イ) soccer　(ウ) wrestling　(エ) tennis　(オ) golf

4．グループ4

(ア) dog　(イ) man　(ウ) child　(エ) tooth　(オ) foot

5．グループ5

(ア) very　(イ) already　(ウ) there　(エ) dark　(オ) early

3　以下のそれぞれの英文の下線部には文法的に適切でない部分がある。文法的に誤っている箇所を一箇所選び，番号で答えなさい。

1．①Is the boy like to ②read books before ③going to bed ④at night?

2．I'll talk ①to those ②women ③stood ④by the door.

3．How many ①times have you ②gone to Kyoto ③since you ④came to Japan?

4．I remember ①that we visited ②those towns with my ③daughters when they were ④more younger.

5．My ①brothers always tell me ②to not use the computer ③because it is our ④father's.

4　以下の英文が文法的に正しく，意味が通るように（　）内の語句を並び替えたとき，2番目と5番目にくる語句を記号で答えなさい。

1．(ア．afraid ／ イ．have ／ ウ．of ／ エ．to ／ オ．don't ／ カ．you ／ キ．be ／ ク．making mistakes).

2．She (ア．bed ／ イ．been ／ ウ．in ／ エ．a week ／ オ．sick ／ カ．has ／ キ．for).

3．(ア．swim ／ イ．was ／ ウ．in ／ エ．to ／ オ．the river ／ カ．Bill ／ キ．able), finally.

4．(ア．more ／ イ．my homework ／ ウ．much ／ エ．than ／ オ．is ／ カ．difficult) yours.

5．(ア．by ／ イ．often ／ ウ．is ／ エ．the people ／ オ．Japanese ／ カ．in ／ キ．spoken) Hawaii.

5　以下のそれぞれの英文の空欄に当てはまる最も適切な表現を，選択肢から一つ選び，記号で答えなさい。

1．A：How long does it take from here to Nagoya station?

B：(　　　)

(ア) I must hurry up.　(イ) The train is long.

(ウ) I had no idea. (エ) About 30 minutes.

2. A : Have you taken a bath?

B : (　　)

(ア) I don't agree. (イ) No, not yet.

(ウ) Yes, I'll be there. (エ) Not so much.

3. A : Are you coming to Helen's party?

B : (　　)

(ア) Good luck. (イ) Oh, really?

(ウ) No, I'm sick today. (エ) Well, thanks for coming.

4. It's unusual for Kana (　　) a skirt to school.

(ア) wearing (イ) to wear (ウ) wears (エ) wore

5. Anna woke up late this morning, so she got dressed (　　) and ran to the station.

(ア) finally (イ) recently (ウ) cheaply (エ) quickly

6 以下の会話文を読み，(1)～(6)の英文について，会話の内容と合っているものには○，間違っているものには×で答えなさい。

Mother : It's time for bed.

Mike(son) : I'm not ready to go to sleep. I'm not tired.

Mother : It's quite late, and you have an exam at Shigakukan High School early tomorrow.

Mike : I'm not going to be able to fall asleep.

Mother : Why don't you try imagining a relaxing scene, how about counting sheep?

Mike : I've tried that before. It really doesn't work. And, I don't like sheep anyway.

Mother : Well, you still need to go to bed.

Mike : Why can't I just stay up until I fall asleep?

Mother : If I let you do that, then you will stay up all night.

Mike : I promise I'll go to sleep soon.

Mother : No, you're going to sleep now, so good night.

Mike : OK, Mum. See you in the morning.

(1) Mike's mother will let him stay up late.

(2) Mike can't sleep because he's not sleepy yet.

(3) Mike is going to take a test at a high school.

(4) Mike has never tried counting sheep because he doesn't like them.

(5) Mike must sleep soon because he has to count sheep in the morning.

(6) Mike's mother thinks it is effective to picture a peaceful image in your mind when you want to sleep.

7　以下の英文を読み，(1)～(7)の質問について選択肢ア～エから最も適切な解答を一つ選び記号で答えなさい。

Should Kids use *Gadgets?

Did you know that 1 out of 3 kids in America can use a *mobile phone or tablet before they talk? Sometimes, a 2-year-old knows how to use a cellphone or tablet. In 1999 Pediatrics (Child Doctors) said kids under 2 years old should watch no TV and kids over 2 years old should only two hours a day. Now, they say the same lor smartphones, tablets and game machines. Recently, research shows that 60% of kids under the age of 12 play on a *portable screen often, but 38 percent of them play very often. Gadgets are the most popular toys of young people. Actually the most wanted Christmas or birthday present now are smartphones.

Here are some of the problems for children who *abuse *electronic device. First, taking a tablet or smartphone to the dinner table, kids eat too quickly or too much because they are focused on the screen, not on the meal. Second, gadgets can affect a child's sleep. They are too excited thinking about their games and have trouble falling asleep. But the most serious problem for young people and sometimes adults too is *mental health.

Today it's impossible for parents to live with no technology. Just count how many devices you have in your home. So a serious problem is that ① children copy their parents. So if mother or father say "stop playing games," but they are using their smartphone it is *confusing for children. Parents and children need to communicate more and decide together how much time they use their mobile phones or other gadgets.

※語注　*gadgets：便利なもの　*mobile ≒　*portable：持ち運びできる
*abuse：を使いすぎる　*electronic device：電子機器　*mental：精神の
*confusing：まぎらわしい

(1)　話すよりも先にタブレットを使えるようになるアメリカの子供たちの割合はおよそいくらか。

(ア) 13%　(イ) 33%　(ウ) 38%　(エ) 60%

(2)　小児科医によると，1歳児が電子機器を使ってもよいのは一日につき最大でどのくらいまでか。

(ア) Half an hour　(イ) An hour　(ウ) Two hours　(エ) None of the others

(3)　頻繁にスマートフォンやタブレットを利用する小学生以下の子供はどのくらいか。

(ア) 1 out of 5　(イ) 2 out of 5　(ウ) 3 out of 5　(エ) 4 out of 5

(4)　ほとんどの子供たちがプレゼントに欲しがるものは何か。

(ア) A machine with a large screen broadcasting various programs

(イ) A mobile phone with highly advanced features

*advanced：進歩した　*feature：特性

(ウ) A computer designed for portability, usually small enough to rest on the user's lap

*portability：携帯性　*lap：ひざ

(エ) A small hand-held electronic device for reading books

(5) 電子機器の使用上の問題点として前のページの英文中で指摘されていないものはどれか。

(ア) They can keep children awake at night.

*awake：目が覚めて

(イ) They can have a bad influence on people's mind.

(ウ) They can badly affect eating habits of kids.

(エ) They can make young people's eyesight weaker.

*eyesight：視力

(6) 前のページの英文中で子供の親たちは何をするべきだと言われているか。

(ア) Living with no technology

(イ) Counting the number of devices they have

(ウ) Saying "stop playing games." to their kids

(エ) Talking about how to use gadgets with their children

(7) 下線部①とは具体的にどのようなことか。本文の内容をふまえて最も適切な選択肢を選べ。

(ア) Children tend to use devices too much if their parents do.

*tend：傾向がある

(イ) Children tend to get confused.

*get confused：混乱する

(ウ) Children tend to count the number of devices at home.

(エ) Children tend to look similar to their parents.

【理　科】（40分）　＜満点：100点＞

1　以下の文章を読み，設問に答えなさい。

光とは，空気・ガラス・水などの均一な物質中では（a．まっすぐ　・　曲がって）進むものである。この光を自ら出すものを（　b　）といい，我々の身近では（c．太陽　・　月）がそれにあたる。その光が物質の表面で反射して目に届くこともある。そのため，我々が光を感じる時は，光源から出た光がそのまま目に入る場合と，光源からの光が物体に反射して目に入る場合とがある。

さて，光源からの光が物体に反射する時，以下の図のような現象が発生する。この時，矢印の方向に光が進んでいるものとするとき，鏡に入ってくる光を（　d　）光といい，鏡で反射して出ていく光を（　e　）光という。また，ア鏡の面に垂直な直線と（d）光との角度を（d）角といい，鏡の面に垂直な直線と（e）光との角度を（e）角という。

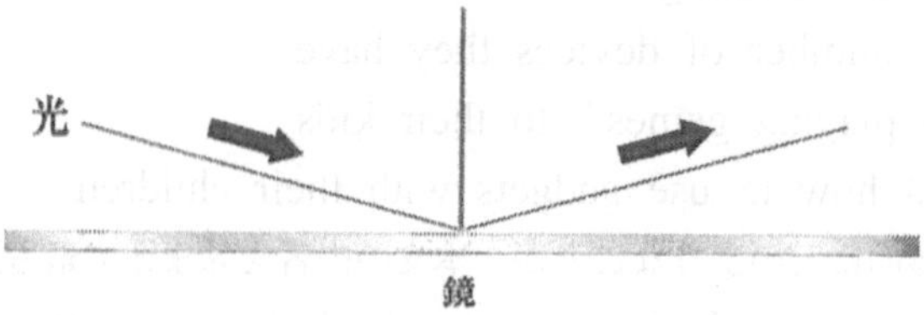

光は上記のようにはたらくので，例えば（b）が1つしか無いと照らされた物体は照らしている1か所しか見ることが出来ないはずである。しかし，実際には身の回りの物体の多くは，表面を拡大してみるとでこぼこしているため，物質に光が当たると色々な方向に反射する。この現象を（　f　）という。

また，光が空気から水のようにちがう種類の物質へ進むとき，その境界面で光が折れ曲がることを（　g　）という。その時の様子を示したのが，下の図である。イ光が空気と水との境界面に対して垂直な直線と（d）光との角度を（d）角といい，境界面に重直な線と（g）光の角度を（g）角という。

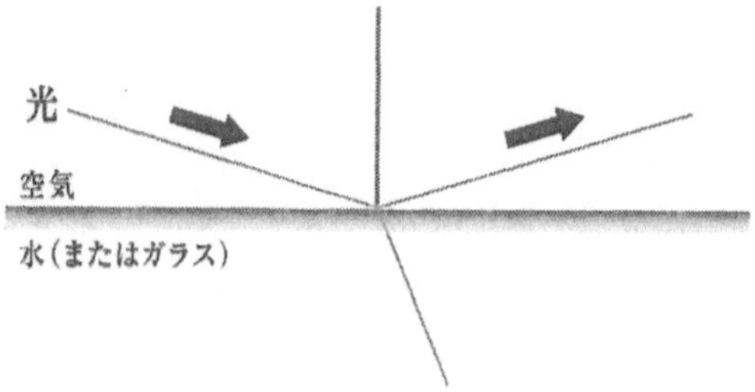

⑴　空欄に当てはまる語句を答えなさい。ただし，（a）と（c）は当てはまる語句をどちらか選び答えなさい。

⑵　下線部アについて，光が鏡で反射するときそれぞれの（d）角と（e）角との大小の関係性について等号または不等号を用いて答えなさい。

⑶　下線部イについて，次のページの(i)(ii)の場合において，それぞれの角度の大小の関係性について等号または不等号を用いて答えなさい。

(i) 光が空気から水（またはガラス）に進むとき

(ii) 光が水（またはガラス）から空気に進むとき

2 下の図は生態系における炭素の循環を示したものである。以下の設問に答えなさい。

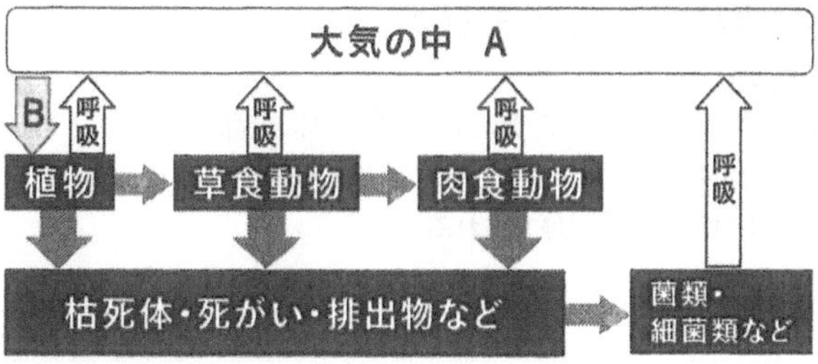

⑴ Aに入る物質を化学式で書きなさい。

⑵ 植物が行うはたらきBは何か。

⑶ この図の生態系内の植物，菌類の役割を，解答欄に合うように，適切な漢字2文字をそれぞれ書きなさい。

⑷ 次の文章の（①），（②）に当てはまる語句を書きなさい。

ブラックバスなどの外国から持ちこまれた（ ① ）種が，日本にもともといた（ ② ）種をおびやかし，生態系をおびやかしている。

⑸ 図の生態系で人為的に肉食動物を捕獲した場合，草食動物の個体数はどのように変化すると予想されるか。次の記号㋐～㋓より1つ選びなさい。

㋐ 増加しつづける。　㋑ 減少したあとに増加する。

㋒ 増加したあとに減少する。　㋓ 変化しない。

3 以下の文章を読み設問に答えなさい。

金属は一般的に，電子を出して【 1 】イオンになろうとする傾向がある。なりやすさは金属によって異なる。そのことに関して以下のⅠ，Ⅱの実験を行った。

Ⅰ．うすい塩酸の入ったビーカーの中に亜鉛板と銅板を両方入れた。

すると【2 亜鉛板・銅板】だけから泡が発生した。この泡は【 3 】の気体である。

泡が発生した金属板を取り出し質量を測定すると，うすい塩酸の中に入れる前と比べて質量は【4 増加していた・変化していなかった・減少していた】。泡が発生していなかった金属板の質量は【5 増加していた・変化していなかった・減少していた】。

Ⅱ．硝酸銀水溶液の入ったビーカーに銅板を入れた。数分後，銅板の表面には銀が付着した。

⑴ 文章中の【1】～【5】に当てはまる適切な語句を書きなさい。

ただし，【2】と【4】と【5】は【 】内の適切な語句を選び解答欄に書きなさい。

⑵ 文章中の下線部に関して，亜鉛，銅，銀をイオンになろうとする傾向の強い順に並べて，解答欄に合うように元素記号で書きなさい。

⑶ Ⅰの実験の金属板どうしを導線でつなぐと電池になる。そのとき，－極で起こる化学反応を，イオン式を用いて解答欄に合うように書きなさい。イオン式では電子1個を e^- と示すこと。

【社　会】（40分）　＜満点：100点＞

1　次の年表を見て，後の問いに答えなさい。

西暦	で　き　ご　と
607年	**あ**倭国が中国の王朝に使節を派遣する
672年	**い**壬申の乱が起こる
710年	**う**律令国家の新たな都として、奈良の（　①　）に遷都される
797年	蝦夷征討のために、（　②　）が征夷大将軍に任命される
894年	これ以降、遣唐使の派遣が停止される
↕ **え**	
1086年	（　③　）が皇位をゆずり、自らは上皇となり院政を始める

問１　年表中の空欄（①）～（③）に当てはまる適当な語句を，語群よりそれぞれ選び，記号で答えなさい。

①：(ア)　平安京　　(イ)　藤原京　　(ウ)　平城京

②：(ア)　坂上田村麻呂　　(イ)　阿倍仲麻呂　　(ウ)　阿倍比羅夫

③：(ア)　後白河天皇　　(イ)　鳥羽天皇　　(ウ)　白河天皇

問２　年表中の下線部**あ**について，この時の倭の王（天皇）からの国書には，次のように記されている。

「日出づる処の天子，書を日没する処の天子に致す。つつが無きや…（後略）」（書き下し）

＊致す…送ります　＊つつが無きや…お変わりありませんか

この時，倭国から派遣された外交使節は誰か答えなさい。

問３　年表中の下線部**い**について，この出来事は，ある天皇の死後，弟の大海人皇子と，息子の大友皇子が皇位をめぐって争われたものである。「ある天皇」とは誰か答えなさい。

問４　年表中の下線部**う**について，この頃成年男子を中心に税が課された。そのうち，地方の特産物を納める税を何というか答えなさい。

問５　年表中の下線部**う**について，次の史料は奈良文化財研究所に所蔵されている木簡である。その木簡には，次のように記されていた。

「紀伊国《きいのくに》无《む》漏《ろ》郡進上《ぐんしんじょう》御《み》贄《にえ》磯鯛《いそだい》八升《はっしょう》」

＊贄…食料品一般の貢納物

この史料が示す内容として正しいものを，次の(ア)～(エ)より１つ選び，記号で答えなさい。

(ア)　これは，紀伊国へ无漏郡が献上した磯鯛であることを示している。

(イ)　これは，紀伊国の无漏郡へ献上された磯鯛であることを示している。

(ウ)　これは，紀伊国の无漏郡から献上された磯鯛であることを示している。

(エ)　これは，紀伊国が无漏郡へ献上した磯鯛であることを示している。

問６　年表中の**え**の時期について，この期間に次の歌が詠まれた。

「この世をば　わが世とぞ思ふ　望月《もちづき》の　欠けたることも　なしと思へば」

＊望月…満月のこと

この歌を詠んだ人物は誰か答えなさい。

問７　年表中の**え**の時期について，この期間に地方の政治は国司に任され，定められた額の税を朝廷に納めるだけでよくなった。国司のなかには，農民から税をしぼり取り，自分の収入を増やす者や，地方に住みついて勢力を伸ばす者も現れた。やがて，朝廷や国司は，中央の貴族や寺社の所有地を認めるようになった。この所有地を何というか答えなさい。

問８　年表中の**え**の時期について，この期間は社会が揺れ動き，人々の不安が高まった。この期間に浄土の教えを説く僧が現れた。この教えは多くの人々に受け入れられ，特に貴族の人々は，次の写真のような建物を建立した。次の写真はこの時期に建設された，代表的な建物である。この建物の名称は何か。下に示した空欄にあてはまる語句を**漢字３文字で**答えなさい。

写真：(　　　　)鳳凰堂

2　近世に関する後の問いに答えなさい。

問１　鉄砲の伝来・キリスト教の伝来・南蛮貿易に関する説明として**誤っているもの**を，次の(ア)～(エ)の中から１つ選び，記号で答えなさい。

(ア)　宣教師たちは，教会だけでなく，学校や病院，孤児院なども作り，日本の信者を増やした。

(イ)　日本に鉄砲が伝わると，合戦で足軽の鉄砲隊が活躍するようになり，城づくりも鉄砲に備えたものになった。

(ウ)　南蛮貿易では，中国産の生糸や絹織物を中心に，火薬やガラス製品などを日本にもたらした。

(エ)　イエズス会の宣教師フランシスコ＝ザビエルが日本に鉄砲を伝えた。

問２　豊臣秀吉の政策の内容として**誤っているもの**を，次の(ア)～(エ)の中から１つ選び，記号で答えなさい。

(ア)　面積や体積を統一し，土地の生産量を石高で表した。名前と調査の結果を検地帳に記録した。

(イ)　百姓から刀や槍などの武器を取り上げることにより，武士と百姓の身分の移動をしやすくした。

(ウ)　キリスト教が全国統一の妨げになるとして，宣教師の国外追放を命じた。

(エ)　明やインドなどを征服する計画を立て，朝鮮に日本への服従と協力を求めた。

問３　幕藩体制に関する内容として正しいものを，次の(ア)～(エ)の中から１つ選び，記号で答えなさい。

(ア)　大名に対して，1年おきに江戸に滞在する参勤交代の制度が整えられた。江戸に滞在する費用は幕府による負担だった。

(イ)　幕府は，京都・大阪・奈良・長崎などの重要な都市を直接支配し，関所や宿駅を設けた。

(ウ)　幕府が，藩を含む日本全体の土地と民衆を支配する仕組みを幕藩体制とよんでいる。

(エ)　幕府は天皇と公家に対しても法度を定め，天皇の第一の仕事が学問であることを強調したが，政治の力は持たせた。

問４　江戸時代初期の対外関係の内容として**誤っているもの**を，次の(ア)～(エ)の中から１つ選び，記号で答えなさい。

(ア)　徳川家康は，日本の商船に，海外へ渡ることを許可する朱印状を与えて，貿易を奨励した。

(イ)　江戸幕府は，1612年にキリスト教を禁じる禁教令を出し，宣教師を国外追放し，キリシタンを弾圧した。

(ウ)「鎖国」という政策は，幕府が長崎での貿易と情報を独占する目的もあった。

(エ)　徳川家康は，1624年にスペイン船，1639年にポルトガル船の来航を禁止した。

問５　江戸時代の庶民の生活や身分についての内容として**誤っているもの**を，次の(ア)～(エ)の中から１つ選び，記号で答えなさい。

(ア)　有力な本百姓の中から五人組を選出し，彼らを村役人として，年貢の納入や村の運営にあたらせた。

(イ)　村の人々の生活は自給自足に近く，肥料・燃料をとる林野や，農業用水は共同で利用し，田植えや祭りなども協力して行った。

(ウ)　えたの身分の人々には，死んだ牛馬を処理する権利を持ち，その皮革を加工する仕事や，履き物作りなどの仕事に従事する者もいた。

(エ)　町人の負担は百姓に比べて軽く，商売に成功して大きな富を蓄える者もいた。その家には奉公人や徒弟が年少の頃から住み込みで働き，将来の独立を目指した。

問６　江戸時代の産業や都市についての内容として正しいものを，次の(ア)～(エ)の中から１つ選び，記号で答えなさい。

(ア)　幕府は年貢の増収を図り，新田開発を進めた。新田開発における費用は全て幕府が出資し，年貢の増収に成功した。

(イ)　佐渡金山や石見銀山の鉱山の開発が進み，それらの鉱山都市で金貨・銀貨・銭貨をつくり，全国に流通させた。

(ウ)　水産業では，土佐（高知県）や紀伊（和歌山県）のかつお･くじら漁，九十九里浜（千葉県）での鮭・にしん漁などが盛んだった。

(エ)　金・銀・銭の貨幣を交換する両替商が現れ，江戸の三井や大阪の鴻池のように，財政の苦しい藩に金を貸しつける有力な商人も現れた。

問７　元禄文化について述べたものとして**誤っているもの**を，次の(ア)～(エ)の中から１つ選び，記号で答えなさい。

(ア)　近松門左衛門は，人形浄瑠璃の脚本家として『曽根崎心中』などの作品で人々に感動を与えた。

(イ)　杉田玄白らは，オランダ語の人体解剖書を翻訳した『解体新書』を出版した。

(ウ)　尾形光琳は，『八橋蒔絵螺鈿硯箱』など，蒔絵に優美な装飾画を描いた。

(エ)　松尾芭蕉は，俳諧（俳句）を和歌と対等の芸術に高め，東北地方などの旅をもとに『おくのほそ道』を書いた。

問8　次の文章を読んで，文章中の空欄にあてはまる適当な語句を，次の(ア)～(エ)の中から１つ選び，記号で答えなさい。

江戸幕府６代・７代将軍の頃，儒学者の（　　　）を重く用いた。彼は財政を立て直すために，貨幣の質を元に戻し，長崎での貿易を制限して，金・銀の海外流出をおさえた。

(ア)　新井白石　　(イ)　林羅山　　(ウ)　二宮尊徳　　(エ)　田沼意次

問9　寛政の改革について述べたものとして正しいものを，次の(ア)～(エ)の中から１つ選び，記号で答えなさい。

(ア)　諸産業の奨励を行ったが，特権や地位を求めるわいろが盛んになり，政治に対する批判が強まった。

(イ)　急増する訴えに対して，公事方御定書という法律を整え，裁判の基準とした。

(ウ)　江戸に出稼ぎに来ていた者を農村に帰し，凶作に備えて村ごとに米を蓄えさせた。

(エ)　旗本の大岡忠相を町奉行に取り立てるなど，有能な人材を登用した。

問10　19世紀前後になると，都市の文化は地方にも広まった。伊勢観光のための名所案内が刊行されたほか，郷土色の豊かな芸能や工芸品も成長した。この背景には人々の識字率の向上が必要となる。こうした文化の広まりを支えたものに，この頃，町や村に形成された，いわゆる「読み・書き・そろばん」を教授した民間教育施設を何というか答えなさい。

３　次の世界地図を見て，後の問いに答えなさい。

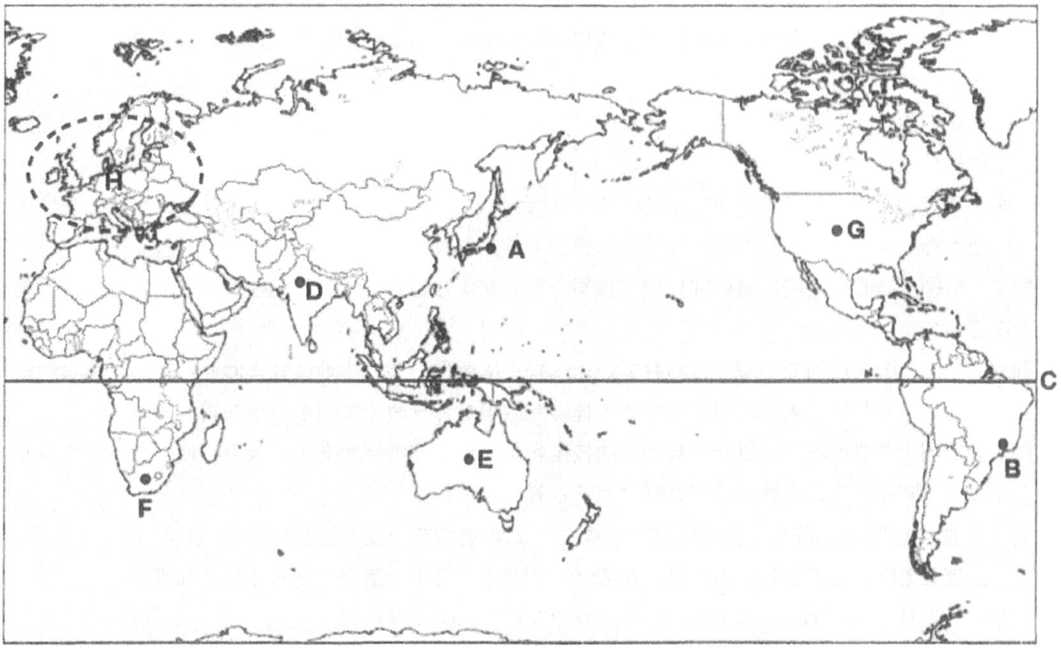

問1　世界の時刻は場所により異なる。その時刻の基準となるのが本初子午線（経度０度）だが，この線を通ると言われているイギリスの天文台（現在は史跡）の名前を答えなさい。

問２　前のページの地図中のＡ（日本）は東経135度の地点に，地図中のＢ（サンパウロ）は西経45度地点にある。

日本が８月26日午後１時の時，サンパウロは何月何日の何時か答えなさい。

問３　地図中のＣの線は赤道を表している。次の(ア)～(エ)の雨温図から，この線に一番近い場所のものを１つ選び，記号で答えなさい。

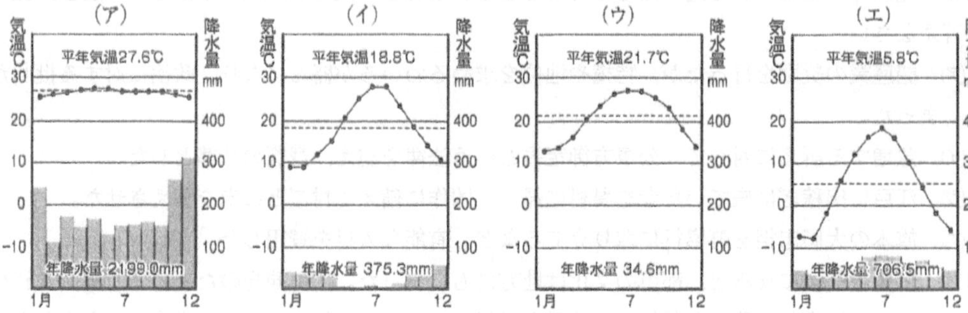

問４　地図中Ｄの国について述べたものとして正しいものを，次の(ア)～(エ)の中から１つ選び，記号で答えなさい。

(ア)　この国の近年の産業の特徴として，情報通信技術産業の発展が挙げられる。理系の教育が重要視されており，能力が高い技術者が豊富なこと，英語を話す労働者が多いことなどが原因となっている。

(イ)　この国では，イタリアの植民地時代にはすでに綿工業や製鉄業など近代的な工業が始まっていた。

(ウ)　この国は，国連（国際連合）発足時にはまだ独立を果たしておらず，国連（国際連合）加盟国には入っていなかった。

(エ)　この国には，イスラム教と結びついた社会のしくみとして，カースト制という身分制度があった。現在はカーストによる差別は憲法で禁止されている。

問５　地図上のＥの大陸に長い間狩猟や採集を行いながら暮らしていた先住民族を何というか答えなさい。

問６　地図上のＦの国でかつて行われていた，狭くて条件の悪い土地に住まわせたり，過酷な労働につかせたりして，黒人の自由を奪う人種隔離政策をカタカナで何というか答えなさい。

問７　地図上のＧの国には世界有数の先端技術産業が集まる地域がある。太平洋側，サンフランシスコの近郊にあるこの地域は何と呼ばれるか答えなさい。

問８　地図上の点線部Ｈの地域の農業について，この地域で小麦の生産が盛んであり「EUの穀倉」とよばれる国として正しいものを，次の(ア)～(エ)の中から１つ選び，記号で答えなさい。

(ア)　イギリス　　(イ)　スペイン　　(ウ)　フランス　　(エ)　ベルギー

4 関東地方について，下の地図・文を見て後の問いに答えなさい。

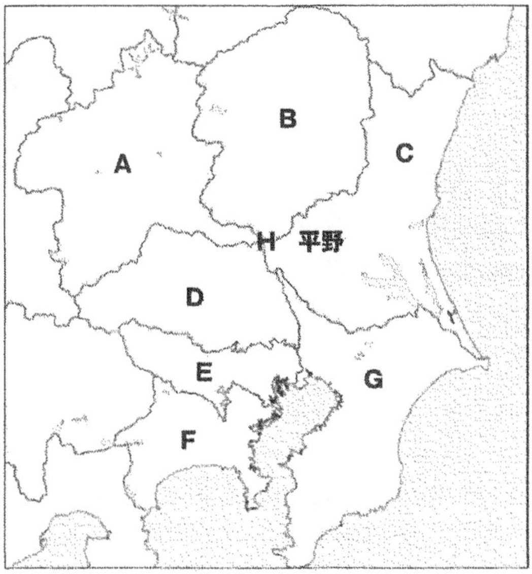

> 東京の都心には，国会議事堂など国の重要な機関が集中しており，日本の政治の中心となっている。また多くの企業も集まっており，日本の経済の中心でもある。東京が大都市へと発展するなかで，新宿，渋谷，池袋などの鉄道のターミナルが（①）として発達し，都心にあった機能の一部が（①）に移転するようになった。東京湾岸の埋め立て地では，1990年代後半からオフィスビルや高層マンションが建設されはじめ，臨海（①）での（②）が進められている。
> 第二次世界大戦後，東京への人口増加が進み，地価が高くなったため，多くの人は地価の安い郊外へ住宅を求めた。郊外の開発が進められた結果，東京への通勤圏は周囲の各県まで広がった。

問1　地図上のBの県の県庁所在地を答えなさい。

問2　地図上のHの平野の名前を答えなさい。

問3　文中の（①）（②）に当てはまる語句をそれぞれ語群から1つずつ選び，記号で答えなさい。

①　(ア)　副都心　　(イ)　地方都市　　(ウ)　準都心　　(エ)　大都心

②　(ア)　再開発　　(イ)　再成長　　(ウ)　未開発　　(エ)　再完備

問4　貴重な生態系がみられることから世界遺産に認定されている小笠原諸島は地図中のA～Gのうち，どこに属するか記号で答えなさい。

問5　次の文は，地図中のA～Gのいずれかにある都市について説明したものである。該当する都市のある都道府県を地図中A～Gの中から1つ選び，記号で答えなさい。

> この地では，羽田空港の施設が狭くなったこともあり，1978年に成田国際空港が整備された。日本有数の輸出・輸入額を誇る貿易港で貨物輸送の面でも重要な役割を果たしている。

問6　次のページのグラフは製造品出荷額の変化を表している。A～Cには後の(ア)～(ウ)のいずれかが当てはまるが，このうち，Cに当てはまるものを，(ア)～(ウ)の中から1つ選び，記号で答えなさい。

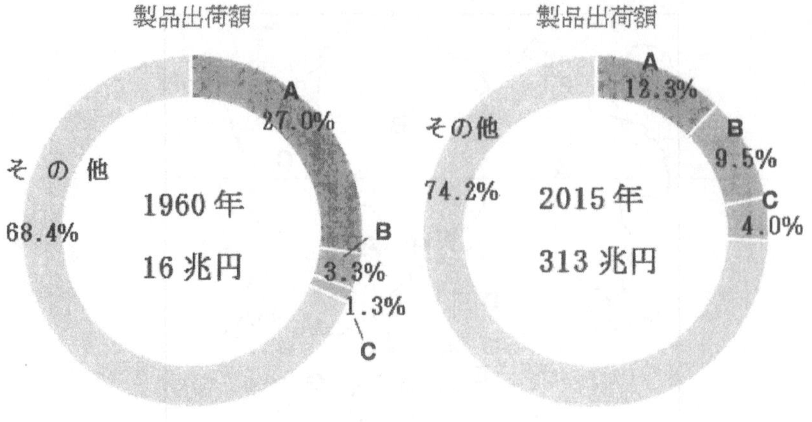

（『工業統計表』ほか）

(ア)　北関東工業地域　　(イ)　京葉工業地域　　(ウ)　京浜工業地帯

5　次の文章を読み，後の問いに答えなさい。

> 　文化にはさまざまな意味がある。文化祭などで使われる文化には「教養」という意味が含まれたり，言葉やあいさつなど生活環境で身に付けた行動の仕方や価値観などそれらによって生み出されたものを意味することもある。文化の代表的な領域には，$_a$**科学**，宗教，芸術などがある。
>
> 　日本は古来より大陸文化の影響を受けながら，独自の文化を形成してきた。長い歴史の中で受け継がれてきた文化を【A】文化という。【A】文化の中には，能や歌舞伎といった一部の専門家によって受け継がれてきた文化と，広く庶民に受け継がれてきた衣食住，$_b$**年中行事**，冠婚葬祭などの生活文化がある。しかし，今日では少子高齢化や過疎化によって，祭りなど【A】文化の存続が危ぶまれている地域もある。

問1　文中の【A】に当てはまる語句を漢字2文字で答えなさい。

問2　下線部aについて，世界で初めて人工多能性幹細胞（ｉＰＳ細胞）の作製に成功し，2012年にノーベル生理学・医学賞を受賞した人を，次の(ア)～(エ)の中から1つ選び，記号で答えなさい。

(ア)　山海 嘉之　(イ)　山中 伸弥　(ウ)　吉野 彰　(エ)　佐藤 栄作

問3　下線部bについて，次の①・②の言葉について正しく説明している文章を1つずつ選び，記号で答えなさい。

①　端午の節句　　②　花祭り（灌仏会）

(ア)　女子の健やかな成長を祈願するものである。

(イ)　春分の日と秋分の日の前後3日間に先祖を供養する仏教行事。

(ウ)　男子の健やかな成長を祈願するものである。

(エ)　シャカの生誕を祝福する仏教行事。

(オ)　屋内の掃除をし，1年の厄をはらう。

問４　法隆寺金堂壁画の焼損をきっかけに制定された，国民の文化的向上と世界文化の進歩に貢献することを目的とした文化財の保護と活用について定めた法律を何というか答えなさい。

6　次の文章は社会の授業でアンケートを取り，印象に残っていることを聞いた内容です。これを読み，後の問いに答えなさい。

Aさん：印象に残ったのは，$_a$**憲法**について学んだときです。$_b$**人権という考え方がどのように発展したのか，また，憲法の歴史**についてに興味を持ちました。その中で，$_c$**今の憲法と昔の憲法の違い**などを学び，日本が何を大切にしているのかを知ることができました。日本国憲法では$_d$**平和主義**についても興味が湧きました。

Bさん：$_e$**国会**についての授業が一番印象に残りました。よく祖父が政治の話をするのですが，正直内容が難しく何を言っているかわからないことも多くありました。政治の中心である国会や$_f$**内閣**について学べたことで少しですが祖父が言っていることが分かるようになりました。

Cさん：授業中，クラスで行った模擬裁判が印象深いです。$_g$**裁判員制度**という仕組みも知り，将来もし自分が選ばれたらと思うと本当にいい経験になったと思います。また，まだ日本では$_h$**裁判**を利用しづらいという現状も知りました。もっと気軽に裁判を利用できる世の中になればと思います。

問１　下線部ａについて，次の文は日本国憲法第14条の条文である。空欄に当てはまる語句として正しい語句を答えなさい。

「すべて国民は，（　①　）に平等であつて，人種，（　②　），性別，社会的身分又は門地により，政治的，経済的又は社会的関係において，差別されない。」

問２　下線部ｂについて，次のＡ～Ｄの言葉の成立年代について，古いものから順番に並び替えたものとして正しいものを，次の(ア)～(エ)の中から１つ選び，記号で答えなさい。

Ａ　大日本帝国憲法　　Ｂ　日本国憲法　　Ｃ　アメリカ独立宣言　　Ｄ　ワイマール憲法

(ア)　Ａ→Ｂ→Ｃ→Ｄ　　(イ)　Ａ→Ｃ→Ｄ→Ｂ　　(ウ)　Ｃ→Ａ→Ｂ→Ｄ　　(エ)　Ｃ→Ａ→Ｄ→Ｂ

問３　下線部ｃについて述べた文として**誤っているもの**を，次の(ア)～(エ)の中から１つ選び，記号で答えなさい。

(ア)　大日本帝国憲法では主権者は天皇であり，日本国憲法では主権者は国民である。

(イ)　日本国憲法は国民が定めるため欽定憲法と呼び，大日本帝国憲法は君主が定めるため民定憲法と呼ばれる。

(ウ)　大日本帝国憲法下での人権は法律によって制限があるが，日本国憲法下では基本的人権の尊重として守られている。

(エ)　憲法を改正する際に国民投票が必要なのは日本国憲法である。

問４　次の下線部ｄと関連した文章として正しいものを，後の(ア)～(エ)の中から１つ選び，記号で答えなさい。

(ア)　憲法９条では，戦争を放棄し，交戦権を認めないが戦力は持ってもよいと規定されている。

(イ)　日本は防衛のために，アメリカ合衆国と日米修好通商条約を結んでいる。

(ウ) 日本では，1945年に広島と山口で原子爆弾を投下された経験から非核三原則を掲げている。

(エ) 自衛隊について，政府の見解では主権国家には自衛権があり，憲法は「自衛のための必要最小限度の実力」を持つことは禁止していないとしている。

問5　下線部eについて，国会の種類として衆議院解散後の総選挙の日から30日以内に召集されるものを何というか答えなさい。

問6　下線部fについて，内閣の仕事として**誤っているもの**を，次の(ア)～(エ)の中から1つ選び，記号で答えなさい。

(ア) 法律の執行

(イ) 政令の制定

(ウ) 天皇の国事行為に対する助言と承認

(エ) 条約の承認

問7　下線部gについて，次の文を読み，空欄に当てはまる正しい数字をそれぞれ答えなさい。

裁判員は満（　①　）歳以上の国民の中から，くじによって候補者が選ばれる。一つの事件の裁判を，原則として6人の裁判員と（　②　）人の裁判官が一緒に担当する。

問8　下線部hに関連して，次の(ア)～(ウ)の文章のうち検察官を説明しているものを1つ選び，記号で答えなさい。

(ア) 刑事事件で被疑者を被告人として裁判所へ起訴し，法廷では証拠に基づいて有罪を主張し，刑罰を求める。

(イ) 民事裁判や刑事裁判において，法律に基づいて判決を下す。中立の立場で公平に物事を見極めることが求められる。

(ウ) 民事裁判の原告や被告，刑事裁判の被告人の利益を守るために活動する。また，損害賠償請求や会社の倒産など法律に関する問題解決の手助けも行う。

四　次の問いに答えなさい。

問一　次の文章は古典作品の冒頭文である。語群の中から、作品名と作者名をそれぞれ選び、記号で答えなさい。

A　つれづれなるままに、日暮らし硯にむかひて、心にうつりゆくよしなしごとを、そこはかとなく書きつくれば、あやしうこそものぐるほしけれ。

B　ゆく川の流れは絶えずして、しかももとの水にあらず。

問二　『源氏物語』の作者を語群から選び、記号で答えなさい。

《語群》

作品名　(ア) 奥の細道　(イ) 枕草子　(ウ) 徒然草
(エ) 平家物語　(オ) 伊勢物語　(カ) 竹取物語
(キ) 方丈記

作者名　(ア) 紫式部　(イ) 兼好法師　(ウ) 清少納言
(エ) 鴨長明　(オ) 松尾芭蕉　(カ) 紀貫之
(キ) 菅原孝標女

と。

(ウ)　中学時代の顧問が豊に怪我を負わせた記憶が、ちょっとしたことであふれ出しそうであるということ。

(エ)　下りに入ると八十～九十キロというスピードが出る恐怖心が、ちょっとしたことであふれ出しそうであるということ。

問十　――F「覚悟」とは何の「覚悟」か、解答欄の形に合うように本文中から八字で抜き出して答えなさい。

問十一　――G「俺ははっとして」とあるが、何に気がついたのか、最も適切なものを次から選び、記号で答えなさい。

(ア)　死や怪我を負わせる可能性があるものから遠ざかってきたが、生きている限り死や怪我の可能性を遠ざけることはできないこと。

(イ)　死や怪我を負わせる可能性があるものから遠ざかってきたが、自転車競技も死に繋がる可能性があるということ。

(ウ)　親友である豊と同じ目に遭わないように生きてきたが、自転車競技を行うことは自分が加害者になる可能性を持っているということ。

(エ)　自転車競技が死に繋がる可能性を持つということを、このレースに出場する他の選手が理解していないということ。

問十二　――H「ふいに気づいた」とあるが、何に「気づいた」のか、最も適切なものを次から選び、記号で答えなさい。

(ア)　中学の練習中に顧問が豊を投げ飛ばし、後遺症を与えたことを悔やんでも、それは俺が柔道を続けようがやめようが何も変わらないこと。

(イ)　中学の練習中に俺が豊を投げ飛ばし、後遺症を与えたことを悔やんでも、それは俺が柔道を続けようがやめようが何も変わらないこと。

(ウ)　俺の後悔は、親友である豊を投げ飛ばし、後遺症を与えた顧問を訴えられなかったことであり、その後悔は柔道を続けようがやめようが何も変わらないこと。

(エ)　俺の後悔は、豊を投げ飛ばし、後遺症を与えた顧問を止められなかったことであり、その後悔は柔道を続けようがやめようが何も変わらないこと。

問十三　――I「不安」とあるが、「俺」が抱えている不安とはどのようなものか、答えなさい。

問十四　――J「俺が今乗っている自転車には、櫻井の兄のフレームが使われている」とあるが、櫻井はなぜ兄のフレームを俺に渡したのか、その説明が書かれた次の文章の空欄に当てはまる語句を本文中から五字で抜き出して答えなさい。

櫻井が俺に［　　　］を押しつけたくなったから。

三　次の問いに答えなさい。

問一　芥川龍之介の作品を語群の中から三つ選び、記号で答えなさい。

問二　樋口一葉・森鷗外の作品を語群の中からそれぞれ選び、記号で答えなさい。

《語群》

(ア)　たけくらべ　(イ)　五重塔　(ウ)　浮雲　(エ)　羅生門

(オ)　鼻　(カ)　伊豆の踊子　(キ)　三四郎　(ク)　舞姫

(ケ)　河童　(コ)　人間失格

④「ソウ定」

(ア) 授業で使ったマットを体育ソウコへ片付ける。

(イ) 次のステップに進むには、時期ショウソウである。

(ウ) あなたの考え方は、ソウゾウもつかなかった。

(エ) 二人の仲は、ソウシソウアイである。

⑤「受けツいで」

(ア) これは、師匠ジキデンの芸だ。

(イ) 好きな選手が移籍しても、ケイゾクしてチームを応援しよう。

(ウ) 好きな人に思いをツげる。

(エ) 五輪の開会式で、旗手にツいで選手が入場した。

問二　――a～cの意味として最も適切なものを次から選び、記号で答えなさい。

a「目に焼き付く」

(ア) 際だって見える

(イ) いつまでも印象に残る

(ウ) よく見える

(エ) 目つきを変える

b「泳がせる」

(ア) ひそかに監視しながら、表面的には応援する

(イ) 敵が海を泳ぐように逃げていく

(ウ) 気づかないふりを続ける

(エ) 干渉せず、自由にさせる

c「番狂わせ」

(ア) 尋常ではない努力をすること

(イ) 多くの人が熱狂すること

(ウ) 予想外の結果が出ること

(エ) 一番と二番が入れ替わること

問三　[X] に適切な語句を入れ、次の意味に合う慣用表現を完成させなさい。

意味：苦しい経験も、過ぎ去ってしまえばその苦しさを忘れてしまう

問四　[Y] に入る適切な語句を次から選び、記号で答えなさい。

(ア) 窮鼠《きゅうそ》猫を噛《か》む　(イ) 舌を噛む

(ウ) 唇を噛む　(エ) 歯を噛む

問五　――A「のっそり」に使われている表現技法を漢字で答えなさい。

問六　――B「鈍重な大きな獣」とは、具体的に何のことか、本文中から抜き出して答えなさい。

問七　――C「一瞬、たとえば俺のような、と思いかけたが、すぐにその考えを振り払う」とあるが、なぜ「考えを振り払」ったのか、その理由を答えなさい。

問八　――D「不思議だった」と感じる理由は何か、解答欄の形に合うように本文中から抜き出して答えなさい。

問九　――E「はち切れそうになった腫れ物のように、かすかに触れただけでも噴き出すだろう」を説明したものとして、最も適切なものを次から選び、記号で答えなさい。

(ア) 死や怪我をさせることに対する恐怖心が、ちょっとしたことであふれ出しそうであるということ。

(イ) 自転車競技を続けることで自分も豊のようになるかもしれないという恐怖心が、ちょっとしたことであふれ出しそうであるというこ

自分が柔道をやっていようがやっていまいが変わらない。

　俺はきつくハンドルバーを握りしめた。

　まだ、走ることができるだろうか。I不安も覚悟も呑み込んで。

　集団は走り続ける。逃げグループが発生したが、タイム差は二分も開いていない。集団は簡単に逃げに追いつくことができるだろう。

　集団をコントロールしている強豪校は、わざとスピードを上げずに逃げをb泳がせている。

　このまま、c番狂わせが起こらなければ、間違いなく集団スプリントだ。

　俺は櫻井の姿を探した。前に行ったと思っていたが、櫻井は集団の後方にいた。

　濃い色のアイウェアで表情は見えにくいが、それでもわかった。かなり苦しそうだ。単に力が出ないのか、それとも脇腹か肋骨《ろっこつ》が痛むのか。

　俺と目が合うと、櫻井は苦々しい顔になった。

　その時、櫻井が言ったことばを思い出した。

――でもなあ、ちょっと重いときもあるわ。

――おまえにちょっと押しつけたろうかと思ったんやけど。

――兄貴の亡霊。

　そんなもの俺に背負えるようなものではない。

　だが、それでもJ俺が今乗っている自転車には、櫻井の兄のフレームが使われている。

　会ったこともなく、向こうは俺の存在すら知ることもない。なんの関係もないはずの人間なのに、そのフレームを⑤受けツいで俺は走っている。

（近藤史恵『キアズマ』）

語注　＊1　インカレ…全日本大学対抗大会のこと。
＊2　スプリント…自転車競技のトラックレースの一つ。
＊3　殴られた跡…櫻井は前日の夜、他校の選手とケンカし、殴られている。
＊4　アイウェア…ロードバイク用のサングラスのこと。
＊5　傲慢…おごり高ぶって人をあなどること。

問一　……①～⑤のカタカナ部分と同じ漢字を用いるものをそれぞれ次から選び、記号で答えなさい。

①　「有リ」
(ア)　母親がお金をカンリする。
(イ)　神社の長いジャリ道を歩く。
(ウ)　遠くへ引っ越す友人とのベツリを悲しむ。
(エ)　物事の長所と短所は、ヒョウリである。

②　「コン難」
(ア)　彼は、昨年夏にケッコンした。
(イ)　友人のお祝いが続き、お金にコンキュウする。
(ウ)　サッコンのＳＮＳブームにはついていけない。
(エ)　寺をコンリュウする。

③　「呼キュウ」
(ア)　二人の愛はエイキュウに続くのだろうか。
(イ)　カキュウセイには優しくしましょう。
(ウ)　最新の掃除機は、キュウインリョクが違う。
(エ)　コロナウイルス感染拡大防止のため、キュウエンします。

正直、櫻井向きではない。パワーのある選手の方が①有リかもしれない。

C一瞬、たとえば俺のような、と思いかけたが、すぐにその考えを振り払う。過去に、櫻井はスプリントでも勝っている。まったく戦えないわけではない。

どちらかというと、俺の方が短いスプリントでは結果を出していない。

挑戦してみてもいいかもしれないと一瞬、思った。たぶんマークされているから、飛び出して勝つのは、もう②コン難だ。

速度はすぐに上がる。集団の③呼キュウが熱っぽさを持ち始める。

D不思議だった。あれほど、もう一度走るのが怖いと思ったのに、レースに戻った途端、俺は勝つことを考えはじめている。

喉元を過ぎれば X を忘れてしまうように。

怖くないわけではない。恐怖はいつも薄皮一枚隔てたところにわだかまっている。Eはち切れそうになった腫《は》れ物のように、かすかに触れただけでも噴き出すだろう。

だが、まだ弾《はじ》けてはいない。恐怖のありかはわかるが、それを自分で抑えこんでいる。

櫻井が隣に並んだ。*3殴られた跡はうまく*4アイウェアによって隠されていて目立たない。

にやりと笑って言う。

「この集団の中の、何人がF覚悟を決めていると思う?」

覚悟。そう言われて俺は息を呑《の》んだ。

なんの覚悟かと尋ねる必要などない。櫻井はこの競技が死に繋《つな》がるかもしれないことを知っている。そして俺も。

今、一緒に走っている選手は八十人と少し、そのうち何人までが、死ぬかもしれないと覚悟を決めているのだろう。

怪我をすることくらいは④ソウ定しているだろう。だが、死までとなると想像がつかない。

自分は死なないと無邪気に考えている者がほとんどなのではないだろうか。

櫻井は続けて言った。

「でも、道を歩いてたって、車に乗ってたって、結局は同じことや。数秒先に自分が生きている保証なんかない。違うか?」

G俺ははっとして、櫻井の顔を見た。櫻井はそのまま、速度を上げて集団の前に進んだ。 Y 。櫻井のしてやったりというような顔が、はっきりとa目に焼き付いていた。

彼の言うことは正しい。競技をやめたからといって、死と関わることを避けられるわけではない。

櫻井が続けて言ったような気がした。

——それでもやめるのか。

わからない。少しでも死や他人を傷つけることを避けたいと思う自分は臆病《おくびょう》なのだと考えていた。だが、そうではなく、*5傲慢《ごうまん》なのかもしれない。

どうやっても死や事故はついてまわる。自分が死なない限り、逃れられるわけではない。

Hふいに気づいた。俺は柔道によって、豊を傷つけたわけではない。俺が彼を投げ飛ばし、重い後遺症を与えたわけではない。

俺の後悔は、あのとき教師を止められなかったということで、それはうものだから。

(イ) 人は、いかなる事態においても自由というものを求め続けるものであるから。

(ウ) 現代人は監視されることを必ずしも拒否しておらず、むしろ受諾しているから。

(エ) 露出症指向のリアリティ番組やSNSが近代権力と交錯しているから。

(オ) 人は監視されることによって常に不安をかき立てられるものであるから。

(カ) 主体的な人間は、不安などの感情をコントロールできるものだから。

問七 ――C「それは、自由にとっての脅威である」とあるが、その理由の一つを解答欄に続く形で本文中から三十七字で抜き出し、最初と最後の五字を答えなさい。

問八 ――D「どう対応すればよいのか」とあるが、筆者が主張する対応を、本文中から二十四字で抜き出して答えなさい。

問九 ――E「誰がその情報を制御しているのか」とあるが、情報を制御しているものの例として筆者が挙げているものを本文中から一つ抜き出して答えなさい。

問十 次の文について本文の内容として、正しいものには○、間違っているものには×と答えなさい。

(ア) 人を監視するようなシステムを私たちは拒否しづらいが、そうした社会が実現するのはまだ当分先のことであるといってよい。

(イ) 私たちの社会は、遅かれ早かれ監視社会を受け入れざるを得ず、そうしたシステムにあらゆる権利をゆだねることが自由と安全を保障する。

(ウ) 自由を求めるものが情報を独占したり、私たちが望まない領域の情報を取得したりすることは、完全な監視体制を脅かすものとなる。

(エ) 監視社会において、監視された情報を誰が管理し、どこまで使用するのかを評価し是正できる体制を私たちは求めるべきである。

二

次の文章を読み、後の問いに答えなさい。

《「俺」は中学時代に柔道部に所属していたが、その当時の顧問の指導で、親友であった豊が後遺症を負ってしまった。そのことをきっかけに、他人に怪我を負わせたり、死を感じたりするスポーツからは遠ざかって生きてきた。しかし、大学入学後にふとしたことから、弱小自転車部に入部した。自転車競技に没頭し、一年生にして*1インカレで個人優勝をするなど、自転車競技人生は順風満帆であった。しかし、とあるレースに出た際に集団落車に巻き込まれ、怪我を負ってしまう。そのときに、中学時代の豊の事件を思い出し、自転車競技に恐怖を覚え、自転車部をやめることを櫻井に告げた。》

スタートの合図と共に、集団はAのっそりと動き始めた。

下りになれば八十キロ、九十キロというスピードを出すのに、このスタートの時だけは、B鈍重な大きな獣のようだ、といつも思う。

俺はその獣の動きに身をゆだねる。

百キロを超える長いレースはひさしぶりだ。

高低差は大きいが、最後はトラックでの*2スプリント勝負になる。

行動をカメラが追う形式のテレビ番組。

＊5　ミシェル・フーコー…二〇世紀に活躍したフランスの哲学者、歴史家。一九七五年『監視と処罰』を著した。

問一　……①～⑥のカタカナ部分と同じ漢字を用いるものをそれぞれ次から選び、記号で答えなさい。

①「コウ慮」
(ア) コウアンした商品が発売された
(イ) コウイシツで着替える
(ウ) コウリョウとした景色を見る
(エ) コウハンに挽回する

②「念トウ」
(ア) くじにトウセンする
(イ) 山にトウチョウする
(ウ) 旬の果物がテントウに並ぶ
(エ) 驚きのあまりソットウする

③「ドウ入」
(ア) スイドウ管が破裂する　(イ) ハンドウ体が壊れる
(ウ) シンドウが伝わる　(エ) イチドウに会する

④「サイ部」
(ア) サイダン機にかける　(イ) 岩をハサイする
(ウ) 運行をサイカイする　(エ) サイシンの注意を払う

⑤「ジョウ態」
(ア) おレイジョウを書く　(イ) カンジョウの起伏が激しい
(ウ) バスにジョウシャする　(エ) 願いがジョウジュする

⑥「危ケン」
(ア) ケン悪な雰囲気になる　(イ) ケン定に合格する
(ウ) 真ケンに取り組む　(エ) その答えはケン当違いだ

問二　〰ⓐ「主体」、〰ⓑ「個人」の対義語を次の漢字を組み合わせてそれぞれ作り、答えなさい。
同じ漢字を二回使っても良いものとする。

【 衆　集　間　観　体　対　客　脚　断　団 】

問三　[X] に入る言葉として最も適切なものを次から選び、記号で答えなさい。
(ア) 自由　(イ) 安全　(ウ) 命
(エ) 他人　(オ) 監視　(カ) 事実

問四　問題文には次の【　】内の一文が抜けている。この一文が入る最も適切な箇所を [1] から [4] の中から記号で選び、答えなさい。
【つまり、監視は望まれているのである。】

問五　――A「ミシェル・フーコー」の主張として最も適切なものを次の中から選び、記号で答えなさい。
(ア) 近代的な権力は監視から逃れたいと欲している。
(イ) 誰からも見られていないことは不安である。
(ウ) 人は監視から逃れたいと欲している。
(エ) ウイルス対策のため監視を強化すべきである。
(オ) 近代的権力は不安を解消するためにある。

問六　――B「それを最後まで拒否し続けることは難しいだろう」とあるが、その理由として適切なものを二つ選び、記号で答えなさい。
(ア)「自由か安全か」という選択を前にすれば、人は安全をとってしま

【国語】（四〇分）〈満点：一〇〇点〉

［一］ 次の文章を読み、後の問いに答えなさい。

＊1ディストピアは、すでに監視資本主義のようなかたちで、私たちが気づかないところでおおむね実現してしまっている、と述べてきた。この事実に加えて、さらに①コウ慮すべきことが二つある。

第一に、「自由か安全か」という選択を迫られたとき、結局、私たちは、安全の方をとってしまうだろう。命の危険があっても自由をとる、という人は少ない。まして、あなたが自由の方を選んだときには、あなたの命だけではなく、他人の命をも危険にさらすことになる、とされたとき、なお［X］に執着できるだろうか。［1］

第二に、＊2デイヴィッド・ライアンが「監視文化」と呼んでいることをコウ慮に入れる必要がある。ライアンがこの語を用いて＊3示唆《しさ》していることは、現代人は監視されることを必ずしも拒否しておらず、むしろ望んでさえいる、ということだ。ライアンの②念トウにあるのは、「露出症指向」の＊4リアリティ番組やＳＮＳが交錯する場所である。人は、自分の私的な生活を他者に覗《のぞ》かれること、監視されることを楽しんでいるのだ。かつて、A＊5ミシェル・フーコーが、近代的な権力を描こうとして『監視と処罰』を書いたとき、前提になっていたのは、監視を恐れるⓐ主体、できることなら監視から逃れたいと欲している主体、自分は監視されているのではないかと絶えず不安になる主体であった。しかし、今日、人は、自分が誰からも見られていないかもしれないということを恐れ、不安に感じている。［2］

そうだとすれば、現在の、あるいは将来のウイルスへの対策として、監視を強化しようとする制度や技術が③ドウ入されたとき、Bそれを最後まで拒否し続けることは難しいだろう。つまり、我々の社会は、監視の強化を受け入れてしまうだろう。［3］

それならば、どうすればよいのか。ⓑ個人の私生活や行動の④サイ部にまでいたる監視は、まして身体の内部⑤ジョウ態にまで―当人が知らない当人の個人情報にいたるまで―監視の目が届くのだとすれば、Cそれは、自由にとっての脅威である。これにDどう対応すればよいのか。

［4］

こういうときになすべきは、逃避ではない。偏在する監視を拒否し、そこから逃れようとしても、今述べたように、敗北は不可避である。こういうときになすべきは、監視をめぐる闘争に積極的に参加することによる対抗である。監視が自由にとって⑥危ケンなのは、二つの事情があるからだ。第一に、監視で得られる情報が―国家であれ一部の私企業であれ―独占的に制御されていること。第二に、私たちが与えた個人情報が、私たちが望んでいなかった領域にまで活用されていること。したがって、監視をめぐる闘争の主題は二つある。E誰がその情報を制御しているのか。そして、情報が適切に使われているのか。

（大澤真幸、國分功一郎『コロナ時代の哲学』）

語注
＊1 ディストピア…反理想郷。暗黒世界。本文ではＩＴ技術を用いた監視システムの実現の事を指している。
＊2 デイヴィット・ライアン…カナダの社会学者。情報革命に伴う監視社会化の問題を研究している。
＊3 示唆…それとなく知らせること。ほのめかすこと。
＊4 リアリティ番組…表向きは、演技や台本、やらせのない出演者の

2021年度

解　答　と　解　説

《2021年度の配点は解答欄に掲載してあります。》

＜数学解答＞ 《学校からの正答の発表はありません。》

1 (1) 6　(2) 2　(3) $\dfrac{13x+5}{12}$

2 (1) $(a-b+c)(a-b-c)$　(2) $x=\dfrac{-3\pm\sqrt{33}}{2}$　(3) $x=-1$, $y=-3$

(4) $b=12$　(5) $x=2$　(6) $y=2x$

3 64　**4** 4回　**5** 10通り　**6** $\dfrac{1}{4}$　**7** 120g　**8** $\left(\dfrac{2}{5},\ \dfrac{8}{5}\right)$

9 (1) $x=35$　(2) $x=12$　**10** 解説参照　**11** $\dfrac{22}{3}\pi-8\sqrt{3}$　**12** $(-2,\ 4)$

○推定配点○

各5点×20　計100点

＜数学解説＞

1 (正負の数，式の計算)

基本 (1) $(1+5\times3-2^2)\div2=(1+15-4)\div2=12\div2=6$

(2) $6\left\{0.25+\left(-\dfrac{1}{3}\right)^3\times3\right\}+0.25\div\dfrac{3}{14}=6\left(\dfrac{1}{4}-\dfrac{1}{9}\right)+\dfrac{1}{4}\times\dfrac{14}{3}=\dfrac{5}{6}+\dfrac{7}{6}=2$

基本 (3) $\dfrac{4x+5}{3}-\dfrac{x-3}{4}-2=\dfrac{4(4x+5)-3(x-3)-24}{12}=\dfrac{16x+20-3x+9-24}{12}=\dfrac{13x+5}{12}$

本 **2** (因数分解，2次方程式，連立方程式，反比例，比例式，直線の式)

(1) $a^2-2ab+b^2-c^2=(a-b)^2-c^2=(a-b+c)(a-b-c)$

(2) $x(x+5)+(x+2)(x-1)=10$　$x^2+5x+x^2+x-2=10$　$x^2+3x-6=0$　解の公式を用いて，$x=\dfrac{-3\pm\sqrt{3^2-4\times1\times(-6)}}{2\times1}=\dfrac{-3\pm\sqrt{33}}{2}$

(3) $y=5x+2$…①，$x=2y+5$…②　①を②に代入して，$x=2(5x+2)+5$　$-9x=9$　$x=-1$　これを①に代入して，$y=-5+2=-3$

(4) $y=\dfrac{a}{x}$に$x=6$，$y=2$を代入して，$2=\dfrac{a}{6}$　$a=12$　$y=\dfrac{12}{x}$に$x=1$，$y=b$を代入して，$b=\dfrac{12}{1}=12$

(5) $5:3=\dfrac{10}{3}:x$　$5x=3\times\dfrac{10}{3}$　$x=2$

(6) 直線lの傾きは，$\dfrac{9-1}{2-(-2)}=\dfrac{8}{4}=2$　よって，求める直線の式は，$y=2x$

本 **3** (体積)

立方体の1辺の長さは接する球の直径4に等しいから，立方体の体積は，$4^3=64$

基本 $\boxed{4}$ **（平均）**

6の目がx回出たとすると，$(1\times2+2\times4+3\times5+4\times4+5\times1+6x)\div(2+4+5+4+1+x)=3.5$
$46+6x=3.5(16+x)$　　$2.5x=10$　　$x=4$(回)

$\boxed{5}$ **（場合の数）**

表を○，裏を×とすると，題意を満たすのは，○○○，○○×○，○×○○，○○××○，○×○×○，○××○○，○×××，○○×××，○×○××，○××○×の10通り。

$\boxed{6}$ **（確率）**

さいころの目の出方の総数は，$6\times6=36$(通り)　　このうち，題意を満たすのは，(1，6)，(2，3)，(2，6)，(3，2)，(3，6)，(6，1)，(6，2)，(6，3)，(6，6)の9通りだから，求める確率は，$\frac{9}{36}=\frac{1}{4}$

$\boxed{7}$ **（食塩水）**

5％の食塩水をxg混ぜるとすると，$60\times\frac{2}{100}+x\times\frac{5}{100}=(60+x)\times\frac{4}{100}$　　$120+5x=240+4x$
$x=120$(g)

重要 $\boxed{8}$ **（1次関数のグラフ）**

点Pのx座標をtとすると，Pは直線l上の点だから，$\mathrm{P}\left(t,\ \frac{3}{2}t+1\right)$　　点Qは直線m上の点だから，そのx座標は，$\frac{3}{2}t+1=-x+4$　　$x=-\frac{3}{2}t+3$　　PQ＝2より，$-\frac{3}{2}t+3-t=2$　　$-\frac{5}{2}t=-1$
$t=\frac{2}{5}$　　点Pのy座標は，$\frac{3}{2}\times\frac{2}{5}+1=\frac{8}{5}$　　よって，$\mathrm{P}\left(\frac{2}{5},\ \frac{8}{5}\right)$

基本 $\boxed{9}$ **（角度）**

(1)　△ABC≡△DBEより，$\angle\mathrm{BAC}=\angle\mathrm{BDE}=x^\circ$　　三角形の内角と外角の関係より，$\angle\mathrm{AED}=x^\circ+40^\circ$　　よって，$x^\circ+(x^\circ+40^\circ)=110^\circ$　　$2x^\circ=70^\circ$　　$x=35$

(2)　正六角形の1つの内角の大きさは，$180^\circ\times(6-2)\div6=120^\circ$　　48°の角の頂点をO，直線CBと直線OAとの交点をGとすると，$\angle\mathrm{AGB}=3x^\circ+48^\circ$，$\angle\mathrm{BAG}=180^\circ-120^\circ-2x^\circ=60^\circ-2x^\circ$　　よって，$(3x^\circ+48^\circ)+(60^\circ-2x^\circ)=120^\circ$　　$x=12$

基本 $\boxed{10}$ **（立方体の切り口と展開図）**

同一平面上の2点を結べばよいので，右の図のようになる。

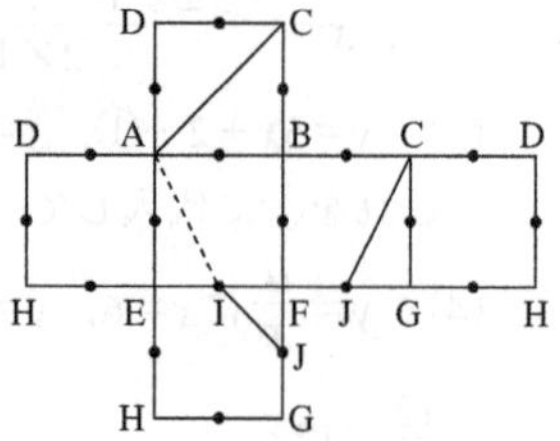

$\boxed{11}$ **（平面図形の計量）**

弓形ACとBCは半径が4で中心角が60°のおうぎ形から正三角形ABCをひいて求められるから，求める図形の面積は，$\pi\times2^2\times\frac{1}{2}+\left(\pi\times4^2\times\frac{60}{360}-\frac{1}{2}\times4\times2\sqrt{3}\right)\times2=2\pi+\left(\frac{8}{3}\pi-4\sqrt{3}\right)\times2=\frac{22}{3}\pi-8\sqrt{3}$

重要 $\boxed{12}$ **（図形と関数・グラフの融合問題）**

点Aのx座標を$t(<0)$とすると，$\mathrm{A}(t,\ t^2)$，$\mathrm{B}(-t,\ t^2)$，$\mathrm{D}(t,\ 8)$と表せる。四角形ABCDは正方形だから，AB＝AD　　$-t-t=8-t^2$　　$t^2-2t-8=0$　　$(t-4)(t+2)=0$　　$t=4,\ -2$　　$t<0$より，A$(-2,\ 4)$

★ワンポイントアドバイス★

本年度は大問12題と出題構成は変わったが，ほとんど独立小問で，小問数20題は変わっていない。標準レベルの問題であるから，ミスのないように解いていこう。

＜英語解答＞ 《学校からの正答の発表はありません。》

1　1 factory　2 foot　3 foreign　4 station
　ア focus　イ forest　ウ noon　エ aunt　オ yard

2　1 エ　2 オ　3 ウ　4 ア　5 エ

3　1 ①　2 ③　3 ②　4 ④　5 ②

4　1 2番目 オ　5番目 キ　2 2番目 イ　5番目 ア
　3 2番目 イ　5番目 ア　4 2番目 オ　5番目 カ
　5 2番目 ウ　5番目 ア

5　1 エ　2 イ　3 ウ　4 イ　5 エ

6　1 ×　2 ○　3 ○　4 ×　5 ×　6 ○

7　1 イ　2 エ　3 ウ　4 イ　5 エ　6 エ　7 ア

○推定配点○

1～3・7　各2点×26　　4～6　各3点×16　　計100点

＜英語解説＞

本 1 （単語）

1 「建物もしくは建物の集団で，中では労働者が車のような大量の製品を作る」＝工場
2 「これは，脚の先の体の平らな部分の一つである」＝足
3 「これは他の国から来たことを意味している」＝外来の
4 「これは建物である。多くの人が列車に乗るためにここに来る」＝駅
ア 「一つのものや状況，人に注意や努力を与えること」＝集中する
イ 「木が一緒に生えている木の地域である。多くの種類の動植物はここに住んでいる」＝森
ウ 「1日の真ん中の12時」＝正午
エ 「母や父の姉妹か，おじの妻」＝おば
オ 「家の前か後ろの土地の一部。そこで芝生や花，果物や野菜や丘の植物を育てられる」＝庭

本 2 （単語）

1 エのみ不規則変化の動詞である。
2 オのみ3単現の s をつけるときに，es をつける。
3 ウのみ球技ではない。
4 アのみ，複数形にするときに規則変化するものである。
5 エのみ形容詞である。それ以外は副詞。

要 3 （正誤問題：分詞，現在完了，比較，不定詞）

1 一般動詞を用いた文なので，① Is → Does が適切。
2 ③ stood → standing が適切。現在分詞の形容詞的用法である。
3 have been to ～「～に行ったことがある」② gone → been が適切。

4 more は長い単語を比較級にするときに用いるため，不要である。

5 不定詞の否定は not to ～の形になる。

重要 4 （語句補充問題：助動詞，現在完了，比較，受動態）

1 You don't have to be afraid of making mistakes(.)　don't have to ～「～する必要はない」

2 (She) has been sick in bed for a week(.)　be sick in bed「病気で寝ている」

3 Bill was able to swim in the river (, finally.)　be able to = can「～することができる」

4 My homework is much more difficult than (yours.)　〈much ＋比較級〉で比較を強める働きをする。

5 Japanese is often spoken by the people in (Hawaii.)　〈be動詞＋過去分詞〉で受動態の文となる。

5 （語句補充問題：現在完了，進行形，不定詞）

1 How long does it take ～?「～にどのくらい時間がかかるか」

2 No, not yet.「いいえ，まだです」

3 Are you coming to ～?「～にくる予定ですか」 進行形は近い未来を表すこともある。

4 〈It is ～ for 人 to …〉「人にとって…することは～だ」

5 quickly「急いで」

6 （会話文：内容吟味）

（大意） 母：寝る時間よ。
マイク(息子)：眠る準備ができていないよ。僕は疲れていないよ。
母：遅いし，明日早く至学館高校で試験があるでしょ。
マイク：眠れそうにないよ。
母：リラックスしたシーンを想像してみたらどう？ 羊を数えてみたら？
マイク：前に試してみたんだ。うまくいかないよ。そして，とにかく羊が好きではないんだ。
母：寝る必要があるわ。
マイク：眠るまで起きていられないかな？
母：もしそんなことをさせれば，一晩中起きているでしょう。
マイク：眠りにつくと約束するよ。
母：いや，もう寝るから，おやすみなさい。
マイク：わかったよ，ママ。また朝ね。

(1) 「マイクの母は彼を遅くまで起きさせる」 母の最初の発言参照。寝る時間だと促しているので不適切。

(2) 「マイクは眠くないので，まだ眠れない」 マイクの2番目の発言参照。眠れそうにないと言っているので適切。

(3) 「マイクは高校でテストを受ける予定だ」 母の2番目の発言参照。明日早く至学館高校でテストがあるので適切。

(4) 「マイクは羊が好きではないので，羊を数えたことがない」 マイクの3番目の発言参照。マイクは以前羊を数えたことがあるため，不適切。

(5) 「マイクは朝に羊を数えなければならないので，すぐに眠らなければならない」 マイクの3番目の発言参照。眠るときに羊を数えるように言われているので不適切。

(6) 「マイクの母は，眠りたいときに穏やかなイメージを描くのが効果的だと考えている」 母の3番目の発言参照。リラックスしたシーンを想像したらどうかと言われているので適切。

重要 **7** **(長文読解・説明文：要旨把握)**

(大意)　子供たちは便利なものを使用する必要があるか？

あなたは私がアメリカの子どもの3人に1人は，話す前に携帯電話やタブレットを使用できることを知っていたか？時には，2歳の子供は携帯電話やタブレットの使い方を知っている。小児科(小児医師)は，2歳未満の子供はテレビを見るべきではなく，2歳以上の子供は1日2時間しか見るべきではないと言っている。スマートフォン，タブレット，ゲーム機でも同じことを言う。最近の調査によると，12歳未満の子供の60％が持ち運びできるスクリーンで頻繁に遊ぶが，その38％は非常に頻繁に遊ぶ。便利なものは若者の最も人気のあるおもちゃだ。実際に今最も欲しがられるクリスマスや誕生日プレゼントは，スマートフォンだ。

ここでは，電子機器を乱用する子供の問題のいくつかを紹介する。まず，タブレットやスマートフォンを夕食のテーブルに持って行くと，子供たちは食事ではなく画面に焦点を当てているので，あまりにも速く，または食べ過ぎる。第二に，便利なものは子供の睡眠に影響を与える可能性がある。彼らはゲームについて考えてあまりにも興奮しており，眠りに落ちるのに苦労している。しかし，若者にとって時には大人にとっても最も深刻な問題は，精神的な健康だ。

今日，私は親にとって科学技術なしで生きることは不可能だ。家にある機器の数を数えてみなさい。深刻な問題は，①子供が両親を真似することだ。だから，母親や父親が「ゲームをやめなさい」と言っても，彼らがスマートフォンを使っているなら，それは子供たちにとって紛らわしいことだ。親と子供はもっとコミュニケーションをとり，彼らが自分のスマートフォンや他の便利なものを使用する時間を一緒に決定する必要がある。

1　3人に1人が話す前にタブレットを使用している。
2　2歳未満の子供はテレビを見るべきではないと言っている。
3　12歳未満の60％が頻繁にスマートフォンやタブレットを使用している。
4　最も欲しがられるプレゼントはスマートフォンである。
5　第2段落より，問題点として①食事中見ると速く食べたり，食べすぎたりする。②睡眠に大きな影響を与える。③精神的な健康が害される。　以上の3点である。視力については書かれていない。
6　親たちがするべきことは第3段落に書かれている。子供とコミュニケーションを取り，スマートフォンなどを使用する時間を一緒に決める必要があると書かれている。
7　母親や父親がスマートをフォンを使っていると，子供たちもそのまねをするという意味である。

★ワンポイントアドバイス★

単語や文法問題の比率が比較的高い。問題集や過去問を繰り返し解こう。また，教科書にのっている英文や単語はきちんと身につけたい。

＜理科解答＞ 《学校からの正答の発表はありません。》

1 (1) a まっすぐ　b 光源　c 太陽　d 入射　e 反射　f 乱反射　g 屈折　(2) (d)角＝(e)角　(3) (ⅰ) (d)角＞(g)角　(ⅱ) (d)角＜(g)角

2 (1) CO_2　(2) 光合成　(3) (植物) 生産(者)　(菌類) 分解(者)　(4) ① 外来　② 在来　(5) (ウ)

3 (1) 【1】 陽　【2】 亜鉛版　【3】 水素　【4】 減少していた　【5】 変化していなかった　(2) 亜鉛＞銅＞銀　(3) $Zn \rightarrow Zn^{2+} + 2e^-$

○推定配点○

1 (1)・(2) 各5点×8　(3) 各4点×2　2 各4点×6((3)完答)　3 各4点×7((2)完答)　計100点

＜理科解説＞

1 (光の性質)

重要 (1) a 光は均一な物質であれば，まっすぐ進む。

b・c 光を自ら出すものを光源といい，我々の身近では太陽がそれにあたる。

d・e 鏡に入ってくる光を入射光といい，鏡で反射して出ていく光を反射光という。

f 凸凹している面で様々な方向に光が反射することを，乱反射という。

g 違う物質に光が入り込むときは光は折れ曲がる。この現象を屈折という。

重要 (2) 入射角と反射角は等しくなる。

重要 (3) (ⅰ)・(ⅱ) 入射角と屈折角は右図のような関係となる。

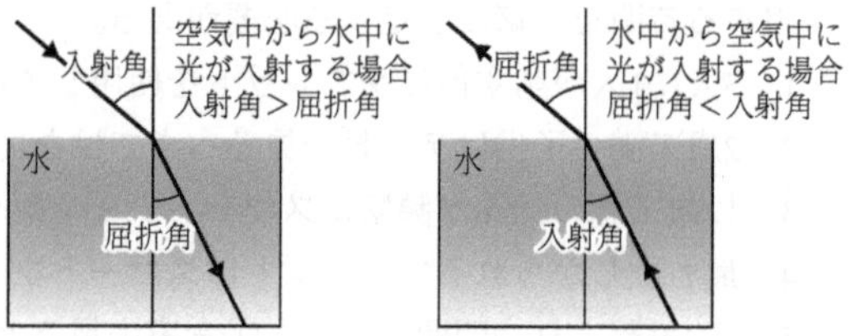

2 (生物どうしのつながり)

重要 (1) 全ての生物は呼吸によって，CO_2(二酸化炭素)を排出する。

重要 (2) 植物は二酸化炭素と水を使って光のエネルギーを利用し，デンプンと酸素をつくる。この働きを光合成という。

重要 (3) 植物は光合成を行い栄養分をつくるので，生産者と呼ばれる。菌類は死骸や動物のフンを分解するので，分解者と呼ばれる。

重要 (4) 外国からもたらされた生物を外来種，もともと日本にいた生物を在来種という。

基本 (5) 肉食動物がいなくなったので，草食動物は食べられる数が少なくなるので，増えていくが，草食動物のエサとなる植物が減るため，草食動物はエサ不足となり，数が減っていく。

3 (電気分解とイオン)

重要 (1) 【1】 電子を出すと陽イオンとなる。

【2】・【3】 塩酸と反応して水素を発生させるのは亜鉛板である。

【4】 泡が発生した亜鉛板は塩酸に溶けた分，質量は軽くなる。

【5】 銅は塩酸と反応しないので，質量の変化はない。

基本 (2) イオンになりやすい金属の順に並べると，Zn＞Cu＞Agの順となる。

基本 (3) Ⅰの実験で金属板どうしを導線でつなぐと亜鉛板が−極となる。このとき，起こる化学反応は，$Zn \rightarrow Zn^{2+} + 2e^-$となる。

★ワンポイントアドバイス★

問題文を読み込む読解力を身につけよう。

＜社会解答＞ 《学校からの正答の発表はありません。》

1 問1 ① ウ ② ア ③ ウ 問2 小野妹子 問3 天智天皇 問4 調
問5 ウ 問6 藤原道長 問7 荘園 問8 平等院

2 問1 エ 問2 イ 問3 イ 問4 エ 問5 ア 問6 エ 問7 ウ
問8 ア 問9 ウ 問10 寺子屋

3 問1 グリニッジ 問2 8月26日午前1時 問3 ア 問4 ア 問5 アボリジニ
問6 アパルトヘイト 問7 シリコンバレー 問8 ウ

4 問1 宇都宮市 問2 関東平野 問3 ① ア ② ア 問4 E 問5 G
問6 イ

5 問1 伝統 問2 イ 問3 ① ウ ② エ 問4 文化財保護法

6 問1 ① 法の下 ② 信条 問2 エ 問3 イ 問4 エ 問5 特別国会
問6 エ 問7 ① 20 ② 3 問8 ア

○推定配点○
各2点×50 計100点

＜社会解説＞

1 (日本の歴史ー飛鳥時代から平安時代の歴史に関する問題)

問1 ① 平城京はその前にあった藤原京の北にあり，元明天皇の時代に遷都された。 ② 坂上田村麻呂は征夷大将軍になる前から東北征討を何度か行い，797年に征夷大将軍となった後，802年に蝦夷の長の阿弖流為を降伏させた。 ③ 白河天皇は皇位を譲り上皇となった後も権力を握り続け，上皇の御所の院で政治を行ったことから院政と呼ばれるようになる。

基本 問2 小野妹子は607年に遣隋使として派遣され，隋の皇帝の煬帝に国書を届けた。その後，2度目の遣隋使にも任命され再度隋に渡った。

問3 壬申の乱は天智天皇の死後，その後継の地位をめぐり，天智天皇の子の大友皇子と天智天皇の弟の大海人皇子が衝突し争ったもの。大友皇子を大海人皇子が破り，即位して天武天皇となる。

問4 調が各地の特産品を納めた税。特産品なら何でもよいというものでもなく，それぞれの地域に品目が割り振られ指定されていた。

やや難 問5 ウ 「進上」というのは「進じる」の漢語表現で，何かを相手に与える意味。「御贄」は捧げもののこと。このことから木簡は調として都に納められた品につけられていたものと判断できる。

問6 この歌は藤原道長が全てのことにおいて満たされていて満足している状態を詠んだ歌として有名。

重要 問7 荘園は墾田永年私財法が出された後，当初は有力者が自分のために人を集め開墾させた土地であったが，やがて，その土地から上がる利益をわいろとして誰かに与えるものとして使われるようになり，その土地の持ち主と実際にその土地にいて農業を営んでいる人物が異なるものとして広まる。鎌倉時代には地頭が荘園に配されると，その荘園を地頭が私物化するようになったり，室町時代，戦国時代には荘園の持ち主がはっきりしないものもあらわれ，豊臣秀吉が実施した太閤検地の一地一作人の制により，その土地で耕作する者が土地の所有者とされたことで荘園は消滅した。

問8　平等院鳳凰堂は藤原頼通が建てさせた寝殿造りと建造物。鳳凰堂の前に池があり，池越しに鳳凰堂の中の阿弥陀如来を見ることができるようになっており，浄土を再現したものとなっている。

2　(日本の歴史―近世の歴史の問題)

問1　エ　種子島に漂着した船に乗っていたポルトガル人によって鉄砲が伝わったのは1543年，ザビエルが鹿児島に来航したのは1549年で年代も来航地も異なる。

問2　イ　刀狩などによって秀吉は農民と武士の身分の違いを明確にし，その身分の間の移動を困難にしたので誤り。

やや難　問3　ア　参勤交代に要する費用はすべて各藩の経費とされたので誤り。　ウ　幕藩体制は幕府が諸大名を家来とし，その諸大名がそれぞれの藩を支配するという形で幕府が各藩を支配するのではないので誤り。　エ　江戸時代，禁中並公家諸法度で幕府は天皇や公家の在り方にも統制を加え，政治的な権限も奪ったので誤り。

問4　エ　徳川家康は1516年に没しているので誤り。

問5　ア　五人組は農村において農民を5軒ごとのグループに分けて連帯責任を負わせたもの。子の農民たちをまとめる役を農村の有力者に与え，それが村役人。

重要　問6　ア　幕府は新田開発を進めるが，その費用は幕府ではなく大商人などに負担させた。
イ　江戸時代，銀貨は当初は京都の伏見，後に江戸で鋳造されていたので鉱山がある場所ではない。　ウ　九十九里浜では地引網漁が行われ，イワシ類が多く水揚げされていた。鮭やにしんは蝦夷地が中心。

問7　ウ　尾形光琳は屏風絵や襖絵などの絵画の絵師。蒔絵は一般的な絵画ではなく，漆で描いた文様に金粉などを吹き付けるもの。

基本　問8　ア　新井白石は徳川綱吉の死後，綱吉の時代に悪化した幕府の財政を立て直すために活躍した儒学者で，その改革が正徳の治と呼ばれるもの。徳川家宣，家継の時代に活躍したが，家継の時代には譜代大名や他の幕臣の反発もあり，8代将軍に徳川吉宗が就くと失脚し公職から退いた。

問9　ア　田沼意次の政治の内容。　イ　公事方御定書が定められたのは徳川吉宗の時代。
エ　大岡忠相を江戸町奉行に取り立てたのは徳川吉宗。

問10　寺子屋は当初は寺の僧が近隣の庶民の子に読み書きを教えていたもの。やがてそれが僧だけではなく学のある下級武士や町人たちが教える役を負うものも出てきた。

3　(地理―世界の各地に関する問題)

問1　グリニッジ天文台はイギリスのロンドンのグリニッジ地区にある。1675年にイギリス国王チャールズ2世が設立。現在は天文台はケンブリッジに移転し，グリニッジには建物は史跡として残されている。

問2　東経135度と西経45度の地点の時差は経度差180度分の時差になるので12時間。日本の方が12時間先行しているので，日本が8月26日午後1時の時，サンパウロは8月26日午前1時となる。

問3　ア　赤道直下はだいたい熱帯の気候になるので，月ごとの平均気温で最低が18℃よりも上になる。アは気温が熱帯の条件に当てはまり，年中降水量が多いので熱帯雨林気候のもの。これが雨季と乾季とがはっきりと分かれた形になっていればサバナ気候になる。

重要　問4　ア　D国はインド。インドは現在，情報通信産業が発達し，特にインド半島の南部にあるバンガロールはアメリカのシリコンバレーとほぼ半日の時差の場所にあることから，インターネットのメール機能を使ってコンピューターのソフト開発で作業を途切れさせることなく効率的に行っていることで有名。

問5　オーストラリア大陸の先住民族はアボリジニ(アボリジニー，アボリジニーズ)。

問6　南アフリカでとられていた有色人種隔離の政策はアパルトヘイト。この政策を廃止するのに活躍し，南アフリカで初めて大統領となった黒人がネルソン・マンデラ。

問7　シリコンバレーはアメリカの太平洋岸のサンフランシスコ近郊のサンノゼという町のあたり。シリコンはコンピュータなどに欠かせないトランジスタの原料でケイ素のこと。

基本　問8　EUの中の最大の農業国で「EUの穀倉庫」と呼ばれているのがフランス。基本的にヨーロッパは緯度が高い地域がほとんどなのでフランスよりも北になると普通に畑で農業をやるのが厳しくなるところも多い。選択肢の中ではスペインも農業が盛んだが，フランスと比べると地形が複雑で，標高が高い場所や乾燥した場所も多いのでフランスほど小麦の生産は多くない。

4　(日本の地理—関東地方に関する問題)

問1　B県は栃木県。栃木県の県庁所在地は宇都宮市。栃木県には栃木市もあるので要注意。

問2　関東地方のほぼ中央から南に広がる平野は関東平野。

問3　①　かつては東京の都庁も現在の新宿区ではなく千代田区にあり，山手線の東側にあったため，山手線の西側にある池袋や新宿，渋谷の辺りは東京駅の辺りに対する副都心としての性格がより濃かった。　②　かつては東京の中心部の千代田区のあたりは物価も高く，家賃も高いので住みにくい場所と見られ，人口が東京の外へ動くドーナツ現象が見られたが，新宿へ都庁が移転した頃から，東京の臨海部は再開発が進み，まずオフィスビルが増え，次いで職住が近いという利点に目をつけた高層マンションが建てられるようになり再開発が進んでいる。

問4　小笠原諸島は第二次世界大戦後アメリカが支配していたが，1968年に日本への返還後，Eの東京都に編入され現在に至っている。

問5　成田空港はGの千葉県にある。

やや難　問6　高度経済成長の頃，日本の工業地帯，工業地域の主力であったAは京浜工業地帯。Aに遅れて発達し，機械工業が盛んなBが北関東工業地域で，Cは金属や化学などの工業素材を作るのに特化した京葉工業地域。京葉地区は大きな工場が多いが，工業の素材を作っているという特性から一般の市場に出る工業製品を作っている京浜地区などと比べると製造品の付加価値が低く出荷額も小さくなる。

5　(公民—文化に関する問題)

問1　伝統文化は長い年月の間，人々によって受け継がれてきたもので，本文にあるような一部の専門家によって受け継がれてきた伝統芸能，伝統技術と広く一般の人々の生活の中で受け継がれてきた生活文化がある。

問2　イ　iPS細胞の作製でノーベル生理学医学賞を受賞したのは山中伸弥。アの山海嘉之はロボットの研究で有名な工学者。ウの吉野彰はリチウム電池の発明でノーベル化学賞を受賞した人物。エの佐藤栄作は非核三原則を掲げたことでノーベル平和賞を受賞した日本の元首相。

問3　①　端午の節句は5月5日のもの。　②　花祭り(灌仏会)は仏教の行事でシャカの生誕を祝うもので，花で飾った花御堂に誕生仏という小さな釈迦像を安置し，その釈迦像に甘茶をかけることを行う。花祭りは日本では4月8日に行われることが多い。

問4　1949年の法隆寺の火災を受けて1950年に文化財保護法は制定され，有形，無形のものも含め扱う。

6　(公民—憲法，三権に関する問題)

問1　①　法の下の平等は，法律に照らし合わせる段階で，全ての人が平等に扱われるということ。

② 信条はこの場合政治などの思想で何を信奉するかということ。

問2 エ C 1776年→A 1889年→D 1919年→B 1946年の順。

問3 イ 欽定憲法は君主が定めたもので，民定憲法は国民が定めたものになり，逆の説明になっている。

問4 ア 戦力は持たないことになっている。 イ 日米安全保障条約の誤り。 ウ 原爆が投下されたのは広島と長崎で山口には投下されていない。

基本 問5 特別国会は衆議院の解散を受けた総選挙実施後，30日以内に召集され，首相の指名が行われる。なお，衆議院が任期満了で総選挙の場合には臨時国会になる。

問6 エ 条約の締結は内閣の仕事になるが，承認は国会のもの。アの法律の執行は，全ての行政行為は基本的には裏付けの法があるので，行政行為を行うことが法の執行となる。

重要 問7 裁判員は地方裁判所が各都道府県の選挙人名簿の中から20歳以上の有権者を選び，裁判員の候補者とする。現在，選挙権は18歳以上に与えられているが，裁判員の年齢は20歳以上のままにされている。裁判員裁判では裁判員6人と裁判官3人の9人で，重大事件とされる殺人，傷害，強盗，放火などの刑事裁判の第1審で，裁判の最初から判決を出すところまで裁判員が裁判官とともに行う。

問8 イは裁判官，ウは弁護人の説明。検察官は行政権に属する存在で，司法権の刑事裁判において，裁判所に訴えて裁判を起こし，被告人の犯罪行為について裁判官の前で明らかにし告発していく役割を担う。

★ワンポイントアドバイス★

小問数が50題で試験時間に対してやや多いが，あせらず落ち着いて一つずつ正確に解答欄を埋めていきたい。記号選択が多いので，何が求められているのかを正確につかむことが必要。選択肢同士の違いに注意。

<国語解答> 《学校からの正答の発表はありません。》

一 問一 ① ア ② ウ ③ イ ④ エ ⑤ ア ⑥ ア 問二 a 客体 b 集団 問三 ア 問四 2 問五 ウ 問六 ア・ウ 問七 監視で得ら ～ ていること 問八 監視をめぐる闘争に積極的に参加することによる対抗(24字) 問九 国家[一部の私企業] 問十 (ア) × (イ) × (ウ) × (エ) ○

二 問一 ① イ ② イ ③ ウ ④ ウ ⑤ イ 問二 a イ b エ c ウ 問三 熱さ 問四 ウ 問五 擬態語 問六 集団 問七 (例) スプリントには向いていないと思われる櫻井が実際には過去に勝っており，パワーのある「俺」は結果を出していないということに気づいたから。 問八 挑戦してみてもいいかもしれないと一瞬，思った 問九 イ 問十 死ぬかもしれない(8字) 問十一 ア 問十二 エ 問十三 (例) 競技を続ける限り，事故や死は避けられないというもの。 問十四 兄貴の亡霊(5字)

三 問一 エ・オ・ケ 問二 (樋口一葉) ア (森鷗外) ク

四 問一 A (作品名) ウ (作者) イ B (作品名) キ (作者) エ 問二 ア

○推定配点○
一　問一　各1点×6　　問二・問十　各2点×6　　他　各3点×7(問六完答)
二　問一　各1点×5　　問二～問六　各2点×7　　問七　4点　　他　各3点×7
三　問一　各1点×3　　問二　各2点×2　　四　各2点×5　　計100点

＜国語解説＞

一　(論悦文―漢字の読み書き，対義語，脱文・脱語補充，文脈把握，内容吟味，要旨)

問一　①　考慮　　ア　考案　　イ　更衣室　　ウ　荒涼　　エ　後半
　　　②　念頭　　ア　当選　　イ　登頂　　ウ　店頭　　エ　卒倒
　　　③　導入　　ア　水道　　イ　半導　　ウ　振動　　エ　一同
　　　④　細部　　ア　裁断　　イ　破砕　　ウ　再開　　エ　細心
　　　⑤　状態　　ア　お礼状　　イ　感情　　ウ　乗車　　エ　成就
　　　⑥　危険　　ア　険悪　　イ　検定　　ウ　真剣　　エ　見当

問二　a「主体」は，行いや働きをするもの，という意味。対義語は，意志や行為の対象となるもの，という意味の「客体」。　b「個人」は，社会や組織を構成する個々別々の人間，という意味。対義語は，多くの人や動物，物などの集まり，という意味の「集団」。

問三　直前に「あなたが自由の方を選んだときに，あなたの命だけではなく，他人の命をも危険にさらすことになる」とあるので，「自由(に執着できるだろうか)」とするのが適切。

問四　2 の直前に「今日，人は，自分が誰からも見られていないかもしれないということを恐れ，不安を感じている」とあり，直後で「監視は望まれている」と言い換えている。

問五　直後に「前提となっていたのは，監視を恐れる主体，できることなら監視から逃れたいと欲している主体，自分は監視されているのではないかと絶えず不安になる主体であった」と説明されているので，「人は監視から逃れたいと欲している」とするウが適切。

問六　直後に「我々の社会は，監視の強化を受け入れてしまうだろう」と言い換えられており，前に「『自由か安全か』という選択を迫られたとき，結局，私たちは，安全の方をとってしまうだろう」「現代人は監視されることを必ずしも拒否しておらず，むしろ望んでさえいる」とあるので，ア・ウが適切。人は自由よりも安全を選び，監視されることをむしろ望んでいるから，監視を強化しようとする制度や技術を拒否し続けることは難しい，となる。

問七　「自由にとっての脅威」については，直後の段落に「監視が自由にとって脅威なのは……」と説明されており，理由については，第一に「監視で得られる情報が―国家であれ一部の私企業であれ―独占的に制御されていること(37字)」，第二に「私たちが与えた個人情報が，私たちが望んでいなかった領域にまで活用されていること(39字)」と二点が示されているので，「37字」にあてはまる方を選ぶ。

問八　後に「こういうときになすべきは，監視をめぐる闘争に積極的に参加することによる対抗である」と述べられているので，「監視をめぐる闘争に積極的に参加することによる抵抗(24字)」を抜き出す。

問九　「情報の制御」については，直前に「国家であれ，一部の私企業であれ―独占的に制御されていること」とあるので，「国家」あるいは「一部の私企業」を抜き出す。

問十　(ア)は，冒頭に「ディストピアは，すでに監視資本主義のようなかたちで，私たちが気づかないところでおおむね実現してしまっている」とあることと合致しない。「ディストピア」については，注釈で「本文ではIT技術を用いた監視システム実現の事を指している」と説明されている。(イ)は，「自由と安全を保障する」という部分が合致しない。本文には「個人の私生活や行動のサイ部にまでいたる監視は，……自由にとっての脅威である」と述べられている。(ウ)は，「完全な監視体制を脅かす」という部分が合致しない。本文には，「監視」は「自由にとって危ケン」とある。(エ)は，本文最後に「したがって，監視をめぐる闘争の主題は二つある。誰がその情報を制御しているのか。そして，情報が適切に使われているのか」と述べられていることと合致する○。

二 (小説一漢字の読み書き，語句の意味，ことわざ・慣用句，表現技法，情景・心情，大意)

問一 ① 有利　ア 管理　イ 砂利　ウ 別離　エ 表裏
② 困難　ア 結婚　イ 困窮　ウ 昨今　エ 建立
③ 呼吸　ア 永久　イ 下級　ウ 吸引　エ 休園(休演)
④ 想定　ア 倉庫　イ 尚早　ウ 想像　エ 相思相愛
⑤ 継いで　ア 直伝　イ 継続　ウ 告げる　エ 次いで

問二 a 「目に焼き付く」は，見たものの印象が強く心に残る様子なのでイが適切。 b 「泳がせる」は，ひそかに監視しながら，表面的には自由に行動させる，という意味なので，エが適切。ここでは，集団をコントロールしている強豪校が，わざとスピードを上げずに，逃げグループを走らせておく様子。 c 「番狂わせ」は，勝負事で予想外の結果になることなのでウが適切。

問三 「喉元過ぎれば熱さを忘れる」は，苦しい時が過ぎると，その苦しさを簡単に忘れてしまうことのたとえ。ここでは，直前の「もう一度走るのが怖いと思ったのに，レースに戻った途端，俺は勝つことを考えはじめている」という様子のこと。

問四 直前に「俺ははっとして，櫻井の顔を見た。櫻井はそのまま，速度を上げて集団の前に進んだ」とあり，直後には「櫻井のしてやったりという顔」とあるので，悔しさや怒りを我慢する，という意味の「唇を噛む」が入る。隣に並んで話しかけて来た櫻井の言葉に動揺していたら，彼に抜かれてしまったのである。

問五 「のっそり」は，動作がのろい様子を表す擬態語。「擬態語」は，物事の状態や様子を示すのにふさわしい音で表した語。動物の声や物音などをまねて表した語は「擬声語(擬音語)」という。

問六 直前に「下りになれば八十キロ，九十キロというスピードを出すのに」とあり，その前には「集団はのっそりと動き始めた」とあるので，「集団」が適切。自転車レースの集団が，ゆるやかに動き始める様子を「鈍重な大きな獣のようだ」と表現しているのである。

やや難 問七 直前に「高低差は大きいが，最後はスプリント勝負になる」「正直，櫻井向きではない。パワーのある選手の方が有リかもしれない」とあるが，直後で「過去に，櫻井はスプリントで勝っている」「どちらかというと，俺の方が短いスプリントでは結果を出していない」と，その考えを打ち消している。スプリント勝負であれば，櫻井よりも自分の方が有利かもしれない，と思いかけたが，過去に勝っているのは櫻井で，自分は結果を出していないことを思い出し，その考えを振り払ったのである。

やや難 問八 ここでいう「不思議」は，直後の「あれほど，もう一度走るのが怖いと思ったのに，……勝つことを考え始めている」という心境を指す。前に「挑戦してみてもいいかもしれないと一瞬，思った」とあり，このように思ったことを「不思議」と感じているのである。

問九 直前に「恐怖はいつも薄皮一枚隔てたところにわだかまっている」とあり，「恐怖」は，本文前に「とあるレースに出た際に集団落車に巻き込まれ，怪我を負ってしまう。そのときに，中学時代の豊の事件を思い出し，自転車競技に恐怖を覚え……」という内容を指すので，イが適切。アの「怪我をさせることに対する恐怖」，ウの「顧問が豊かに怪我を負わせた記憶」，エの「スピードが出る恐怖心」はあてはまらない。

問十　直後に「なんの覚悟かと尋ねる必要などない。櫻井はこの競技が死に繋がるかもしれないことを知っている。そして俺も。」「……，そのうち何人までが，死ぬかもしれないと覚悟を決めているだろう」とあるので，「死ぬかもしれない(8字)」を抜き出す。

やや難　問十一　直後に「競技をやめたからといって，死と関わることを避けられるわけではない」とあり，さらに「どうやっても死や事故はついてまわる。自分が死なない限り，逃れられるわけではない」とあるので，アが適切。イは「死や怪我を負わせる」，ウは「自分が加害者になる」，エは「他の選手が理解していない」という部分が適切でない。

問十二　直後に「俺は柔道によって，豊を傷つけたわけではない。……俺の後悔は，あのとき教師を止められなかったということで，それは自分が柔道をやっていようがやっていまいが変わらない」とあるのでエが適切。アは「後遺症を与えたことを悔やんでも」，イは「俺が豊を投げ飛ばし」，ウは「顧問を訴えられなかったこと」という部分が適切でない。

問十三　ここに描かれる「不安」については，「死と関わること」「死や事故はついてまわる」と表現されている。

問十四　空欄直後の「押しつけたくなった」に着目する。「――お前にちょっと押しつけたろうかと思ったんやけど」「――兄貴の亡霊」とあるので，「兄貴の亡霊(5字)」が適切。

三　(文学史)

問一　芥川龍之介は，大正期の作家で，作品は，『羅生門』『鼻』『河童』のほかに『蜘蛛の糸』『杜子春』『芋粥』『地獄変』『歯車』『或る阿呆の一生』など。

問二　樋口一葉の作品は，『たけくらべ』のほかに『にごりえ』『十三夜』「大つごもり」など。
森鷗外の作品は，『舞姫』のほかに『雁』『青年』『阿部一族』『渋江抽斉』など。

四　(文学史)

問一　A　『徒然草』の冒頭文。『徒然草』は，鎌倉時代末期に成立した兼好法師による随筆。
B　『方丈記』の冒頭文。『方丈記』は，鎌倉時代初期に成立した鴨長明による随筆。

問二　『源氏物語』は平安時代中期に成立した「紫式部」による長編物語。

★ワンポイントアドバイス★

現代文の読解は，長文ではないが問題数が多めなので，時間配分を考えててきぱきと解答しよう！　漢字のほか，文学史・表現技法は毎年出題されているので，確実に得点できる力をつけておこう！

MEMO

大切なことはメモしておこうネ！

2020年度

★★★★★★★★★★★★★★★★★★★★★★★★★

入　試　問　題

2020年度

至学館高等学校入試問題

試験時間

●普通科／アドバンスコース・留学コース

【国語】・【数学】・【英語】（各40分）＜満点：各100点＞

●普通科／進学コース・スポーツサイエンスコース

家政科／生活デザインコース　商業科／総合ビジネスコース

【国語】・【英語】（各40分）＜満点：各100点＞

【社会・数学・理科より１科目選択】（40分）＜満点：100点＞

【数　学】（40分）　＜満点：100点＞

【注意】　分数で答えるときは，それ以上約分できない分数で答えなさい。

また答えに$\sqrt{\ }$を含む場合は$\sqrt{\ }$の中は最も小さな自然数になる形で答えなさい。

1　次の式を計算しなさい。

(1)　$(\sqrt{3}-\sqrt{2})\left(\frac{1}{\sqrt{2}}+\frac{1}{\sqrt{3}}\right)$　　(2)　$\frac{2}{5}+\frac{4}{5}\times\frac{2}{3}-\frac{2^2}{3}$

(3)　$\frac{3}{2}(x+2)-\frac{2x-3}{3}-4$　　(4)　$2.7^2+2\times2.7\times7.3+7.3^2$

2　次の問いに答えなさい。

(1)　$4x^2-36y^2$ を因数分解しなさい。

(2)　２次方程式 $\frac{x^2}{4}-\frac{x^2+2x}{5}=1$ を解きなさい。

(3)　連立方程式 $\begin{cases}2x-3y=14\\5x+4y=12\end{cases}$ を解きなさい。

(4)　$x=2+\sqrt{3}$，$y=2-\sqrt{3}$ のとき，x^3y-xy^3 の値を求めなさい。

(5)　$\sqrt{\frac{420}{n}}$が整数となるような自然数 n の最小値を求めなさい。

3　下の表は５人の小テストの結果を表にまとめたものである。５人の平均点が8.2点のとき，Ｅ君の点数 x の値を求めなさい。

名前	A	B	C	D	E
点数	10	9	6	7	x

4　下のヒストグラムはある部活の部員20人の身長を測定し，まとめたものである。このヒストグラムから，例えば，150cm以上160cm未満の人は2人いたことが分かる。身長が170cm以上の部員は全体の何%にあたるか求めなさい。

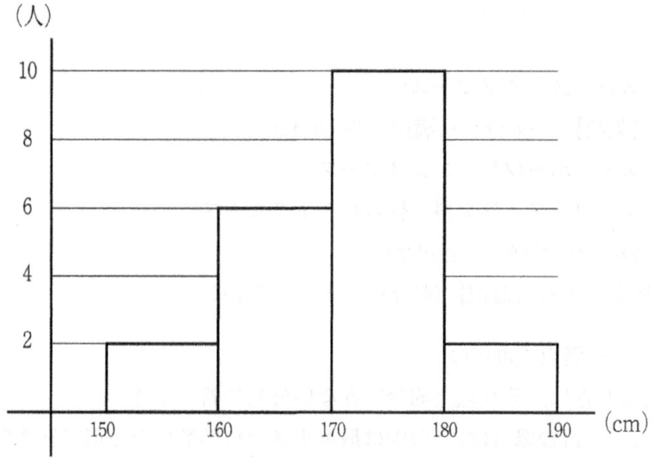

5　赤色の球が1つ，青色の球が1つ，白色の球が1つ，合計3つの球が入った袋が3つある。それぞれの袋から1つずつ球を取り出すとき，以下の確率を求めなさい。ただし，どの球を取り出すことも同様に確からしいものとする。

(1)　取り出した球の色がすべて同じ色となる確率

(2)　取り出した球の色が2色以上出る確率

6　1，2，4，7，11，16，22，…………

上記の数字の並びは，ある規則に従って数が並んでいる。左から数えてn番目の数字を$S(n)$とする。例えば，$S(4)=7$，$S(5)=11$ である。ただし，nは自然数とする。

(1)　$S(10)$を求めなさい。

(2)　$S(n)=211$ になるとき，nの値を求めなさい。

7　直線ℓと放物線$y=\frac{1}{2}x^2$がある。原点をO，直線と放物線の2つの交点をそれぞれA，Bとし，線分AB上に点Pがあるとする。点Aのx座標が-2，点Bのx座標が4のとき，以下の問いに答えなさい。

(1)　直線ℓの方程式を求めなさい。

(2)　△APOと△BPOの面積比が　5：1　となるような点Pの座標を求めなさい。

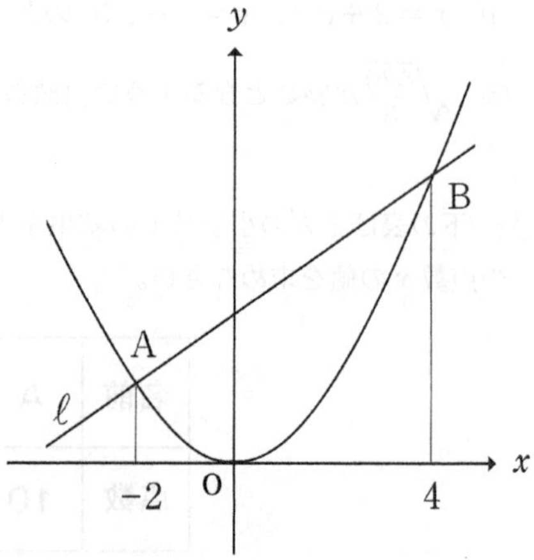

8 ⑴　以下の図の∠ x の大きさを求めなさい。

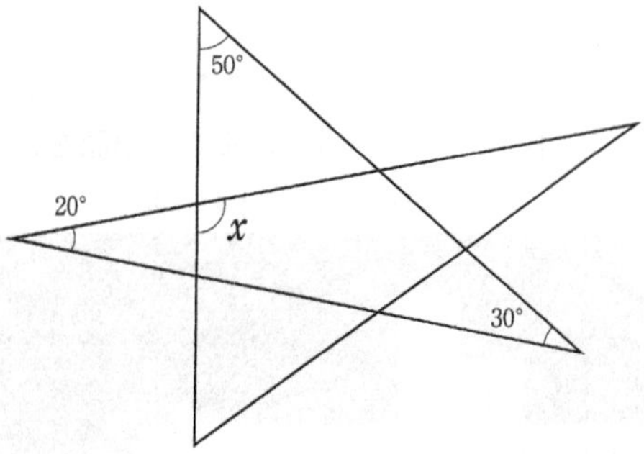

⑵　以下の図の∠ x の大きさを求めなさい。ただし，点Oは円の中心である。

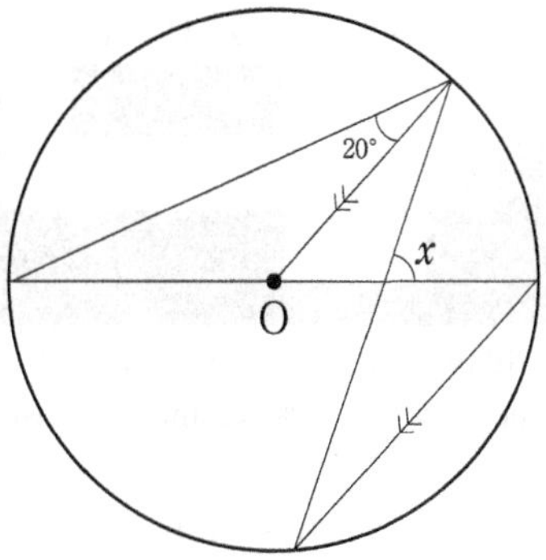

9 下の図は長方形ABCDである。点Eは辺BC上の点で，BE：EC＝２：１ であり，点Fは辺CD上の点で CF＝FD である。線分ACと線分EFとの交点をPとするとき，AP：PC を求めなさい。

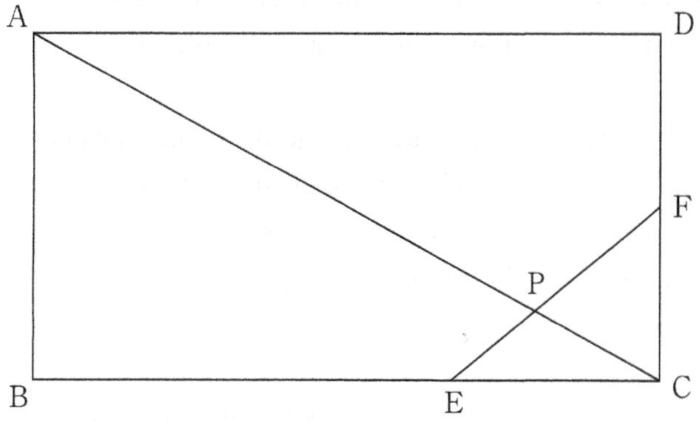

【英　語】（40分）　＜満点：100点＞

1　以下の英単語のクロスワードパズルには一マスにつき一つのアルファベットが当てはまる。カギの英文を頼りに，縦の１～５，横のア～ウに当てはまる英単語を答えなさい。

英単語のクロスワードパズル

※語注　＊ arithmetic：算数　＊ liquid：液体
＊ chew：かむ　＊ weather forecast：天気予報

縦のカギ

縦１：a drop of salty liquid that comes out of your eyes when you are sad or happy

縦２：the act of doing something repeatedly to improve your skill

縦３：a place where children are taught subjects like math, science, history and so on

縦４：to put food in your mouth and chew and swallow it

縦５：a large important town in which many people live

横のカギ

横ア：a group of valuable things such as gold, silver, jewels and so on

横イ：an electronic device which you can use to listen to music, news, road information, weather forecasts and so on

横ウ：the system by which money, goods, and products in a country are produced and used

2　以下の英単語はとある共通点をもつグループごとに分類されている。例を参考に各グループの共通点を考えて，（A）～（D）に入る語として最も適切なものを選択肢より選び，記号で答えなさい。

例１：目的語を２つ取ることができる動詞のグループ

teach　send　lend　bring　buy

例２：複数形を持たない名詞のグループ

sheep　police　water　furniture　news

グループA	グループB	グループC	グループD
often	give	easy	water
early	break	happy	book
yesterday	choose	heavy	visit
there	know	clever	smoke
(A)	(B)	(C)	(D)

選択肢

(ア) clear　(イ) careful　(ウ) learn　(エ) go　(オ) those　(カ) apple　(キ) watch
(ク) home

3 以下のそれぞれの英文の下線部には文法的に適切でない部分がある。文法的に誤っている箇所の番号を選んで答えなさい。

1. I ① looked forward to ② today's party. ③ But she didn't ④ come.
2. A strange man ① said to me, "② Do you go to ③ school by ④ a train?"
3. If it ① rains tomorrow, I ② am going to stay home and ③ read some ④ books.
4. Ken and I ① know ② the old man ③ to sit on ④ a bench in the park.
5. There ① were ② a lot of ③ jewels in the showcase, but she ④ hadn't any money.

4 以下の1～5の英文の（　）に入る語句として最も適切なものを選択肢より選び，記号で答えなさい。

1. A：Nice meeting you.
   B：(　　).
   (ア) Me too　(イ) You too　(ウ) No thanks　(エ) I am
2. A：Are you from around here?
   B：No. I (　　) a friend.
   (ア) visit　(イ) am visited　(ウ) am visiting　(エ) was visiting
3. It's (　　) cold this morning.
   (ア) often　(イ) great　(ウ) pretty　(エ) special
4. The ramen dining (　　) yesterday.
   (ア) closed　(イ) has closed　(ウ) was closing　(エ) was closed
5. I like salty and spicy food, so I won't eat cookies (　　) chocolates.
   (ア) and　(イ) or　(ウ) but　(エ) either

5 以下の英文が文法的に正しく，意味が通るように（　）内の語を並び替えたとき，2番目と5番目にくる語を記号で答えなさい。

1. This is the (ア. seen / イ. question / ウ. ever / エ. have / オ. I / カ. easiest).
2. He (ア. stopped / イ. suddenly / ウ. the / エ. see / オ. beautiful / カ. to) sky.
3. My (ア. wanted / イ. to / ウ. mother / エ. enter / オ. me / カ. not) that school.

4. The book (ア. difficult / イ. by / ウ. for / エ. written / オ. Osamu / カ. is) students.
5. Please tell (ア. I / イ. take / ウ. bus / エ. me / オ. should / カ. which)?

6 新学期の身体測定が行われ，P，Q，R，S，Tの5人が参加した。次のことがわかっているとき，続く問いに記号で答えなさい。

・ The average height of these students is 170cm.
・ Q is 8cm smaller than R and 4cm taller than T.
・ S is 16cm smaller than R.
・ P is 18cm taller than T.

1. What is the height difference between P and R?
(ア) 4cm (イ) 6cm (ウ) 8cm (エ) 10cm (オ) 12cm (カ) 14cm (キ) 16cm
2. Choose two correct sentences below.
(ア) The tallest student is P.
(イ) The smallest student is T.
(ウ) The difference between the tallest and the smallest is 24cm.
(エ) Q is taller than average.
(オ) S is 156 centimeters tall.
(カ) R is 176 centimeters tall.

7 以下の英文を読み，続く問いに答えなさい。

Giovanni Maria Farina started a new life in Cologne, Germany. The climate in that town was cold and very different from his old home. There wasn't any place to smell the ① scent of his favorite plants. Because of his strong feelings of homesickness, he took to developing miracle water which had his favorite scent, the smell of his homeland, Italy.

In 1708, he wrote to his brother Jean Baptiste (which was probably everyone's name at that time) about his water: "I have found a fragrance that makes me remember an Italian spring morning, mountain flowers and orange blossoms after the rain." Farina was an *inventor, and also a *poet. He named the miracle water after his new hometown, Cologne. In a base of 70 to 90 percent alcohol, it had *essential oils from citruses such as lemon, grapefruit, lime, bergamot, (②) and so on. He also used oils made from flowers like lavender, thyme, rosemary, and jasmine, and even from tobacco. In 1709, he founded his own company to sell this miracle water.

His invention became very popular among people in high society. In the 18th century, they didn't often take a bath, so they needed something to mask the smell of their body. It was said that the cost of a bottle of cologne could *feed an average person for more than half a year. It was difficult for most people to buy. Today, however, Eau de Cologne or "cologne" has become (③) for a lot of people. Many types of companies like clothing brands, *pharmacies, and even *auto manufacturers sell their own fragrances and we can easily enjoy various scents of them. What kinds of scents do you like?

※語注 ＊ inventor：発明 ＊ poet：詩人 ＊ essential oil：精油 ＊ feed：…を養う
＊ pharmacies：薬局 ＊ auto manufacturers：自動車会社

1. 下線部①とほぼ同じ意味の英単語を以下の選択肢より選んで記号で答えなさい。
   (ア) beauty (イ) view (ウ) warmness (エ) smell
2. (②) に入る語として適切なものを，本文中より探して一語で答えなさい。
3. (③) に入る語として最も適切なものを選択肢より選び，記号で答えなさい。
   (ア) common (イ) enjoyable (ウ) special (エ) important
4. Which of the following is true about the passage?
   (ア) The climate of his town was too cold for him.
   (イ) The mood of his town was almost the same as his hometown.
   (ウ) Farina was born in a town in Germany.
   (エ) Farina missed the scent of natural things in Italy.
5. Which of the following is true about the passage?
   (ア) People often heard the name Baptiste at that time.
   (イ) Farina was the first person to make flower fragrances.
   (ウ) Farina used common things in Germany to make his miracle water.
   (エ) The name of his miracle water came from his new town in Italy.
6. Which of the following is true about most people in 18th century?
   (ア) They couldn't get cologne at a low price.
   (イ) They disliked taking a bath and didn't care about their smell.
   (ウ) They wanted cologne to cover the smell of their body.
   (エ) They had many choices of scents which they could use easily.
7. Which one is the best for the title of this passage?
   (ア) The history of miracle water.
   (イ) The citruses and flowers in Cologne.
   (ウ) The story of Giovanni's lifework.
   (エ) The best way to keep us smelling good.

【理　科】（40分）　＜満点：100点＞

1　次の文章について，あとの問いに答えなさい。

日本には四季が存在する。それには a 気団や北半球では冬に発達する（　1　）風が関係している。近年では，地球規模の気候変動により季節ごとの災害も被害が増大している。令和元年は台風被害が大きな問題となった。このような台風は，主に（　2　）で発生した（　3　）帯（　4　）気圧の中でも風速が高く，厚い雲を生じ大雨を降らせる。この中心には，台風の（　5　）と呼ばれる雲がほとんどない部分が存在する。日本では，この他にも天候が不安定となり雨が続く気候が発生する。6月頃に起こるものを b（　6　）といい，10月頃に起こるものを（　7　）という。

⑴　空欄に当てはまる語の組合せとして適切なものを選び記号で答えなさい。

	1	2	3	4	5	6	7
(ア)	季節	北太平洋	温	低	鼻	秋雨	梅雨
(イ)	偏西	南太平洋	温	高	鼻	梅雨	秋雨
(ウ)	偏西	北太平洋	熱	低	目	梅雨	秋雨
(エ)	季節	南太平洋	熱	高	目	秋雨	梅雨

⑵　下線部aについて，下の日本周辺の4つの気団の名称に対する説明文を，それぞれ下の(ア)～(エ)から選び記号で答えなさい。

名　称　①オホーツク海気団　②シベリア気団　③揚子江気団　④小笠原気団

説明文　(ア)　夏に発達する気団で，気温が高く，湿っている。
(イ)　梅雨や秋雨の頃に発達する気団で，気温が低く，湿っている。
(ウ)　冬に発達する気団で，気温が低く，乾燥している。
(エ)　春や秋に発達する気団で，気温が高く，乾燥している。

⑶　右図は気象庁が発表している，2019年10月9日15時の天気図である。これについて，以下の各問いに答えなさい。

(i)　図中ア～ウで，一番強い風がふいている地点を答えなさい。

(ii)　図中ア～ウで，一番降水量が多い地点を答えなさい。

(iii)　図中エでの気圧を答えなさい。

(iv)　台風19号はこの後，図中オの地点まで速度を変えず一直線に通過したとする。台風19号がオを通過する日時を求め解答欄に合うように答えなさい。ただし，この時点での台風と図中オの地点の距離は300kmとする。

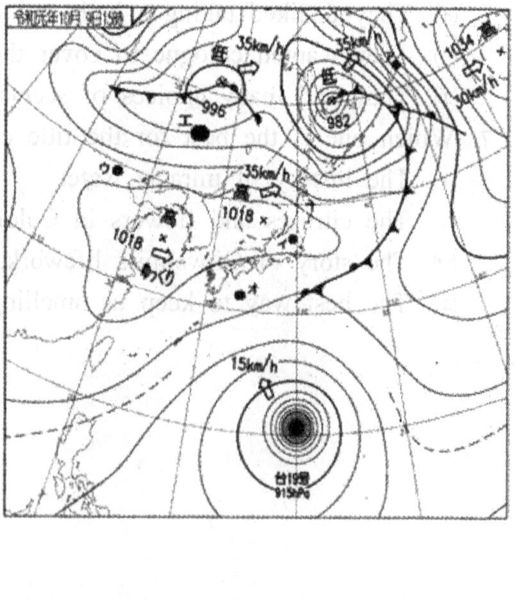

2　Aくんは，ペットであるネズミが液体の上に立っているように見える写真を撮影しようとした。大きな容器に液体を満たし，そこに重さ100 gで体積が200㎝^{3}の透明な物体Xを浮かべた。その物体の上にネズミをのせて，ネズミが液体の上に立っているように見える状態を作ろうとして，実験を行った。実験は以下の図のように行った。あとの問いに答えなさい。

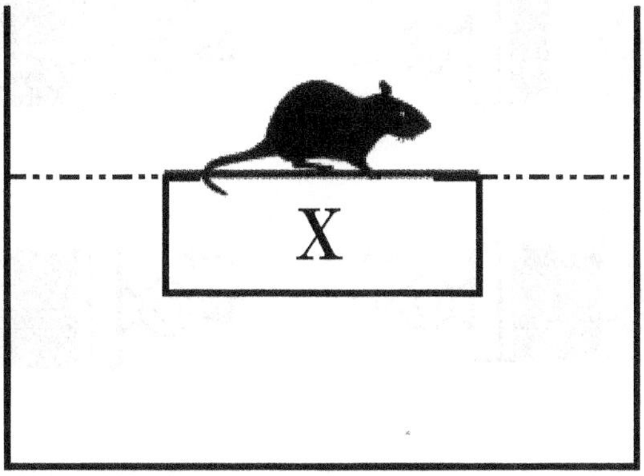

⑴　容器に水を満たした場合，物体Xの上には何グラムのネズミをのせることが出来るか答えなさい。水の密度は1.0 g/㎝^{3}とする。

⑵　容器に油を満たした場合，物体Xの上には何グラムのネズミをのせることが出来るか答えなさい。油の密度は0.8 g/㎝^{3}とする。

⑶　Aくんが実際に飼育しているネズミの体重は150 gである。このネズミを物体Xの上に立たせて液体の上に立って見えるようにするために必要な浮力を作り出す液体の密度の最小値を求めなさい。

⑷　Aくんの自宅には液体は水しか存在しない。そのため，Aくんは天井からばねばかりを伸ばし，飼育しているネズミ（150 g）を吊るし，物体Xの上にのせることにした。それによって，水の上で浮いているように見える写真を撮ることができた。この時，ばねばかりがネズミを引っ張る力は何N以上となるか，最小値を答えなさい。

3　実験のために次の水溶液を準備した。あとの問いに答えなさい。

㈠　水酸化ナトリウム水溶液	㈡　うすい硫酸	㈢　水酸化バリウム水溶液
㈣　うすい塩酸	㈤　アンモニア水	㈥　食酢

⑴　㈠～㈥のうち，2つを混ぜ合わせた。その水溶液を蒸発皿に取り，水を蒸発させたときに食塩が得られる組み合わせはどれとどれか。記号で答えなさい。

⑵　BTB溶液を加えると黄色になるものを㈠～㈥の中からすべて答えなさい。

⑶　㈠～㈥のうち，2つを混ぜ合わせると，白色沈殿が生じる組み合わせはどれとどれか。記号で答えなさい。

⑷　右のような装置を組み立て，塩化ナトリウム水溶液でしめらせたリトマス紙の上に塩酸を染み込ませた糸を中央においた。次のページの①と②の問いに答えなさい。

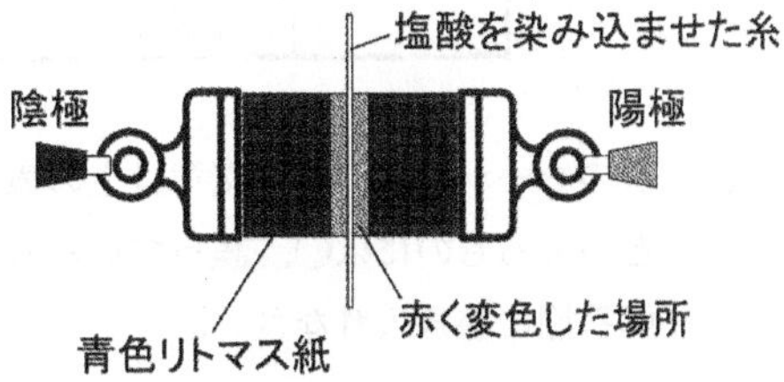

① この装置に電圧を加えると赤く変色した場所はどのように変化するか。次のA～Dからひとつ選び記号で答えなさい。

A

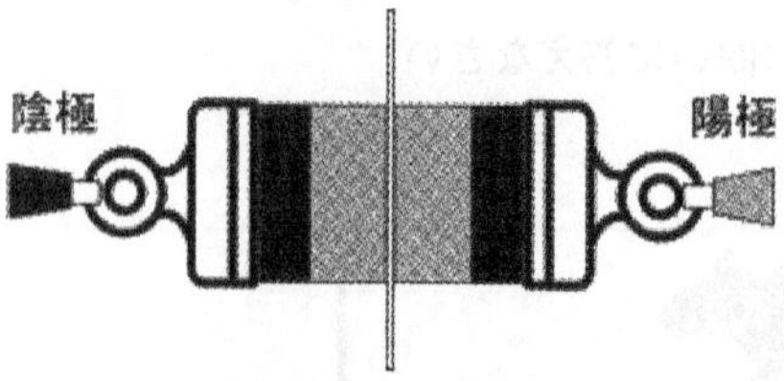

B

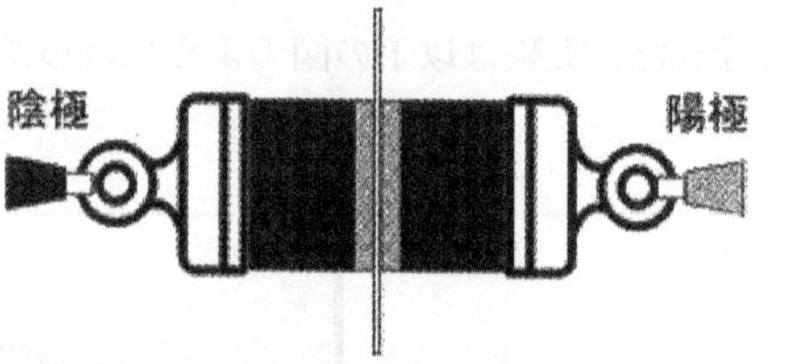

C

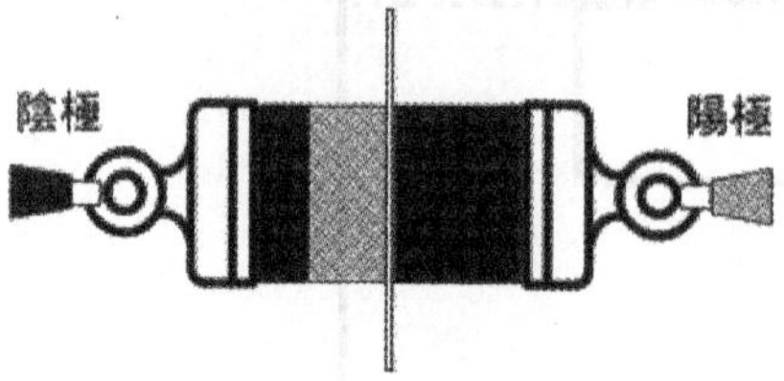

D

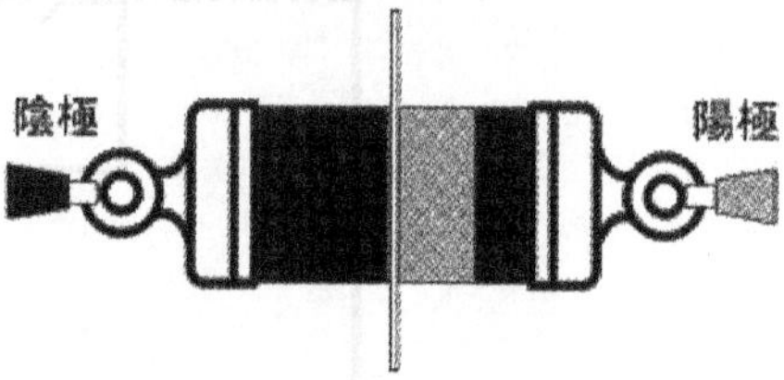

② 次の文章の（X），（Y）に入る適切な語句を書きなさい。

塩化水素はその水溶液（塩酸）中で（　X　）イオンと（　Y　）イオンに電離している。この装置が，電圧を加えると赤く変色した場所が変化する理由は，（　X　）イオンが移動したためである。

4 ほ乳類の歯は，門歯，犬歯，臼歯に分かれており，さらに臼歯は大臼歯と小臼歯に分けられる。それぞれの歯の数は動物によって異なる。下に様々な動物の歯の数を表した表を示す。あとの問いに答えなさい。

名前	あご	門歯	犬歯	小臼歯	大臼歯
ウサギ	上あご	2	0	3	3
	下あご	1	0	2	3
ネコ	上あご	3	1	3	1
	下あご	3	1	2	1
ライオン	上あご	3	1	3	1
	下あご	3	1	3	1
ウマ（オス）	上あご	3	1	3	3
	下あご	3	1	3	3
ウシ	上あご	0	0	A	B
	下あご	3	1	3	C

⑴ 次のページの①～③の文章は上の表を見て考察したものである。それぞれの文章を読み，正しいといえるものには○，誤っているものには×，この表だけではどちらともいえないものには△を解答欄に書き入れなさい。

①表中の草食動物には上あごの犬歯がない。

②草食動物の臼歯は肉食動物より発達しているため臼歯の数が比較的多い。

③肉食動物は手前から奥に向かって歯の大きさが小さくなる。

⑵　表のほ乳類の歯の数を参考に，Ａ～Ｃに入る数字を考察し答えなさい。

⑶　次の特徴に当てはまるのはシマウマとライオンのどちらか答えなさい。

①目が前向きについている。

②門歯がするどく発達している。

③腸は体長の４倍程（約７ｍ）である。

④音を立てずに歩くことができる。

【社　会】（40分）　＜満点：100点＞

1　次の地図を見て，以下の問いに答えなさい。

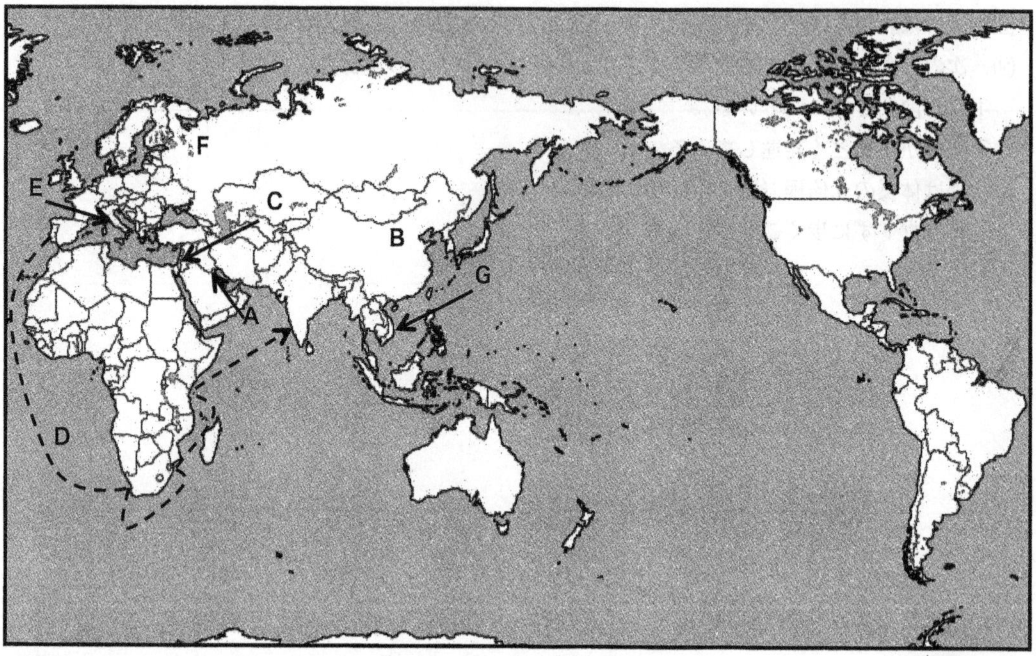

問1　地図中Aの地域で成立した古代文明を何というか答えなさい。

問2　地図中Bについて，この地域の古代文明で使用された，写真1に示した文字を何というか答えなさい。

写真1

問3　地図中Bについて，写真2はある皇帝の墓を守るために作られたものと考えられている。この皇帝の名前を答えなさい。

写真2

問4　地図中Bについて，この地域で成立した次の王朝名を，古いものから順番に並びかえ，解答欄に記入しなさい。

【　王朝名：漢　　殷　　隋　　秦　】

問5　地図中Cについて，この地域は，3つの宗教の聖地とされている。キリスト教とイスラム教と，あともう一つは何か答えなさい。

問6　地図中Cについて，この地域では現在イスラエルとパレスチナ人との間で問題が続いており，現状ではパレスチナ人の暫定自治を認めている状態である。パレスチナ解放機構の略称を**アルファベット**で答えなさい。

問7　地図中の点線Dについて，これは1498年にアフリカ南端を回ってインドに着く航路の概略を示したものである。この航路を発見した人物は誰か答えなさい。

問8　地図中Eについて，写真3はルネサンス期の代表的な彫刻作品である。この作者は誰か答えなさい。

問9　地図中Fについて，写真4の人物は1917年のロシア革命の時に，「すべての権力をソビエトに」と訴えた人物である。この人物は誰か答えなさい。

問10　地図中Gでは，1954年の休戦協定の時に将来の南北の統一が約束されていたが，南北間の対立は続いた。南ベトナム政府を支持し，ベトナム戦争の際も軍事的な支援や空爆を行った国はどこか答えなさい。

写真3

写真4

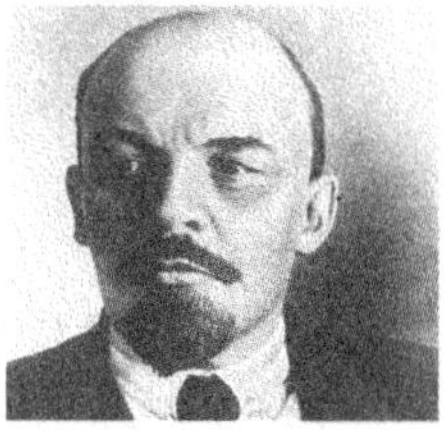

2　次の日本地図を見て，次のページの問いに答えなさい。

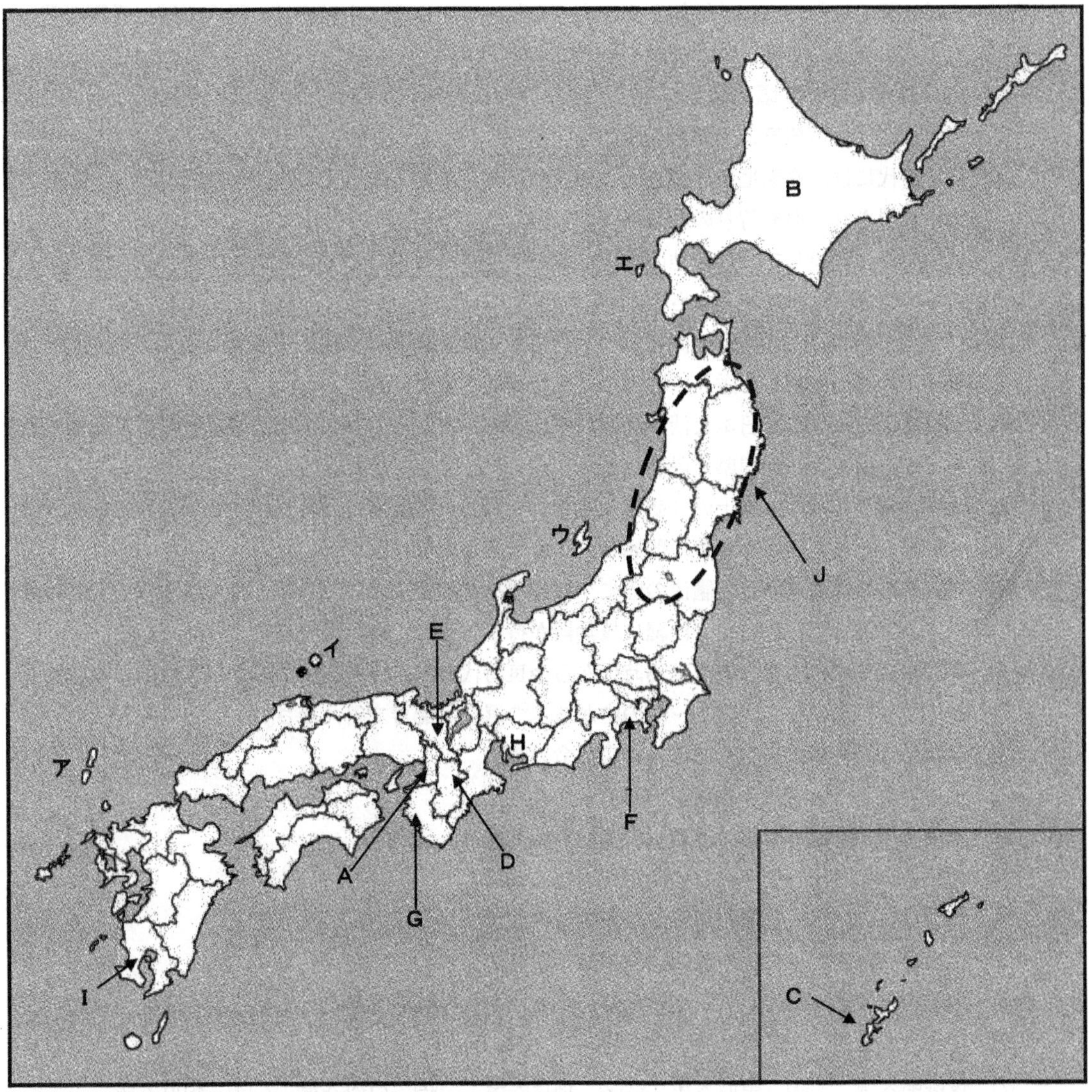

問１　前のページの地図中**A**の地で，2019年に世界遺産に認定されたものとして正しいものを，次の写真ア～エより１つ選び，記号で答えなさい。

ア

イ

ウ

エ

問２　地図中**B**に関連して，この地の歴史について述べたものとして正しいものを，次の(ア)～(エ)の中から１つ選び，記号で答えなさい。

(ア)　縄文時代は狩猟や採集を中心とする生活文化が形成されていた。弥生時代になると，紀元前後には稲作が開始されていたことが，集落の遺跡から確認されている。

(イ)　アイヌ民族はしだいに地域的なまとまりを強めていった。中世では，元寇の時に元軍と戦ったり，明に朝貢して毛皮などを納めたりするアイヌ民族もいた。

(ウ)　江戸時代の終わり頃には，ロシアのラクスマンが知床を訪れ，漂流民を送り届けることをきっかけに，江戸幕府との貿易を求めた。

(エ)　明治時代には，蝦夷地を北海道と改め，開拓使を設置した。その際，先住民のアイヌ民族の保護が重視され，漁や狩りの場の保全が行われた。

問３　地図中**C**に関連して，この地の歴史について述べたものとして正しいものを，次の(ア)～(エ)の中から１つ選び，記号で答えなさい。

(ア)　15世紀の初めに，北山王の尚巴志が，三つの王国を統一して琉球王国を築いた。本島北部の那覇が国際貿易港として栄え，独自の文化を発展させた。

(イ)　江戸時代の琉球は，日本と清，両国に服属していた。そのため，日清戦争後の下関条約で琉球を日本に編入し，沖縄県が設置された。

(ウ)　太平洋戦争の時は，本土の「防壁」とされ，激しい戦闘が行われた。1945年８月に日本が降伏を発表した後も，朝鮮戦争が開始されるまで組織的な抵抗が続いた。

(エ)　1971年の沖縄返還協定の議決の際に，核兵器を「持たず，つくらず，持ち込ませず」という非核三原則が決議されたが，沖縄に核兵器が持ち込まれた疑惑が現在でも残っている。

問４　地図中**D**の地に関連して，飛鳥時代から奈良時代の出来事を古いものから年代順に並べたものとして正しいものを，次の(ア)～(カ)の中から１つ選び，記号で答えなさい。

(ア)　大化の改新→墾田永年私財法→大宝律令の制定

(イ)　大化の改新→大宝律令の制定→墾田永年私財法

(ウ)　墾田永年私財法→大化の改新→大宝律令の制定

(エ)　墾田永年私財法→大宝律令の制定→大化の改新

(オ)　大宝律令の制定→墾田永年私財法→大化の改新

(カ)　大宝律令の制定→大化の改新→墾田永年私財法

問５　地図中**E**の地に関連して，平安京に都がうつされた時の天皇として正しいものを，次の(ア)～(オ)の中から１つ選び，記号で答えなさい。

(ア)　後醍醐天皇　　(イ)　聖武天皇　　(ウ)　推古天皇　　(エ)　白河天皇　　(オ)　桓武天皇

問6　地図中Fの地に関連して，この地に幕府が設置されていたころ，後鳥羽上皇が承久の乱を起こした。結果上皇側の敗北となり，後鳥羽上皇は隠岐に追放された。その場所として正しいものを，地図中のア～エの中から1つ選び，記号で答えなさい。

問7　地図中Gの地に関連して，この地から江戸幕府8代将軍が誕生した。彼の行った政策として正しいものを，(ア)～(オ)の中から1つ選び，記号で答えなさい。

(ア)　外国船打払令の制定　(イ)　朱印船貿易の展開　(ウ)　株仲間の解散

(エ)　公事方御定書の制定　(オ)　生類憐みの令の制定

問8　地図中Hの地出身の歴史上有名な人物が行ったこととして**誤っているもの**を，次の(ア)～(エ)の中から1つ選び，記号で答えなさい。

(ア)　安土城を築城した

(イ)　太閤検地を実施した

(ウ)　征夷大将軍に就任した

(エ)　本能寺の変で謀反を起こした

問9　地図中Iの地に関連して，この地の歴史について述べたものとして**誤っているもの**を，次の(ア)～(エ)の中から1つ選び，記号で答えなさい。

(ア)　1549年にイエズス会の宣教師フランシスコ＝ザビエルがこの地に来て，日本にキリスト教を伝えた。これをきっかけに，日本へ宣教師が次々と来日した。

(イ)　豊臣秀吉による天下統一過程のなかで，大名同士の争いを禁じる命令をだした。それに反抗した島津氏を滅ぼした。

(ウ)　江戸時代の終わり頃，薩摩藩士がイギリス人を殺傷した生麦事件の報復として，イギリス艦隊がこの地を砲撃する薩英戦争が起こった。

(エ)　明治政府の改革に不満をもっていた士族らは，西郷隆盛をかつぎ上げて，この地の士族ら約4万人が政府反対の兵をあげた。

問10　地図中Jの地方の歴史について述べたものとして**誤っているもの**を，次の(ア)～(エ)の中から1つ選び，記号で答えなさい。

(ア)　平安時代のはじめ，坂上田村麻呂は征夷大将軍に任命され，蝦夷が抵抗を続ける東北地方に大軍を送って，朝廷の支配を広げた。

(イ)　源義経をかくまった罪として，奥州藤原氏が源頼朝によって滅亡された。その後1192年に頼朝が征夷大将軍に任命され，全国の武士を従える地位に就いた。

(ウ)　津軽半島にある十三湊は安藤氏によって統治され，その後十三湊は北方の海上交通の中心地となり，鮭や昆布などが京都まで運ばれた。

(エ)　江戸時代に入ってからも，この地方ではかつて服属していなかった先住民である蝦夷の人々の差別は続いた。蝦夷の人々はコシャマインを指導者として立ち上がり，幕府に対して反発した。

3　アフリカについて，次のページの地図を見て，以下の問いに答えなさい。

問1　地図中のA～Dに当てはまる適当な語句を答えなさい。　＊Aは国名を答えなさい。

問2　地図中のEについて，この国では白人の政権によって白人以外の人々を差別する人種隔離政策を行っていたが，現在は廃止されている。この政策を何というか。**カタカナ**で答えなさい。

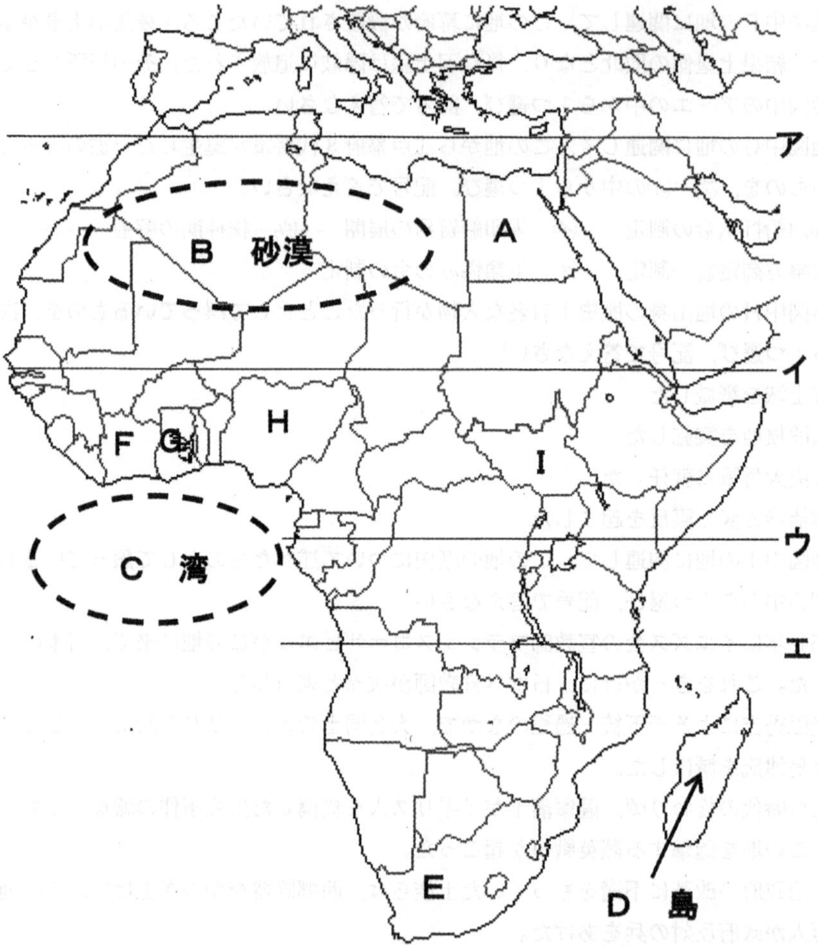

問３　右の表は，あるアフリカの国々の貿易品目である。この表を見てみると，これらの国々に共通しているのは，輸出に特定の鉱産資源を輸出し，機械類などを輸入していることである。これは特定の鉱産資源の輸出に，これらの国々が依存していることを示している。ちなみに，これは表中の３ヵ国に限定したことではなく，アフリカの多くの国でみられることである。このような経済構造を何というか答えなさい。

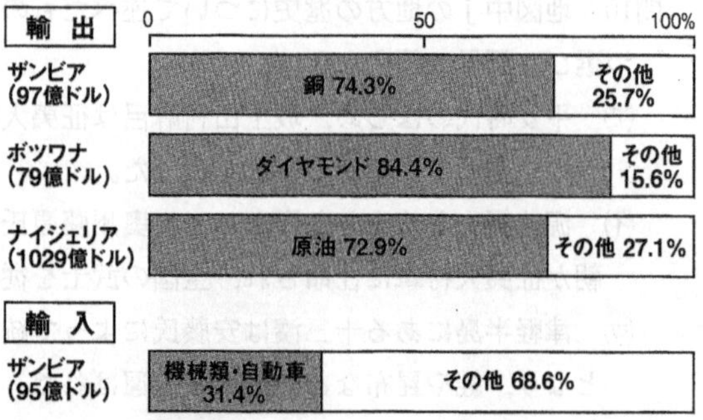

問４　右の写真について，以下の設問に答えなさい。

設問①　これは15㎝から30㎝ほどのラグビーボールのような形で，幹に直接ぶら下がって実る。殻を割ると，中から果肉に包まれた20～60個ほどの種子が出てくる。これを箱にいれ１週間

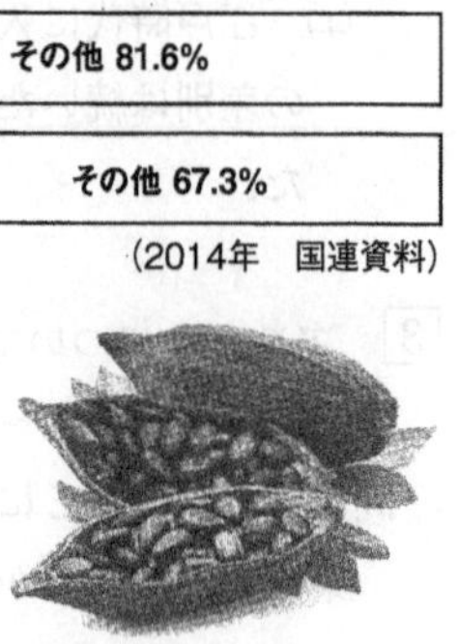

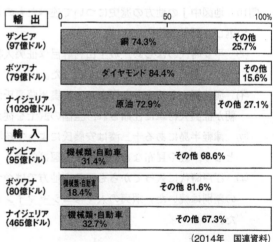

ほど発酵させたものを，ヨーロッパなど世界各国に輸出している。これは何か答えなさい。

設問② この農作物の国際価格はニューヨークやロンドンの市場で決められ，利益の多くは，取引を行う先進国の企業が得るために，生産者の収入はわずかである。そのため，消費者側が公正な価格で買い取り，生産者の収入を増やす取り組みが行われている。これを何というか答えなさい。

設問③ 次の円グラフは，2013年国連資料に基づいて作成した，この農作物の国別生産量を表したものである（総生産量273万トン）。この円グラフの**F**・**G**・**H**にあてはまる適当な国名の組み合わせとして正しいものを，次の(ア)～(カ)より１つ選び，記号で答えなさい。なお，地図中の**F**・**G**・**H**と同じ国である。

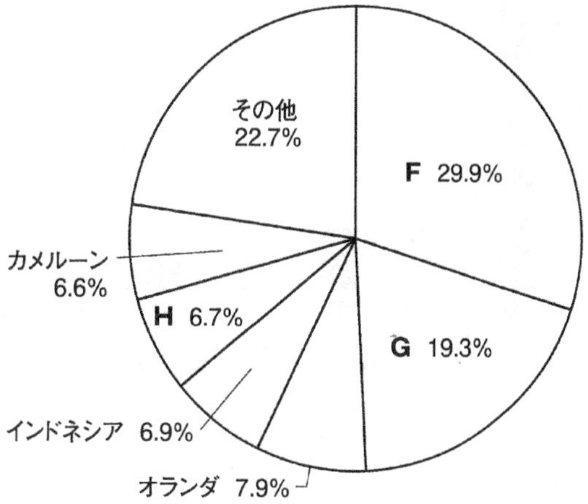

(ア) **F**：ガーナ　**G**：コートジボワール　**H**：ナイジェリア
(イ) **F**：ガーナ　**G**：ナイジェリア　**H**：コートジボワール
(ウ) **F**：コートジボワール　**G**：ナイジェリア　**H**：ガーナ
(エ) **F**：コートジボワール　**G**：ガーナ　**H**：ナイジェリア
(オ) **F**：ナイジェリア　**G**：コートジボワール　**H**：ガーナ
(カ) **F**：ナイジェリア　**G**：ガーナ　**H**：コートジボワール

問５ 地図中の実線**ア**～**エ**のうち，赤道を示すものとして最も適当なものを選び，記号で答えなさい。

問６ 地図中Ｉの国は，2011年に独立した国である。この国の名称として正しいものを，次の(ア)～(エ)の中から１つ選び，記号で答えなさい。

(ア) 南スーダン　(イ) 中央アフリカ　(ウ) リビア　(エ) ソマリア

問７ 地図中Ｉの国が独立した背景には，政治や民族など，様々な要因による内紛があった。この国へは，日本も国連平和維持活動として自衛隊を派遣し，戦闘が起こっていたかどうかをめぐる日報問題が話題となった。国連平和維持活動の略称として正しいものを，次の(ア)～(オ)から１つ選び，記号で答えなさい。

(ア) ILO　(イ) PKO　(ウ) NPO　(エ) OECD　(オ) LLDC

問８ 地図中Ｉの国以外でも，アフリカでは様々な紛争が問題となっている。2010年代に入ってからは「アラブの春」とよばれるできごとが起こってから，多くの難民が地中海を渡ろうとし，亡くなった方も大勢いる。このように，母国を追われて難民となった人々に，国際的な保護を与える機関を国連難民高等弁務官事務所とよんでいる。この略称として正しいものを，次の(ア)～(オ)から１つ選び，記号で答えなさい。

(ア) GATT　(イ) APEC　(ウ) JICA　(エ) UNHCR　(オ) UNICEF

問９　下のグラフは「難民支援教会　2017年度　年次報告書」より抜粋した各国の難民認定数である。グラフ中の**あ**～**う**に当てはまる国名の組み合わせとして正しいものを，次の(ア)～(カ)の中から１つ選び，記号で答えなさい。

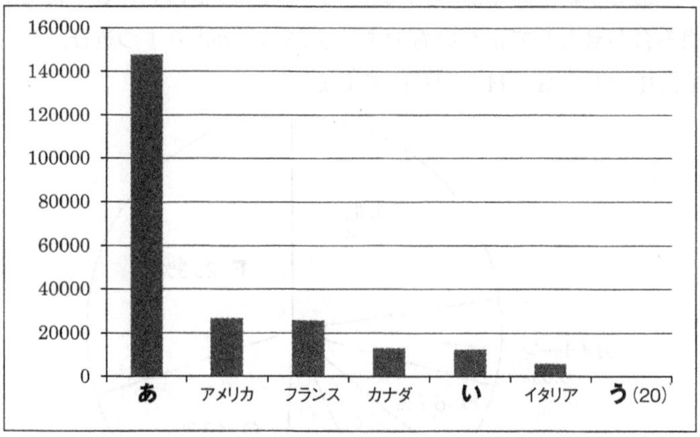

グラフ　各国の難民認定数　2017年　（人）

(ア) **あ**：イギリス　**い**：日本　**う**：ドイツ

(イ) **あ**：イギリス　**い**：ドイツ　**う**：日本

(ウ) **あ**：ドイツ　**い**：イギリス　**う**：日本

(エ) **あ**：ドイツ　**い**：日本　**う**：イギリス

(オ) **あ**：日本　**い**：ドイツ　**う**：イギリス

(カ) **あ**：日本　**い**：イギリス　**う**：ドイツ

問10　アフリカについて述べた文として正しいものを，次の(ア)～(エ)より１つ選び，記号で答えなさい。

(ア) アフリカの開発は，アフリカの中部が比較的過ごしやすい西岸海洋性気候や地中海性気候が多く，文明や国家の発展もアフリカの中部から起こっていった。

(イ) アフリカの言語は，多くの民族が住んでいるため，多くの言語が使用されている。しかし，公用語として英語・フランス・ポルトガル語を採用している国も多い。これは植民地支配の影響の１つである。

(ウ) アフリカの国々の国境に直線が多いのは，19世紀末の植民地開発における境界線が理由である。その際，民族や住民の生活を考慮されて引かれたため，現在はその境界から自国の領土を拡大しようとして紛争が多くなっている。

(エ) アフリカの農業は，狩猟や採集の他，いも類や雑穀などが焼畑農業で栽培されている。アマゾン川などの流域や各地のオアシスなどでは，小麦やナツメヤシなどが栽培されている。

4　下のグラフを見て，次の問いに答えなさい。

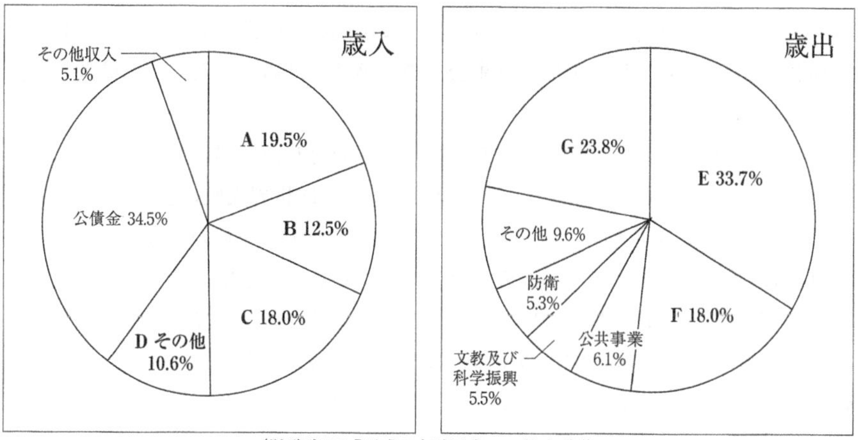

（財務省HP「平成30年度日本の一般会計」）

問１　歳入グラフ中のＡ～Ｃに当てはまる税の組み合わせとして正しいものを，次の(ア)～(カ)の中から１つ選び，記号で答えなさい。

(ア)　Ａ：法人税　　Ｂ：消費税　　Ｃ：所得税
(イ)　Ａ：法人税　　Ｂ：所得税　　Ｃ：消費税
(ウ)　Ａ：消費税　　Ｂ：法人税　　Ｃ：所得税
(エ)　Ａ：消費税　　Ｂ：所得税　　Ｃ：法人税
(オ)　Ａ：所得税　　Ｂ：消費税　　Ｃ：法人税
(カ)　Ａ：所得税　　Ｂ：法人税　　Ｃ：消費税

問２　歳入グラフ中のＤについて，その他の税に当てはまらない税を，次の(ア)～(カ)の中から１つ選び，記号で答えなさい。

(ア)　酒税　　(イ)　揮発油税　　(ウ)　固定資産税　　(エ)　たばこ税　　(オ)　関税　　(カ)　相続税

問３　所得税や相続税には，所得が多くなればなるほど高い税率が課せられる。この制度を何というか答えなさい。

問４　歳出グラフ中のＥ～Ｇに当てはまる組み合わせとして正しいものを，次の(ア)～(カ)の中から１つ選び，記号で答えなさい。

(ア)　Ｅ：社会保障　　Ｆ：地方交付税交付金　　Ｇ：国債費
(イ)　Ｅ：社会保障　　Ｆ：国債費　　Ｇ：地方交付税交付金
(ウ)　Ｅ：国債費　　Ｆ：社会保障　　Ｇ：地方交付税交付金
(エ)　Ｅ：国債費　　Ｆ：地方交付税交付金　　Ｇ：社会保障
(オ)　Ｅ：地方交付税交付金　　Ｆ：国債費　　Ｇ：社会保障
(カ)　Ｅ：地方交付税交付金　　Ｆ：社会保障　　Ｇ：国債費

問５　日本の消費税が2019年10月より，８％から10％へ引き上げられたが，消費税（付加価値税）が日本と同様の10％としている国を次の(ア)～(カ)の中から１つ選び，記号で答えなさい。

(ア)　デンマーク　　(イ)　台湾　　(ウ)　タイ　　(エ)　韓国　　(オ)　イギリス　　(カ)　中国

5 次のⅠ～Ⅲの文を読んで，下記の問いに答えなさい。

Ⅰ　2017年現在，A国際連合には193か国が加盟しており，戦争や紛争を防ぎ，世界の平和と安全を維持することを最大の目的にしている。さらに，諸国間の友好関係の発展や（　B　）の実現も重要な目的である。総会やC安全保障理事会，D経済社会理事会などの主な機関と専門機関が置かれている。

Ⅱ　第一次世界大戦の反省から，1920年にE国際連盟が発足した国際組織で，総会，理事会，事務局で構成されている。しかし，アメリカが加盟せず，第二次世界大戦が起こるのを防げなかった。

Ⅲ　1993年にFヨーロッパ連合(EU)が発足した。特に経済面で，EUの中央銀行が作られ一部の加盟国は，自国の通貨を廃止して，共通の通貨（ユーロ）を導入している。

問1　文章中の下線部A・E・Fについて，それぞれの本部が置かれている都市の組み合わせとして正しいものを，次の(ア)～(カ)の中から1つ選び，記号で答えなさい。

(ア)　A：ジュネーブ　E：ニューヨーク　F：ブリュッセル
(イ)　A：ジュネーブ　E：ブリュッセル　F：ニューヨーク
(ウ)　A：ブリュッセル　E：ニューヨーク　F：ジュネーブ
(エ)　A：ブリュッセル　E：ジュネーブ　F：ニューヨーク
(オ)　A：ニューヨーク　E：ジュネーブ　F：ブリュッセル
(カ)　A：ニューヨーク　E：ブリュッセル　F：ジュネーブ

問2　文章中の空欄Bにあてはまる語句を，次の(ア)～(オ)の中から1つ選び，記号で答えなさい。

(ア)　平和主義　(イ)　基本的人権の尊重　(ウ)　集団安全保障　(エ)　主権平等
(オ)　国際原子力

問3　文章中の下線部Cについて，5か国の常任理事国に当てはまらない国を，次の(ア)～(カ)の中から1つ選び，記号で答えなさい。

(ア) イギリス　(イ) 日本　(ウ) ロシア　(エ) アメリカ　(オ) フランス　(カ) 中国

問4　文章中の下線部Dについて，活動している機関のうち，次の①・②に当てはまる機関名を，次の(ア)～(コ)の中からそれぞれ1つ選び，記号で答えなさい。

①　世界の人々の健康を守るための機関
②　世界遺産などの文化財の保護や識字教育などの活動機関

(ア)　UNESCO　(イ)　UNIDO　(ウ)　IDA　(エ)　IMF　(オ)　WTO
(カ)　UNCTAD　(キ)　IAEA　(ク)　UNDP　(ケ)　WHO　(コ)　UPU

6 次のページのグラフと年表を見て，次の問いに答えなさい。

問1　グラフ中のA～Cに当てはまる国名の組み合わせとして正しいものを，次の(ア)～(カ)の中から1つ選び，記号で答えなさい。

(ア)　A：インド　B：中国　C：ロシア連邦
(イ)　A：インド　B：ロシア連邦　C：中国
(ウ)　A：中国　B：インド　C：ロシア連邦
(エ)　A：中国　B：ロシア連邦　C：インド
(オ)　A：ロシア連邦　B：インド　C：中国
(カ)　A：ロシア連邦　B：中国　C：インド

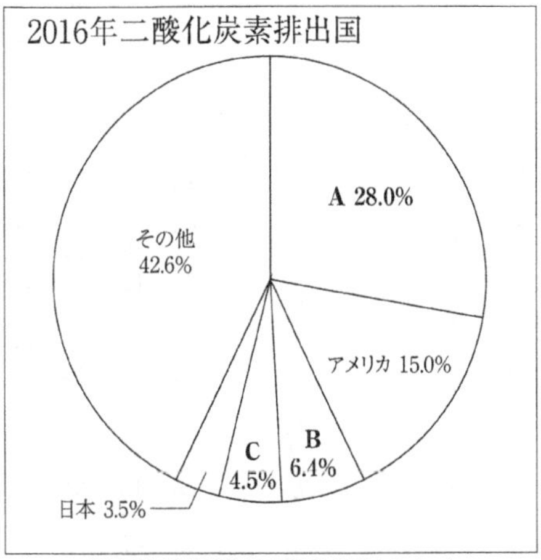

（全国地球温暖化防止活動推進センター）

地球環境問題関連年表

1971年	（　①　）採択　【湿地の保全】
1972年	国連人間環境会議開催
1973年	（　②　）採択　【野生動植物の保護】
1987年	（　③　）採択【フロンガスの排出規制】
1992年	A 国連環境開発会議（地球サミット）開催
1997年	地球温暖化防止京都会議開催 ⇒京都議定書採択（2005年発効）
2012年	改正京都議定書採択【削減義務の延長等】

問２　年表中の（①）～（③）に当てはまる組み合わせとして正しいものを，次の(ア)～(カ)の中から１つ選び，記号で答えなさい。

(ア)　①：ラムサール条約　②：モントリオール議定書　③：ワシントン条約
(イ)　①：ラムサール条約　②：ワシントン条約　③：モントリオール議定書
(ウ)　①：ワシントン条約　②：ラムサール条約　③：モントリオール議定書
(エ)　①：ワシントン条約　②：モントリオール議定書　③：ラムサール条約
(オ)　①：モントリオール議定書　②：ワシントン条約　③：ラムサール条約
(カ)　①：モントリオール議定書　②：ラムサール条約　③：ワシントン条約

問３　年表中の下線部Aについて，以下の問いに答えなさい。

①　開催された都市名を答えなさい。

②　会議の結果，調印された条約などに当てはまらないものを，次の(ア)～(エ)の中から１つ選び，記号で答えなさい。

(ア)　気候変動枠組条約　(イ)　アジェンダ21　(ウ)　パリ協定　(エ)　生物多様性条約

問４　下の図を見て，世界の国々が協力して，温室効果ガス削減のための仕組みを何というか答えなさい。

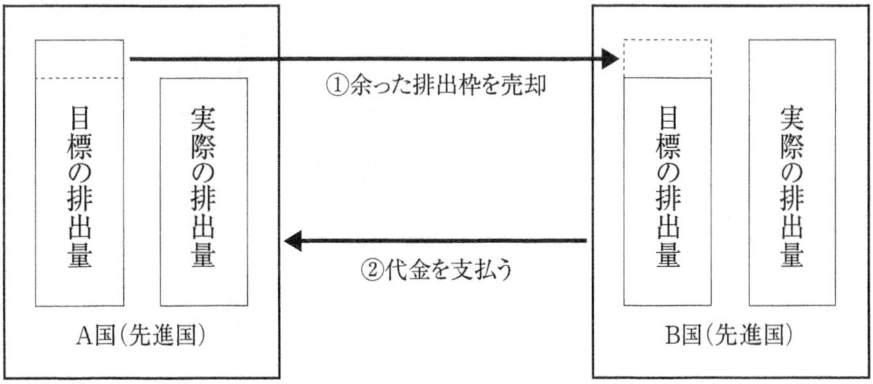

言したのは誰か、答えなさい。

問七 ——⑥「このごろの氷魚は目鼻より降り候ふなるぞ」の中には、掛詞（一つの言葉に二つの意味を持たせること）が使われている。それについて説明した次の文章の空欄に当てはまる適切な語を、次から選び記号で答えなさい。

氷魚と［A］をかけて、「（氷魚が）目鼻から［B］」と言った。

(ア) 俵《ひょう》　(イ) 雹《ひょう》　(ウ) 香料《こうりょう》　(エ) 降《ふ》る　(オ) 振《ふ》る
(カ) 古《ふ》る

問八 ——⑦「人皆、「は」と笑ひけり」の理由として最も適当なものを次から選び、記号で答えなさい。

(ア) 追及に対し、支離滅裂な答えしかできなかった僧を見下しているから。
(イ) 氷魚を一人で食べた僧が怒られている姿を見て、面白がっているから。
(ウ) 掛詞を用いて、あるじを言い負かせたのが痛快だったから。
(エ) 最後に僧の言ったダジャレが滑稽だったから。

三

次の言葉の意味として、適当なものを次から選び、記号で答えなさい。

A 漂泊　B 模倣　C 虚構　D 衝動　E 誤解

《語群》

(ア) ありふれていてつまらないこと
(イ) すでにあるものを真似すること
(ウ) 華やかで美しいこと
(エ) 間違って思い込むこと
(オ) 突き動かすこと
(カ) さまよい歩くこと
(キ) はっきりわからないこと
(ク) 実際にはない作り上げたもの

四

次の作品の作者名を次から選び、記号で答えなさい。

A『雪国』　B『羅生門』　C『たけくらべ』
D『蹴りたい背中』　E『海辺のカフカ』

(ア) 夏目漱石　(イ) 綿矢りさ　(ウ) 川端康成
(エ) 太宰治　(オ) 村上春樹　(カ) 芥川龍之介
(キ) 村上龍　(ク) 樋口一葉　(ケ) 川上弘美
(コ) 小川洋子

り立ってるんだね。

先生　さて、では私たちは昔の人たちが築き上げた暮らしを壊さないためにも、その（　Ｅ　）を守って、次の世代に（　Ｆ　）していかなければならないですね。だから、明日からは好き嫌いせずに、どの授業にも集中して取り組んでくださいね。

二

次の文章を読んで、後の問いに答えなさい。（本文の……部の左側は現代語訳です。）

これも今は昔、ある僧、人のもとへ行きけり。①酒など勧めけるに、＊氷魚《ひを》はじめて出で来たりければ、②あるじ珍しく思ひて、ａもてなしけり。あるじ用の事ありて、内へ入りて、また出でたりけるに、この氷魚の殊の外《思いのほか》に少なくなりたりければ、あるじ、いかに《どうしてか》と思へども、③いふべきやうもなかりければ、物語しゐたりける程に、この僧の鼻より氷魚の一つふと出でたりければ、あるじ④あやしう覚えて、「⑤その鼻より氷魚の出でたるは、いかなることにか」といひければ、ｂ取りもあへず、「⑥このごろの氷魚は目鼻より降り候ふなるぞ」といひたりければ、⑦人皆、「は」と笑ひけり。

（『宇治拾遺物語』）

＊氷魚…アユの稚魚。

問一　═ａ「もてなしけり」、ｂ「取りもあへず」の意味として、最も適切なものを次から選び、記号で答えなさい。

ａ：(ア) 取り計らった　(イ) 立ち回った　(ウ) もてはやした　(エ) ごちそうした

ｂ：(ア) すぐさま　(イ) よく考えてから　(ウ) 何も考えずに　(エ) ゆっくりと

問二　──①「酒など勧めける」とは、誰が誰に「勧め」たのか、答えなさい。

問三　──②「あるじ珍しく思ひて」とあるが、何を「珍し」いと思ったのか、次の文章の空欄に当てはまる適切な語を、次から選び、記号で答えなさい。

［　　　］氷魚が出てきたこと。

(ア) げんをかつぐ　(イ) 好物の　(ウ) 初物の　(エ) 立派な

問四　──③「いふべきやうもなかりければ」は、「口にすべきことでもなかったので」の意味だが、「あるじ」のどのような気持ちを表しているか、適当なものを次から選び、記号で答えなさい。

(ア) とがめたり、問いただしたりすることもできず、間の悪さに当惑している。

(イ) 好物を食べられてしまって、情けなく悔しく思っている。

(ウ) ひどいことをする人だと思い、僧を軽蔑している。

(エ) 僧が思った通りのことをしたと思い、冷静に見ている。

問五　──④「あやしう覚えて」とあるが、どのようなことに対して「あやし」と思ったのか、本文中より抜き出しなさい。

問六　──⑤「その鼻より氷魚の出でたるは、いかなることにか」と発

(イ)　当選することを期待し、以前一等が当たった売り場で宝くじを買う。

(ウ)　待ち合わせに間に合うように、電車の時間を調べたが、遅刻した。

(エ)　初夢で縁起物を見たので、今年は良い年になると考える。

(オ)　蕎麦が食べたくなったので、長野旅行の計画を立てる。

(カ)　バレンタインのためにチョコレートを試作し、失敗した。

問十一　――⑧「早くから科目を限定して学ぶことは弊害すらあると言ってよいでしょう」とあるが、その理由として最も適切なものを次から選び、記号で答えなさい。

(ア)　将来進むべき道に文系・理系科目のどちらが必要かすぐには決められないから。

(イ)　詐欺やだましに遭遇しないようにするためには、さまざまな知識が必要となるから。

(ウ)　思考力を養い、過去の遺産を受け止め、次世代に継承していく必要があるから。

(エ)　思考力を深め、議論を論理的に展開することは、マーケティングの仕事において必要となるから。

問十二　「理科や数学を学ぶこと」・「国語だってそうです」のように、様々な科目を学ぶことで身につけることができるものは何か、答えなさい。

問十三　次の文章は、先生と三人の生徒が本文を読んだ後に話している場面である。本文の内容をふまえて、空欄（Ａ）～（Ｆ）に当てはまる適語を本文中から抜き出しなさい。

先生　筆者は「普遍的な疑問に答えるためには、人類の歴史を知る必要がある」と言っていましたね。

Ａくん　でもニュースとかを見てても、あんまり進歩してる気はしないけどなぁ。

Ｂさん　考えたことはなかったけど、今の暮らしみたいに（　Ａ　）に権利を保障された生活が送れているのは、昔と比べると大きな進歩じゃないかな。

Ｃくん　「道」の成り立ちには驚いたな。ぼくらの命が殺戮によって簡単に奪われていたと考えると、確かにそうかもしれないね。

先生　では、その時代と大きく変わったことは何だと思いますか。

Ａくん　……（　Ｂ　）の成立と（　Ｃ　）の発展？

先生　そうだね。筆者はそれを「安心・安全に生きられる理念の詰まったもの」や、ジャンルを問わず「多くの人に発見された理論の集合体」と呼んでいたね。ここで大事なことは、僕らの生活を支えているもの・進歩させてきたものには文系や（　Ｄ　）は関係ないということ。つまり、生きていく上では文理のどちらにも頼っているということです。そうなると、偏った知識だけでは人生の落とし穴にはまりやすくなってしまいますね。

Ｂさん　そうならないためには、文系の人でも数学的な考え方とか理科的な探究心が必要ってことだね。

先生　その通り。そして、その思考や研究には、国語力が必須ですね。

Ｃくん　こうやって考えると、学問ってお互いが支え合うように成点があります。頭をより高度に働かせようと思ったら、すべてが必要ということです。

人類が築いてきた遺産をがっちりと受け止めて、次の世代にe継承していく。社会を発展的に再生産するという観点からも、私たちはすべての科目を学ぶことが必要なのです。その意味で、⑧早くから科目を限定して学ぶことには弊害《へいがい》すらあると言ってよいでしょう。

（齋藤孝『人はなぜ学ばなければならないのか』）

※語注　＊ファシズム…ここでは、一党独裁による専制主義をとり、指導者に対する絶対の服従と反対者に対する過酷な弾圧が行われたこと。
＊殺戮…残忍な方法で多くの人を殺すこと。
＊デカルト（一五九六～一六五〇）…フランスの哲学者。
＊ルソー（一七一二～一七七八）…フランスの思想家。
＊エジソン（一八四七～一九三一）…アメリカの発明家。
＊ファラデー（一七九一～一八六七）…イギリスの化学者・物理学者。
＊ガリレオ（一五六四～一六四二）…イタリアの物理学者、天文学者。地動説を唱えた。

問一　＝＝＝a～eのカタカナは漢字を、漢字は読みを答えなさい。

問二　A～Cの空欄に当てはまる適切な語を本文中から見つけ、答えなさい。

問三　（Ⅰ）～（Ⅳ）の空欄に当てはまる最も適当な語を次から選び、記号で答えなさい。

(ア) そして　(イ) いわば　(ウ) しかし　(エ) また
(オ) たとえば

問四　――①「時代を問わない普遍的な疑問」とはどのような疑問か、「不要」という言葉を使い、説明しなさい。

問五　――②「そこ」が指す内容を二十六字で抜き出し、最初と最後の五字をそれぞれ答えなさい。

問六　――③「人類の悲しい歴史」とは具体的にどのような歴史なのか、解答欄に合うように二十字以内で抜き出しなさい。

問七　――④「権利」の対義語を答えなさい。

問八　――⑤「それがなぜ可能だったのか」とあるが、

一、「それ」の指示内容を次から選び記号で答えなさい。

(ア) 人間が安心・安全に暮らせられる理念が盛り込まれた憲法がつくられたこと。
(イ) 人間が安心・安全に生きられる理念が盛り込まれた条例がつくられたこと。
(ウ) 人の生命が権利として安定した一方で、社会はいろいろあったこと。
(エ) 人の生命が権利として保障され、社会が発展してきたこと。

二、答えに当たる適切な箇所を本文中から見つけ、最初と最後の五字をそれぞれ答えなさい。

問九　――⑥「私たちの快適で幸福な生活」とは、何に支えられているか、二十字以内で抜き出しなさい。

問十　――⑦「こうしたスタイル」を私たちは日常生活の中で行っていることがある。その具体例として適切なものを、次から二つ選び、記号で答えなさい。

(ア) 選択肢問題を直感で答える。

成り立っているのです。

⑥私たちの快適で幸福な生活は、理科や数学、社会、言語、芸術など人類がこれまでに学んできたものの総体でできています。

それだけに、自分たちがなぜ現在のような生活を送れるのかを、しっかり理解しなければならないのです。

学問全般について基礎的なことを体系的に学んでおけば、より多くの物事が理解できたり、対処できたりするようになります。

たとえば、文系の人でも数学ができるようにしておくと、数学的な考え方で、より論理的に思考でき、対処できるようになるのです。

同様に、理科で習う観察や「仮説を立てて実験して検証する」というプロセスも大事です。

国内最大のコンビニエンスストアチェーンであるセブン‐イレブン・ジャパンを傘下に置く、セブン&アイ・ホールディングス元会長の鈴木敏文さんは、「経営に当たっては、常に仮説、実験、検証、修正を繰り返している」と言っています。

「［B］を立てて、実験してみたら、こうなった。だから、こう［C］しよう」

「よくよく観察したら、こういうことがわかった」

こんな理科的な思考法は、世の中の需要を感知して営業していくような、一見すると文系の領域のように思えるマーケティングなどの仕事においても必要とされるのです。

ここで問題とされるのは、個別の知識があるかないかではありません。数学的な思考で論理的な考え方ができるか。あるいは理科的な実証主義で物事に対処できるか。⑦こうしたスタイルを貫けるかどうかは人生に大きな影響を与えます。

それができないと、生活をするうえで重大な詐欺《さぎ》やだましにb遭遇することもあります。言葉巧《たく》みに高額なものを売りつけられたり、cコンキョのない、とんでもない物に大金を払ってしまったりしたというケースはよく聞きます。

人生には落とし穴がたくさんあるので、数学的・理科的な、（Ⅳ）科学的な思考ができるかできないかは、時として非常に重要な分かれ道になるということです。

そんな科学的な思考力は、科学そのものを勉強して訓練しない限り、身につきません。のみならず、科学について勉強しなければ、＊ガリレオ以降に発展した近代科学の実証主義のすごさをまったく財産にせずに生きていくことになります。

科学的な思考ができる人かできない人か、この二つの人生は、まったく違うものになります。

理科や数学を学ぶことを、理系に進むか、文系に行くかという単純な問題にすり替えてはいけません。

国語だってそうです。思考力の深さは語彙の多さと直結しています。だから、言葉や漢字を覚えることが必要なのです。漢字など書けなくてもいいじゃないかということはまさに論外。難しい言葉は頭の中で漢字にdヘンカンできなければ理解できないからです。

それだけに、理系の人たちにも国語力が必要です。むしろ国語力がないと、議論や論文を論理的に展開できないでしょう。それは致命的です。

以上のように、すべての科目を学ぶ基礎には思考力を養うという共通

【国　語】（四〇分）〈満点：一〇〇点〉

一　次の文章を読んで、後の問いに答えなさい。（句読点・記号は一字に含みます。）

「理科や数学を勉強することって、大人になってからも役に立つの？」

子どものころ、そんなふうに両親に聞いたことはありませんか。あるいは子どもから、そう尋ねられたことはありませんか。

こうした疑問を感じる子どもはいつの世にもいるようです。これは科目の好き嫌いによるところも大きいのでしょうが、確かに、理科や数学は社会人になったときに不要に思える場合もあるだけに、そんな疑問を持つのも当然かもしれません。

理系志向の子どもなら、社会や国語がなぜ必要なのかと思うこともあるはずです。

このいわば①時代を問わない普遍的な疑問に答えるために、まずは人類がどのように発展してきたのかを考えてみましょう。

現在の社会の状態を良いと思うか、悪いと思うかについてはいろいろな見方ができるでしょうが、私は「社会は比較的良好に推移してきたし、［A］してきている」と子どもに教えたほうがよいと思います。

もちろん、世界大戦もあったし、＊ファシズムもありました。（　Ⅰ　）、総じて平等に権利を保障されて生きることができるような世の中になりました。人類は頑張って、社会を②そこまで持ってきたのです。

興味深いことに、漢字の成り立ちを調べてみると、③人類の悲しい歴史が見て取れます。

（　Ⅱ　）、「民」という漢字は奴隷《どれい》の目を突き刺した絵に由来しています。人間の目を突き刺して奴隷として使う。それが民を働かせることでした。

また、「道」には「首」という漢字が入っています。「道」という漢字がつくられたころは、異民族の首を持って道を清めながら歩いたという説があります。「道」の成り立ちはそれに由来するというaカイシャクもあるくらいです。

これらの漢字の成り立ちが物語るように、かつて人の生命は＊殺戮《さつりく》という形で簡単に奪われました。そうしたことは二十世紀にもありましたが、生命はいま、④権利としてかなり安定しています。私たちの社会はいろいろありながらも、何とかここまで発展してきたのです。

⑤それがなぜ可能だったのかというと、より良い社会をつくろうという人類の思いが脈々と継承されてきたからにほかなりません。

たとえば、現在の社会が安定していることの大きな理由は、人間が安心・安全に生きられる理念が盛り込まれた近代的な憲法がつくられたからでしょう。（　Ⅲ　）、近代的な憲法ができた流れの中には人類のそれまでのすべての営みがある。そこには＊デカルトもいるし、＊ルソーもいるわけです。

また、科学が発展し、私たちが豊かな暮らしを送れるようになった背景には、もちろん＊エジソンなどの存在があります。エジソンは新しいことをたくさん発明しましたが、それらにはエジソン以前のさまざまな理論が応用されています。

私たちの現在の生活は、エジソンはもちろん、電磁気の原理を発見した＊ファラデーや、その他の多くの人に発見された理論が全部集まって

MEMO

大切なことはメモしておこうネ！

2020年度

解　答　と　解　説

《2020年度の配点は解答欄に掲載してあります。》

＜数学解答＞ 《学校からの正答の発表はありません。》

[1] (1) $\frac{\sqrt{6}}{6}$ (2) $-\frac{2}{5}$ (3) $\frac{5}{6}x$ (4) 100

[2] (1) $4(x+3y)(x-3y)$ (2) $x=-2,\ 10$ (3) $x=4,\ y=-2$ (4) $8\sqrt{3}$
(5) $n=105$

[3] $x=9$ [4] 60% [5] (1) $\frac{1}{9}$ (2) $\frac{8}{9}$ [6] (1) 46 (2) $n=21$

[7] (1) $y=x+4$ (2) P(3, 7) [8] (1) $\angle x=100°$ (2) $\angle x=60°$

[9] AP：PC＝4：1

○推定配点○

各5点×20([2](2)・(3)各完答)　　計100点

＜数学解説＞

基本 [1] (小問群―数・式の計算，根号を含む計算，因数分解の利用)

(1) $(\sqrt{3}-\sqrt{2})\left(\frac{1}{\sqrt{2}}+\frac{1}{\sqrt{3}}\right)=(\sqrt{3}-\sqrt{2})\times\frac{\sqrt{3}+\sqrt{2}}{\sqrt{6}}=\frac{3-2}{\sqrt{6}}=\frac{1}{\sqrt{6}}=\frac{\sqrt{6}}{6}$

(2) $\frac{2}{5}+\frac{4}{5}\times\frac{2}{3}-\frac{2^2}{3}=\frac{2}{5}+\frac{8}{15}-\frac{4}{3}=\frac{6+8-20}{15}=-\frac{6}{15}=-\frac{2}{5}$

(3) $\frac{3}{2}(x+2)-\frac{2x-3}{3}-4=\frac{\{9(x+2)-2(2x-3)-24\}}{6}=\frac{5}{6}x$

(4) $2.7^2+2\times2.7\times7.3+7.3^2=(2.7+7.3)^2=10^2=100$

基本 [2] (小問群―因数分解，二次方程式，連立方程式，式の値，根号の性質の利用)

(1) $4x^2-36y^2=4(x^2-9y^2)=4(x+3y)(x-3y)$

(2) 両辺を20倍して，$5x^2-4(x^2+2x)=20$　整理すると，$x^2-8x-20=0$　因数分解して，$(x+2)(x-10)=0$　よって，$x=-2,\ 10$

(3) $\begin{cases}2x-3y=14\cdots①\\5x+4y=12\cdots②\end{cases}$ とすると，①×4＋②×3より，$23x=92$　$x=4$　①に代入して，$8-3y=14$　$-3y=6$　$y=-2$

(4) $x+y=4,\ x-y=2\sqrt{3},\ xy=1$より，$x^3y-xy^3=xy(x^2-y^2)=xy(x+y)(x-y)=1\times4\times2\sqrt{3}=8\sqrt{3}$

(5) $420=2^2\times3\times5\times7$より，$\sqrt{\frac{420}{n}}=\sqrt{\frac{2^2\times3\times5\times7}{n}}$　これが整数となる最小のnの値は，$n=3\times5\times7=105$

基本 [3] (資料の整理―平均点の利用)

$\frac{10+9+6+7+x}{5}=8.2$となるので，これを計算して，$32+x=41$　$x=9$

基本 4 （割合とヒストグラム）

ヒストグラムより，身長が170cm以上の部員は12人いる。したがって，全員で20人であることから，身長170cm以上の部員の割合は，$\frac{12}{20}\times100=60$(％)

5 （確率）

(1) 取り出した玉の色がすべて同じになるのは，赤，青，白のそれぞれの色で同じになる3通り。玉の取り出し方は，$3\times3\times3=27$(通り)あるので，求める確率は，$\frac{3}{27}=\frac{1}{9}$

(2) 取り出した玉の色は，1色，2色，3色の3パターンあり，1色の確率は(1)より$\frac{1}{9}$　それ以外が，2色以上なので，求める確率は，$1-\frac{1}{9}=\frac{8}{9}$

重要 6 （数列）

(1) 数字の並びは，最初の数字1から，＋1，＋2，＋3，＋4，＋5，…と大きくなっていくので，{1, 2, 4, 7, 11, 16, 22, 29, 37, 46, 56, 67, 79, 92, 106, 121, 137, 154, 172, 191, 221, …}となる。したがって，S(10)＝46

(2) (1)より，S(n)＝211となるのは，$n=21$

7 （関数とグラフ―直線の式，面積比）

基本 (1) 点A(−2, 2)，B(4, 8)なので，直線ℓの傾きは，$\frac{8-2}{4-(-2)}=1$　直線ℓの式を$y=x+b$とおいて，A(−2, 2)を代入すると，$2=-2+b$　$b=4$　よって，$y=x+4$

重要 (2) 右図のように△OAPと△OBPの頂点を共にOと考えると，△APO：△BPO＝AP：BPとなるので，AP：BP＝5：1となるように点Pを取ればよい。よって，2点A，Bのx座標の差が$4-(-2)=6$であることから，これを5：1に分ければよいので，点Pのx座標は3とわかる。したがって，点Pは$y=x+4$のグラフ上にあるので，P(3, 7)

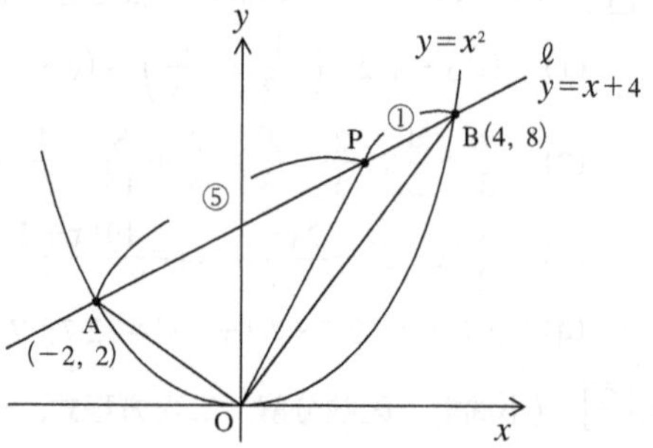

8 （平面図形―角度）

(1) 右図のように点A～Cをとる。三角形の内角と外角の関係より，$\angle ACB=30^\circ+50^\circ=80^\circ$

$\angle x=80^\circ+20^\circ=100^\circ$

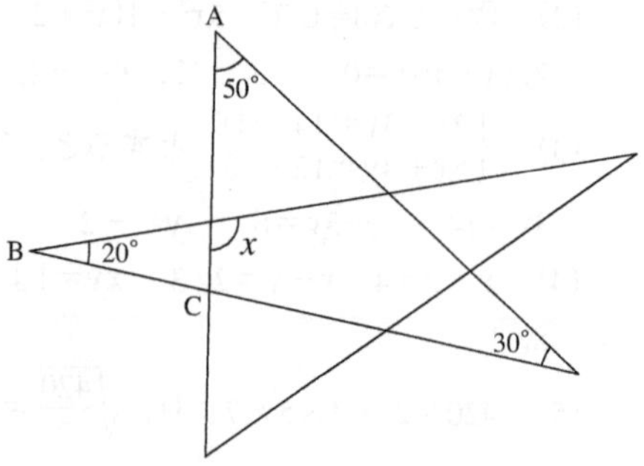

(2)　右図のように点AからEをとる。△OABはOA＝OBの二等辺三角形なので，その底角は等しく，∠OBA＝∠OAB＝20°　$\overset{\frown}{AC}$に対する円周角は等しいので，∠ADC＝∠ABC＝20°　OA//CDより，平行線の錯角は等しいので，∠OAD＝∠ADC＝20°　よって，∠BAE＝40°　以上より，△ABEの内角と外角の関係から，∠x＝∠ABE＋∠BAE＝20°＋40°＝60°

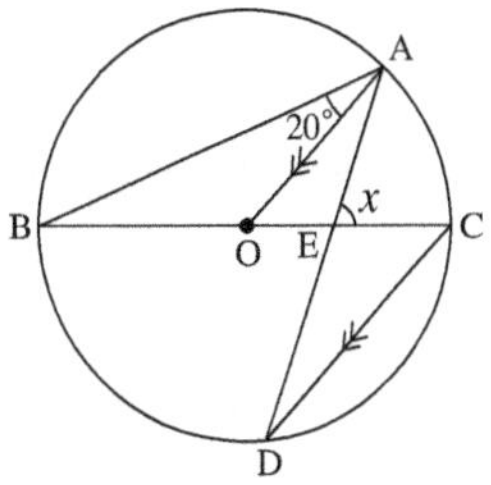

9　(平面図形―相似な図形の利用と線分の比)

右図のように直線EFと直線ADの交点をGとする。△FEC≡△FDGより，EC＝GD　また，△PEC∽△PGAより，その相似比はEC：GA＝EC：(AD＋DG)＝1：4　したがって，対応する辺の比はすべて等しいので，AP：PC＝GA：EC＝4：1

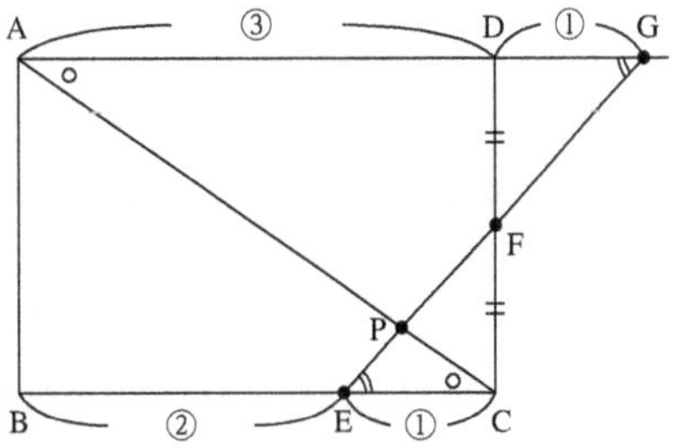

★ワンポイントアドバイス★

基礎～標準レベルの問題で構成されており，難問や奇問はない。高得点をとるために大事なことは，教科書の基本事項をしっかりと理解することである。入試本番までに，基本事項に抜けがないかを確認し，基礎力を最も大事にして勉強をしていけば大丈夫である。

＜英語解答＞ 《学校からの正答の発表はありません。》

1　1 tear　2 practice　3 school　4 eat　5 city
ア treasure　イ radio　ウ economy

2　(A) ク　(B) エ　(C) ア　(D) キ

3　1. ①　2. ④　3. ②　4. ③　5. ④

4　1. イ　2. ウ　3. ウ　4. エ　5. イ

5　(2番目・5番目の順で)　1. イ・ウ　2. ア・ウ　3. ア・イ　4. イ・ア　5. カ・オ

6　1. イ　2. ア，カ

7　1. エ　2. orange　3. ア　4. エ　5. ア　6. ウ　7. ア

○推定配点○

1，6　各2点×11　他　各3点×26(5各完答)　計100点

＜英語解説＞

1　(語い問題)

1「悲しかったり嬉しかったりするときに目から出てくる塩を含んだ液体のしずく」「涙」　2「自分の技術を高めるために何度もくりかえして行う行動」「練習」　3「子どもたちが数学，理科，歴史などの科目を教えてもらう場所」「学校」　4「食べ物を口に入れ，それをかんで飲みこ

むこと」「食べる」 縦5「たくさんの人が住む大きく重要な町」「都市」

ア「金，銀，宝石などの価値のあるものの集まり」「宝物」　イ「音楽，ニュース，道路情報，天気予報などを聞くために使う電子の装置」「ラジオ」　ウ「国でお金，品物，生産物が作られ，使われるシステム」「経済」

2 （語い問題）

（A） グループAは副詞のグループ。home は名詞や形容詞だけでなく，例えば go home「家に帰る」のように副詞として「家に，故郷に」の意味がある。　（B） グループBは不規則変化をする動詞のグループ。　（C） グループCは形容詞で比較級が -er となるグループ。clear「澄んだ，きれいな」（D） グループDは名詞と動詞になる語のグループ。watch は「～を見る」と「時計」の意味。

やや難 3 （正誤問題：前置詞，接続詞，助動詞，分詞）

1. 「今日のパーティーを楽しみにしていた。しかし彼女は来なかった」 ①を was looking にする。そうすると発話時に今も残念に思っているニュアンスが伝わる。looked の場合は過去には楽しみにしていた時期もあったが発話時は何とも思っていないニュアンスとなる。〈look forward to〉は「～を楽しみに待つ」 to は前置詞。
2. 「知らない男性が私に『電車で学校に行きますか』と言った」 ④ a は付けずに by train で「電車で」と交通手段を表す表現となる。
3. 「もし明日雨が降ったら家にいて本を読む」 ②を will にする。If A ～，B … は「もしAならば，B」という仮定を表す接続詞で，Aの文が現在時制，Bの文には will を使うと未来に多分そうなるであろうと発話時に判断していることを表せる。
4. 「ケンと私は公園でベンチに座っているあのおじいさんを知っている」 ③を sitting にする。動詞のing形は名詞の前後について「～している」の意味を表すことができる。ここでは the old man の後ろについて「座っているおじいさん」となる。
5. 「ショーケースにはたくさんの宝飾品があったが，彼女はお金がなかった」 ④を didn't have にする。一般動詞を過去の否定文にするには〈didn't ＋動詞の原形〉とするのが一般的な用法。

基本 4 （語句補充問題：進行形，受け身，接続詞）

1. Nice to meet to you.「お会いできて嬉しいです，初めまして」に対する「私も」という返事は Nice to meet you, too. と言う。その省略した形が You too. となる。
2. 「ここら辺の出身なんですか？」「いいえ，友達をたずねているんです」〈be ＋動詞のing形〉で「～しているところだ」という進行形の意味になる。
3. 「今朝はかなり寒い」 pretty は「かわいらしい」だけでなく「かなり，非常に」という副詞の意味もある。
4. 「ラーメン屋は昨日閉まっていた」お店が「閉まっている」は be closed で「開いている」は be open で表現する。
5. 「私は塩辛くてスパイシーな食べ物が好きなので，クッキーもチョコレートも食べない」否定語のあとで「～でも…でも(ない)」と表現するときに or を用いることができる。

重要 5 （語句整序問題：現在完了，不定詞，分詞，間接疑問文）

1. (This is the) easiest question I have ever seen(.) 「これは私が今まで見た中で一番簡単な問題だ」〈形容詞の最上級形＋名詞＋(that)主語＋ have ever ＋動詞の過去分詞形～〉で「今までで～した一番…な(名詞)だ」という意味になる。
2. (He) suddenly stopped to see the beautiful (sky.) 「彼はきれいな空を見るために突然立ち止まった」〈stop to ＋動詞の原形〉は「～するために立ち止まる」で，stop ～ ing が「～するのをやめる」の意味。副詞 suddenly「突然に」は一般的には文頭，文末，一般動詞の前に置けるが，ここでは文頭，文末は入れられないので一般動詞の前。

3. (My) mother wanted me not to enter (that school.)「母は私にその学校に入らないで欲しかった」〈want ＋人＋ to ＋動詞の原形〉で「(人)に～してほしいと願っている」の意味。to 不定詞を否定の表現にする場合は to の前に not を付けることができる。
4. (The book) written by Osamu is difficult for (students.)「オサムによって書かれた本は生徒たちには難しかった」動詞の過去分詞形は名詞の前後について「～された」という受け身の意味を持つことができる。ここでは the book の後ろに written を続けて「書かれた本」となる。
5. (Please tell) me which bus I should take(?)「どのバスに乗るべきか教えてください」Please tell me. と Which bus should I take? の2文を1つにした間接疑問文。疑問詞以下が〈疑問詞＋主語＋動詞〉の語順になる。

6 (短文読解問題：英問英答，比較)

・この生徒たちの平均身長は170cm。
・QはRよりも8cm低く，Tよりも4cm高い。
・SはRよりも16cm低い。
・PはTよりも18cm高い。

1. 「PとRの身長差は何ですか」 TとRの差が12cm，TとPの差が18cmなのでRとPの差は6cmとなる。
2. 「次から2つ正しい文を選べ」（ア）「一番高いのはP」（○） PはRよりも6cm高い。 （イ）「一番小さいのはT」（×） Sが一番小さい。 （ウ）「一番高い人と低い人の差は24cm」（×） 22cmの差。 （エ）「Qは平均よりも高い」（×） Qを平均以上の身長で考えると平均値が170を超えてしまう。 （オ）「Sは156cm」（×） これで考えると平均値は170よりも低くなる。 （カ）「Rは176cm」（○）

7 (長文読解問題：語句解釈，語句補充，英問英答，要旨把握，内容吟味)

(全訳) ジョバンニ・マリア・ファリナはドイツのケルン(コロン)で新しい生活を始めました。その町の気候は寒く，彼のかつての住まいとはとても違っていました。どこにも彼の好きな植物の①香りをかげる場所がありませんでした。ホームシックを強く感じたので，彼は自分の好きな香り，彼の故郷イタリアの匂いのする奇跡の水を開発することに没頭しました。

1708年，彼は兄弟のジャン・バティスト(これは当時おそらくみんながこの名前だった)に彼の水について手紙を書きました：「私は雨上がりのイタリアの春の朝，山の花々，オレンジの花を思い出させる香水を作り出した」。ファリナは発明家で詩人でもありました。彼はその奇跡の水を自分の新たな故郷であるケルンにちなんで名前を付けました。70から90％のアルコールをベースに，レモン，グレープフルーツ，ライム，ベルガモット，②(オレンジ)などの柑橘類の精油が含まれていました。彼はまた，ラベンダー，タイム，ローズマリー，ジャスミンなどの花から作られた精油，そしてタバコから取られたものさえも使いました。1709年，彼はこの奇跡の水を販売するために自分の会社を設立しました。

彼の発明は上流社会の人たちの間でとても人気になりました。18世紀，彼らはお風呂に頻繁に入ることがなかったので，自分の体の匂いを隠す何かを必要としていました。コロンのボトル1本の値段で普通の人を半年以上は養えるほどと言われていました。ほとんどの人たちにとって買うことは困難でした。しかし今オーデコロン，または「コロン」は多くの人にとって③(普通)になっています。多くの種類の会社，例えば服飾ブランド，薬局，そして自動車会社でさえ独自の香水を売り，私たちはその様々な香りを簡単に楽しむことができます。あなたはどんな種類の香りが好きですか？

基本 1. scent は「におい，香り」の意味。smell も「におい，香り」で，動詞として「～の匂いを嗅ぐ」の意味もある。

2. ～ such as … は「…のような～，～例えば…」の意味。柑橘系の植物の例を挙げている文なので，第2段落最初の兄弟への手紙内容を参照する。

3. 空欄を含む文の1つ前の文ではみんなにとってなかなか買えないものだったとあるが，空欄を含む文では however「しかしながら」があるので前の文と対照となる内容となる。つまりみんなが買えるものとなったということ。common「普通の，共通の」

4. 「この文について正しいのは次のどれか」第1段落を参照する。(ア)「この町の気候は彼には寒すぎた」(×) 第2文参照。 (イ)「この町の雰囲気は彼の故郷とほとんど同じだった」(×) 第2文参照。 (ウ)「ファリナはドイツのある町で生まれた」(×) 最終文参照。 (エ)「ファリナはイタリアの自然の匂いを恋しく思った」(○) 第3，4文参照。

5. 「この文について正しいのは次のどれか」第2段落を参照する。(ア)「当時人々はバティストという名前をよく耳にした」第1文参照。 (イ)「ファリナは花の香水を作った最初の人だ」(×) 彼はコロンを発明した人ではあるが，花の香水についての最初の人という記述はない。
(ウ)「ファリナは奇跡の水を作るためにドイツによくあるものを使った」(×) 最後から3文目，2文目に使用されたものが述べられているがそのような記述はない。 (エ)「彼の奇跡の水の名前はイタリアの彼の新しい町に由来している」(×) 最後から4文目参照。

6. 「18世紀の人たちについて正しのは次のどれか」第3段落を参照する。(ア)「コロンを低価格で買えた」(×) 第3文参照。 (イ)「彼らはお風呂に入るのが好きではなく，体の匂いは気にしていなかった」(×) 第2文参照。 (ウ)「体の匂いを覆うためにコロンを欲しがった」(○) 第2文参照。 (エ)「簡単に使える香りの選択肢がたくさんあった」(×) 第4～6文参照。今はたくさんある。

重要 7. 「この文のタイトルとして一番ふさわしいのはどれか」(ア)「奇跡の水の歴史」(○) コロンのできる前，できたとき，その後が書かれている。 (イ)「ケルンの柑橘類と花」第2段落にコロンに使用されたものが述べられているが全体のことではない。 (ウ)「ジョバンニのライフワークの話」(×) 第3段落はコロンについての話であり彼の仕事などについて詳しく述べられているわけではない。 (エ)「自分をいい匂いに保つ一番の方法」(×) 匂いを隠すものではあるがその方法についての文章ではない。

★ワンポイントアドバイス★

6の短文の英問英答問題は，英文が短く複雑なものではないが，英語を理解するだけではなく計算をして考える必要がある。1つ間違えると全部間違えかねないので，落ち着いて取り組み，時間配分に気をつけること。

＜理科解答＞ 《学校からの正答の発表はありません。》

1　(1)　(ウ)　(2)　①　イ　②　ウ　③　エ　④　ア
(3)　(ⅰ)　ア　(ⅱ)　ア　(ⅲ)　1004hPa　(ⅳ)　10月10日11時

2　(1)　100g　(2)　60g　(3)　1.25g/cm^3　(4)　0.5N

3　(1)　(ア)・(エ)　(2)　(イ)・(エ)・(カ)　(3)　(イ)・(ウ)
(4)　①　C　②　X　水素　Y　塩化物

4　(1)　①　×　②　○　③　×　(2)　A　3　B　3　C　3
(3)　①　ライオン　②　ライオン　③　ライオン　④　ライオン

○推定配点○

1　各3点×9　2　各4点×4　3　各4点×6((1)～(3)各完答)
4　(1)　各4点×3　(2)・(3)　各3点×7　計100点

＜理科解説＞

1　(天気の変化)

重要　(1)　北半球では，冬に偏西風が発達する。日本にやってくる台風は，日本の南の北太平洋で発生した熱帯低気圧が発達したものである。台風の中心部では，台風の目とよばれる雲がほとんどない部分がある。6月ごろには梅雨，10月頃には秋雨とよばれる，雨が続く天候となる。

重要　(2)　①　オホーツク海気団は，気温が低く湿っている。梅雨や秋雨に関係する気団である。
②　シベリア気団は，気温が低く乾燥している。冬に発達する気団である。
③　揚子江気団は，気温が高く乾燥している。春，秋に発達する気団である。
④　小笠原気団は，気温が高く湿っている。夏に発達する気団である。

重要　(3)　(ⅰ)　等圧線の間隔が狭いほど強い風が吹く。

重要　(ⅱ)　アは最も低気圧に近いので，アが最も降水量が高いと考えられる。

基本　(ⅲ)　等圧線の間隔は普通，4hPaごとにひかれる。エの等圧線の手前には太線の等圧線(1000hPa)があるので，エは1004hPaである。

基本　(ⅳ)　300(km/h)÷15(km/h)＝20(h)より，台風は10月9日の15時から20時間かけて，オを通過する。そのため，台風がオを通過する時刻は，10月10日の11時である。

2　(力)

基本　(1)　浮力は押しのけた液体の重さで，あらわせる。水の中に200cm^3の物体Xを全て沈めると，1(g/cm^3)×200(cm^3)＝200(g)の浮力が生じる。物体Xの重さは100gなので，物体Xに乗せることのできるネズミの重さは，200(g)－100(g)＝100(g)である。

基本　(2)　水の中に200cm^3の物体Xを全て沈めると，0.8(g/cm^3)×200(cm^3)＝160(g)の浮力が生じる。物体Xの重さは100gなので，物体Xに乗せることのできるネズミの重さは，160(g)－100(g)＝60(g)である。

やや難　(3)　物体X200cm^3を沈めて，100(g)(物体Xの重さ)＋150(g)(ネズミの体重)＝250(g)の浮力を生じさせれば良いので，液体の密度の最小値は，250(g)÷200(cm^3)＝1.25(g/cm^3)である。

やや難　(4)　水のとき，物体Xの上には100gの重さしかのせられないので，150gのネズミを50g分の力でばねはかりで引っ張り上げればよい。100gの質量にかかる重力の大きさは1Nなので，50gの質量にかかる重力の大きさは0.5Nである。

3　(第一分野―酸とアルカリ・電気分解とイオン)

重要　(1)　水酸化ナトリウム水溶液とうすい塩酸を中和させると，食塩と水ができる。

重要 (2)　BTB液を加えると黄色くなるのは，酸性の水溶液である。選択肢の中で，酸性の性質を示すのは，うすい硫酸，うすい塩酸，食酢の3つである。

重要 (3)　うすい硫酸と水酸化バリウム水溶液を中和させると，硫酸バリウムと水ができる。硫酸バリウムは水に溶けないので白色沈殿が見られる。

基本 (4)　①②　塩化水素は塩酸の中で，水素イオン(H^+)と塩化物イオン(Cl^-)に電離している。(4)の装置に電圧を加えると，水素イオンが陰極に引き寄せられる。酸の性質は水素イオンによるので，青色リトマス紙は塩酸を染み込ませた糸から陰極側に向かって，赤くなる。よって，②のXは水素イオン，Yは塩化物イオンである。

4 （動物の体のしくみ）

基本 (1)　①　草食動物のウマには上あごに犬歯があるので，×である。

②　上あごと下あごの小臼歯と大臼歯の合計は，ウサギ11本，ネコ7本，ライオン8本，ウマ12本なので，○である。

③　肉食動物でも，小臼歯や大臼歯があるので，×である。

基本 (2)　ウシとウマは同じ有蹄類であるので，小臼歯と大臼歯の数が同じであると推定できる。

重要 (3)　①　目が前についているのは，肉食動物である。

②　門歯が鋭く発達しているのは，肉食動物である。

③　腸の長さが短いのは，肉食動物である。

④　獲物に見つからずに近寄るため，肉食動物は音を立てずに歩くことができる。

★ワンポイントアドバイス★

問題文の条件情報を整理して考えよう。

＜社会解答＞ 《学校からの正答の発表はありません。》

1　問1　メソポタミア文明　問2　甲骨文字　問3　始皇帝　問4　殷→秦→漢→隋
問5　ユダヤ教　問6　PLO　問7　バスコ・ダ・ガマ　問8　ミケランジェロ
問9　レーニン　問10　アメリカ合衆国

2　問1　イ　問2　イ　問3　ア　問4　イ　問5　オ　問6　イ　問7　エ
問8　エ　問9　イ　問10　エ

3　問1　A　エジプト　B　サハラ砂漠　C　ギニア湾　D　マダガスカル島
問2　アパルトヘイト　問3　モノカルチャー　問4　①　カカオ
②　フェアトレード　③　エ　問5　ウ　問6　ア　問7　イ　問8　エ
問9　ウ　問10　イ

4　問1　カ　問2　ウ　問3　累進課税　問4　ア　問5　エ

5　問1　オ　問2　ウ　問3　イ　問4　①　ケ　②　ア

6　問1　ウ　問2　イ　問3　①　リオ・デ・ジャネイロ　②　ウ　問4　排出取引

○推定配点○

各2点×50　計100点

＜社会解説＞

1 （世界の歴史－古代から現代の世界の歴史に関する問題）

問1　Aの場所にあるティグリス川，ユーフラテス川の流域でメソポタミア文明が発生した。

問2　甲骨文字は古代中国で使われていた文字。亀の甲羅や動物の肩甲骨など比較的平べったい骨などに刻まれた文字で，占いの内容を刻んだものといわれる。

やや難　問3　写真2は秦の始皇帝の墓で発見された兵馬俑。日本の埴輪よりもかなり写実的な粘土の焼き物で，大きさも実物の大きさに近い。

問4　古代中国で確認が取れている最古の王朝が殷→戦国時代を統一したのが秦→秦の後に立った王朝が漢→6世紀に中国を統一したのが隋だが，隋は40年ほどで滅び，その後に唐が300年ほど続く。

問5　イスラエルにあるエルサレムが3つの宗教の聖地。ユダヤ教，キリスト教，イスラム教の信者にとってそれぞれ重要な場所となっている。

問6　現在のイスラエルがある場所には大昔にはイスラエルの原型となった国が存在していたが，その後，ユダヤ人が古代ローマ帝国によって奴隷として連れ去られ，空白の土地となり，そこへ近隣のアラブ人が流入し定着していた。そこに再び第二次世界大戦後にイスラエルが建国され，そこに住んでいたアラブ人が追われ，パレスチナ難民となった。このパレスチナ難民の自治区が現在，イスラエルの北東部のヨルダン川西岸地区と，南西部のガザ地区の二か所ある。

問7　バスコ・ダ・ガマはポルトガルの航海家。ヨーロッパからアフリカの西海岸沿いに南下し，喜望峰を回ってインドのカリカットへと至る航路を開いた。

問8　ミケランジェロはルネサンス期に活躍したイタリアの画家・彫刻家。写真3はダビデ像。

重要　問9　レーニンは1917年の三月革命がおこった際はスイスに亡命していたが，帰国し十一月革命を指導し社会主義政権を樹立させた。

問10　ベトナムはフランスの植民地であったが，第二次世界大戦後，ホー・チ・ミンが指導し，北ベトナムがフランスからの独立と社会主義政権化をおしすすめようとするとフランスが介入しインドシナ動乱になる。インドシナ動乱は1954年のジュネーブ協定で南北ベトナムの独立を認め，フランスは手を引くが，今度はアメリカが南ベトナムの社会主義化を防ぎ，北ベトナムをつぶすために，当初は南ベトナムを支援するだけだったが，1965年から直接アメリカが北ベトナムを攻撃するようになりベトナム戦争となった。

2 （日本の歴史－古代から近代までの歴史の問題）

問1　イ　2019年に世界文化遺産に登録された大阪にあるものは百舌鳥・古市古墳群。アの日光東照宮は1999年，ウの姫路城は1993年，エの富岡製糸場は2014年に登録された。

やや難　問2　ア　北海道で稲作が行われるのは弥生時代よりはかなり後。　ウ　ラクスマンが1792年に来航したのは根室。　エ　明治時代に制定された北海道旧土人保護法はアイヌを尊重するものではなく，どちらかといえば同化させるものであった。

問3　イ　琉球は廃藩置県の後に別枠で改めてまず琉球藩をつくり，そこから沖縄県とする琉球処分が行われたが日清戦争より前の1879年に完了。　ウ　沖縄戦は太平洋戦争の末期1945年に行われたが，終戦よりも前に終結。　エ　非核三原則は沖縄復帰を果たした佐藤栄作首相の時代の1967年，1968年に出されており，沖縄復帰よりも前。

問4　イ　645年　大化の改新→701年　大宝律令→743年　墾田永年私財法の順。

問5　オ　桓武天皇は平城京の時代の終わり頃の781年に即位し806年に崩御。

問6　イ　隠岐は島根県の島根半島の北方にある。アは対馬，ウは佐渡島，エは奥尻島。

重要　問7　エ　公事方御定書は徳川吉宗の治世の終わり頃の1742年に制定。吉宗が登用した江戸町奉行の大岡忠相らが制定。外国船打払い令は11代将軍徳川家斉の時代，朱印船貿易は家康の時代，株仲間の解散は水野忠邦の天保の改革の時代，生類憐みの令は5代将軍徳川綱吉の時代。

やや難 問8　エ　現在の愛知県はかつての尾張と三河の国。明智光秀は美濃もしくは近江の出身とされる。織田信長，豊臣秀吉は尾張の出身，徳川家康は三河の出身。

問9　イ　豊臣秀吉による1587年の九州平定の際，島津氏は降伏したので滅ぼされてはいない。その後の江戸時代には島津氏は薩摩の大名として支配している。

問10　エ　アイヌのコシャマインの反乱は1457年で室町時代。江戸初期に反乱を起こしたのはシャクシャイン。

3　(地理—アフリカに関する問題)

問1　A　エジプトは東側にはイスラエル，ヨルダン，サウジアラビア，南にはスーダン，西側にはリビアと国境を接する。　B　サハラ砂漠はアフリカ大陸最大の砂漠。　C　ギニア湾の北側の地域にはコートジボアール，ガーナ，ナイジェリアなどの国々がある。　D　マダガスカル島はかつてはフランス領で現在はマダガスカル共和国がある。

問2　アパルトヘイトは南アフリカにあった白人と非白人を分離し差別する制度。非白人は大多数が黒人だが，アジア系も差別されていた。

問3　モノカルチャーは，特定の産物にその国の経済が依存している状態を指す。鉱産資源はもちろん，農作物の場合もある。

やや難 問4　設問①　カカオはメキシコや中米が原産地の植物で，その種子がココアやチョコレートなどの原料として使われる。アフリカの地域を植民地とした国々がアフリカや東南アジアなどに持ち込み栽培を広めた。　設問②　かつて植民地とされていた国々で生産される農作物や地下資源は，独立後も旧宗主国などによって安く買いたたかれているものが少なくなく，そのことがその国の経済発展を阻害する要因ともなっており，この問題を是正するために正当な価格でその産物を先進国が購入し，後進国の経済発展を促すのがフェアトレード。日本でもカカオやゴムを使った製品にこの動きがみられる。　設問③　カカオの生産量は現在コートジボワールが世界一で，二位がガーナ。

重要 問5　アフリカ大陸のほぼ中央を東西に横切るのが赤道で，赤道をはさんで南北端はともに緯度で35度ほどのところ。

問6　南スーダンはスーダンから分離独立した国。北のスーダンを支配するアラブ系の住民による黒人の差別，弾圧によって独立した。

問7　PKOは(国連)平和維持活動の略。日本は1992年のカンボジア派遣から自衛隊がPKOで海外へ行くようになった。

問8　UNHCRはUnited Nations High Commissioner for Refugeesの略。その長である国連難民高等弁務官を，1990年から2000年まで日本の緒方貞子が務め，現在の国連事務総長のアントニオ・グテーレスも2005年から2015年まで務めていた。

問9　ウ　難民の受け入れは日本は少ないことで批判を受けている。ドイツは群を抜いて多いが，そのことで国内の問題も起こっている。

問10　ア　アフリカの中部のケニアが比較的早くから開発されたが，ケニアは高地にあるため周辺の国々よりは白人でも住みやすい土地であった。アフリカ大陸で西岸海洋性気候や地中海性気候がみられるのは南端の南アフリカ共和国のあたり。　ウ　アフリカの国々の国境線が直線になっている場所が多いのは，植民地時代にヨーロッパの国々が緯経線を利用してその境界を設定したことの名残。　エ　アマゾン川はアフリカ大陸ではなく南米大陸の大河。

4 （公民―日本の財政に関する問題）

問1　カ　歳入の中で税収で一番多いのは所得税で次が消費税。

問2　ウ　固定資産税は土地や家屋などの不動産にかかる地方税。

重要 問3　累進課税は，所得税では所得が大きくなるにつれて税率を高くしていくことで，所得に対する税負担率が公平になるようにするもの。

問4　ア　歳出の中で社会保障費が約3分の1，国債費が約4分の1ほどになっている。

やや難 問5　エ　デンマークは25%，台湾は5%，タイは7%，イギリスは20%，中国は16%。ちなみに世界で一番消費税率が高いのはハンガリーで27%。

5 （公民―国連に関する問題）

問1　オ　現在の国際連合の本部はアメリカのニューヨーク，かつての国際連盟の本部があったのはスイスのジュネーヴ，EUの本部はベルギーのブリュッセルにある。

問2　ウ　集団安全保障は複数の国々がたとえ敵対関係にあっても，互いに武力行使をしないという約束を交わして組織を形成し，その組織の加盟国に害を及ぼすような行為を行う国に対しては，加盟国が一丸となりその国に対して断固とした措置をとるというもの。

重要 問3　常任理事国は米英仏ロ中の五大国で，核兵器を保有する国々。日本は非常任理事国の経験はあるが常任理事国ではない。

問4　①　WHOは世界保健機関。　②　UNESCOは国連教育科学文化機関。UNIDOは国連工業開発機関。IDAは国際開発協会で第二世界銀行とも呼ばれる。IMFは国際通貨基金。WTOは世界貿易機関。UNCTADは国連貿易開発会議。IAEAは国際原子力機関。UNDPは国連開発計画。UPUは万国郵便連合。

6 （公民―世界の環境問題に関する問題）

やや難 問1　ウ　温室効果ガスの排出量は上位四カ国で世界の半分以上になる。最も多いのが中国でアメリカ，インド，ロシアがそれに続く。

問2　イ　ラムサール条約は渡り鳥の生育環境を保全するために湿原を保護する条約。ワシントン条約は絶滅の危機に瀕している動植物の取引を取り締まる条約。モントリオール議定書はオゾン層の破壊を食い止めるためにフロンガスの規制をするもの。

問3　1992年の国連環境開発会議が開催されたのはブラジルのリオデジャネイロ。当時，ブラジルのアマゾン川流域の熱帯林の乱開発が深刻な状態にあったので，見せしめの意味もあった。

やや難 問4　京都議定書で採用された方式で，温室効果ガスの削減目標を達成し目標以上に削減できた国が，その目標以上に削減できた分の枠を，削減目標を達成できていない国に売ることができるもの。達成できない国々はいわば罰則金のような形で達成できた国々に支払う。この方式を排出取引あるいはキャップ・アンド・トレードと呼ぶ。

★ワンポイントアドバイス★

小問数が50題で試験時間に対してやや多いが，あせらず落ち着いて一つずつ正確に解答欄を埋めていきたい。記号選択が多いので，何が求められているのかを正確につかむことが必要。選択肢どうしの違いに注意。

＜国語解答＞ 《学校からの正答の発表はありません。》

一 問一 a 解釈 b そうぐう c 根拠 d 変換 e けいしょう
問二 A 推移 B 仮説 C 修正 問三 Ⅰ ウ Ⅱ オ Ⅲ エ
Ⅳ イ 問四 (例) 理科や数学の勉強は，大人になってからは役に立たないので不要なのではないかという疑問。 問五 平等に権利～うな世の中 問六 人の生命は殺戮という形で簡単に奪われ 問七 義務
問八 一 エ 二 より良い社～てきたから 問九 人類がこれまでに学んできたものの総体(18字) 問十 ウ・カ 問十一 ウ 問十二 思考力
問十三 A 平等 B 憲法 C 科学 D 理系 E 遺産 F 継承

二 問一 a エ b ア 問二 あるじ(が)ある僧(に) 問三 ウ 問四 ア
問五 この僧の鼻より氷魚の一つふと出でたり 問六 あるじ 問七 A イ B エ 問八 エ

三 A カ B イ C ク D オ E エ

四 A ウ B カ C ク D イ E オ

○推定配点○
一 問一 各1点×5 問二・問三・問七・問十三 各2点×14 他 各3点×10
二 問一・問三 各2点×3 他 各3点×7 三・四 各1点×10 計100点

＜国語解説＞

一 (論説文―漢字の読み書き，脱語補充，接続語，文脈把握，内容吟味，対義語，指示語，要旨)

問一 a 「解」を使った熟語はほかに「解散」「解析」など。音読みはほかに「ゲ」。熟語は「解熱」「解毒」など。訓読みは「と(かす)」「と(く)」「と(ける)」。 B 「遭」の訓読みは「あ(う)」。「遇」を使った熟語はほかに「優遇」「千載一遇」など。訓読みは「あ(う)」。 c 「拠」を使った熟語はほかに「占拠」「論拠」など。音読みはほかに「コ」。熟語は「証拠」など。訓読みは「よ(る)」。 d 「換」を使った熟語はほかに「換気」「換骨奪胎」など。訓読みは「か(える)」「か(わる)」。 e 「継」を使った熟語はほかに「継続」「中継」など。訓読みは「つ(ぐ)」。

問二 A 直前に「推移してきたし」とあるので，繰り返して「推移(してきている)」となる。 B 直前に「『経営に当たっては，常に仮説，実験，検証，修正を繰り返している』」とあるので，「仮説(を立てて)」となる。 C 直前の「仮説，実験，検証，修正」にあてはめて，「(こう)修正(しよう)」とするのが適切。

問三 Ⅰ 直前に「世界大戦もあったし，ファシズムもありました」と負の側面が示されているのに対し，直後では「総じて平等に権利を保障されて生きることができるような世の中になりました」と，良い面が示されているので，逆接を表す「しかし」が入る。 Ⅱ 直前に「漢字の成り立ちを調べてみると，人類の悲しい歴史が見て取れます」とあり，直後で，「『民』という漢字は……」と具体例が示されているので，例示を表す「たとえば」が入る。 Ⅲ 直前に「近代的な憲法がつくられたからでしょう」とあり，同じく「憲法」について，直後で「近代的な憲法ができた流れの中には人類のそれまでのすべての営みがある」としているので，並立を表す「また」が入る。 Ⅳ 直前の「数学的・理科的」を直後で「科学的」と言い換えているので，言い換えを表す「いわば」が入る。

問四 ここでいう「疑問」とは，冒頭の「『理科や数学を勉強することって，大人になってからも役に立つの？』」というものであり，「確かに，理科や数学は社会人になったときに不要に思える

場合もあるだけに，そんな疑問を持つのも当然かもしれません」とある。理科や数学の勉強は大人になってからは役に立たないので不要ではないか，という疑問である。

問五　直前の「総じて平等に権利を保障されて生きることができるような世の中になりました」指すので，「平等に権利を保障されて生きることができるような世の中」を抜き出す。

問六　直後で，「民」と「道」という漢字の成り立ちを例に挙げて「人類の悲しい歴史」の説明がなされ，「これらの漢字の成り立ちが物語るように，かつて人の生命は殺戮という形で簡単に奪われました」と述べられている。

問七　「権利」は，ある物事を自分の意志で自由に行い得る資格，という意味。対義語は，人が行わなければ，また，行ってはならない行為，という意味の「義務」。

やや難　問八　一　直前の「生命はいま，権利としてかなり安定しています。私たちの社会はいろいろありながらも，何とかここまで発展してきた」という内容を指すので，エが適切。

二　「なぜ可能だったのか」という問いに対する答えは，直後に「より良い社会をつくろうという人類の思いが脈々と継承されてきたから」と端的に述べられている。

問九　直後に「理科や数学，社会，言語，芸術など人類がこれまでに学んできたものの総体でできています」とあるので，「支えられている」ものにあてはまる部分として「人類がこれまでに学んできたものの総体(18字)」を抜き出す。

やや難　問十　「こうしたスタイル」とは，直前の「論理的な考え方」「実証主義で物事に対処」を指すので，「電車の時間を調べた」とするウ，「試作」とあるカがあてはまる。

問十一　前に「すべての科目を学ぶ基礎には思考力を養うという共通点があります」「人類が築いてきた遺産をがっちりと受け止めて，次の世代に継承していく。社会を発展的に再生産するという観点からも，私たちはすべての科目を学ぶことが必要なのです」と説明されているので，ウが適切。

やや難　問十二　「様々な科目を学ぶことで身につけることができるもの」については，「以上のように……」で始まる段落に「すべての科目を学ぶ基礎には思考力を養うという共通点があります」と述べられているので，「思考力」が適切。

問十三　A　直後の「権利を保障」に着目。「もちろん……」で始まる段落に「総じて平等に権利を保障されて生きることができるような世の中になりました」とあるので，「平等」が入る。

B　直前に「その時代と大きく変わったこと」とある。「たとえば……」で始まる段落に「現在の社会が安定していることの大きな理由は，人間が安心・安全に生きられる理念が盛り込まれた近代的な憲法が作られたからでしょう」とあるので，「憲法(の成立)」とするのが適切。　C　直前の「憲法の成立」と並んで，「また……」で始まる段落に「科学が発展し……」とあるので，「科学」が入る。　D　直前の「文系」と並ぶものが入るとわかるので，「理系」が適切。

E・F　「人類が……」で始まる段落に「人類が築いてきた遺産をがっちりと受け止めて，次の世代に継承していく」とあるので，Eには「遺産」，Fには「継承」が入る。

二　(古文一語句の意味，文脈把握，内容吟味，掛詞，大意)

〈口語訳〉　これも今となっては昔のことだが，ある僧が知人のところへ行った。酒などをすすめていたが，氷魚が(今年)初めて出て来たので，あるじは目新しいと思って(来客に)ごちそうした。あるじは用事があって家の奥へ行き，再び戻ってきたところ，この氷魚が思いのほか少なくなっていたので，あるじは，どうしてか，と思ったけれども，口にすべきことでもなかったので，(そのまま)談話していると，この僧の鼻から氷魚が一匹，不意に出て来たので，あるじは不審に思って，「その鼻から氷魚が出ているのはどういうことか」と言うと，すぐさま(僧は)「近ごろの氷魚は目鼻から降るのです」と言ったので，その場にいた人は皆，「ははは」と笑った。

問一　a「もてなす」には，世話をする，もてはやす，歓待する，ごちそうする，などの意味があるが，「氷魚」とあるので，「ごちそうした」とするのが適切。　b「取りあへず」には，あっという間に，即座に，という意味があるので，「すぐさま」が適切。

問二　直前に「ある僧，人のもとへ行きけり」とある。「人」は後で「あるじ」と言い換えられているので，訪問先の「あるじ」が，訪問した「ある僧」に酒などを勧めた，となる。

問三　直前に「氷魚はじめて出で来たりければ」とある。今年初めて出て来た「氷魚」を珍しいと思った，という文脈なので，「初物の」とするのが適切。

問四　直前に「あるじ，いかにと思へども」とある。氷魚が少なくなっていたことを不審に思いはしたけれども，あえて問うことはしなかった，という文脈なので，アが適切。イの「情けなく悔しい」，ウの「軽蔑」，エの「思った通り」といった心情は描かれていないのであてはまらない。

問五　直前に「この僧の鼻より氷魚の一つふと出でたりければ」と理由が示されている。

問六　直前に「あるじあやしう覚えて」とあるので，話者は「あるじ」。

問七　A 「氷魚(ひお)」と発音の似た語で，「降る」ものにあてはまるものとして，イの「雹」が適切。　B 氷魚が鼻から出て来たことを言っているので「降る」が適切。

問八　直前に「『このごろの氷魚は目鼻より降り候ふなるぞ』といひたりければ」とあることから，僧の言い訳がおもしろかったので笑ったとわかるのでエが適切。氷魚と雹をかけて，(鼻から)降ってくる，などという苦しい言い訳がおかしかったのである。アの「僧を見下している」，イの「僧が怒られている」，ウの「あるじを言い負かせた」は本文の内容と合致しない。

三　(語句の意味)

A「漂泊(ひょうはく)」は，流れただようこと，さまよい歩くこと。　B「模倣(もほう)」は，他のものを真似ること。　C「虚構(きょこう)」は，事実ではないことを事実のようにつくること，文芸作品を作者が想像によって組み立てること，という意味。　D「衝動(しょうどう)」は，心を激しく動かすこと，急激な心の動揺，急激な心の動き，という意味。　E「誤解(ごかい)」は，まちがって理解すること，思い違い，という意味。

四　(文学史)

A 川端康成(1899～1973)の作品は，『雪国』のほかに『伊豆の踊子』『浅草紅団』『古都』『山の音』など。　B 芥川龍之介(1892～1927)の作品は，『羅生門』のほかに『鼻』『地獄変』『杜子春』『河童』など。　C 樋口一葉(1872～1898)の作品は，『たけくらべ』のほかに『にごりえ』『十三夜』『大つごもり』など。　D 綿矢りさ(1984～)の作品は，『蹴りたい背中』のほかに『インストール』『勝手に震えてろ』など。　E 村上春樹(1949～)の作品は，『海辺のカフカ』のほかに『風の歌を聴け』『ノルウェイの森』『ねじまき鳥クロニクル』など。

★ワンポイントアドバイス★

問題がやや多めなので，時間配分を考えて，てきぱきと解答する練習をしておこう！漢字・語句・文法・文学史など，国語の基礎知識を固め，確実に得点できる力をつけておこう！

解答用紙集

○月×日 △曜日　天気（合格日和）

◆ご利用のみなさまへ
＊解答用紙の公表を行っていない学校につきましては、弊社の責任において、解答用紙を制作いたしました。
＊編集上の理由により一部縮小掲載した解答用紙がございます。
＊編集上の理由により一部実物と異なる形式の解答用紙がございます。

人間の最も偉大な力とは、その一番の弱点を克服したところから生まれてくるものである。 ――カール・ヒルティ――

東京学参株式会社

至学館高等学校　2024年度

◇数学◇

※この解答用紙は学校からの発表がないため，東京学参が制作いたしました。

1	(1)	ア	⊖ ① ② ③ ④ ⑤ ⑥ ⑦ ⑧ ⑨ ⓪
		イ	⊖ ① ② ③ ④ ⑤ ⑥ ⑦ ⑧ ⑨ ⓪
		ウ	⊖ ① ② ③ ④ ⑤ ⑥ ⑦ ⑧ ⑨ ⓪
		エ	⊖ ① ② ③ ④ ⑤ ⑥ ⑦ ⑧ ⑨ ⓪
	(2)	オ	⊖ ① ② ③ ④ ⑤ ⑥ ⑦ ⑧ ⑨ ⓪
	(3)	カ	⊖ ① ② ③ ④ ⑤ ⑥ ⑦ ⑧ ⑨ ⓪
		キ	⊖ ① ② ③ ④ ⑤ ⑥ ⑦ ⑧ ⑨ ⓪
		ク	⊖ ① ② ③ ④ ⑤ ⑥ ⑦ ⑧ ⑨ ⓪
		ケ	⊖ ① ② ③ ④ ⑤ ⑥ ⑦ ⑧ ⑨ ⓪
	(4)	コ	⊖ ① ② ③ ④ ⑤ ⑥ ⑦ ⑧ ⑨ ⓪
		サ	⊖ ① ② ③ ④ ⑤ ⑥ ⑦ ⑧ ⑨ ⓪
		シ	⊖ ① ② ③ ④ ⑤ ⑥ ⑦ ⑧ ⑨ ⓪
	(5)	ス	⊖ ① ② ③ ④ ⑤ ⑥ ⑦ ⑧ ⑨ ⓪
		セ	⊖ ① ② ③ ④ ⑤ ⑥ ⑦ ⑧ ⑨ ⓪
		ソ	⊖ ① ② ③ ④ ⑤ ⑥ ⑦ ⑧ ⑨ ⓪
	(6)	タ	⊖ ① ② ③ ④ ⑤ ⑥ ⑦ ⑧ ⑨ ⓪
		チ	⊖ ① ② ③ ④ ⑤ ⑥ ⑦ ⑧ ⑨ ⓪
	(7)	ツ	⊖ ① ② ③ ④ ⑤ ⑥ ⑦ ⑧ ⑨ ⓪
		テ	⊖ ① ② ③ ④ ⑤ ⑥ ⑦ ⑧ ⑨ ⓪
		ト	⊖ ① ② ③ ④ ⑤ ⑥ ⑦ ⑧ ⑨ ⓪
		ナ	⊖ ① ② ③ ④ ⑤ ⑥ ⑦ ⑧ ⑨ ⓪
	(8)	ニ	⊖ ① ② ③ ④ ⑤ ⑥ ⑦ ⑧ ⑨ ⓪

2	(1)	ア	① ② ③ ④
	(2)	イ	⊖ ① ② ③ ④ ⑤ ⑥ ⑦ ⑧ ⑨ ⓪
	(3)	ウ	⊖ ① ② ③ ④ ⑤ ⑥ ⑦ ⑧ ⑨ ⓪
		エ	⊖ ① ② ③ ④ ⑤ ⑥ ⑦ ⑧ ⑨ ⓪
		オ	⊖ ① ② ③ ④ ⑤ ⑥ ⑦ ⑧ ⑨ ⓪
	(4)	カ	⊖ ① ② ③ ④ ⑤ ⑥ ⑦ ⑧ ⑨ ⓪
		キ	⊖ ① ② ③ ④ ⑤ ⑥ ⑦ ⑧ ⑨ ⓪
		ク	⊖ ① ② ③ ④ ⑤ ⑥ ⑦ ⑧ ⑨ ⓪
	(5)	ケ	① ② ③ ④
	(6)	コ	⊖ ① ② ③ ④ ⑤ ⑥ ⑦ ⑧ ⑨ ⓪
		サ	⊖ ① ② ③ ④ ⑤ ⑥ ⑦ ⑧ ⑨ ⓪
		シ	⊖ ① ② ③ ④ ⑤ ⑥ ⑦ ⑧ ⑨ ⓪
	(7)	ス	⊖ ① ② ③ ④ ⑤ ⑥ ⑦ ⑧ ⑨ ⓪
		セ	⊖ ① ② ③ ④ ⑤ ⑥ ⑦ ⑧ ⑨ ⓪
		ソ	⊖ ① ② ③ ④ ⑤ ⑥ ⑦ ⑧ ⑨ ⓪
	(8)	タ	⊖ ① ② ③ ④ ⑤ ⑥ ⑦ ⑧ ⑨ ⓪
		チ	⊖ ① ② ③ ④ ⑤ ⑥ ⑦ ⑧ ⑨ ⓪
	(9)	ツ	⊖ ① ② ③ ④ ⑤ ⑥ ⑦ ⑧ ⑨ ⓪
		テ	⊖ ① ② ③ ④ ⑤ ⑥ ⑦ ⑧ ⑨ ⓪
		ト	⊖ ① ② ③ ④ ⑤ ⑥ ⑦ ⑧ ⑨ ⓪
		ナ	⊖ ① ② ③ ④ ⑤ ⑥ ⑦ ⑧ ⑨ ⓪

至学館高等学校　2024年度

◇英語◇

※この解答用紙は学校からの発表がないため，東京学参が制作いたしました。

A	(1)	1	①②③④⑤⑥	
	(2)	2	①②③④⑤⑥	
	(3)	3	①②③④⑤⑥	
	(4)	4	①②③④⑤⑥	
	(5)	5	①②③④⑤⑥	
	(6)	6	①②③④⑤⑥	

B	(1)	7	①②③④	
	(2)	8	①②③④	
	(3)	9	①②③④	
	(4)	10	①②③④	
	(5)	11	①②③④	
	(6)	12	①②③④	

C	(1)	13	①②③④	
	(2)	14	①②③④	
	(3)	15	①②③④	
	(4)	16	①②③④	
	(5)	17	①②③④	
	(6)	18	①②③④	

D	(1)	19	①②③④	
	(2)	20	①②③④	
	(3)	21	①②③④	
	(4)	22	①②③④	
	(5)	23	①②③④	
	(6)	24	①②③④	

E	(1)	3番目	25	①②③④⑤⑥	
		5番目	26	①②③④⑤⑥	
	(2)	3番目	27	①②③④⑤⑥	
		5番目	28	①②③④⑤⑥	
	(3)	3番目	29	①②③④⑤⑥	
		5番目	30	①②③④⑤⑥	
	(4)	3番目	31	①②③④⑤⑥	
		5番目	32	①②③④⑤⑥	
	(5)	3番目	33	①②③④⑤⑥	
		5番目	34	①②③④⑤⑥	

F	(1)	35	①②③④	
	(2)	36	①②③④	
	(3)	37	①②③④	
	(4)	38	①②③④	
	(5)	39	①②③④	
	(6)	40	①②③④	

G	(1)	41	①②③④	
	(2)	42	①②③④	
	(3)	43	①②③④	
	(4)	44	①②③④	
	(5)	45	①②③④	
	(6)	46	①②③④	
	(7)	47	①②③④	
	(8)	48	①②③④	

至学館高等学校　2024年度

◇理科◇

※この解答用紙は学校からの発表がないため，東京学参が制作いたしました。

1	問1	1	① ② ③ ④
	問2	2	① ② ③ ④ ⑤
	問3	3	① ② ③ ④ ⑤
	問4	4	① ② ③ ④ ⑤
	問5	5	① ② ③ ④ ⑤
	問6	6	① ② ③ ④ ⑤
	問7	7	① ② ③ ④
	問8	8	① ② ③ ④

2	問1		9	① ② ③ ④
	問2		10	① ② ③ ④
	問3	A	11	① ② ③ ④
		B	12	① ② ③ ④
	問4		13	① ② ③ ④

3	問1	14	① ② ③ ④
	問2	15	① ② ③ ④

4	問1	16	① ② ③ ④
	問2	17	① ② ③ ④
	問3	18	① ② ③ ④
	問4	19	① ② ③ ④
	問5	20	① ② ③ ④

至学館高等学校　2024年度

◇社会◇

※この解答用紙は学校からの発表がないため，東京学参が制作いたしました。

1	問1	1	① ② ③ ④ ⑤
	問2	2	① ② ③ ④ ⑤
	問3	3	① ② ③ ④ ⑤
	問4	4	① ② ③ ④ ⑤
	問5	5	① ② ③ ④ ⑤
	問6	6	① ② ③ ④ ⑤
	問7	7	① ② ③ ④ ⑤
	問8	8	① ② ③ ④ ⑤
	問9	9	① ② ③ ④ ⑤
	問10	10	① ② ③ ④ ⑤
	問11	11	① ② ③ ④ ⑤
	問12	12	① ② ③ ④ ⑤
		13	① ② ③ ④ ⑤
	問13	14	① ② ③ ④ ⑤
		15	① ② ③ ④ ⑤
		16	① ② ③ ④ ⑤
		17	① ② ③ ④ ⑤
		18	① ② ③ ④ ⑤
	問14	19	① ② ③ ④ ⑤
	問15	20	① ② ③ ④ ⑤
	問16	21	① ② ③ ④ ⑤
	問17	22	① ② ③ ④ ⑤
	問18	23	① ② ③ ④ ⑤
	問19	24	① ② ③ ④ ⑤
	問20	25	① ② ③ ④ ⑤

2	問1	26	① ② ③ ④
	問2	27	① ② ③ ④ ⑤
	問3	28	① ② ③ ④ ⑤
	問4	29	① ② ③ ④
	問5	30	① ② ③ ④ ⑤
	問6	31	① ② ③ ④ ⑤
	問7	32	① ② ③ ④ ⑤
	問8	33	① ② ③ ④

3	問1	34	① ② ③ ④
	問2	35	① ② ③ ④
	問3	36	① ② ③ ④ ⑤
	問4	37	① ② ③ ④
	問5	38	① ② ③ ④
	問6	39	① ② ③ ④ ⑤ ⑥
	問7	40	① ② ③ ④
	問8	41	① ② ③ ④ ⑤
	問9	42	① ② ③ ④
	問10	43	① ② ③ ④
	問11	44	① ② ③ ④
	問12	45	① ② ③ ④ ⑤
	問13	46	① ② ③ ④
		47	① ② ③ ④
	問14	48	① ② ③ ④ ⑤ ⑥
	問15	49	① ② ③ ④
	問16	50	① ② ③ ④

至学館高等学校　2024年度

◇国語◇

※この解答用紙は学校からの発表がないため，東京学参が制作いたしました。

一	問一	㋐	1	①②③④⑤
		㋑	2	①②③④⑤
		㋒	3	①②③④⑤
		㋓	4	①②③④⑤
		㋔	5	①②③④⑤
	問二		6	①②③④
	問三	Ⅰ	7	①②③④⑤⑥
		Ⅱ	8	①②③④⑤⑥
	問四		9	①②③④
	問五		10	①②③④
	問六		11	①②③④⑤
	問七		12	①②③④
	問八		13	①②③④
	問九		14	①②③④

二	問一	ア	15	①②③④⑤
		イ	16	①②③④⑤
		ウ	17	①②③④⑤
		エ	18	①②③④⑤
	問二	X	19	①②③④⑤⑥
		Y	20	①②③④⑤⑥
		Z	21	①②③④⑤⑥
	問三		22	①②③④⑤
	問四		23	①②③④⑤
	問五		24	①②③④⑤
			25	①②③④⑤
	問六		26	①②③④⑤⑥
			27	①②③④⑤⑥

三	問一	a	28	①②③④
		b	29	①②③④
	問二		30	①②③④
	問三	Ⅰ	31	①②③④
		Ⅱ	32	①②③④
	問四		33	①②③④
	問五		34	①②③④

至学館高等学校　2023年度

◇数学◇

※この解答用紙は学校からの発表がないため，東京学参が制作いたしました。

1	(1)	ア	⊖ ① ② ③ ④ ⑤ ⑥ ⑦ ⑧ ⑨ ⓪
		イ	⊖ ① ② ③ ④ ⑤ ⑥ ⑦ ⑧ ⑨ ⓪
	(2)	ウ	⊖ ① ② ③ ④ ⑤ ⑥ ⑦ ⑧ ⑨ ⓪
		エ	⊖ ① ② ③ ④ ⑤ ⑥ ⑦ ⑧ ⑨ ⓪
		オ	⊖ ① ② ③ ④ ⑤ ⑥ ⑦ ⑧ ⑨ ⓪
	(3)	カ	⊖ ① ② ③ ④ ⑤ ⑥ ⑦ ⑧ ⑨ ⓪
		キ	⊖ ① ② ③ ④ ⑤ ⑥ ⑦ ⑧ ⑨ ⓪

2	(1)	ア	⊖ ① ② ③ ④ ⑤ ⑥ ⑦ ⑧ ⑨ ⓪
		イ	⊖ ① ② ③ ④ ⑤ ⑥ ⑦ ⑧ ⑨ ⓪
		ウ	⊖ ① ② ③ ④ ⑤ ⑥ ⑦ ⑧ ⑨ ⓪
	(2)	エ	⊖ ① ② ③ ④ ⑤ ⑥ ⑦ ⑧ ⑨ ⓪
		オ	⊖ ① ② ③ ④ ⑤ ⑥ ⑦ ⑧ ⑨ ⓪
		カ	⊖ ① ② ③ ④ ⑤ ⑥ ⑦ ⑧ ⑨ ⓪
	(3)	キ	⊖ ① ② ③ ④ ⑤ ⑥ ⑦ ⑧ ⑨ ⓪
		ク	⊖ ① ② ③ ④ ⑤ ⑥ ⑦ ⑧ ⑨ ⓪
		ケ	⊖ ① ② ③ ④ ⑤ ⑥ ⑦ ⑧ ⑨ ⓪
		コ	⊖ ① ② ③ ④ ⑤ ⑥ ⑦ ⑧ ⑨ ⓪
	(4)	サ	⊖ ① ② ③ ④ ⑤ ⑥ ⑦ ⑧ ⑨ ⓪
	(5)	シ	⊖ ① ② ③ ④ ⑤ ⑥ ⑦ ⑧ ⑨ ⓪
		ス	⊖ ① ② ③ ④ ⑤ ⑥ ⑦ ⑧ ⑨ ⓪
		セ	⊖ ① ② ③ ④ ⑤ ⑥ ⑦ ⑧ ⑨ ⓪
		ソ	⊖ ① ② ③ ④ ⑤ ⑥ ⑦ ⑧ ⑨ ⓪

3	① ② ③ ④

4	① ② ③ ④ ⑤

5	ア	⊖ ① ② ③ ④ ⑤ ⑥ ⑦ ⑧ ⑨ ⓪
	イ	⊖ ① ② ③ ④ ⑤ ⑥ ⑦ ⑧ ⑨ ⓪

6	ア	⊖ ① ② ③ ④ ⑤ ⑥ ⑦ ⑧ ⑨ ⓪

7	(1)	ア	⊖ ① ② ③ ④ ⑤ ⑥ ⑦ ⑧ ⑨ ⓪
		イ	⊖ ① ② ③ ④ ⑤ ⑥ ⑦ ⑧ ⑨ ⓪
	(2)	ウ	⊖ ① ② ③ ④ ⑤ ⑥ ⑦ ⑧ ⑨ ⓪
		エ	⊖ ① ② ③ ④ ⑤ ⑥ ⑦ ⑧ ⑨ ⓪
		オ	⊖ ① ② ③ ④ ⑤ ⑥ ⑦ ⑧ ⑨ ⓪

8	ア	⊖ ① ② ③ ④ ⑤ ⑥ ⑦ ⑧ ⑨ ⓪
	イ	⊖ ① ② ③ ④ ⑤ ⑥ ⑦ ⑧ ⑨ ⓪

9	ア	⊖ ① ② ③ ④ ⑤ ⑥ ⑦ ⑧ ⑨ ⓪
	イ	⊖ ① ② ③ ④ ⑤ ⑥ ⑦ ⑧ ⑨ ⓪

10	ア	⊖ ① ② ③ ④ ⑤ ⑥ ⑦ ⑧ ⑨ ⓪

11	(1)	ア	⊖ ① ② ③ ④ ⑤ ⑥ ⑦ ⑧ ⑨ ⓪
		イ	⊖ ① ② ③ ④ ⑤ ⑥ ⑦ ⑧ ⑨ ⓪
	(2)	ウ	⊖ ① ② ③ ④ ⑤ ⑥ ⑦ ⑧ ⑨ ⓪
		エ	⊖ ① ② ③ ④ ⑤ ⑥ ⑦ ⑧ ⑨ ⓪

12	ア	⊖ ① ② ③ ④ ⑤ ⑥ ⑦ ⑧ ⑨ ⓪
	イ	⊖ ① ② ③ ④ ⑤ ⑥ ⑦ ⑧ ⑨ ⓪

至学館高等学校　2023年度

◇英語◇

※この解答用紙は学校からの発表がないため，東京学参が制作いたしました。

A	(1)	① ② ③ ④ ⑤ ⑥ ⑦ ⑧
	(2)	① ② ③ ④ ⑤ ⑥ ⑦ ⑧
	(3)	① ② ③ ④ ⑤ ⑥ ⑦ ⑧
	(4)	① ② ③ ④ ⑤ ⑥ ⑦ ⑧
	(5)	① ② ③ ④ ⑤ ⑥ ⑦ ⑧
	(6)	① ② ③ ④ ⑤ ⑥ ⑦ ⑧

B	(1)	① ② ③ ④ ⑤
	(2)	① ② ③ ④ ⑤
	(3)	① ② ③ ④ ⑤
	(4)	① ② ③ ④ ⑤
	(5)	① ② ③ ④ ⑤
	(6)	① ② ③ ④ ⑤

C	(1)	① ② ③ ④
	(2)	① ② ③ ④
	(3)	① ② ③ ④
	(4)	① ② ③ ④
	(5)	① ② ③ ④
	(6)	① ② ③ ④

D	(1)	① ② ③ ④
	(2)	① ② ③ ④
	(3)	① ② ③ ④
	(4)	① ② ③ ④
	(5)	① ② ③ ④
	(6)	① ② ③ ④

E	(1)	3番目	① ② ③ ④ ⑤ ⑥
		5番目	① ② ③ ④ ⑤ ⑥
	(2)	3番目	① ② ③ ④ ⑤ ⑥
		5番目	① ② ③ ④ ⑤ ⑥
	(3)	3番目	① ② ③ ④ ⑤ ⑥
		5番目	① ② ③ ④ ⑤ ⑥
	(4)	3番目	① ② ③ ④ ⑤ ⑥
		5番目	① ② ③ ④ ⑤ ⑥
	(5)	3番目	① ② ③ ④ ⑤ ⑥
		5番目	① ② ③ ④ ⑤ ⑥

F	(1)	① ② ③ ④
	(2)	① ② ③ ④
	(3)	① ② ③ ④
	(4)	① ② ③ ④
	(5)	① ② ③ ④
	(6)	① ② ③ ④

G	(1)		① ② ③ ④
	(2)		① ② ③ ④
	(3)		① ② ③ ④
	(4)		① ② ③ ④
	(5)		① ② ③ ④
	(6)	4番目	① ② ③ ④ ⑤ ⑥ ⑦ ⑧ ⑨
		7番目	① ② ③ ④ ⑤ ⑥ ⑦ ⑧ ⑨
	(7)		① ② ③ ④ ⑤ ⑥

至学館高等学校　2023年度

◇理科◇

※この解答用紙は学校からの発表がないため，東京学参が制作いたしました。

1	問1		①②③④
	問2	(1)	①②③④⑤
		(2)	①②③④
	問3		①②③④
	問4		①②③
	問5	(1)	①②③④
		(2)	①②③

2	問1	ア	①②③④⑤⑥⑦⑧
		イ	①②③④⑤⑥⑦⑧
	問2		①②③④⑤⑥
	問3		①②③④⑤⑥
	問4		①②③④⑤⑥
	問5		①②③④⑤⑥

3	問1		①②③
	問2		①②③④⑤
	問3		①②③④⑤
	問4		①②③④⑤⑥
	問5	ア	①②③④⑤⑥⑦⑧
		イ	①②③④⑤⑥⑦⑧
		ウ	①②③④⑤⑥⑦⑧

4	問1		①②③④⑤
	問2		①②③④
	問3	(1)	①②③④
		(2)	①②③④
		(3)	①②③④⑤

至学館高等学校　2023年度

◇社会◇

※この解答用紙は学校からの発表がないため，東京学参が制作いたしました。

1	問1	① ② ③ ④
	問2	① ② ③ ④
	問3	① ② ③ ④
	問4	① ② ③ ④
	問5	① ② ③ ④
	問6	① ② ③ ④
	問7	① ② ③ ④
	問8	① ② ③ ④
	問9	① ② ③ ④
	問10	① ② ③ ④
	問11	① ② ③ ④
	問12	① ② ③ ④
	問13	① ② ③ ④
	問14	① ② ③ ④
	問15	① ② ③ ④
	問16	① ② ③ ④
	問17	① ② ③ ④
	問18	① ② ③ ④

2	問1	① ② ③ ④
	問2	① ② ③ ④
	問3	① ② ③ ④
	問4	① ② ③ ④
	問5	① ② ③ ④
	問6	① ② ③ ④
	問7	① ② ③ ④
	問8	① ② ③ ④
	問9	① ② ③ ④
	問10	① ② ③ ④
	問11	① ② ③ ④
	問12	① ② ③ ④
	問13	① ② ③ ④
	問14	① ② ③ ④
	問15	① ② ③ ④
	問16	① ② ③ ④
	問17	① ② ③ ④

3	問1	① ② ③ ④
	問2	① ② ③ ④
	問3	① ② ③ ④
	問4	① ② ③ ④
	問5	① ② ③ ④
	問6	① ② ③ ④
	問7	① ② ③ ④
	問8	① ② ③ ④
	問9	① ② ③ ④
	問10	① ② ③ ④

至学館高等学校　2023年度

◇国語◇

※この解答用紙は学校からの発表がないため，東京学参が制作いたしました。

一	問一	㋐	1	①②③④
		㋑	2	①②③④
		㋒	3	①②③④
		㋓	4	①②③④
	問二		5	①②③④
	問三	Ⅰ	6	①②③④⑤⑥
		Ⅱ	7	①②③④⑤⑥
		Ⅲ	8	①②③④⑤⑥
	問四		9	①②③④
	問五		10	①②③④
	問六		11	①②③④
	問七		12	①②③④
	問八		13	①②③④
	問九		14	①②③④
	問十		15	①②③④

二	問一	ア	1	①②③④⑤
		イ	2	①②③④⑤
		ウ	3	①②③④⑤
		エ	4	①②③④⑤
		オ	5	①②③④⑤
		カ	6	①②③④⑤
	問二		7	①②③④
	問三	X	8	①②③④⑤
		Y	9	①②③④⑤
		Z	10	①②③④⑤
	問四		11	①②③④
	問五		12	①②③④
	問六		13	①②③④⑤
			14	①②③④⑤
	問七		15	①②③④
	問八		16	①②③④
	問九		17	①②③④
	問十		18	①②③④
	問十一		19	①②③④
	問十二		20	①②③④

三	問一	a	1	①②③④
		b	2	①②③④
		c	3	①②③④
	問二		4	①②③④
	問三		5	①②③④
	問四		6	①②③④
	問五		7	①②③④
	問六		8	①②③④
	問七		9	①②③④
	問八		10	①②③④

四	問一	(Ⅰ)	1	①②③④⑤⑥⑦⑧⑨⑩
		(Ⅱ)	2	①②③④⑤⑥⑦⑧⑨⑩
		(Ⅲ)	3	①②③④⑤⑥⑦⑧⑨⑩
	問二	Ⅰ	4	①②③④⑤⑥
		Ⅱ	5	①②③④⑤⑥
		Ⅲ	6	①②③④⑤⑥

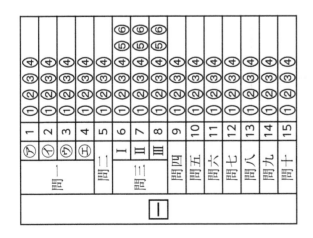

至学館高等学校　2022年度

◇数学◇

※この解答用紙は学校からの発表がないため，東京学参が制作いたしました。

1	(1)	
	(2)	
	(3)	
2	(1)	
	(2)	
	(3)	
	(4)	
	(5)	
	(6)	
	(7)	
3	(1)	
	(2)	

4		
5	(1)	
	(2)	
6	ア	
	イ	
7	(1)	
	(2)	
8		

至学館高等学校　2022年度　◇英語◇

※この解答用紙は学校からの発表がないため，東京学参が制作いたしました。

1	1		2	
	3		4	
	ア		イ	
	ウ		エ	
	オ			

2	1		2		3		4		5	
3	1		2		3		4		5	

4	1		2		3		4	

5	1	2番目		5番目		2	2番目		5番目	
	3	2番目		5番目		4	2番目		5番目	
	5	2番目		5番目						

6	1		2		3		4		5	
7	1		2		3		4			
8	1		2		3		4		5	

至学館高等学校　　2022年度　　◇理科◇

※この解答用紙は学校からの発表がないため，東京学参が制作いたしました。

1	(1)		(2)		(3)		(4)				
	(5)	A		B		C					
2	(1)	1		2		3		4		(2)	
3	(1)		(2)								
	(3)		(4)		(5)		(6)		(7)		
4	(1)		(2)		(3)						
	(4)	エ		オ		カ		(5)			
	(6)	サ		シ		ス		セ		下線部ソ	

至学館高等学校　2022年度

◇社会◇

※この解答用紙は学校からの発表がないため，東京学参が制作いたしました。

1	問1	(1)		(2)		(3)				
	問2	①		②		問3				
	問4		問5		問6		問7			
2	問1		問2		問3	→　→　→	問4			
	問5		問6		問7		問8			
	問9		問10	→　→　→	問11		問12			
	問13		問14		問15					
3	問1		問2		問3		問4			
	問5		問6		問7					
	問8		問9		問10					
4	問1		問2		問3		問4			
	問5		問6		問7					
	問8									
5	問1		問2		問3		問4		問5	
	問6		問7							

至学館高等学校　２０２２年度

※この解答用紙は学校からの発表がないため、東京学参が作成いたしました。

◇国語◇

一

問一　①　②　③　④　⑤　⑥

問二

問三

問四

問五

問六

問七

問八　最初　～　最後

問九　1　2

問十

問十一　①　②

問十二

問十三

問十四　1　2

二

問一　①　②　③　④　⑤　⑥

問二

問三　X　Y　Z

問四

問五　25字

問六

問七

問八　①　②

問九

問十　㋐　㋑　㋒　㋓

三

問一　（Ⅰ）　（Ⅱ）　（Ⅲ）　（Ⅳ）

問二　①　②　③　④

至学館高等学校　2021年度

◇数学◇

※この解答用紙は学校からの発表がないため，東京学参が制作いたしました。

1	(1)	
	(2)	
	(3)	
2	(1)	
	(2)	
	(3)	
	(4)	
	(5)	
	(6)	
3		
4		
5		
6		

7		
8		
9	(1)	
	(2)	
10	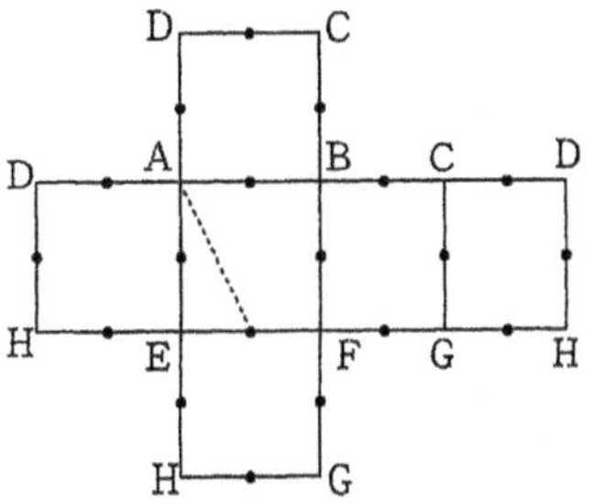	
11		
12		

※この解答用紙は学校からの発表がないため，東京学参が制作いたしました。

1	1		2	
	3		4	
	ア		イ	
	ウ		エ	
	オ			

2	1		2		3		4		5	
3	1		2		3		4		5	

4	1	2番目		5番目		2	2番目		5番目	
	3	2番目		5番目		4	2番目		5番目	
	5	2番目		5番目						

5	1		2		3		4		5			
6	1		2		3		4		5		6	
7	1		2		3		4		5			
	6		7									

至学館高等学校　2021年度　　　　◇理科◇

※この解答用紙は学校からの発表がないため，東京学参が制作いたしました。

1	(1)	a		b		c		d			
		e		f		g					
	(2)	(d)角		(e)角							
	(3)	(i)	(d)角		(g)角	(ii)	(d)角		(g)角		
2	(1)		(2)								
	(3)	植物			者	菌類			者		
	(4)	①		②		(5)					
3	(1)	1		2		2					
		4		5							
	(2)		＞		＞						
	(3)		➡								

至学館高等学校　2021年度

◇社会◇

※この解答用紙は学校からの発表がないため，東京学参が制作いたしました。

1	問1		問2							
	問3		問4		問5					
	問6		問7		問8					
2	問1		問2		問3		問4			
	問5		問6		問7		問8			
	問9		問10							
3	問1		問2	月	日	時				
	問3		問4		問5					
	問6		問7							
	問8									
4	問1		問2							
	問3	①		②		問4		問5		問6
5	問1		問2		問3	①		②		
	問4									
6	問1	①		②						
	問2		問3		問4		問5			
	問6		問7	①		②		問8		

◇国語◇

至学館高等学校　２０２１年度

※この解答用紙は学校からの発表がないため，東京学参が制作いたしました。

一

- 問一　①　②　③　④　⑤　⑥
- 問二　ⓐ　ⓑ
- 問三
- 問四
- 問五
- 問六
- 問七　最初　～　最後
- 問八
- 問九
- 問十　(ア)　(イ)　(ウ)　(エ)

二

- 問一　①　②　③　④　⑤
- 問二　a　b　c
- 問三
- 問四
- 問五
- 問六
- 問七
- 問八
- 問九
- 問十
- 問十一
- 問十二
- 問十三
- 問十四

三

- 問一
- 問二　樋口一葉　森鷗外

四

- 問一　A 作品名　作者　B 作品名　作者
- 問二

◇数学◇

※この解答用紙は学校からの発表がないため，東京学参が制作いたしました。

1	(1)	
	(2)	
	(3)	
	(4)	
2	(1)	
	(2)	
	(3)	$x=$
		$y=$
	(4)	
	(5)	
3		
4		

5	(1)	
	(2)	
6	(1)	
	(2)	
7	(1)	
	(2)	
8	(1)	
	(2)	
9		

至学館高等学校　2020年度　◇英語◇

※この解答用紙は学校からの発表がないため，東京学参が制作いたしました。

1	1		2							
	3		4							
	5		ア							
	イ		ウ							
2	A		B		C		D			
3	1		2		3		4		5	
4	1		2		3		4		5	
5	1	2番目		5番目		2	2番目		5番目	
	3	2番目		5番目		4	2番目		5番目	
	5	2番目		5番目						
6	1		2							
7	1		2							
	3		4		5		6		7	

至学館高等学校　2020年度

◇理科◇

※この解答用紙は学校からの発表がないため，東京学参が制作いたしました。

1	(1)		(2)	①		②		③		④	
	(3)	i		ii		iii					
		iv	月　日　時								

2	(1)		(2)		(3)		(4)	

3	(1)	と	(2)		(3)	と		
	(4)	①		②	X	Y		

4	(1)	①		②		③	
	(2)	A		B		C	
	(3)	①		②			
		③		④			

至学館高等学校　2020年度　　　◇社会◇

※この解答用紙は学校からの発表がないため，東京学参が制作いたしました。

1	問1		問2		問3			
	問4	→ → →	問5					
	問6		問7					
	問8		問9					
	問10							
2	問1		問2		問3		問4	
	問5		問6		問7		問8	
	問9		問10					
3	問1	A		B				
		C		D				
	問2		問3					
	問4	①		②		③		
	問5		問6		問7		問8	
	問9		問10					
4	問1		問2		問3			
	問4		問5					
5	問1		問2		問3		問4	① ／ ②
6	問1		問2		問3	①	②	
	問4							

至学館高等学校　２０２０年度

※この解答用紙は学校からの発表がないため、東京学参が制作いたしました。

◇国語◇

一

問一　a　b　c　d　e

問二　A　B　C

問三　Ⅰ　Ⅱ　Ⅲ　Ⅳ

問四

問五　～

問六　たという歴史。

問七　～

問八　一　二

問九

問十

問十一

問十二

問十三　A　B　C　D　E　F

二

問一　a　b

問二　（が）　（に）

問三

問四

問五

問六

問七　A　B

問八

三

A　B　C　D　E

四

A　B　C　D　E

MEMO

大切なことはメモしておこうネ！

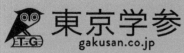

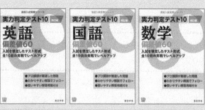

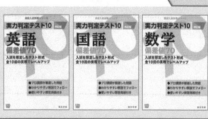

~公立高校志望の皆様に愛されるロングセラーシリーズ~

公立高校入試シリーズ

・全国の都道府県公立高校入試問題から良問を厳選
※実力錬成編には独自問題も!
・見やすい紙面、わかりやすい解説

数学

合格のために必要な点数をゲット

目標得点別・公立入試の数学 基礎編

- 効率的に対策できる!　30・50・70点の目標得点別の章立て
- web解説には豊富な例題167問!
- 実力確認用の総まとめテストつき

定価:1,210 円(本体 1,100 円+税 10%)/ ISBN:978-4-8141-2558-6

応用問題の頻出パターンをつかんで80点の壁を破る!

実戦問題演習・公立入試の数学 実力錬成編

- 応用問題の頻出パターンを網羅
- 難問にはweb解説で追加解説を掲載
- 実力確認用の総まとめテストつき

定価:1,540 円(本体 1,400 円+税 10%)/ ISBN:978-4-8141-2560-9

英語

「なんとなく」ではなく確実に長文読解・英作文が解ける

実戦問題演習・公立入試の英語 基礎編

- 解き方がわかる!　問題内にヒント入り
- ステップアップ式で確かな実力がつく

定価:1,100 円(本体 1,000 円+税 10%)/ ISBN:978-4-8141-2123-6

公立難関・上位校合格のためのゆるがぬ実戦力を身につける

実戦問題演習・公立入試の英語 実力錬成編

- 総合読解・英作文問題へのアプローチ手法がつかめる
- 文法、構文、表現を一つひとつ詳しく解説

定価:1,320 円(本体 1,200 円+税 10%)/ ISBN:978-4-8141-2169-4

理科

短期間で弱点補強・総仕上げ

実戦問題演習・公立入試の理科

- 解き方のコツがつかめる!　豊富なヒント入り
- 基礎~思考・表現を問う問題まで重要項目を網羅

定価:1,045 円(本体 950 円+税 10%)
ISBN:978-4-8141-0454-3

社会

弱点補強・総合力で社会が武器になる

実戦問題演習・公立入試の社会

- 基礎から学び弱点を克服!　豊富なヒント入り
- 分野別総合・分野複合の融合などあらゆる問題形式を網羅
  ※時事用語集を弊社HPで無料配信

定価:1,045 円(本体 950 円+税 10%)
ISBN:978-4-8141-0455-0

国語

最後まで解ききれる力をつける

形式別演習・公立入試の国語

- 解き方がわかる!　問題内にヒント入り
- 基礎~標準レベルの問題で確かな基礎力を築く
- 実力確認用の総合テストつき

定価:1,045 円(本体 950 円+税 10%)
ISBN:978-4-8141-0453-6

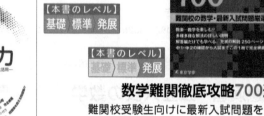

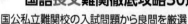

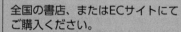

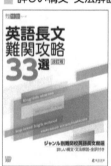

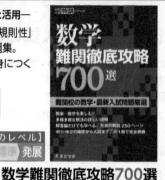

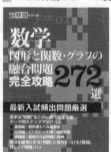

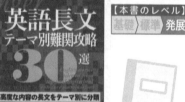

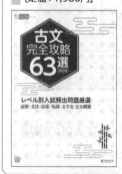

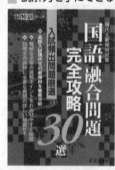

〈ダウンロードコンテンツについて〉

本問題集のダウンロードコンテンツ、弊社ホームページで配信しております。現在ご利用いただけるのは「2025年度受験用」に対応したもので、**2025年3月末日**までダウンロード可能です。弊社ホームページにアクセスの上、ご利用ください。

※配信期間が終了いたしますと、ご利用いただけませんのでご了承ください。

高校別入試過去問題シリーズ

至学館高等学校　2025年度

ISBN978-4-8141-3052-8

[発行所] 東京学参株式会社

〒153-0043　東京都目黒区東山2-6-4

書籍の内容についてのお問い合わせは右のQRコードから　⇒

※書籍の内容についてのお電話でのお問い合わせ、本書の内容を超えたご質問には対応できませんのでご了承ください。

2024年7月26日　初版